Uni-Taschenbücher 708

UTB

Eine Arbeitsgemeinschaft der Verlage

Birkhäuser Verlag Basel und Stuttgart
Wilhelm Fink Verlag München
Gustav Fischer Verlag Stuttgart
Francke Verlag München
Paul Haupt Verlag Bern und Stuttgart
Dr. Alfred Hüthig Verlag Heidelberg
Leske Verlag + Budrich GmbH Opladen
J. C. B. Mohr (Paul Siebeck) Tübingen
C. F. Müller Juristischer Verlag – R. v. Decker's Verlag Heidelberg
Quelle & Meyer Heidelberg
Ernst Reinhardt Verlag München und Basel
F. K. Schattauer Verlag Stuttgart – New York
Ferdinand Schöningh Verlag Paderborn
Dr. Dietrich Steinkopff Verlag Darmstadt
Eugen Ulmer Verlag Stuttgart
Vandenhoeck & Ruprecht in Göttingen und Zürich
Verlag Dokumentation München-Pullach

Georg Fohrer

Geschichte Israels

Von den Anfängen bis zur Gegenwart

Quelle & Meyer Heidelberg

CIP-Kurztitelaufnahme der Deutschen Bibliothek
Fohrer, Georg
Geschichte Israels : von d. Anfängen bis zur Gegen-
wart. – 1. Aufl. – Heidelberg : Quelle und Meyer,
1977.
   (Uni-Taschenbücher ; 708)
   ISBN 3-494-02073-6

ISBN 3-494-02073-6

Satz und Druck: Georg Appl, Wemding
Einbandgestaltung: Alfred Krugmann, Stuttgart

Inhaltsverzeichnis

Einführung

Die Geschichte des biblischen Israel hat sich nicht in einem Niemandsland abgespielt, sondern in dem spannunggeladenen Raum des Alten Orients. Und sie hat in einer verhältnismäßig späten Zeit der politischen, kulturellen und religiösen Geschichte jenes Raumes begonnen. Um dies zu verdeutlichen, führt das 1. Kapitel des Buches in den Alten Orient in vorisraelitischer Zeit ein. Ein ungeduldiger Leser mag es überschlagen und sich sogleich der Geschichte des biblischen Israel zuwenden, auf der das Schwergewicht der Darstellung liegt. Die religiöse Geschichte Israels ist dabei gebührend berücksichtigt worden. Ferner sind zahlreiche altorientalische Texte aufgenommen worden, die einen Bezug zur Geschichte Israels aufweisen. Da diese Geschichte nicht mit der biblischen Zeit endet, sondern bis zum heutigen Tage reicht, ist das 9. Kapitel angeschlossen worden, das bis in die Gegenwart führt und auf die Kontinuität zwischen dem alten Israel und dem antiken, mittelalterlichen und modernen Judentum hinweisen soll, zumal dessen Geschichte denjenigen, die eine „Geschichte Israels" lesen und studieren, kaum bekannt ist. Dieses Kapitel sollte im Gegensatz zum 1. Kapitel von niemandem ausgelassen werden.

Es ist selbstverständlich, daß eine derartige Darstellung der Geschichte Israels nicht ganz von neuem erarbeitet werden kann, sondern an die ältere und neuere Forschung anknüpfen muß, die ihren Niederschlag in zahllosen Gesamtschilderungen und Einzeluntersuchungen gefunden hat. Dies soll, wenn es schon nicht im einzelnen belegt ist, wenigstens zusammenfassend zum Ausdruck gebracht werden. Ungeachtet dessen haben sich genügend neue Gesichtspunkte ergeben, um eine weitere Darstellung der Geschichte Israels zu rechtfertigen.

Zur Weiterarbeit an den Fragen dieser Geschichte sind außer einem übergreifenden Literaturverzeichnis weitere Angaben älterer und neuerer Literatur am Schluß der einzelnen Abschnitte angefügt worden. Alle Verzeichnisse sind nach der zeitlichen Reihenfolge des Erscheines der angegebenen Literatur angelegt.

1. Kapitel: Der Alte Orient in vorisraelitischer Zeit

I. Mesopotamien

1. Sumerer und Akkader. In Mesopotamien, dem Gebiet der Flüsse Euphrat und Tigris (Zweistromland), schufen nach der Jungsteinzeit und der Kupfersteinzeit die Sumerer zu Beginn des 3. Jahrtausends die erste Hochkultur: den Gottesstaat mit seinem Mittelpunkt in der Tempelstadt als Verkörperung einer im Glauben an höhere Mächte begründeten Welt- und Lebensanschauung. Zu Beginn dieser Periode Uruk IV gab es eine Reihe derartiger Stadtstaaten, die mitsamt dem umliegenden Lande als Eigentum einer Gottheit galten. Ihr Sitz war der Tempel, von dem aus das Land zur Bearbeitung vergeben und in dessen Speichern die Ernte gesammelt wurde, so daß er den geistigen, politischen und wirtschaftlichen Mittelpunkt bildete. Der irdische Vertreter der Gottheit war der Lugal, der „große Mensch", ein Priesterkönig, der sowohl Oberpriester als auch Kriegsherr war. Nachdem in der Djemdet Nasr-Zeit (um 2800/2700) eine gewisse kulturelle Überfremdung, vielleicht vom Iran ausgehend, eingetreten war, verschob sich in der Mesilim-Zeit (um 2600) der kulturelle Schwerpunkt nach Norden und stellte sich als Folge einer ersten starken Durchdringung der Sumerer mit semitischen Einwanderern aus der syrisch-arabischen Wüste ein starker Umbruch ein: der Schritt vom Gottesstaat zu einer dualistischen Ordnung, in der Tempel und Palast, Oberpriester und König nebeneinander und manchmal auch gegeneinander standen.

In der folgenden Zeit der 1. Dynastie von Ur (2500–2350) haben die Herrscher von Ur die politische Führung aller Stadtstaaten an sich reißen können. Sie galten als von Ellil von Nippur, dem König unter den Göttern, dazu berufen. Das Land war in Gaue aufgeteilt, die jeweils als Gebiet einer bedeutenden Gottheit betrachtet wurden. In ihren Hauptstädten residierten die den Königen von Ur untergebenen Herrscher als Stellvertreter der Götter. Doch war von der früheren theokratischen Ordnung wenig übriggeblieben; die einzelnen Gruppen im Staate hatten sich verselbständigt und suchten jeweils ihren Vorteil auf Kosten der anderen durchzusetzen. In dieser Lage suchte Urukagina noch einmal, jedoch vergeblich, durch eine soziale Reform die Theokratie zu retten, während Lugalzaggisi von Umma um 2350 die sumerischen Städte mit rücksichtsloser Härte in seine Gewalt brachte und die alte Struktur vollends zerstörte, um von Uruk aus ein Großreich zu bilden.

Doch dieser Schritt gelang erst den ostsemitischen Akkadern. Das akkadische Reich (2350–2050) umfaßte über Mesopotamien hinaus das östliche Kleinasien, das iranische Bergland und das unbekannte Land Magan. Der König galt nun nicht mehr als Vertreter einer Gottheit, sondern war selbst Gott und als solcher Spitze und Inhaber des Staatswesens; er regierte die Länder durch seine Beamten, so daß ein zentralisierter Beamtenstaat entstand. Der Begründer dieses Reiches war Sargon I. – eine jener großen weltgeschichtlichen Gestalten, in deren Bild sich Wahrheit und Dichtung mischen. Seinen Nachfolgern ist es lange Zeit gelungen, das Reich vor Aufruhr und Zerfall zu bewahren und es auf einen Gipfel politischer Macht und kultureller Blüte zu führen. In ihm wurden akkadische Art und Sitte anstelle der sumerischen maßgebend. Zugleich bildete sich ein Ständestaat, in dem sich Freie und Hörige, Reiche und Arme, Priester und Krieger, Kaufleute und Handwerker im Laufe der Zeit immer schärfer voneinander abhoben. Auf religiösem Gebiet verschmolz die astrale ostsemitische Religion mit der chthonischen der Sumerer – ein für die religiöse Entwicklung bedeutsames Geschehen. Als dann um 2150 die Energie der akkadischen Dynastie erschöpft war und die zentrifugalen Kräfte sich durchzusetzen begannen, überrannten die halbwilden Bergstämme der Guti aus dem Zagrosgebirge das Reich. Sie, die als Plünderer und Tempelschänder in die Erinnerung eingegangen sind, konnten die Herrschaft für etwa ein Jahrhundert an sich reißen (2150–2050).

In der folgenden Zeit der sumerischen Restauration (2050–1950) beseitigte zunächst ein König von Uruk die Fremdherrschaft und beanspruchte die Nachfolge der akkadischen Herrscher; doch das föderative sumerische System versagte erneut. Erst Urnammu von Ur konnte sich zum Herrscher über Sumer und Akkad erheben und einen Ausgleich zwischen beiden einleiten, der um so leichter fiel, als die ostsemitischen Akkader durch die Unterwanderung von westsemitischen Nomaden- oder Halbnomadenstämmen bedroht waren; schließlich hat Elam diese 3. Dynastie von Ur gestürzt. Noch zuvor hatte sich das Sumerertum in Lagasch wieder frei entfalten können. Dessen Könige waren keine kriegerischen Helden, sondern wollten vor allem Tempelbauer sein; am bekanntesten ist Gudea. Nach seinen Inschriften stand die gesamte Gesellschaft im Dienst der Götter. Die etwa zweihunderttausend Menschen können – abgesehen vom Erwerb der Kleidung und Nahrung – nicht viel anderes getan haben, als die großen Bauten der Götter zu errichten, ihre Kanäle zu graben, die heiligen Schiffe und Wagen herzustellen und die Statuen und Stelen für die Tempel zu meißeln.

2. Die Herrschaft der Westsemiten (1950–1350). In dem wieder in Stadtstaaten gegliederten Lande übernahmen zum geringen Teil Elamiter, zum größeren Teil Westsemiten die Herrschaft, bis die letzteren sich überall durchsetzten, bald Bündnisse miteinander schlossen, bald Kriege gegeneinander um die Vorherrschaft führten. Zwischendurch erstand das altassyrische Reich (1850–1780), dessen Gebiet nach seinem Ende zum Zankapfel zwischen Elamitern und Westsemiten wurde. Von diesen waren in ganz Mesopotamien die Elamiter im Vordringen, die aus dem westiranischen Bergland kamen und schließlich die Vorherrschaft erlangten (1770–1698). Schließlich gelang es Rimsin, das ganze Land mit Ausnahme des kleinen Gebietes der Stadt Babylon in seine Hand zu bringen; er war ein bedeutender Herrscher und schien nach einer langen Zeit der Schwäche und der Kriege endlich Frieden zu bringen.

Jedoch Hammurabi von Babylon vertrieb Rimsin, eroberte Assur und besiegte mit der Stadt Mari das mittlere Euphratgebiet. Auf diese Weise wurde Mesopotamien durch den größten Politiker und Feldherrn der Zeit wieder geeinigt. Freilich verfolgte Hammurabi, der die Stoßkraft des jungen Westsemitentums und die sumerisch-akkadische kulturelle Tradition in sich vereinigte, weniger das Ziel eines Großreiches wie die Akkader, sondern dasjenige eines geeinten Reiches von Sumer und Akkad sowie der Synthese des akkadischen Herrschertums mit dem von den Göttern verliehenen Hirtenamt der sumerischen Könige. Nach Zerrissenheit, Krieg und Zerstörung betrachtete er sich als den von den Göttern gesandten Heils- und Friedensbringer. Zugleich entstand die umfassendste religiöse Synthese, indem alle religiösen Vorstellungen auf die Gestalt Marduks übertragen wurden, der ursprünglich der Lokalgott von Babylon war. Das babylonische Reich bestand fast zwei Jahrhunderte, doch dann reichte seine Kraft nicht mehr zur Überwindung der inneren und äußeren Feinde aus. Im Jahre 1530 verlor der letzte Herrscher Thron und Leben an die kleinasiatischen Hetiter.

3. Die Herrschaft der Bergvölker (17. Jh. bis um 1200). Aus den Gebirgen brachen die nichtsemitischen Völker der Kassiten, Hurriter und Hetiter in die fruchtbaren Ebenen ein. Allerdings ist über die Zeit der Kassitenherrschaft über Babylonien (1680–1160) wenig bekannt. Die ersten Könige mußten vor allem mit den Herrschern des sog. Meerlandes am Persischen Golf um den Thron kämpfen. Erst um 1550 konnte der letzte König des Meerlandes vertrieben und die Herrschaft gesichert werden. Während dieser Fremdherrschaft durchlebte das babylonische Volk eine Zeit der Selbstbesinnung und der Auseinandersetzung mit dem eigenen Schicksal. Hurriter und Hetiter haben in stärkerem Maße auf andere Gebiete des Orients eingewirkt als auf Mesopotamien. Immerhin verdrängten die Hurriter die Herrschaft der Westsemiten in Syrien und am mittleren Euphrat, die Hetiter haben den Sturz der Dynastie Hammurabis bewirkt und sind den Hurritern in Syrien und Nordwest-Mesopotamien entgegengetreten.

Wie die Westsemiten jedoch ihr eigenes Volkstum und ihre Sprache erfolgreich entgegengestellt und ihre eigene Prägung beibehalten haben, so die Ostsemiten in Assyrien (1450–1207). Zwar haben auch sie zunächst dem Druck der Hurriter nachgeben müssen und zu ihrem Reich gehört, bis sie sich um 1375 wieder selbständig machen konnten. Assuruballit I. konnte um die Mitte des 14. Jh. sogar das hurritische Kerngebiet besetzen und die Oberherrschaft über das kassitische Babylonien erlangen. Um diesen Besitzstand ging es bei den Kämpfen der folgenden einhundertfünfzig Jahre – vor allem gegen die Hetiter, die das hurritische Gebiet ebenfalls beanspruchten. Der bedeutendste assyrische Herrscher war Tukulti-Ninurta I., der wegen seiner antibabylonischen Maßnahmen bei einer Revolte der babylon- und mardukfreundlichen Kreise Assyriens sein Leben einbüßte (1207).

Um 1250 war der Alte Orient im wesentlichen in drei großen Reichen zusammengefaßt, die in engem Zusammenhang miteinander standen: Assyrien, Ägypten und das Hetiterreich. Um 1200 waren von diesem eindrucksvollen Gebäude nur mehr Trümmer übrig, nachdem der Orient von zwei neuen Völkerbewegungen überflutet worden war. Die erste war die Wanderung der indogermanischen „Seevölker", die von Norden her auf Kleinasien und Syrien-Palästina einwirkten, die zweite die semitische Wanderungswelle der Aramäer, die vor allem Mesopotamien und Syrien-Palästina in Mitleidenschaft zog. In Babylonien konnten die Aramäer sich leicht auf friedlichem Wege durchsetzen; schon in der ersten Hälfte des 11. Jh. stellten sie einen Herrscher. Nördlich des Euphrats konnten sie eigene Staaten gründen und die Nachfolge der Hurriter antreten, während die Assyrer sich in ihrem Kerngebiet behaupten konnten. In Syrien errangen sie im Verlauf von drei bis vier Jahrhunderten überall den Sieg über die dortigen nachhetitischen Staaten. In Palästina ließen sich die Edomiter, Moabiter und Ammoniter sowie die Israeliten nieder.

In der Folgezeit entstanden nacheinander das neuassyrische Großreich (1112–606) und das neubabylonische Großreich (625–538), deren Gebiete danach im persischen Reich aufgingen (von 650/538 bis zur Eroberung durch Alexander den Großen).

B. Meißner, Babylonien und Assyrien, 2 Bde., 1920/25. – H. Schmökel, Das Land Sumer, 1955. – R. A. Parker – W. H. Dubberstein, Babylonian Chronology, 1956. – J.-R. Kupper, Les nomades en Mésopotamie au temps des rois de Mari, 1957. – S. N. Kramer, The Sumerians, 1963. – F. M. Th. de Liagre Böhl, Blüte und Untergang des Assyrerreiches als historisches Problem, in: Festschrift Th. C. Vriezen, 1966, 204–220. – H. W. F. Saggs, Mesopotamien, 1966. – S. S. Ahmed, Southern Mesopotamia in the Time of Ashurbanipal, 1968. – J. A. Brinkman, A Political History of Post-Kassite Babylonia (1158–722 B. C.), 1968. – M. Dietrich, Die Aramäer Südbabyloniens in der Sargonidenzeit (700–648), 1970. – B. Hrouda, Vorderasien I: Mesopotamien, Babylonien, Iran und Anatolien, 1971.

II. Ägypten

1. Das Alte Reich (1.–6. Dynastie, 2850–2200). Nach der eher vorgeschichtlichen Periode der Kupfersteinzeit steht am Anfang der Geschichte Ägyptens, deren Gliederung auf den ägyptischen Priester Manetho zurückgeht, die Gestalt des fast sagenhaften Reichseinigers mit dem Thronnamen Menes, der als oberägyptischer Herrscher Narmer hieß und nach der Eroberung Unterägyptens seinen Namen in Aḥa „der (siegreiche) Kämpfer" geändert hat. Auslandsbeziehungen scheinen in dieser Frühzeit nur nach dem Vorderen Orient bestanden zu haben: Scharmützel mit Nomaden auf der Sinaihalbinsel, um den ungestörten Zugang zu den dortigen Kupfer- und Türkisminen zu sichern, und Seefahrten nach Byblos und Kreta zu Handelszwecken. In der Spätzeit der 2. Dynastie ist die Einheit Ägyptens für einige Zeit gesprengt worden, bis Djoser sie zu Beginn der 3. Dynastie wiederhergestellt hat. Außerdem geriet das unternubische Gebiet zum ersten Mal in die Hand eines Pharao. Der Staat begann seine für die Folgezeit grundlegenden Einrichtungen zu erhalten: Ein gegliederter Verwaltungskörper wurde aufgebaut, eine geordnete Rechtspflege geschaffen und ein Gesetzbuch niedergelegt. Nach dem erneuten Zerfall des Reiches und nach Kämpfen zwischen Ober- und Unterägypten bauten die Fürsten von Hermopolis es nach der Vermittlung eines Waffenstillstandes wieder auf. Die Einheit und die Kontinuität der Herrschaft blieben daraufhin mehr als ein Jahrhundert im wesentlichen gewahrt. Damals begann die Zeit der großen Pyramiden (Snofru, Cheops, Chefren, Mykerinos), die die Kennzeichen jener Zeit sind. In der Kunst erwuchs der klassische Stil, in der Religion entstanden die Synthesen der Götterneunheit von Heliopolis und der Lehre vom Großen Gott. Im Königtum verkörperte sich die letzte Einheit, die *ma͏ᶜat*, als ethische Ordnung – die Vorstellung von einer einheitlichen Weltordnung, die sich auf die Gesetzmäßigkeit des Denkens gründet. Der König war der „Verwirklicher des Guten", „der gute Gott", der auch die ethische Ordnung im Kosmos garantierte. Unter der 5. Dynastie verlagerte sich der Nachdruck vom geistigen Urgrund allen Seins auf seine Manifestation in der sinnlichen Welt. Da man die Verbindung zwischen Gottheit und Welt in der gestalthaften Manifestation des Schöpfers im Sonnengott Re erblickte und des Königs als der Inkarnation des göttlichen Geistes nicht mehr bedurfte, galt der König nicht mehr wie zuvor als Gott, sondern als vor allen anderen begnadeter Mensch.

Obschon Ägypten unter der 6. Dynastie reich und mächtig blieb, wurde die Königsmacht allmählich zersetzt und das Reich zur Auflösung getrieben. Die zentrale Verwaltungsmacht ging in zunehmendem Maße zurück, die einzelnen Gaue des Landes begannen eine eigene Rolle zu spielen, der private Grundbesitz kam auf, und die Mittelschicht strebte nach einer politischen Stellung. Schließlich entlud sich die revolutionäre Spannung in einem Aufruhr, der ein für ägyptische Verhältnisse umwälzendes Ausmaß annahm. Er leitete die Erste Zwischenzeit ein.

2. Die Erste Zwischenzeit (7.–10. Dynastie, 2200–2052). Der Aufruhr stand im Zeichen des sozialen Kampfes und wurde weitgehend von der unteren Volksschicht getragen. In seinem Verlauf löste sich Oberägypten von der Hauptstadt Memphis und strömten Scharen fremder Eindringlinge von der Sinaihalbinsel nach Unterägypten ein. In Oberägypten bekämpften die Gaufürsten einander unablässig, suchten neue Dynastien zu begründen und ihren Gauen möglichst umfangreiche Gebiete anzugliedern. Die Herrscher der 8. Dynastie waren eigentlich nur Gaufürsten von Memphis, auf dessen nächste Umgebung ihre Herrschaft beschränkt blieb. Schließlich zerfiel das Reich in mehrere Teilgebiete: im südlichen Oberägypten um Theben mit feudalistischer, später mehr bürgerlicher Struktur, in Mittelägypten mit einer Art konstitutioneller Monarchie mit einem Staatsrat der Bürger und im Nildelta mit einer Reihe von unabhängigen Stadtstaaten, die unter den Einfluß asiatischer und libyscher Eindringlinge gerieten. Dies war die Zeit der 9.–10. Dynastie der Gaufürsten von Herakleopolis, die die Tradition des Alten Reiches fortzusetzen suchten, jedoch nicht einmal ganz Oberägypten beherrschten.

Diese höchst bewegte und unruhige Übergangszeit ist dennoch von außerordentlicher Bedeutung für die ägyptische Geisteshaltung gewesen. Vor allem vier Strömungen rangen um den ägyptischen Menschen: eine magische Richtung, die das ganze Dasein mit ihrem magisch-mystischen Zauberwesen durchdrang, die Vorstellung vom Totengericht, vor dem der ethische Wert jedes Menschen an seinen Taten geprüft und ihm im Jenseits eine entsprechende Stellung zugewiesen wird, die Auffassung von der Identifizierung des Menschen mit dem Gott Osiris, der beim Totengericht die Entscheidung fällt, und der dadurch erfolgenden Rettung im Totengericht ohne ethisches Streben und eine skeptische Richtung, die alles Überirdische als Illusion ablehnte und sich auf den Lebensgenuß und die zielbewußte Entfaltung der irdischen Persönlichkeit beschränkte.

3. Das Mittlere Reich (11.–13. Dynastie, 2052–1790). Die 11. Dynastie stellte vom oberägyptischen Theben aus unter Ausnutzung der Spannung zwischen Feudalismus und Bürgertum die Einheit des Reiches wieder her. Nach den vorangegangenen Wirren begann die Konsolidierung des Staates durch die Entmachtung und Beseitigung der Gaufürsten und der Ausgleich der Spannungen durch eine ständische Gliederung des Volkes unter Abgrenzung und Beschränkung der Rechte der Stände. Ferner wurde das Fajjum erschlossen, eine Oase der libyschen Wüste, deren großer See durch einen Kanal Wasser vom Nil erhielt; sie gehörte fortan zu den fruchtbarsten Landschaften Ägyptens. Unternubien wurde wieder unterworfen und das als Goldlieferant wichtige Gebiet durch Festungen militärisch gesichert, ebenso die Straße zum Roten Meer als Zugang zur Sinaihalbinsel. Außerdem bestanden Handelsbeziehungen mit Byblos, Kreta und Babylonien. Schließlich sind aus der Zeit Sesostris' III. einige Feldzüge nach Palästina bekannt, ohne daß freilich das Land erobert und besetzt wurde.

Der nüchterne Skeptizismus der Zeit betraf auch das Königtum. Die Könige galten zwar als kultisch mit den Göttern verbunden und von ihrer Gnade abhängig, aber nicht als Götter auf Erden. Sie waren Titanen des Willens, die sich durch die überragende Kraft ihres Menschentums Geltung verschafften. Dennoch geriet das Staatswesen mehr und mehr aus dem Gleichgewicht. Die Kräfte des ägyptischen Volkes waren erschöpft, die ständischen Lebensformen als Gegengewicht zu Heer und Beamtentum nahmen ein Ende. Doch gerade das automatische Funktionieren der Staatsverwaltung machte diese zu einem gefügigen Werkzeug in der Hand jedes Machthabers. Als die Tochter Amenemhets die Macht einem Beamten überlassen mußte, brach schließlich

14

das Chaos aus. Während der folgenden zwei Jahrzehnte regierten zwei Dutzend „Könige" in verschiedenen Teilen des Landes, anscheinend Beamte und Offiziere, die für kurze Zeit in einem Bezirk die Macht an sich reißen konnten. Danach fanden für die gleiche Zeit einige tüchtige Machthaber aus dem Süden allgemeine Anerkennung, bis der frühere Wirrwarr erneut einsetzte. Schließlich griffen die seit mehr als einem Jahrhundert in wachsender Zahl dienenden asiatischen Söldner ein.

4. Die Zweite Zwischenzeit (14.–17. Dynastie, 1710–1570). Der Umbruch bestand kaum in einer jähen Katastrophe, wie man sie später geschildert hat. Man kann wohl nicht von einem zerstörerischen Einfall von Hyksosheeren reden und die Hyksos zu den Vandalen Ägyptens stempeln. Vielmehr sind zwei Vorgänge zu unterscheiden: Zunächst waren die Hyksos, deren Name sich von der griechischen Umschrift ihrer eigenen Bezeichnung „Beherrscher der Fremdländer" herleitet, die volklich uneinheitlichen, aber wohl meist nichtsemitischen, hurritischen Söldner in ägyptischen Diensten. Ihre Führer drängten nach und nach die ägyptischen Lokalherrscher beiseite und setzten sich an ihre Stelle; sie begannen sich dann untereinander zu verständigen und Bündnisse und Gruppierungen zu bilden. So ging die Herrschaft an sie über. Zugleich drängte eine semitische Wanderung, vor allem aus dem kanaanäischen Gebiet, unter dem Druck der Hurriter von Norden her nach Ägypten hinein. Sie veränderte die Bevölkerungsstruktur im nördlichen Ägypten und schuf die Voraussetzungen für ein neues Aufblühen des Landes im Neuen Reich.

Apophis I. konnte schließlich die Herrschaft über das ganze Reich erringen und die Verwaltung wieder in Gang setzen. Sein Nachfolger vermochte seinen Einflußbereich offenbar noch weiter auszudehnen. Doch bald nahm die Kraft der Hyksosherrscher ab, die Macht der Verwaltung übertraf sie; ihre endliche Ablösung erfolgte von lokalen Fürstentümern in Oberägypten aus.

5. Das Neue Reich (18.–24. Dynastie, 1570–1085). Mit der Entmachtung der Hyksos änderte sich das Bild Ägyptens völlig, sein Aufstieg zur Weltmacht begann. Schon der Begründer der 18. Dynastie, Amose, dem sich das von der Fremdherrschaft befreite Volk offenbar willig angeschlossen hat, konnte das Staatswesen ziemlich reibungslos konsolidieren. Sein übernächster Nachfolger, Thutmose I., schob die Südgrenze Ägyptens bis tief in den Sudan hinein vor, wo sie für rund fünf Jahrhunderte blieb, zog nach Palästina und Syrien und gelangte bis an den Euphrat. Sein Kriegsruhm wurde bald von demjenigen Thutmoses III. überstrahlt, der sechzehn Feldzüge nach Syrien unternommen hat. Seine Ziele waren die Unterwerfung der zahlreichen nordsyrischen Stadtstaaten (vor allem der starken Festung Kadesch am Orontes) und das Zurückdrängen des Hurriterreiches Mitanni, das sich in Nordsyrien auszubreiten begann und mit dem schließlich ein Abkommen getroffen wurde. Die letzten zwölf Friedensjahre seiner Regierung widmete der Pharao der Organisation seines großen Reiches und der Bautätigkeit. Sein Nachfolger Amenophis II. ist über den Orontes bis zum Euphrat vorgedrungen und hat das von seinem Vater eroberte syrische Gebiet durch hartes Eingreifen für Ägypten gesichert; das gleiche gilt für Thutmose IV. Unter Amenophis III. stand Ägypten um 1400 auf dem Höhepunkt seiner Macht und Geltung. Dieser König hat während seiner fast ganz friedlichen Regierungszeit für Ägypten ernten können, was seine Vorgänger durch ständige Kriege in Afrika und Asien gewonnen hatten.

Die Könige dieser Zeit suchten die gesamte Tradition auf sich zu sammeln. Sie standen als absolute Herrscher über den Priestern, der Verwaltung und dem Heer und betrachteten sich als Söhne des Gottes Amun-Re. Diese Gottessohnschaft galt sogar im physischen Sinn; der König schloß eine Ehe mit einem „Gottesweib des Amun", so daß die Gottheit als Erzeuger des neuen Herrschers galt.

Doch Amenophis IV., der sich nach dem von ihm bevorzugten Sonnengott Aton später Echnaton nannte, wagte den Versuch einer tiefgreifenden religiösen und künstlerischen Reform, die von einer Welle der Aufklärung und der Naturschwärmerei getragen wurde und in der der König auf eine Entkörperlichung und Vergeistigung des Bildes vom Sonnengott drängte, bis er endlich als strahlensendende Sonnenscheibe dargestellt wurde. Dies alles hat offensichtlich auf die Ägypter als eine unerhörte Herausforderung gewirkt; und da Echnaton zudem die Regierungsaufgaben im Inneren und im Äußeren stark vernachlässigt hat, sind nach seinem Tode die Reformmaßnahmen schnell und gründlich rückgängig gemacht worden. Jedoch die in Syrien-Palästina entstandenen Schwierigkeiten konnten die letzten Könige der 18. Dynastie nicht mehr beheben. Die syrischen Gebiete fielen von Ägypten ab, die palästinischen wurden durch Vorstöße von Nomaden aus der Wüste hart bedrängt.

Die Könige der 19. Dynastie, die wieder am Anfang standen, erkannten die Schwäche Ägyptens und seine Gefährdung durch das Reich der Hetiter in Kleinasien, die Nordsyrien eroberten. So konnte Sethos I.

zwar die in Palästina eingedrungenen Wüstenstämme niederwerfen und das Küstengebiet bis Tyrus zurückgewinnen, aber weder nach Nordsyrien noch zum Euphrat vordringen. Unter Ramses II. kam es nach einer Schlacht zwischen Ägyptern und Hetitern bei Kadesch am Orontes und nach der Niederwerfung eines großen Aufstandes in Syrien-Palästina um 1280 zum Friedensschluß und zur Abgrenzung der Interessensphären zwischen Ägypten und dem Hetiterreich, wodurch die Verhältnisse bis gegen 1200 stabilisiert wurden. Einer anderen Bedrohung war Ägypten unter der Regierung des Merenptah ausgesetzt: Von Westen her drohten die Libyer das Land zu überfluten, um sich im westlichen Nildelta niederzulassen, bis sie in einer blutigen Schlacht aufgehalten wurden. Mit ihnen verbündet waren die sog. Seevölker, die im ganzen östlichen Mittelmeer in Bewegung geraten waren und gleichfalls gegen Ägypten vorstießen. Erst Ramses III. von der 20. Dynastie konnte sie – vor allem die Philister – in einer großen Seeschlacht vor den Toren Ägyptens zum Stehen bringen, das Land vor ihrer Invasion und die ägyptische Kultur vor dem Untergang retten. Nach diesen Kriegen war die Kraft des Landes erschöpft. Ägypten konnte Palästina nicht zurückgewinnen und nicht einmal die Philister daran hindern, sich dort niederzulassen und die früheren ägyptischen Herrschaftsansprüche selbst zu übernehmen. Nach Ramses III. nahm die Macht des Königtums schnell ab, während diejenige des Hohenpriesters des Amun in Theben in gleichem Maße wuchs. Während das Königtum nur mehr ein Schattendasein führte, bemächtigten sich die Heerführer auf dem Weg über die Hohenpriester Amuns der Tempelverwaltung und beherrschten mit ihrer Hilfe das Land.

6. Dies führt bereits in die *Spätzeit (21.–24. Dynastie, 1085–332)*, in der zunächst libysche und nubische Elemente maßgebend waren. Die 22. und 23. Dynastie werden als libysch bezeichnet, die 25. Dynastie als nubisch. In der Saïtenzeit der 26. Dynastie kam es unter dem Gaufürsten von Saïs zu einer vorübergehenden Restauration des alten Ägypten; auch nach der persischen Eroberung regierten in der 28.–30. Dynastie nochmals einheimische Könige, bis Alexander der Große ihrer Herrschaft ein Ende setzte.

H. Kees, Ägypten, 1933. – J. H. Breasted – H. Ranke, Geschichte Ägyptens, 1936. – E. Otto, Ägypten, Der Weg des Pharaonenreiches, 1953. – A. Alt, Die Herkunft der Hyksos in neuer Sicht, 1954. – E. Otto, Ägypten, 1955[2]. – W. Wolf, Kulturgeschichte des alten Ägypten, 1962. – J. Van Seters, The Hyksos, 1967[2]. – W. Helck, Die Beziehungen Ägyptens zu Vorderasien im 3. und 2. Jahrtausend

v. Chr., 1971². – K. A. Kitchen, The Third Intermediate Period in Egypt (1100–650 BC), 1972. – A. Strobel, Der spätbronzezeitliche Seevölkersturm, 1976. – E. Hornung, Grundzüge der ägyptischen Geschichte, 1977².

III. Kleinasien

Im 3. Jahrtausend neigte der Südosten des Landes zum nördlichen Syrien und Mesopotamien und war mit dem dortigen Kulturkreis eng verbunden. Auf dem Hochland und im Westen bis in die Niederungen der ägäischen Küste war eine durchaus eigenständige kleinasiatische Kultur verbreitet, wobei diejenige im Küstengebiet um Troja sich von der des Hochlandes im Inneren unterschied. Zwischen ihnen nahm der nordphrygisch-bithynische und der südphrygisch-pisidische Kreis eine verbindende und vermittelnde Stellung ein. Erst mit den aus Europa hereinbrechenden Hetitern begann eine größere Machtbildung. Zunächst schufen sie selbständige Stadtstaaten, aus denen allmählich das hetitische Reich zusammengewachsen ist.

Aus dem althetitischen Reich (1800–1460) sind nach dem ersten König Anitta drei große Gestalten zu erwähnen. Labarna hat das Land nach 1700 zu einem Großreich ausgeweitet und war der eigentliche Reichsgründer. Er erreichte auch eine stärkere Stellung des Königs gegenüber dem Feudaladel: Ursprünglich von diesem gewählt, erhielt der Herrscher nunmehr das Recht, seinen Nachfolger zu designieren. Chattuschilisch I. griff erstmals nach Süden über das Taurusgebirge hinaus und suchte – freilich ohne nachhaltigen Erfolg – das Fürstentum Aleppo zu erobern. Murschilisch führte das Hetiterreich zum ersten Mal an die Spitze der altorientalischen Großmächte. Nachdem er Nordsyrien erobert hatte und während er die Hurriter in Schach hielt, stieß er 1530 bis Babylon vor, eroberte es, plünderte es aus und bereitete damit der Dynastie Hammurabis und dem altbabylonischen Reich ein Ende. Seine Absicht dabei war, sich die Legitimation für die Herrschaft über die Völker eines Weltteils zu verschaffen, indem er bis in das Herz dieses Weltteils vordrang. Doch seine Nachfolger waren nicht imstande, große Gebiete und fremde Völker mit höherer Kultur zu beherrschen; statt dessen kam es zur inneren Zersetzung der Macht durch Mord und Verrat um den Besitz des Thrones, durch Vater- und Brudermord um der Königsherrschaft willen und durch das Emporstreben von Feudalherren. In dieser Lage war eine Verfassungsreform nötig, die das Königtum dem Streit zwischen Adel und Königsfamilie entnahm und seine

Rechte und Pflichten neu festlegte. Diese Reform war das Werk des letzten Königs Telepinu, der damit die Grundlagen für das neuhetitische Reich geschaffen hat. Bis zu dessen Beginn liegen wenige Mitteilungen vor; die Zeit scheint durch einen stärkeren hurritischen Übergriff auf das hetitische Gebiet bestimmt gewesen zu sein.

Demgemäß stand in der Anfangszeit des neuhetitischen Reiches (etwa 1430–1200) die Auseinandersetzung mit den Hurritern im Vordergrund; sie wurde mit wechselndem Glück vor allem auf syrischem Boden ausgetragen. Dann erstand in Schuppiluliuma der große Eroberer und Neubegründer des Reiches, der die Landschaften Kleinasiens eroberte, das Reich der Hurriter zerschlug und während der Schwäche Ägyptens unter Echnaton Nordsyrien bis zum Libanon seinem Reich eingliederte. Unter Muwatalli kam es sodann zum Kampf mit den Ägyptern bei Kadesch und unter Chattuschilisch III. zum Friedensschluß von 1280, der dem Orient für Jahrzehnte den Frieden sicherte. Um 1200 wurde das Reich durch den Ansturm der Seevölker, unter ihnen die Phryger und Myser, in kurzer Zeit so gut wie ausgelöscht; Reste bestanden nur im Osten Kleinasiens und in Nordsyrien weiter.

Die Bedeutung des Hetiterreiches lag in seiner Mittlerrolle zwischen dem Orient und der ägäischen Welt, in der Herstellung des Gleichgewichts der Kräfte, die zwischen Ägypten und Mesopotamien nicht erreicht worden wäre, und in seinem Beitrag zur Schaffung des politischen Vakuums im Alten Orient um 1200, das die Inbesitznahme Palästinas durch die Israeliten ermöglichte.

A. Goetze, Das Hethiterreich, 1928. – Ders., Kleinasien, 1957[2]. – O. R. Gurney, The Hittites, 1954[2]. – J. Mellaart, The Chalcolithic and Early Bronze Ages in the Near East and Anatolia, 1966. – G. A. Lehmann, Der Untergang des hethitischen Großreiches und die neuen Texte aus Ugarit, UF 2 (1970), 39–73.

IV. Syrien-Palästina

Die Existenz von Menschen in Syrien-Palästina läßt sich wenigstens vom Ende der frühen Altsteinzeit (um 150 000) an verfolgen. Maßgebend für die spätere Geschichte sind die semitischen Wanderungsbewegungen geworden, die von der syrisch-arabischen Wüste ausgingen und in den langgestreckten Gürtel des fruchtbaren Kulturlandes vom Persischen Golf über Mesopotamien bis nach Syrien-Palästina vordrangen. Zu den geschichtlich bedeutsamsten älteren Wellen gehörten die akkadisch-ägyptische Welle (nach 3000), von der nicht bekannt ist, ob sie auch Syrien erreichte; die nicht allgemein angenommene „altamoritische" Welle (etwa 2500–2300), deren Bedeutung für Syrien wieder unbekannt ist; die kanaanäische Welle (etwa 2100–1700), die sich im Westen durch die Gründung von Staaten (Alalach, Karkemisch, Aleppo, Qatna, Ugarit u. a.) und die Entwicklung einer eigenständigen Kultur (mit der Erfindung der Buchstabenschrift) und Religion fruchtbar auswirkte; und die aramäische Welle (etwa 1400–900), die außer den Edomitern, Moabitern und Ammonitern auch die Israeliten nach Palästina brachte. Von anderen Wanderbewegungen sind vor allem diejenigen der Hyksos und der Seevölker mit den Philistern zu erwähnen; auch versprengte Reste der Hetiter fanden nach dem Untergang ihres Reiches nach Palästina.

Die Phönizier, die Kanaanäer im syrischen Küstenland, waren während ihrer ganzen Geschichte in Stadtstaaten organisiert – so in Tyrus, Sidon, Beerot, Byblos, Arwad und Ugarit. In diesen und weiteren Städten entfaltete sich eine Hochkultur, die zwar sowohl ägyptischem und mesopotamischem als auch kretisch-ägäischem Einfluß, anderwärts hetitischem oder hurritischem Einfluß ausgesetzt war und eine Mittlerrolle zwischen den Kulturkreisen spielte, aber doch ihre Eigenart ausprägte und bewahrte und einen eigenen Kulturkreis neben den anderen bildete. Deswegen haben die phönizischen Städte nach der Eroberung durch die Hetiter ihre selbständige Prägung beibehalten können. Vor allem nach der Katastrophe, die die Seevölker heraufführten, entfalteten sie eine erstaunliche Handels- und Kolonisationstätigkeit und wurden unter der Führung von Tyrus zur beherrschenden Macht auf dem Mittelmeer.

Auch im kanaanäischen Binnenland von Syrien-Palästina bestanden Stadtstaaten, und das System festigte sich während der Zeit der Herrschaft der Hyksos, die die Herrenschicht über den Kanaanäern bildeten. Ähnlich wie in Ägypten die Truppenführer die Macht in den Städten und Gauen an sich rissen, haben wohl auch in Syrien-Palästina solche Truppenführer die Ortschaften des Landes in Besitz genommen; nur kam es anscheinend nicht zu größeren politischen Zusammenschlüssen wie in Ägypten. Dies erklärt sich besonders in Palästina aus der geographischen Zerrissenheit des Landes, die die Eigenständigkeit kleiner Landschaften nach sich zieht. Die Zwergstaaterei, zu der die Lebensgesetze des Landes wiesen, verwirklichte sich in der Hyksoszeit. In ihr bildeten sich die zahllosen Stadtstaaten, die die Ägypter später vorfanden – kleine und kleinste Fürstentümer mit einer befestigten Stadt als Mittelpunkt, einem „König" als Herrscher, einer kleinen waffentragenden Herrenschicht und der eingeborenen Untertanenbevölkerung, die die Arbeit verrichtete.

Das Neue Reich in Ägypten entmachtete oder vertrieb die Hyksos weitgehend auch aus Syrien-Palästina. Im ganzen kanaanäischen Bereich wurde der Pharao als Befreier von ihrer Herrschaft begrüßt und von der Bevölkerung unterstützt. Aber anstatt daß die Kanaanäer sich nunmehr politisch entfalten konnten, gerieten sie unter ägyptische Herrschaft. Syrien-Palästina bildete von etwa 1550 bis gegen 1225 nicht mehr als eine ägyptische Provinz, auch wenn die Ägypter sich oft nur mühsam behaupten konnten und Verschwörungen oder aufrührerische Städtebünde ihnen zu schaffen machten. Die zahlreichen Stadtstaaten bestanden weiter, ihre Herrscher entrichteten Tribute an Ägypten. Als die Aufstände begannen, entstand durch den ägyptischen Versuch, eine wirksame Kontrolle auszuüben, eine zweigleisige Art der Regierung und Verwaltung: auf der einen Seite die Stadtherrscher mit einer Miliz aus hervorgehobenen Streitwagenkämpfern und dem niederen Fußvolk, auf der anderen Seite ägyptische Beauftragte mit ägyptischen, nubischen oder Söldnertruppen. Sie erhoben den Tribut, überwachten die Ausbesserung der Straßen und sorgten für die Bestellung der königlichen Landgüter. Aber die Zustände verschlechterten sich in dem gleichen Maße, in dem die ägyptischen Beamten korrupter wurden. Die Truppen erhielten oft keine Löhne und hielten sich durch Plünderungen im Lande schadlos. Die Bevölkerung verarmte, manche wanderten aus; neue Ortschaften wurden kaum noch gegründet. Daß die kanaanäische Kultur, die einen glänzenden Beginn aufzuweisen hatte, immer mehr abfiel, ist zum größten Teil auf die ägyptische Mißwirtschaft zurückzuführen. Während dieser armseligen Lage der kanaanäischen Stadtstaaten, die vorwiegend in den Ebenen Palästinas lagen, und während des Zerbröckelns und des Endes der ägyptischen Oberherrschaft (um 1225) drangen die Israeliten im Verlauf der aramäischen Wanderungswelle in das Land ein. Weder eine Großmacht noch die kanaanäischen Stadtstaaten konnten sie daran hindern.

Ch. Ch. McCown, The Ladder of Progress in Palestine, 1943. – Ph. K. Hitti, History of Syria, 1951. – W. F. Albright, Syrien, Phönizien und Palästina vom Beginn der Seßhaftigkeit bis zur Eroberung durch die Achämeniden, in: Historia Mundi, II 1953, 331–376. – J. Jirku, Kanaanäische Mythen und Epen aus Ras-Shamra-Ugarit, 1962. – Ders., Geschichte Palästina-Syriens im orientalischen Altertum, 1963. – Ders., Der Mythus der Kanaanäer, 1966. – C. H. Gordon, Ugaritic Textbook, 1963. – A. S. Kapelrud, The Ras Shamra Discoveries and the Old Testament, 1963. – B. Hrouda, Die Einwanderung der Philister in Palästina, in: Festschrift A. Moortgat, 1964, 126–135. – J. Gray, The Legacy of Canaan, 1965². – H. Klengel, Geschichte Syriens, 3 Bde., 1965/70. – A. T. Olmstead, History of Palestine and Syria, 1965. – S. Moscati, Die Phöniker, 1966. – G. Buccellati, Cities and Nations of Ancient Syria, 1967. – W. Helck, Die Bedrohung Palästinas durch einwandernde Gruppen am Ende der 18. und am Anfang der 19. Dynastie, VT 18 (1968), 472–480. – Ders., Zur staatlichen Organisation Syriens im Beginn der 18. Dynastie, AfO 22 (1968/69), 27–29. – B. Mazar, The Middle Bronze Age in Palestine, IEJ 18 (1968), 65–97. – A. Haldar, Who were the Amorites?, 1971. – H. J. Katzenstein, The History of Tyre, From the Beginning of the Second Millenium B.C.E. until the Fall of the Neo-Babylonian Empire in 538 B.C.E., 1973. – Th. L. Thompson, The Settlement of Sinai and the Negev in the Bronze Age, 1975. – M. Dietrich – O. Loretz – J.Sanmartín, Die keilalphabetischen Texte aus Ugarit, I. Transkription, 1976. – G. Pettinato, The Royal Archives of Tell Mardikh-Ebla, BA 39 (1976), 44–52.

2. Kapitel: Frühgeschichte der Israeliten

I. Ursprünge der Israeliten

1. Überlieferung. Der unbefangene Leser der erzählenden Bücher des Alten Testaments muß den Eindruck gewinnen, daß die Israeliten bis zu ihrer Wanderung nach Ägypten eine Familie bildeten, sich aber dort so stark vermehrten, daß sie bei ihrem späteren Auszug ein großes Volk waren, das sich in zwölf Stämme gliederte. Sie hätten in Palästina gemeinsam die Kanaanäer angegriffen, ihres Eigentums beraubt und teilweise ausgerottet, um dann ein gemeinsames Leben unter nationalen „Richtern" bis zur Einführung des Königtums zu leben.

Eingehende Untersuchungen haben nahezu jeden einzelnen Zug dieses Eindrucks geändert. Vor der Errichtung des Königtums gab es keine staatliche Einheit zwischen den Stämmen, die mit dem Namen „Israel" bezeichnet werden. Als diese Einheit hergestellt wurde, umfaßte sie auch Nichtisraeliten. Zuvor waren die Eindringlinge in mehreren getrennten Gruppen in das Land gezogen, von denen jede auf eigene Faust ihren Landbesitz suchte. Nicht einmal die Tradition von den zwölf auf die Söhne Jakobs zurückgehenden Stämmen kann vor der Geschichte bestehen, wie schon die unterschiedlichen Angaben der Stammeslisten zeigen. Erst recht hält die Patriarchengeschichte in der Genesis der Kritik nicht stand.

Wie sich die Erzählungen der biblischen Urgeschichte (Gen 1–11) als naturwissenschaftlich unhaltbar erweisen, so die Patriarchengeschichte für die Geschichtswissenschaft. Die Erzählungen spiegeln hauptsächlich eine bestimmte Daseinshaltung wider, die auf dem späteren alttestamentlichen Glauben beruht. Obwohl einzelne geschichtliche Tatsachen hineingewoben sind, ist dieser Teil der Genesis kein Geschichtsbuch. Er erzählt Geschichten, nicht aber Geschichte. Er enthält vorwiegend Glaubensaussagen, denen man in Sagen und Legenden Ausdruck verschafft hat. Er ist eine Sammlung von einzelnen Erzählungen, die nachträglich miteinander verknüpft worden sind; alle Zusammenhänge und Verflechtungen sind nachträglich hergestellt worden.

Diese Eigenart der Genesis bedeutet, daß es keine Möglichkeit gibt, eine zusammenhängende Geschichte der Frühzeit Israels zu ermitteln. Es liegen lediglich Mitteilungen über eine Reihe von Einzelheiten aus der Frühgeschichte der Israeliten vor, die erst nachträglich miteinander in Zusammenhang gebracht und an passende Stelle gerückt worden sind. Daher sind sie auch zeitlich kaum festzulegen. Die Geschehnisse lassen sich nicht einmal mit ein und derselben Gruppe von Israeliten in Verbindung bringen. Eher ist es wahrscheinlich, daß an den verschiedenen Vorgängen verschiedene Gruppen beteiligt waren. Selbst wenn sich zu einzelnen Punkten der israelitischen Frühgeschichte etwas aus außerbiblischen Quellen ermitteln läßt, sind die Ergebnisse, aufs Ganze gesehen, doch ziemlich dürftig.

2. Herkunft der Israeliten. Die Funde in Mari am mittleren Euphrat lassen es als möglich, wenn nicht als wahrscheinlich erscheinen, daß die israelitische Überlieferung mit ihrer Darstellung recht hat, nach der die Ahnen des Volkes aus der Gegend von Harran im nördlichen Mesopotamien gekommen sind. Harran war im 19./18. Jh. v. Chr. eine blühende Stadt und stand zur Zeit Hammurabis unter der Regierung eines Herrschers aus einer zu Beginn des 2. Jt. eingewanderten Volksschicht. Auch der Name Nahor, nach Gen 24,10 ein Ahne der Rebekka, begegnet in den Mari-Texten als Name der Stadt Nahur, die im Gebiet von Harran gelegen zu haben scheint und im 18. Jh. ebenfalls von einem Herrscher wie in Harran regiert wurde. Ferner entsprechen die Namen einiger Ahnen Abrahams Ortsnamen in der Nähe von Harran: Serug – Sarugi, Terach – Til Turachi. Es ist anzunehmen, daß sich in solchen Namen die Erinnerung an einen Aufenthalt in Mesopotamien niedergeschlagen hat.

Freilich ist es fraglich, ob der Aufenthalt in Nord-Mesopotamien das Ursprüngliche gewesen ist, wenigstens für einen Teil der Israeliten. Denn hinsichtlich ihrer volksmäßigen Herkunft ergibt sich kein einheitliches Bild. Alte und wohl gute Überlieferungen bringen die Israeliten zwar mit den Aramäern in Verbindung. Sie glaubten von einem „flüchtigen Aramäer" (Dtn 26,5) abzustammen und nannten ihre mesopotamischen Verwandten in der Genesis stets Aramäer. Außerdem sind aramäische Sprachreste im Hebräischen und eine aramäische Schicht in der Namengebung der Israeliten unverkennbar. Daneben jedoch wird in den Genealogien Israels Eber, der Ahnherr der Israeliten, von den Aramäern scharf unterschieden (Gen 10,24). Ferner finden sich in den Listen der Nachkommenschaft Abrahams nord- und südarabische Stämme, während wieder aramäische Stämme und Chaldäer als Nachkommen von Abrahams Bruder Nahor genannt werden. Gewiß darf man auf solche Genealogien nicht viel Gewicht legen. Immerhin besagen sie, daß nicht ohne weiteres für alle Israeliten ein einheitlicher aramäischer Ursprung angenommen werden darf. Vermutlich sind die Abstammungsverhältnisse so verwickelt, daß alle Angaben der Überlieferung eine gewisse Berechtigung haben. *Nomader!*

Darüber hinaus ist es durchaus möglich, daß die unter Moses Führung aus Ägypten kommenden Sippen nichtaramäischen Ursprungs gewesen sind und sich erst in Palästina mit aramäischen Israeliten vereinigt haben. Andere Israeliten können zu semitischen Stämmen gehört haben, die ursprünglich im südlichen Mesopotamien ansässig waren und allmählich von dort verdrängt wurden. Dafür könnten manche

24

Mythen und Sagen sprechen, die in der Genesisüberlieferung erkennbar werden. Denn von ihnen gehört nichts zu kanaanäischem Gut, das erst in Palästina übernommen worden wäre; ebensowenig bestehen Parallelen zur ägyptischen Literatur. Vielmehr handelt es sich um sumerische Mythen und Sagen, die vor allem die Darstellung der Urgeschichte beeinflußt haben. Da es sich weder um direkte Entlehnung aus sumerisch-babylonischen Quellen noch um Übernahme aus kanaanäischer Überlieferung handelt, ist eher anzunehmen, daß die Stoffe im Laufe einer längeren Bekanntschaft während des Zusammenlebens mit den Sumerern übernommen und angeeignet worden sind.

Dies alles bedeutet, daß eine einheitliche Herkunft des israelitischen Volkes nicht anzunehmen ist. Israel stellt vielmehr eine Mischung verschiedener, hauptsächlich semitischer Elemente dar. Die Aramäer dürften allerdings in der Überzahl gewesen sein. Eine solche Mischung dürfte schon sehr früh bestanden haben, doch sind auch im Verlauf der Landnahme weitere fremde Elemente hinzugestoßen. Ein Volk hat sich erst allmählich auf dem Boden Palästinas entwickelt.

3. Die Frühisraeliten als Nomaden. Das Nomadentum mit seiner Kultur ist ein grundlegender Faktor, der das Dasein Israels geformt hat. Vieles in der sozialen, kulturellen und religiösen Geschichte Israels bliebe unverständlich, wenn nicht das Nomadentum als ein Element gewertet würde, das die Daseinshaltung Israels beeinflußt hat. Freilich war es nur ein Element und nicht einmal das grundlegende. Gelegentlich hat man allerdings bestritten, daß die Israeliten einmal Nomaden gewesen seien, weil sie das Kamel nicht gekannt hätten, das erst im 12. Jh. v. Chr. als Haustier begegne. Jedoch ist der Zeitpunkt der Domestizierung des Kamels umstritten; vor allem spielte bei den altsemitischen Nomaden nicht das Kamel, sondern der Esel als Trage- und Reittier die wesentliche Rolle. Es handelte sich nicht um ein Kamel-Beduinentum, sondern um ein Esel-Nomadentum. Nicht zuletzt führt die erzählende Überlieferung des Alten Testaments darauf, daß die Frühisraeliten als Nomaden vorzustellen sind; manchmal mögen Übergänge zum Halbnomadentum vorgelegen haben.

Der altorientalische Nomade war ein Wanderhirte. Das Hauptfutter seiner Kleinviehherde war die spärliche Weide, die Wüste und Steppe während und nach dem Winterregen bieten. Wenn die Sommerdürre die Vegetation in der Steppe absterben ließ, mußte der Nomade andere Plätze aufsuchen, die Futter boten. In der heißesten Zeit des Jahres zog er in die Nähe fester Siedlungen im Kulturland und suchte mit den dort

Ansässigen Abkommen über Weideplätze und Wasserstellen zu treffen. Sobald aber der nächste Winterregen es ermöglichte, zog er erneut in die Steppe. Auf diese Weise fand ein regelmäßiger Weidewechsel statt.

Daß es sich um ein Wanderhirtentum handelte, war von ausschlaggebender Bedeutung für die gesellschaftliche Verfassung. Einerseits war eine Staatsbildung unmöglich, andererseits der Zusammenschluß in größeren Gruppen erforderlich, um Leben und Eigentum zu schützen. Die wichtigste Gruppe war die Sippe. Sie bildete die Einheit beim Wandern und Lagern, hatte ein gemeinsames Erkennungszeichen für die Tiere, gewährleistete die Sicherheit von Leib und Leben ihrer Angehörigen und sorgte für die Arbeitsunfähigen. Sie schützte den Nomaden vor Unrecht und mußte ihrerseits für die Vergehen ihrer Angehörigen einstehen. Da die Verwandtschaft somit eine besondere Rolle spielte, legte der Nomade großen Wert auf seine Abstammung und hatte Interesse an der Genealogie.

Der Stamm als übergeordnete Einheit war ein Gemeinwesen ohne Obrigkeit. Denn die Stellung des Stammesführers gründete sich nicht auf Macht und institutionelle Autorität. Er war nur primus inter pares. Im allgemeinen konnte er nicht Befehle geben, sondern nur Ratschläge erteilen. Dennoch war das Stammesleben keineswegs rechtlos, sondern wurde vom ungeschriebenen Gewohnheitsrecht bestimmt. Dabei verfolgte der Nomade sein Recht in erster Linie durch Selbsthilfe. Der einzelne und seine Sippe mußten einen Anspruch, der richterlich festgestellt worden war, mit ihren eigenen Mitteln durchsetzen. Der Strafvollzug war Ausdruck der Privatrache, vor allem in Form der Blutrache. Die Pflicht zu dieser hatte die Sippe eines Getöteten oder Geschädigten, gewöhnlich durch mehrere Generationen hindurch. Man konnte sich zwar mit einer Sachbuße begnügen, doch galt es gewöhnlich als unehrenhaft, „Blut um Milch zu verkaufen". Blutrache war Ehrensache.

Der für den Nomaden ebenfalls bezeichnende Beutezug wurzelte vor allem in den ärmlichen Lebensbedingungen. Neben den Kleinviehherden war er eine wesentliche Quelle des Lebensunterhalts. Da die Beute, die meist wieder aus Vieh bestand, der Hauptzweck war, vermied man es, Blut zu vergießen, und machte sich aus dem Staub, wenn die Abwehr zu stark und die Aussicht auf Erfolg gering waren.

Indessen machten die unsicheren Verhältnisse des Lebens in Steppe und Wüste das Eigentumsrecht zu einer fragwürdigen Angelegenheit. So war man freigebig, anstatt auf Besitz bedacht zu sein. Die Freigebigkeit ist dadurch zu einer der großen Tugenden der Nomaden geworden. Damit hängt auch die Gastfreundschaft zusammen. Die Lebensbedingungen der Steppe und Wüste machten sie erforderlich; ohne sie würden Reisen und Handel unmöglich sein. Gastfreundschaft brachte besondere Ehre ein, daher bemühte man sich, Gäste zu haben. Abgesehen von einer freigebigen Bewirtung stand ein Gast voll und ganz unter dem Schutz des Gastgebers, der für sein Wohlergehen verantwortlich war. Zum Gastrecht gehörte die Schutzpflicht, die einem Verfolgten Asyl gewährte. Wer verfolgt wurde, durfte in ein beliebiges Zelt eindringen mit der Bemerkung, daß er der Schutzgast des Zeltbesitzers sei. Er durfte gewöhnlich solange bleiben, bis sich seine Lage geändert hatte; während dieser Zeit war der Gastgeber voll für ihn verantwortlich.

Insgesamt war die Daseinshaltung der Nomaden durch die Steppe und Wüste und ihre besonderen Lebensbedingungen geprägt. Der Nomade war frei und duldete kein Joch auf seinem dafür überempfindlichen Nacken, sei es religiöser oder politischer Art. Niemand konnte ihn zum Gehorsam oder zur Arbeit zwingen. Das brachte es mit sich, daß er völlig auf das Vertrauen zu sich selbst und zu seiner Sippe angewiesen war. Es galt sich zu behaupten und sich Achtung zu verschaffen. Von der Selbstbehauptung ging es weiter: Es galt der erste zu werden und Ruhm zu erlangen, sei es durch Rache, Raubzüge oder Gastlichkeit. So sind hervorstechende Züge des Nomaden seine Selbstsicherheit, sein Freiheitsdrang und seine Ungebundenheit, die nur die Gesetze der Steppe und Wüste anerkennt.

Daß das Nomadentum einer der grundlegenden Faktoren für das Dasein der Israeliten gewesen ist, geht daraus hervor, daß nomadische Vorstellungen und Bräuche in den alttestamentlichen Quellen begegnen.

Den israelitischen Stämmen wird in den Stammessprüchen des Alten Testaments oft eine ausgeprägte Individualität zugeschrieben. So werden im Jakobsegen (Gen 49) Simeon und Levi wegen ihres heftigen Temperaments getadelt, Juda wird mit einem jungen Löwen verglichen, Dan mit einer Schlange auf dem Wege, während Isaschar unter dem Bild eines Esels vorgeführt wird, vergleichbar einem Sklaven, der für seinen Herrn arbeitet. In gleicher Weise sind sich die Nomaden überhaupt ihrer Stammeseigentümlichkeiten bewußt geworden. Jeder Stamm hatte seine Eigenarten und Charakterzüge.

Manche israelitischen Sippen und Stämme führten sich auf einen Stammvater zurück, wie es bei den Nomaden die Regel war. Es war eine wichtige Aufgabe, die Geschlechterfolge bis zu diesem Stammvater richtig wiedergeben zu können. Darüber hinaus forderte man nicht nur die Kenntnis der eigenen Stammtafel, sondern auch die der benachbarten oder verwandten Sippen und Stämme. Dabei bestand die Tendenz, lange Namenketten zu verkürzen und nur besonders eindrucksvolle Namen zu behalten. Dem entsprechen die Genealogien in den älteren Quellenschichten des Pentateuchs, die sich von den gelehrten Produkten der priesterschriftlichen Quellenschicht und des chronistischen Geschichtswerks unterscheiden.

Auch die Organisation und Leitung des Nomadenstammes haben nachgewirkt. Dies ergibt sich aus der Einstellung, die die Stämme im Deboralied (Jdc 5,2) gegenüber ihren Anführern haben: „Daß Heerführer in Israel anführten, daß das Volk sich ihnen willig erwies – preist Jhwh dafür!" Danach hätte das Volk die Möglichkeit gehabt, sich nicht willig zu erweisen, sondern die Heeresfolge zu verweigern. Dies entspricht dem Nomadentum, in dem jeder sich weigern konnte, ohne Repressalien befürchten zu müssen, und in dem alles von der Bereitwilligkeit der einzelnen Stammesangehörigen abhing.

Wie bei nomadischen Stammesführern ist bei den sog. Richtern und den beiden ersten Königen ihre Tüchtigkeit eine wesentliche Ursache für ihre Stellung gewesen: ihre Tapferkeit und ihre glückliche Hand in Fehde und Krieg. Auf solche Weise gelangte man zur Würde eines Anführers, wenn einem das Glück gewogen war: bei Streifzügen, auf einsamen Beutezügen, denen sich immer mehr Männer und schließlich der ganze Stamm anschlossen.

Ein Zug aus der Kriegführung findet sich im Deboralied (Jdc 5,12): „Auf denn, auf denn, Debora; auf denn, auf denn, singe ein Lied!" Der Nomade vertraute im Krieg nämlich nicht nur auf seine Waffen, sondern verwendete als weiteres Hilfsmittel den Zauberspruch. Ein Beispiel dafür ist Bileam, der von dem moabitischen König Balak gerufen wurde, damit er Israel verfluche (Num 22–24). So ist wohl auch die Aufforderung an Debora zu verstehen. Während der Kampf tobte, wurde sie aufgefordert, ihr Lied zu singen, das mit seiner geheimnisvollen Kraft dem Feind eine Niederlage bereiten sollte. Im ursprünglichen Nomadentum handelte es sich um einen zaubermächtigen Fluch. Daß eine Frau in solcher Weise im Kampf auftrat, war nichts Ungewöhnliches. Auch arabische Stämme nahmen ein Mädchen, oft die Tochter des Stammesführers, mit in den Kampf, während dessen sie dann, ähnlich wie Debora, das Kampflied sang.

Die Blutrache begegnet bereits in Gen 4: Kain soll siebenfach gerächt werden, Lamech prahlt nach Nomadenart vor seinen beiden Frauen von siebenundsiebzigfacher Rache. Gideon begegnete auf der Verfolgung des Feindes zwei Häuptlingen, als sich herausstellte, daß sie seine beiden Brüder erschlagen hatten, tötete er sie (Jdc 8). In der Davidüberlieferung ist häufig von der Blutrache die Rede. Nach II Sam 1,15 ließ David den Mann, der Saul getötet hatte, umbringen – wahrscheinlich als Sauls Bluträcher; ebenso verfuhr er, als die Mörder Ischbaals zu ihm kamen (II Sam 4,10 f.). Der Feldhauptmann dieses Ischbaal, Abner, war in einem Gefecht gezwungen gewesen, den Bruder des davidischen Feldhauptmanns Joab, der ihn verfolgte, niederzustoßen, nachdem er ihn vorher – mitten im Kampf – aufgefordert hatte, ihm aus dem Weg zu gehen. Später ging Abner zu David über, doch Joab brachte ihn um. Blutrache liegt auch der Erzählung zugrunde, die Joab der weisen Frau in den Mund legte, als sie bei David für Absalom bitten sollte.

Weder Gideon noch Joab konnten sich der Pflicht der Blutrache entziehen. Nur machte Gideon vorher den Mördern seiner Brüder klar, daß er der Rächer sei, während Joab die Blutschuld in heimtückischer Weise einlöste. Doch auch dies war durchaus nomadisch. Alle Mittel galten als erlaubt, auch List und Verschlagenheit. Zudem war es wie im Nomadentum die nächste Verwandtschaft, der die Pflicht der Blutrache oblag. Sie war Privatsache der Sippe, in die sich sonst niemand einzumischen hatte. Deshalb ging Joabs Blutrache den David nichts an. So lebte dieses nomadische Grundgesetz in Israel noch lange Zeit fort. Spätere Gesetzgeber haben die Blutrache einzuschränken gesucht, dennoch aber mit ihr als einer Tatsache rechnen müssen.

Der Nomade war auch sonst anscheinend rachsüchtig; er hütete nichts so sehr wie seine Ehre und gab auf jede Beleidigung die nach seiner Meinung gebührende Antwort. Genauso war der Israelit darauf bedacht, seine Ehre zu wahren und Rache zu nehmen. Entsprechend wird erzählt, daß Jakobs Söhne für die Schändung ihrer Schwester Dina durch einen Sichemiten grausame Rache nahmen (Gen 34). Als Amnon die Schwester Absaloms, Tamar, die seine Halbschwester war, vergewaltigt hatte, wurde er während eines Gastmahls bei Absalom auf dessen Wink niedergestochen, damit die Schwester gerächt wurde (II Sam 13). Wie wenig man eine Verletzung der Ehre ertrug, zeigt auch die Geschichte von David und Nabal: Nabal wies die Boten des Freibeuters David spöttisch zurück, als sie den Tribut dafür forderten, daß seine Herden unbehelligt geblieben waren. Daraufhin zog David zur Rache aus, und nur das kluge Verhalten der Frau Nabals besänftigte ihn (I Sam 25). Noch auf seinem Totenbett, so erzählte man, verlangte David von Salomo, daß dieser für ihn Rache an Simei nehmen sollte, der ihn vor Jahren einmal beschimpft hatte (II Sam 16; I Reg 2,8 f.). Von robusterem Schlage war Simson, dessen ganzes Leben von der Rache bestimmt erscheint.

Auch das andere Grundgesetz der Nomaden kehrt im Alten Testament wieder: die Gastfreiheit. Bezeichnend dafür sind die Erzählungen über Abraham in Gen 18, über Lot in Gen 19 und über den alten Mann in Gibea in Jdc 19. In diesen und anderen Erzählungen finden sich alle Züge der nomadischen Gastfreiheit. So ist es der Gastgeber, der den Gast entdeckt und ihm entgegenläuft. Er lädt den Gast ein, ja bittet ihn sogar inständig und lockt mit dem, was das Haus zu bieten hat. Der gleiche Eifer begegnet bei Rebekka und Laban (Gen 24,24 ff.), sowie bei Jetro (Ex 2,20). Nichts konnte daran hindern, Gastfreundschaft zu üben – weder die Tageshitze noch die gefährliche persönliche Lage. Zur Gastfreiheit gehörte aber auch die Schutzpflicht des Gastgebers. So wird von Lot und dem alten Mann in Gibea erzählt, daß sie ihre Töchter preiszugeben bereit waren, nur damit dem Gast nichts geschehen sollte. Zum Schutz ihrer Gäste fühlten sie sich sogar zum schwersten Opfer verpflichtet.

Gewiß handelt es sich bei einem Teil der angeführten Beispiele nicht um geschichtliche Ereignisse, sondern um Erzählgut; doch ist dies belanglos, weil auch die Erzählungen die erwähnten Sitten als verständlich oder bestehend voraussetzen.

In der Frage nach der frühisraelitischen nomadischen Religion hat man manchmal gemeint, eine ungeteilte, einheitliche Kultur feststellen zu können, in der der Glaube an einen persönlichen Gott fehle und sich alles auf den Willen und die Fähigkeiten des Menschen konzentriere. Jedoch trifft diese Auffassung schwerlich zu. Vielmehr findet sich der Glaube an einen persönlichen Schutzgott bereits in der Frühzeit der Israeliten. Zwar scheint der Schwerpunkt nicht bei der Gottheit und ihrem Handeln zu liegen, aber die Israeliten weichen in ihren religiösen Anschauungen nicht wesentlich von dem ab, was sich für andere altorientalische Religionen ergeben hat.

Neben dem Glauben an einen persönlichen Schutzgott stehen allerlei magische Vorstellungen und Praktiken. Man fürchtete die Dämonen, die in der Steppe und Wüste lebten, und suchte auf magischem Wege auf sie einzuwirken. Der Blutrache lag die Vorstellung zugrunde, daß die Tötung eines ihrer Angehörigen eine Schwächung der Lebenskraft einer Sippe bedeutet; sie konnte nur durch die entsprechende Schwächung der schuldigen Sippe ausgeglichen werden. Durch Zaubersprüche gegen die Feinde während des Kampfes suchte man dem Gegner eine Niederlage zu bereiten. Dieses magische Erbe wurde in Palästina durch die kanaanäische, später auch die ägyptische und babylonisch-assyrische Magie verstärkt.

II. Die Patriarchen

1. Überlieferung. Die Patriarchenüberlieferungen der Genesis müssen hauptsächlich als Erzählgut betrachtet werden. Was sie an geschichtlicher Überlieferung enthalten, ist als sehr gering zu bezeichnen. Im wesentlichen handelt es sich um einige Namen und einige Mitteilungen über Lebensweise und Glaube dieser Frühisraeliten. Daraus läßt sich manches Wichtige entnehmen, nur auf eine zusammenhängende geschichtliche Darstellung muß man verzichten. Denn die Einzelheiten sind erst nachträglich in Zusammenhang miteinander gebracht und an eine passende Stelle gerückt worden.

Freilich hat man oft geglaubt, in der Erzählung von dem Feldzug Abrahams gegen die Ostkönige und der Begegnung mit Melchisedek (Gen 14) sicheren Boden zu betreten. Danach war Abraham ein wehrhafter Israelit in der Nähe von Hebron. Er stand mit drei Kanaanäern in einem Bündnisverhältnis, war dem König von Jerusalem tributpflichtig und rächte eine an seinem Verwandten Lot durch die Ostkönige verübte Gewalttat mittels eines Überfalls auf das Heer dieser Könige. Immer wieder hat man versucht, jene Ostkönige mit geschichtlichen Gestalten des Alten Orients zu identifizieren, doch alle Versuche bleiben unsicher, und die Frage des Erfolges Abrahams wird dadurch nicht gelöst. Der geschichtliche Charakter von Gen 14 ist höchst fraglich. Die Erzählung mag zwar einige alte Erinnerungen oder Notizen enthalten – über einen möglicherweise geschichtlichen Feldzug von nicht näher bestimmbaren Truppen aus dem Osten und eine jerusalemische Lokaltradition von Melchisedek –, aber die Gestalt Abrahams ist erst aus der israelitischen Tradition in die Darstellung eingeführt worden.

Auch sonst stellen sich angesichts der Genesisüberlieferungen manche Fragen hinsichtlich der Patriarchen: Handelt es sich in ihnen um alte Stammväter, und ist ihre Geschichte als sagenhafte Darstellung von Stammesgeschichte zu verstehen? Oder sind die Patriarchen nichts anderes als Personifikationen von Stämmen, hinter denen keine geschichtlichen Gestalten gesucht werden dürfen? Oder waren sie ursprünglich israelitische oder von Israel übernommene Götter und die Erzählungen von ihnen ursprüngliche und später verblaßte Mythen? Oder waren sie geschichtliche Gestalten, deren Schicksale die Volkssage ausgesponnen hat? Handelt es sich also um geschichtliche oder um ungeschichtliche Gestalten?

2. Altorientalische Namen in der Patriarchenüberlieferung. Als erste geschichtliche Einzelnotiz sind einige Namen der Patriarchenüberlieferung zu vermerken, die auch anderwärts im Alten Orient vorkommen. Insbesondere gibt es in mesopotamischen Texten der ersten Hälfte des 2. Jt. v. Chr. eine Reihe von Personennamen, die zwar semitisch sind, jedoch nicht zu dem Typ der dort gebräuchlichen akkadischen Namen gehören. Sie ähneln vielmehr dem Typ der ältesten israelitischen Personennamen. Vor allem sind es Satznamen, die aus dem Imperfekt eines Verbs und einer Gottesbezeichnung bestehen (wie der Name „Israel"), oder Kurznamen, die die Gottesbezeichnung nicht aufweisen (wie „Isaak"). Aus den Texten von Mari ergibt sich, daß das Königshaus und die Herrenschicht der Stadt zu den Trägern dieser Gruppe von nichtakkadischen Personennamen gehört haben. Doch ergibt sich schwerlich eine direkte Beziehung zu den Patriarchen. Auch sonst kann in keinem außerbiblischen Text des 2. Jt. eine Anspielung auf Personen oder Gruppen bzw. Stämme der Patriarchenzeit gefunden werden. Dies gilt ebenso für die ugaritischen Texte, in denen man in der ersten Zeit nach ihrer Entdeckung die Namen Simeon, Sebulon und Asser wiederzufinden meinte, wie für die Texte von Ebla.

Doch bedeutet dies nicht, daß die Namensgleichheiten oder -ähnlichkeiten wertlos wären, weil sie nicht mit israelitischen Patriarchen oder Stämmen identifiziert werden können. Vielmehr ergibt sich aus den Texten, daß diese Namen im 2. Jt. an verschiedenen Stellen des Alten Orients bekannt waren und gebraucht wurden. Die Gestalten der Genesis tragen also Namen aus der Zeit, in der die Erzählungen von ihnen spielen sollen. Dies ist natürlich weder Zufall, noch beruht es auf Archivforschungen der Erzähler, sondern weist darauf hin, daß wirklich einzelne Erinnerungen an Träger solcher Namen vorlagen.

3. Altorientalische Lebensverhältnisse in der Patriarchenüberlieferung.

Eine zweite Gruppe geschichtlicher Einzelheiten betrifft die Lebensverhältnisse der Patriarchenzeit. Es zeugt für das Alter mancher Erinnerungen, Motive oder Erzählungen, daß einiges in ihnen den Verhältnissen des frühen und mittleren 2. Jt. v. Chr. zu entsprechen scheint, wie aus den Texten von Mari und Nuzi hervorgehen kann. Freilich ist dies neuerdings wieder bestritten worden und bedarf weiterer Klärung.

a) Eine Reihe von Übereinstimmungen in Wörtern und Redensarten zwischen dem alten Israel und den Texten von Mari stammt aus dem Bereich des Wanderhirtentums mit seiner Stammesorganisation und seinen eigentümlichen Institutionen. Sie können zum Vergleich herangezogen werden, weil die nomadische oder halbnomadische Lebensweise dieses Wanderhirtentums für die israelitischen Patriarchen ebenso wie für einen größeren Teil der Mari-Leute – trotz ihres Staates – charakteristisch war.

Die Himmelsrichtungen werden mit nichtakkadischen Worten oder Wortformen nach der Orientierung zum Sonnenaufgang im Osten bezeichnet, so daß der Osten auf der „Vorderseite" *(aqdamātum)* und der Westen auf der „Rückseite" *(aḫarātum)*, der Norden „links" *(sim-[ḫ]al)* und der Süden „rechts" *(jamin[a])* liegt. Auf diese Weise hat man in Mari zwei große Stämmegruppen bezeichnet: die *banū-simʾal* und die *banū-jamin*, wie noch in Palästina ein israelitischer Stamm die *bᵉnê jᵉmînî* „Benjaminiten" genannt wurde, ohne daß er freilich mit dem Stamm im Reiche Mari verwandt gewesen wäre. In diesen Zusammenhang gehören ferner Ausdrücke für größere oder kleinere Stammeseinheiten: das Wort *gājum (gāwum)*, das wahrscheinlich die Bedeutung „Schar, Gruppe, Gemeinschaft" besitzt und in den semitischen Sprachen nur noch im Alten Testament und der von ihm abhängigen Literatur in der Form *gôj* mit der verallgemeinerten und abgeblaßten Bedeutung „Volk, Nation" vorkommt, *ummatum,* das große Stammesorganisationen im Gebiet des mittleren Euphrat bezeichnet und im Alten Testament in der Form *ʾummā* als besonderer Ausdruck für nichtisraelitische nomadische Stämme begegnet (Gen 25,16; Num 25,15; Ps 117,1); und das Wort *ḫibrum* für eine engere Vereinigung mehrerer gemeinsam wandernder Familien innerhalb der größeren Einheit des Stammes, dem das hebräische Wort *ḥäbär* „Verbindung, Gemeinschaft" entspricht. Dazu treten schließlich Ausdrücke für die Aufenthaltsorte der Wanderhirten: *nawūm,* das die „Steppe" als das „Lager" der nicht fest angesiedelten Wanderhirten benennt (auch: *ḫibrum ša nawīm* für die Familiengruppe des Steppenlagers) und dem hebräischen

Wort *nawā* „Weideplatz, Stätte" entspricht; das Wort *ḫaṣarum* für die unbefestigte zeitweilige Niederlassung einer Stammesgruppe, also für eine Art von Zeltdorf, wie auch das Alte Testament solche unbefestigten Ortschaften (Lev 25,31) als Niederlassungen in der Nähe einer Stadt (Jos 19,8) oder als Wohnorte von nomadischen oder halbnomadischen Stämmen *ḥᵃṣerîm* nennt (Gen 25,16; Dtn 2,23; Jes 13,11); und das Wort *kaprum* für die Vorratshäuser der Wanderhirten, das im Hebräischen zu *kapar* „Dorf" geworden ist.

Eine weitere Reihe von Übereinstimmungen findet sich im Bereich der Rechtsanschauungen und -bräuche. In Mari und in Israel gab es die Zuweisung eines Stückes vom Landeigentum des Stammes an einen Stammesangehörigen als persönliches Erbeigentum *(niḫlatum-nāḥᵃlā)*, das unveräußerlich sein und dessen Übergang in den Besitz eines anderen Stammes durch besondere Bestimmungen verhindert werden sollte (Num 36,7). Den Rechtsakt der Zuweisung konnte man durch ein gemeinsames Mahl und die Salbung mit Öl besiegeln (Gen 26,30; 31,54). In Mari und in Israel gab es eine Eheform, bei der die Frau im Elternhaus blieb und von ihrem Ehemann, der vielleicht sogar in einer anderen Ortschaft wohnte, besucht zu werden pflegte. Diese Eheform, die keine Beziehungen zur sonstigen mesopotamischen Tradition aufweist, begegnet in der Ehe Gideons mit einer Sichemitin und Simsons mit einer Philisterin. Ebenso ist für die Erbteilung in Mari und in Israel eigentümlich, daß der Erstgeborene bevorzugt wurde und zwei Drittel des Erbes erhielt (Dtn 21,17; vgl. II Reg 2,9).

Dies alles ist sicherlich kein Zufall. Freilich ist auch zu beachten, daß die in Mari lebende Bevölkerungsgruppe mit nichtakkadischen Namen zwar den Schwerpunkt ihrer Ansiedlung am mittleren Euphrat und seinen Nebenflüssen Balichu und Chabur gehabt hat, jedoch gleichzeitig an anderen Orten begegnet – darunter in Syrien-Palästina, wie das Vorkommen ihrer Namen in ägyptischen Texten zeigt. Es handelt sich offensichtlich um eine größere Wanderungsbewegung, die vom 20.–18. Jh. in die Kulturländer besonders des Nordteils des fruchtbaren Halbmondes zahlreiche Einwanderer geführt hat, die teils kleinere oder größere Staatengebilde schufen, teils ihre bisherige nomadische oder halbnomadische Lebensweise beibehielten. Man hat sie als Westsemiten, Amoriter, Ostkanaanäer oder Protoaramäer bezeichnet; doch ist dem auch entschieden widersprochen worden, weil die philologische Prüfung ergebe, daß die Texte es nicht zulassen, die Sprache der nichtakkadischen semitischen Bevölkerung als protoaramäisch zu bezeichnen. Doch ungeachtet dessen weiß die alttestamentliche Überlieferung um die Herkunft der Patriarchen aus Mesopotamien und um die Verwandtschaft mit den dortigen „Aramäern". Freilich darf man deswegen die Patriarchen nicht gleich im 18. Jh. ansetzen wollen. Denn die Zuwanderung nach Palästina ist ein langer geschichtlicher Vorgang gewesen. Und daß die Ahnen Israels auch nach dem 18. Jh. im nordmesopotamischen Gebiet gelebt haben mögen, können andere Texte zeigen.

b) Zu Beginn des 2. Jt. v. Chr. lockte der Reichtum des mesopotamischen Kulturlandes auch die in seinen Randgebieten hausenden nichtsemitischen Hurriter an, die sich schon im 18. Jh. in kleineren Gruppen von Alalach in Nordsyrien bis nach Mari finden. Bald darauf ergriffen sie, verstärkt durch indoiranische Elemente, die Macht, die sie vielfach noch im 16./15. Jh. innehatten. Dies gilt auch für das Gebiet des mittleren Euphrat mit seinen Nebenflüssen.

Für die Rechtsverhältnisse dieser Hurriter liegt eine Reihe von Zeugnissen aus der Zeit um 1500 vor. Sie stammen aus der alten Stadt Nuzi bei Kerkuk, östlich des mittleren Tigris. Die gleichen Rechtssitten und -bräuche, die sich dort finden, können und müssen bei den Hurritern überall, auch im Euphratgebiet, vorausgesetzt werden. Sie sind wichtig, weil eine Reihe von Patriarchenerzählungen diese Rechtsformen widerzuspiegeln scheinen. Und da sie in palästinischen Erzählungen und Gesetzen nicht vorkommen und außerhalb der Patriarchenerzählungen nicht mehr wiederkehren, liegen darin vielleicht alte Erinnerungen an das Leben im mittleren Euphratgebiet etwa im 16. Jh. vor.

So gab es die Adoption eines Freien oder Sklaven durch einen kinderlosen Mann, wobei der Adoptierte ihn im Alter zu versorgen und nach dem Tode zu beerdigen hatte und dafür sein Erbe wurde. Dem entsprach die Absicht Abrahams, seinen hausgeborenen Sklaven Elieser zu seinem Erben zu machen, als er keine eigenen Kinder mehr erhoffte; dann aber lehnte Jhwh diese Regelung ab und verhieß dem Abraham einen leiblichen Sohn (Gen 15,1 ff.). Genauso ist in den Nuzitexten vorgesehen, daß der Adoptierte von seinem Erbrecht zurücktreten mußte, wenn der Adoptivvater doch noch einen Sohn bekam.

Sara gab nach Gen 16 ihrem Mann die Sklavin Hagar, als sie keine Kinder zu bekommen glaubte, damit sie durch die stellvertretende Sklavin dazu käme. Ähnliches wird von Rahel und Lea erzählt (Gen 30). Dem entsprechen Heiratsverträge in Nuzi, nach denen eine kinderlos bleibende Frau ihrem Mann eine Sklavin zuführen sollte: „wenn Gilimninu nicht gebiert, wird sie Schennima eine Frau aus dem Lande der Lullu vermählen", woher viele Sklaven kamen.

Nach der Geburt Isaaks verlangte Sara dann die Forttreibung der Hagar mit ihrem Sohn, Abraham aber weigerte sich, dem nachzukommen, bis ein Gebot Jhwhs ihn dazu nötigte (Gen 21,8 ff.). Dabei handelte Abraham zunächst wieder nach dem Nuzi-Vertrag, der festlegte, daß die Kinder der stellvertretenden

Sklavin nicht fortgetrieben werden sollten: „die Abkömmlinge (der Sklavin) wird Gilimninu (die Ehefrau) nicht forttreiben".

Bei der Werbung um Rebekka fragten ihr Bruder Laban und seine Mutter sie um ihr Einverständnis (Gen 24,57 f.) – ein für den semitischen Alten Orient ungewöhnlicher Vorgang. Aber Verträge aus Nuzi, nach denen ein Bruder seine Schwester verheiratete, weisen solche Zustimmungsvermerke auf: „Mit meiner Einwilligung hat mein Bruder mich dem oder dem zur Frau gegeben." Darin liegt eine Rechtsanschauung vor, nach der innerhalb der patriarchalischen Familie die Brüder eine Art von fratriarchalischer Autorität über ihre Geschwister ausüben. Im Alten Testament bilden Gen 34,5–18 über die Verhandlungen nach der Schandtat Sichems an der Dina und vielleicht Gen 37,27 f. über den Verkauf Josephs an die Ismaeliter durch seine Brüder weitere Beispiele. In allen Fällen handelten die Brüder – in Mari und in Israel in erster Linie bei der Verheiratung weiblicher Familienangehöriger – zu Lebzeiten der Eltern in eigener Autorität, die sie unabhängig von derjenigen des Vaters in bestimmten Rechtslagen zu besitzen schienen.

Außerdem konnte man in Nuzi das Erstgeburtsrecht verkaufen, wie Esau es dem Jakob verkaufte (Gen 25,27 ff.). Einmal erhielt der Verzichtende drei Schafe als Gegenleistung – immerhin mehr als ein Linsengericht. Noch eine andere Erbsache: Als Jakob mit seinem Besitz von Laban floh, stahl Rahel die Teraphim, den Hausgott, ihres Vaters (31,19). Nach dem Gesetz von Nuzi gingen solche Idole auf die Haupterben über, und demzufolge verlieh ihr Besitz eine Anwartschaft auf das Erbe. Daher der Versuch Rahels, sich in den Besitz des Hausgottes zu setzen, und daher das Bemühen Labans, diesen Gegenstand zurückzuerhalten.

All diese Rechtssitten, die durchweg dem Familienrecht entstammen, begegnen im Alten Testament nur in den Patriarchenerzählungen, sonst nicht mehr. Sie entsprechen den späteren Rechtsverhältnissen der Israeliten in Palästina nicht, sondern spiegeln die Verhältnisse im hurritischen Mesopotamien um die Mitte des 2. Jt. wider. Natürlich darf man daraus nicht folgern, daß die Erzählungen der Genesis, in denen sie erwähnt werden, historische Berichte seien. Aber sie sind unter Verwertung der Erinnerungen daran, die lebendig geblieben waren, entstanden. Dies bedeutet aber, daß wenigstens ein Teil der Ahnen Israels sie im 16. Jh. in Mesopotamien kennengelernt haben muß. Erscheinen diese Frühisraeliten also zunächst als eine Gruppe, die zu den im 20./19. Jh. ins Kulturland Eingewanderten gehörte und im 18. Jh. in Nord-Mesopotamien lebte, so zeigen die Erinnerungen an hurritische Rechtssitten, daß sie offenbar noch im 16. Jh. dort weilte und erst danach allmählich nach Palästina gekommen ist.

Neuerdings sind freilich erhebliche Einwände gegen die Heranziehung der Nuzitexte für die Interpretation der Genesis und die Erhellung der Patriarchenzeit erhoben worden. Wenn sie zutreffen, dann ist das zuvor Dargelegte hinfällig. Doch die Diskussion über die Einwände hat noch kaum begonnen; ihr Ergebnis bleibt abzuwarten.

4. *Die Chapiru.* Auf die Verhältnisse dieser von Nord-Mesopotamien nach Palästina wandernden Hirten wirft ein altorientalischer Ausdruck ein wenig Licht. Die Amarnabriefe, meist aus dem 14. Jh., enthalten oft Bitten palästinischer Stadtherrscher an den ägyptischen Pharao um Hilfe gegen Eindringlinge, die als Chapiru bezeichnet werden. So schreibt der Stadtherrscher Abdi-Cheba von Jerusalem um 1360 an den ägyptischen König Amenophis IV.:

> Was habe ich dem König, meinem Herrn, angetan? Man verleumdet mich vor dem König, meinem Herrn (?): Abdi-Cheba ist dem König, seinem Herrn, abtrünnig geworden. Siehe, mich hat weder mein Vater noch meine Mutter eingesetzt an diesen Ort; der mächtige Arm des Königs hat mich eingeführt in das Haus meines Vaters. Warum sollte ich Frevel gegen den König, meinen Herrn, begehen? Solange der König, mein Herr, lebt, sage ich dem Verwalter des Königs, meines Herrn: Warum liebt ihr die (Ch)apiru und haßt ihr den Ortsvorsteher? So verleumdet man (mich) vor dem König, meinem Herrn, wenn (?) ich sage (?): Das Land des Königs, meines Herrn, ist verlorengegangen. So verleumdet man (mich) vor dem König, meinem Herrn . . .
> Solange (?) der König, mein Herr, lebt, wenn ein Verwalter herkommt, sage ich: Das Land des Königs, [meines Herrn], geht verloren. Ihr hört (nur) nicht auf mich! Verloren gehen alle Ortsvorsteher, kein Ortsvorsteher verbleibt dem König, meinem Herrn. Der König möge sein Augenmerk auf die Bogenschützen richten, und es mögen Bogenschützen des Königs, meines Herrn, ausziehen. Dem König bleibt (bald) kein Land mehr übrig. Der (Ch)apiru raubt das ganze Land des Königs. Wenn in diesem Jahre noch Bogenschützen zur Verfügung stehen, so verbleibt das Land des Königs, meines Herrn. Und wenn keine Bogenschützen zur Verfügung stehen, so geht das Land des Königs, meines Herrn, verloren.

Ähnlich äußert sich in der gleichen Zeit Schuwardata von Kilti (Kegila, unweit von Jerusalem):

> Der König, mein Herr, möge erfahren, daß der (Ch)apiru [... (etwa: die Waffe?)] trägt in dem Lande, (das) der Gott des Königs, meines Herrn, mir gegeben hat, und ihn bekämpft. Und der König, mein Herr, möge erfahren, daß alle meine Brüder mich verlassen haben. Und ich und Abdi-Cheba (führen) Krieg gegen den (Ch)apiru, und Zurata, der Mann von Akko und End-da-ru-ta, der König von Achsaph, diese (?) sind mir zu Hilfe gekommen mit 50 Kriegswagen und sie stehen jetzt auf meiner Seite im Kriege.

Man hat den Ausdruck Chapiru gern mit dem Wort ʿibrî „Hebräer" gleichgesetzt und manchmal außerdem gemeint, daß die Amarnabriefe sich auf das Eindringen der Israeliten unter der Führung Josuas bezögen. Letzteres trifft freilich mit Sicherheit nicht zu. Auch das Alte Testament gebraucht den Ausdruck „Hebräer" nie für diejenigen Israeliten, die unter Mose aus Ägypten ausgezogen und unter Josua in Palästina eingedrungen sein sollen. Zudem kann die Haupteinwanderung erst im Laufe des 13. Jh. stattgefunden haben. Dagegen ist die Gleichsetzung Chapiru – ʿibrî möglich.

Inzwischen gibt es eine Fülle weiterer Belege für solche Chapiru oder ʿApiru; sie reichen von Ägypten über Syrien bis nach Nordmesopotamien und Nuzi. So werden auf einer Stele Amenophis' II. (um 1400) als Gefangene u. a. erwähnt „ʿpr 3600"; in einem Musterbrief der Zeit Ramses' II. (13. Jh.) heißt es: „Gib Getreideproviant den Leuten des Heeres und den ʿpr, die für den großen Pylon von „. . . Ramses Miamun' Steine ziehen"; der Priesterschaft von Heliopolis wurden von Ramses III. (12. Jh.) u. a. geschenkt: „Wagenkämpfer, (ausländische) Fürstenkinder, mrjn, ʿpr und die Leute der Siedlung, die sich dort befinden", und unter den Teilnehmern einer Expedition Ramses' IV. wurden u. a. „800 ʿpr der Stämme der ʿnt" genannt.

Überall erscheinen die Chapiru oder ʿApiru als landlose und landfremde Söldner und Beutemacher, Gefangene und Sklaven. Die Ansicht geht heute vielfach dahin, daß es sich nicht um einen ethnischen, sondern um einen soziologischen Begriff handelt. Er bezeichnet „Personen ohne Familienzugehörigkeit", wie auch ʿibrî im Alten Testament für den nicht vollfreien Mann verwendet werden kann (Ex 21,2; Dtn 15,12). Da aber diese Menschen vornehmlich Ausländer waren, vollzog sich allmählich eine Bedeutungswandlung oder -ausweitung des Begriffs Chapiru. Er wurde auf die Ausländer im Bereich eines Staates überhaupt angewendet und bezeichnete sie als minderberechtigte Fremde.
Leitet man ʿibrî von Chapiru ab, so ergibt sich – da eine einfache Gleichsetzung ausscheidet –, daß die Frühisraeliten eine Gruppe in dem Ganzen der Chapiru gebildet haben können. Auch sie wurden so genannt, weil sie als Wanderhirten viel umherzogen und also zu den minderberechtigten Fremden zählten. Dem entspricht durchweg die Art, wie sie in den Erzählungen der Genesis geschildert werden. Wenn man also nicht auf die Volkszugehörigkeit, sondern auf die Lebensweise sieht, ist wohl anzunehmen, daß Gruppen der Frühisraeliten – unter ihnen die Patriarchen – zu denen gehörten, die man damals Chapiru-ʿApiru nannte. Als solche sind sie in Palästina erschienen – sicher erst im 15. oder 14. Jh., also gewiß gleichzeitig mit den Chapiru der Amarnabriefe, aber nicht identisch mit ihnen. Denn einmal waren diejenigen

Chapiru, die die kleinen Stadtkönige Palästinas bedrängten, viel zahlreicher als die Sippen der israelitischen Patriarchen. Ferner werden diese als Wanderhirten wohl mit Recht als durchweg friedlich und keineswegs kriegerisch geschildert – ein Zug, der sie von den späteren israelitischen Stämmen deutlich unterscheidet und der darum schwerlich erdichtet ist. Und schließlich lag es im Wesen dieses Wanderhirtentums, daß es vertragliche Übereinkommen mit den Kulturlandbewohnern suchte, um im Zuge des Weidewechsels jedes Jahr nach Ablauf der Regenzeit und des Frühjahrs aus der Steppe ins Kulturland ziehen und die Herden auf den abgeernteten Äckern weiden zu können.

5. Die Patriarchen als inspirierte Führer. Daß es sich bei den Patriarchen um geschichtliche Gestalten handelt, ergibt sich aus religionsgeschichtlichen Erkenntnissen: aus den von ihnen begründeten Sippenkulten oder -religionen, die man oft als diejenigen der „Vätergötter" charakterisiert. In der Tat finden sich a) die Formel „Gott meines (deines, seines) Vaters", b) die Formel mit einem Väternamen „der Gott Abrahams" bzw. „der Gott deines Vaters Abraham", c) Namensformen mit der Gottesbezeichnung El wie „Israel", d) altertümliche Gottesbezeichnungen: *pāḥad jiṣḥaq, ᵓabîr jaᶜᵃqob, ᵓäbän jiśraᵓel* und *magen ᵓăbraham,* e) Eigennamen mit den Elementen *ᶜăm* „Verwandtschaft, Familie (Volk)", *ᵓab* „Vater" und *ᵓaḫ* „Bruder", die auf die Gottheit hinweisen (z. B. Abiram/Abraham „Mein [göttlicher] Vater ist erhaben").

Daraus läßt sich erschließen, daß in der israelitischen Frühzeit jede Sippe einen jeweils eigenen Gott verehrt hat, so daß es eine Vielzahl von Sippenreligionen gegeben hat. In ihnen spielte die persönliche Beziehung zwischen der Gottheit und dem Kultstifter, der zugleich Sippengründer oder -führer gewesen ist, eine wesentliche Rolle. Durch den letzteren ist jeweils die ganze Gruppe mitsamt ihren Nachkommen zum Verehrerkreis der Gottheit ihres Ahnherrn geworden, die ursprünglich dessen persönlicher Schutzgott war. Charakteristisch sind folgende Züge: An erster Stelle stand eine Offenbarung der Gottheit an den Sippengründer oder -führer. Dem folgte die Wahl der Gottheit durch den Menschen, wie praktisch jeder unabhängige Mann seinen persönlichen Gott wählen konnte. Die Wahl schloß einen nachfolgenden Kultus ein. Demnach sind die Patriarchen zunächst Offenbarungsempfänger und Kultstifter der Frühzeit Israels, bei denen die persönlichen Beziehungen zu ihren Gottheiten so stark betont wurden, daß in deren Bezeichnungen die Namen der Patriarchen erscheinen. Hinzu trat sodann eine Verheißung der Gottheit, die den Landbesitz und die Nachkommenschaft des Sippengründers oder -führers betraf; zu ihrer Verwirklichung ging die Gottheit eine dauernde Verpflichtung ein. Diese bildete die Grundlage für eine dauernde Lebensgemeinschaft, in der die Gottheit als das wirkliche Haupt der Sippe galt und von deren irdischen Mitgliedern als „Vater, Bruder" bezeichnet werden konnte, während diese sich als „Kinder, Brüder, Verwandte" der Gottheit fühlten. Dabei war die Gottheit nicht an ein lokales Heiligtum gebunden, sondern ein Wege- und Schutzgott der wandernden Nomaden.

Doch sind die Patriarchen nicht nur als Offenbarungsempfänger und Kultstifter zu betrachten. Vielmehr gab es seit alters als inspiriert geltende Personen, die als die Vorläufer der späteren Seher gelten können. Doch anders als im palästinischen Israel waren die Gestalten des Sehers, des Priesters und des Sippen- oder Stammesführers ursprünglich nicht scharf getrennt. Sie konnten zusammenfallen, wie es sich beim arabischen *kāhin* verhielt, der vor allem aufgrund von Träumen und Ahnungen seherische Worte sprach, oft der Priester und Hüter eines Heiligtums war und schließlich aufgrund seiner Autorität ein Sippen- oder Stammesführer werden konnte. Alles dies trifft auch für die Patriarchen zu. In der Gestalt des *kāhin* liegt also die wirkliche Parallele für sie vor. Man kann die Patriarchen daher als inspirierte Führer der Frühisraeliten bezeichnen, aus deren Gesamtauftreten sich die späteren Tätigkeiten des Stammesführers, des Sehers und des Priesters abgespalten und herausgelöst haben.

6. Die einzelnen Patriarchengestalten. a) Als älteste Väterüberlieferung ist wahrscheinlich diejenige von Jakob in das gesamtisraelitische Bewußtsein aufgenommen worden. Jakob allein wird in Dtn 26,5–9 vorausgesetzt; er allein ist mit den späteren Themen des Pentateuchs verknüpft worden, indem er zum Vater der Ahnherren der zwölf Stämme wurde und mit ihnen nach Ägypten auswanderte. Die anderen Patriarchen sind erst durch ihn mit jenen Themen verbunden worden, wie es durch die mit Jakob und seinen Söhnen begonnene genealogische Verknüpfung bedingt war.

Jakob scheint zunächst mit den später in Mittelpalästina ansässigen israelitischen Stämmen verknüpft worden zu sein; denn die bezeichnendsten Erzählungen ▼on ihm haften an Orten im Bereich dieser Stämme: an den Heiligtümern von Sichem und Betel. Der Grundbestand der Jakobüberlieferung, der sehr stark von fremdem Gut überwuchert ist, muß vor allem in der Verbindung Jakobs mit diesen Heiligtümern gesucht werden. Bei Sichem schlug Jakob sein Lager auf (Gen

33,18) und kaufte dort ein Stück Land, um auf ihm eine Mazzebe zu errichten (Gen 33,19 f.). In Betel wurde ihm durch eine nächtliche Gotteserscheinung die Heiligkeit der Stätte geoffenbart (Gen 28,10 ff.); dort errichtete er Mazzebe und Altar (Gen 28,17; 35,7). In Verbindung mit dem Heiligtum von Betel begegnet auch die Land- und Nachkommenverheißung. Denn da der Gott Jakobs sich durch die Verwirklichung der einstigen Verheißungen als zuverlässig und mächtig erwiesen hatte, verehrte man ihn an den mit Beschlag belegten beiden Heiligtümern. Dadurch faßte zunächst die Erinnerung an Jakob dort Fuß, schließlich wurde der Offenbarungs- und Verheißungsempfang selbst dort lokalisiert.

Andere Jakoberzählungen, die Jakob-Laban-Reihe und die Jakob-Esau-Reihe, haften im Ostjordanland. Es handelt sich dabei um ein kleines Gebiet südlich des Jabbok, das sich östlich an den Jordangraben anschließt. Dieses Gebiet ist in der Zeit zwischen Landnahme und Staatsbildung von Siedlern aus Mittelpalästina besetzt und urbar gemacht worden. Dann aber kann diese Landschaft vorher kaum seßhafte Bewohner und also keine lokalen Erzählungsüberlieferungen gehabt haben. Entweder ist die Überlieferung vom ostjordanischen Jakob von den Siedlern aus ihren alten Wohnsitzen im Westjordanland mitgebracht worden, wo seine Gestalt seit langem beheimatet war, oder er hieß ursprünglich Israel und ist mit Jakob identifiziert worden (vgl. Gen 32,25 f.). Bei den ostjordanischen Israeliten knüpften sich an ihren Jakob jedenfalls allerlei Erzählungen, die aus den neuen Lebensverhältnissen erwachsen waren. Er ist eigentlich kein Patriarch mehr, sondern der das Dasein der Siedler charakterisierende Typ.

In der Jakob-Laban-Reihe wird von einem Vertrag erzählt, durch den der Berg Gilead als Grenzscheide zwischen Israeliten und Aramäern (Laban) bestimmt wurde (Gen 31,44 ff.), was vor allem die Benutzung von Weideplätzen und Wasserstellen betraf. Es wird von entführtem Gut erzählt, das man nach Überschreiten der Grenzscheide in Sicherheit hatte, von dem betrügerischen Aramäer (Laban), der eines Tages doch seinen Meister (Jakob) fand.

In der Jakob-Esau-Reihe handelt es sich um die Charakterisierung zweier Brüder mit verschiedener Lebensweise und um ihren Streit um Erstgeburtsrecht und väterlichen Segen. Dabei repräsentiert Esau den Typ des Jägers, Jakob denjenigen des Kleinviehhirten. In den Erzählungen wird auf verschiedene Weise gezeigt, daß der Hirt den Vorzug vor dem Jäger hat. Zwar glaubt der Jäger, selbst die Anwartschaft auf ein bevorzugtes Dasein zu besitzen, er verliert sie aber durch seine Gleichgültigkeit oder Dummheit an den geschickten und listigen Hirten. Solche Erzählungen wurden von den ostjordanischen Hirten mit Vergnügen weitergegeben, hatten sie doch das Land den Jägern abgewonnen.

Die Umbenennung Jakobs in Israel ist nach der alttestamentlichen Überlieferung im Ostjordanland erfolgt. Diese Umbenennung selbst und die Erwähnung eines doch wohl als Gottheit zu verstehenden *ʾäbän jiśraʾel* lassen auf einen Ahnherrn Israel neben Abraham, Isaak und Jakob schließen. Seine Sippe scheint sich nach ihm benannt und im Westjordanland gelebt zu haben. Denn die einzige außerisraelitische Erwähnung des Namens Israel auf der Stele des Merenptah um 1225 scheint eine Menschen- oder Bevölkerungsgruppe zu bezeichnen: „Israel liegt brach und hat kein Saatkorn (keine Nachkommen)." Demnach war die Gruppe damals aus unbekannten Gründen nahezu ausgestorben. Es ist möglich, daß ihre Reste in der Jakobsippe aufgegangen sind und daß deren ostjordanischer Zweig den Namen Israel übernommen und mit dem Namen ihres Ahnen gleichgesetzt hat.

b) Die israelitischen Südstämme haben die Jakobüberlieferung bald übernommen. Bei ihnen bildeten sich ferner eigenständige Überlieferungen von zwei anderen Patriarchen heraus: Isaak und Abraham. Sie wurden ebenfalls gesamtisraelitisches Gut. Dabei wird in der jetzigen Erzählungsform Isaak durch Abraham völlig in den Schatten gestellt; zudem haben fast alle Isaakerzählungen inhaltlich ziemlich genau entsprechende Gegenstücke in der Abrahamüberlieferung. Wahrscheinlich wird man Isaak jedoch für die ältere Gestalt von beiden halten müssen. Abraham stellt ihm gegenüber die jüngere, „modernere" Gestalt dar, die auf Kosten Isaaks die Überlieferung an sich gezogen hat. Dies folgt auch aus der genealogischen Verknüpfung der Patriarchen; nachdem man einmal damit begonnen hatte, eine einlinige Ahnenreihe zu konstruieren, mußte diese über Jakob hinaus nach rückwärts fortgesetzt werden. Die Isaaküberlieferung ist daher als erste an die Jakobüberlieferung angefügt worden, indem Isaak zum Vater Jakobs wurde. Dann erst folgte in der einlinigen Ahnenreihe Abraham, der dadurch zum Vater Isaaks wurde.

Das wesentliche Material der Isaaküberlieferung ist in Gen 26 kompendienartig zusammengetragen worden. Es umfaßt zunächst den Bericht von einer Gotteserscheinung mit Segen und Verheißung von Landbesitz und Nachkommenschaft. Dazu tritt die Auseinandersetzung mit den bisherigen Besitzern des Kulturlandes, bei der es hauptsächlich um die Benutzung von Wasserstellen geht. Schließlich gehört dazu die Erzählung von der Furcht Isaaks wegen der Folgen, die sich für ihn und seine schöne Frau aus der Nachbarschaft der wollüstigen Landesbewohner ergeben konnten.

Die alte Abrahamüberlieferung umfaßte vermutlich nur die Gotteserscheinung mit der Verheißung von Landbesitz und Nachkommenschaft. Dadurch konnte Abraham mit Isaak in Verbindung gesetzt werden und ursprüngliche Isaakerzählungen an sich ziehen. Dazu traten weitere Überlieferungen, durch die

Abraham zum eigentlichen Mittelpunkt der ganzen Patriarchenüberlieferung geworden ist.

c) Die Überlieferung von der Auswanderung Jakobs nach Ägypten bildete den Ausgangspunkt für die Josephnovelle. Auch diese Überlieferung stammt von den mittelpalästinischen Stämmen. Sie ist jedoch ein junges literarisches Gebilde und eine von vornherein planvoll angelegte Gesamtkomposition. Als solche bildet sie das Verbindungsglied zwischen den vorhergehenden Patriarchenüberlieferungen, die mit der Auswanderung Jakobs nach Ägypten schließen, und der Moseüberlieferung. Die Josephnovelle dient also nur zur Überbrückung und Verknüpfung. Das geschichtliche Moment, das ihre Entstehung rechtfertigte, war der Aufenthalt einer israelitischen Schar in Ägypten, ihre Flucht von dort, ihre Wanderung nach Palästina und ihr wahrscheinliches Aufgehen in den mittelpalästinischen Stämmen.

7. Ergebnis. Insgesamt läßt sich sagen, daß die Patriarchen zu einer umfassenden Wanderbewegung gehörten, die zunächst aus der Steppe und Wüste in das Kulturland und danach in diesem von der einen in eine andere Landschaft geführt hat. In den Genesiserzählungen werden die Patriarchen denn auch fast ganz in dieser Weise geschildert – als hin- und herziehende Kleinviehbesitzer, die am Recht auf die Brunnen interessiert waren, sich gelegentlich schon Besitztum an Grund und Boden sicherten und hier und da eine gewisse Ackerkultur mit der Viehzucht verbanden. Die Patriarchensippen in Palästina waren weder reine Nomaden noch Karawanenführer im Negeb, aber auch noch keine fest angesiedelten Bauern, sondern lediglich dem Einfluß des seßhaften Lebens im Kulturland ausgesetzt, das sie schon längere Zeit durchwandert hatten. Sie waren Halbnomaden auf dem Wege zum Seßhaftwerden.

Selbst die starke Bearbeitung der alttestamentlichen Überlieferung hat den Eindruck nicht verwischen können, daß Sippengötter, die ursprünglich wohl persönliche Schutzgötter waren, die entscheidende Stelle eingenommen haben. Sie wurden aufgrund einer Offenbarung, die der Sippengründer oder -führer erhalten hatte, angenommen und in einem darauf folgenden Kultus verehrt. Was die Sippen von ihnen herleiteten, waren die Verheißungen von Landbesitz und Nachkommenschaft. Die Empfänger der Offenbarungen und Verheißungen und die Kultstifter waren die sog. Patriarchen, die in der noch ungeteilten und nichtspezialisierten nomadischen Kultur als die inspirierten Führer ihrer Sippen zu verstehen sind. So legen die in der Genesis verarbeiteten

Überlieferungen der Abraham-, der Isaak- und der Jakob-, vielleicht zudem einer Israelsippe deren religiös-rechtlich begründete Ansprüche auf das Kulturland dar. Und da die Überlieferungen die Sippen in verschiedenartigen Stadien im Verhältnis zum Kulturland zeigen – von der flüchtigen Berührung bis zur beginnenden Seßhaftigkeit, vielleicht auch schon in Beziehungen zu bestimmten Heiligtümern im Lande –, handelt es sich zugleich um Überlieferungen über die Landnahme der ersten israelitischen Gruppen in Palästina. In ihrem Kern sind die Patriarchenüberlieferungen die Landanspruchs- und Landnahmeerzählungen mehrerer israelitischer Gruppen, die – aus dem Bevölkerungsstock Nord-Mesopotamiens nach dessen hurritischer Überwanderung kommend – sich in Palästina festsetzen wollten und festsetzten. Die sog. Patriarchen aber waren die Gründer oder Führer dieser Gruppen, jedenfalls geschichtliche Gestalten, die zu ihren Lebzeiten in ihrer Gruppe oder Sippe die ausschlaggebende Rolle gespielt und ihr die entscheidende Ausrichtung gegeben haben.

M. Greenberg, The Ḫab/piru, 1955. – J. Hoftijzer, Die Verheißungen an die drei Erzväter, 1956. – F. M. Cross, Jr., Yahweh and the Gods of the Patriarchs, HThR 55 (1962), 225–259. – A. Parrot, Abraham et son temps, 1962. – J. M. Holt, The Patriarchs of Israel, 1964. – R. de Vaux, Die Patriarchenerzählungen und die Geschichte, 1965. – H. Seebass, Der Erzvater Israel, 1966. – J. Weidmann, Die Patriarchen und ihre Religion im Licht der Forschung seit Julius Wellhausen, 1968. – G. Fohrer, Die Vorgeschichte Israels im Lichte neuer Quellen, in: Ders., Studien zur alttestamentlichen Theologie und Geschichte (1949–1966), 1969, 297–308. – K. Koch, Die Hebräer vom Auszug aus Ägypten bis zum Großreich Davids, VT 19 (1969), 37–81. – M. Noth, Mari und Israel, Eine Personennamenstudie, in: Ders., Aufsätze zur biblischen Landes- und Altertumskunde, II 1971, 213–233. – Ders., Die Ursprünge des alten Israel im Lichte neuer Quellen, ebd. 245–272. – M. Weippert, Abraham der Hebräer? Bemerkungen zu W. F. Albrights Deutung der Väter Israels, Bibl 52 (1971), 407–432. – Th. L. Thompson, The Historicity of the Patriarchal Narratives, 1974. – J. Van Seters, Abraham in History and Tradition, 1975.

III. Die Landnahme der israelitischen Stämme

1. Die Landnahme im Rahmen der altorientalischen Geschichte. Vor der israelitischen Landnahme gehörten Syrien-Palästina längere Zeit zum Einflußbereich Ägyptens, wobei diese Zugehörigkeit jedoch bald in eine ägyptische Herrschaft ausartete. Während zeitweiliger Aufstände und Kämpfe und eines Niedergangs der ägyptischen Macht ergriff von Norden her das jüngere Hetiterreich von einem Teil Syriens Besitz. Nach schwerem Kampf zwischen Ägyptern und Hetitern wurde Syrien unter Ramses II. und Chattuschilisch III. durch einen Vertrag in eine ägyptische und eine hetitische Macht- und Interessensphäre geteilt (1280 v. Chr.), wodurch sich die Verhältnisse stabilisierten. Doch schon in der zweiten Hälfte des 13. Jh. änderte sich die Lage plötzlich. Die Macht Ägyptens sank schnell auf einen Tiefpunkt, das Hetiterreich ging als Auswirkung der ägäischen Wanderung zugrunde, das mittelassyrische Reich war ebenso wie Babylonien völlig unbedeutend. Dies hatte zur Folge, daß Syrien-Palästina in einem politischen und militärischen Vakuum lagen und sich selbst überlassen waren. Die Philister und andere Seevölker wurden in der palästinischen Ebene seßhaft; von Osten her konnten aramäische Stämme in das Ost- und Westjordanland eindringen: die Edomiter, Moabiter, Ammoniter und die israelitischen Stämme. Die Landnahme der israelitischen Stämme wird also auf dem Hintergrund der altorientalischen Geschichte verständlich. Sie war nur in dieser Periode der politischen Schwäche oder des Zusammenbruchs der bisherigen Großmächte möglich, durch die Palästina den neuen Siedlern und Eroberern offenstand.

2. Überlieferung. Die Quellenlage für die Landnahme der israelitischen Stämme ist nicht viel besser als für die Patriarchenzeit und die Einwanderung der Patriarchengruppen. Wieder sind Einzelnachrichten nachträglich zu einem großen Zusammenhang aneinandergefügt und ineinandergearbeitet worden. Sie geben zudem wieder nur über einen Teil des Geschehens Auskunft, wie auch die Patriarchen ja nur eine Auswahl aus den alten inspirierten Führern darstellen. Die Landnahme ist daher in ihrem geschichtlichen Hergang nicht wirklich greifbar, sondern erst in ihrem Ergebnis.

Es kann kein Zweifel darüber bestehen, daß die Darstellung des Buches Josua in keiner Weise dem tatsächlichen Hergang entspricht. Die Landnahme ist kein einheitlicher Vorgang gewesen, der sich unter der Führung Josuas abgespielt hätte. Josua ist erst für spätere Ereignisse von Bedeutung. Daneben finden sich aber noch Notizen in Jdc 1, die erkennen lassen, daß die Landnahme keine einheitliche und gemeinsame Aktion aller israelitischen Stämme gewesen ist. Sie hat nach diesen Notizen vielmehr aus verschiedenen, getrennten und voneinander unabhängigen Handlungen der einzelnen Stämme bestanden, die jeder für sich und zu verschiedener Zeit ins Westjordanland eingedrungen sind und sich dort niedergelassen haben.

Es hat also keine gesamtisraelitische Landnahme als geschichtlichen Vorgang gegeben, wie die Überlieferung es überwiegend darstellt, sondern die einzelnen Stämme sind je auf ihrem eigenen Wege und auf ihre eigene Weise in das Land eingerückt. Infolgedessen konnte es auch keine gesamtisraelitische Landnahmeerinnerung geben. Jeder Stamm mußte den Einzug in das Kulturland von seinem Gesichtspunkt und von seinen Erinnerungen und Vorstellungen aus in jeweils besonderer Weise erzählen. So ist es zunächst wohl auch gewesen. In der späteren Überlieferung jedoch war für die Vielfalt der Landnahmeerzählungen kein Platz – nicht nur, weil solche Erzählungen sich notwendigerweise vielfach ähneln mußten, sondern vor allem, weil die erzählenden Bücher des Alten Testaments weniger Geschichtsbücher als vielmehr die Bezeugung des mächtigen Handelns Jhwhs an Israel sein sollen – wie in der Herausführung aus Ägypten so auch in der Hineinführung ins Kulturland. Auch von diesem Gesichtspunkt aus mußte die tatsächliche geschichtliche Vielfalt einer theologisch begründeten Einheitsdarstellung weichen.

Um dies zu erreichen, wurde eine einzige der vielen Landnahmedarstellungen aufgenommen, auf die Gesamtheit der Stämme bezogen und gewissermaßen als typisches Beispiel der Landnahme überliefert. Es ist die Landnahmeerzählung, wie sie bei den mittelpalästinischen Stämmen überliefert wurde, die aus dem Rahelstamm hervorgegangen sind. Der Landnahmeweg dieses Stammes durch das südliche Ostjordanland und über den unteren Jordan wurde für ganz Israel beim Einzug in Palästina vorausgesetzt, obwohl die nord- und südpalästinischen Stämme ihre Wohnsitze auf anderen und eigenen Wegen erreicht haben. Der Grund für die Aufnahme gerade der Landnahmeerzählung der mittelpalästinischen Stämme ist noch ersichtlich. Diese Stämme nahmen die Moseschar mit dem Jhwh-Glauben in sich auf, der das einigende Band aller Israeliten wurde. Sie spielten durch ihre zentralen Wohnsitze und offenbar auch durch ihre Bedeutung und Kraft eine führende Rolle. Dieses religiöse und politische Gewicht hat zur Aufnahme ihrer Landnahmeerzählung geführt. Sie wurde sodann mit der Landnahmeüberlieferung der Moseschar verwoben und bildete mit ihr ein großes Ganzes, das sich schließlich als gesamtisraelitische Überlieferung durchsetzte.

Schon aus diesem verwickelten Tatbestand läßt sich ersehen, wie schwierig es ist, ein auch nur einigermaßen ausreichendes Bild der Landnahme der israelitischen Stämme zu erhalten. Vergleicht man Überlieferung und Geschichte miteinander, so verhält es sich jedenfalls so, daß man von der Patriarchenüberlieferung der Genesis einen großen Sprung bis zu einem Teil der Erzählungen im Buche Josua und in Jdc 1 machen muß. Die dazwischen liegende Moseüberlieferung folgt geschichtlich erst im Anschluß daran; denn die Moseschar ist in Palästina zu den schon ansässigen Stämmen hinzugestoßen.

3. Die Gliederung der israelitischen Stämme. Da nur das Ergebnis der Landnahme der israelitischen Stämme wirklich bekannt ist, muß man von ihm ausgehen, wenn man etwas über den Hergang erfahren will, d. h. vom Ziel zurück in die vorhergehende Bewegung. Dazu ist ein Überblick über die einzelnen israelitischen Stämme erforderlich.

Folgende Quellen sind dafür heranzuziehen:

a) Gen 29,31 ff., wo in einer Art Wettkampf der Frauen Jakobs und ihrer Sklavinnen die Geburt der Kinder Jakobs erzählt wird.

b) In Gen 49 ist der sog. Jakobsegen überliefert, eine Zusammenstellung von Sprüchen über die einzelnen Stämme, die gelobt, getadelt oder verspottet werden.

c) In Num 1,5–15 liegt eine alte Liste mit sekundär hinzugefügten Zahlen vor, die eine Aufzählung der Stämme einschließt.

d) In Num 26,5 ff. ist ein großes Verzeichnis der Stämme mit ihrer Gliederung nach Sippen überliefert, das wohl aus der vorstaatlichen Zeit stammt. Über die Wohnsitze der Stämme sagt Num 26 nichts; vielmehr enthält die Aufzählung als Ergebnis einer großen Volkszählung phantastische Zahlen über die Stärke der wehrfähigen Männer, die wohl sekundär sind.

e) Der Mosesegen in Dtn 33 ist ebenso aufgebaut wie der Jakobsegen. Teilweise geht er eigene Wege, hat jedoch im ganzen nicht den gleichen Quellenwert wie Gen 49.

f) In den jetzigen Bestand von Jos 13–19 ist ein System der Stammesgrenzen eingearbeitet. In seiner ursprünglichen Form bestand es im Aufzählen von Grenzpunkten, durch deren Verbindung sich mehr oder weniger genau festgelegte Grenzlinien ergaben. Mit diesen Grenzlinien wurden die Gebiete der einzelnen Stämme festgelegt, und zwar so, daß das ganze Westjordanland und ein angrenzender Streifen des Ostjordanlandes unter sie aufgeteilt erscheint. Dieses System gibt die „idealen", die beanspruchten Grenzen an, nicht die tatsächlichen. Abhängig von diesem System sind Num 34,3–12; Ez 47,15–18; 48,1.

g) Schließlich findet sich im Richterbuch eine Reihe alter Überlieferungen über Kämpfe und Siege einzelner Stämme oder Stämmegruppen unter der Führung von Stammeshelden.

Aus diesen Quellen ergeben sich drei genealogische Systeme der Stämme, die die Zwölfzahl gemeinsam haben. Diese Zahl oder die Sechszahl findet sich auch in den Stammesgenealogien anderer Völker. Man wird daher annehmen müssen, daß ihr nicht wirkliche Gegebenheiten zugrunde liegen, sondern daß andere Gründe für ihre Wahl maßgebend gewesen sind. Natürlich sind sie auch nicht einfach freie Erfindung, vielmehr modifizieren sie wirklich bestehende Verhältnisse einer bestimmten Idee zuliebe. Die drei Systeme stellen demnach drei verschiedene Arten der Anpassung der Wirklichkeit an diese Idee dar. Man hat die von vornherein feststehende Zwölfzahl gewonnen, indem man bereits untergegangene Stämme noch mitrechnete oder israelitische Gruppen, die sich erst zu konsolidieren begannen, schon als selbständige Stämme anführte.

Im ersten genealogischen System werden die zwölf Stämme in vier Gruppen nach den Frauen Jakobs und ihren Sklavinnen zusammengefaßt:

a) Leakinder:	1. Ruben		
	2. Simeon		
	[3. Levi]		
	4. Juda		
	5. Isaschar		
	6. Sebulon		
	(7. Dina)		
b) Bilhakinder:	8. Dan		
	9. Naphtali		
c) Silpakinder:	10. Gad		
	11. Asser		
d) Rahelkinder:	[12. Joseph]		[Ephraim]
		(Benjamin)	[Manasse]

Das zweite System, das am häufigsten vorkommt, läßt gegenüber dem ersten System Dina fort und fügt hinter Joseph statt dessen Benjamin ein.

Das dritte System unterscheidet sich vom zweiten dadurch, daß es zusätzlich Levi fortläßt und dafür Joseph in Ephraim und Manasse zerlegt.

Diese Systeme stammen aus verschiedenen Zeiten und zeigen in ihren Abweichungen das Bestreben, das neue System den inzwischen veränderten Verhältnissen anzupassen. Das dritte System muß das jüngste sein; es stammt aus einer Zeit, in der der Volksstamm Levi nicht mehr existierte und der Stamm Joseph sich in die beiden Stämme Ephraim und Manasse geteilt hatte. Das erste System muß demgegenüber älter sein und aus einer Zeit stammen, in der es noch keinen selbständigen Stamm Benjamin gab. Dafür wird ein Stamm Dina aufgezählt, der zur Zeit des dritten Systems sicher nicht mehr bestand. Das zweite System steht genau in der Mitte zwischen den beiden anderen, wird also auch zeitlich in die Mitte gehören.

Das älteste System führt demnach in die Zeit vor die Entstehung Benjamins und erst recht vor die Auflösung Josephs in Ephraim und Manasse. Da diese drei aber schon durch das Deboralied als selbständige Stämme bezeugt sind, spiegelt bereits das zweite System die Verhältnisse der frühen Richterzeit wider, so daß das erste System noch älter sein muß.

Dieses erste System kennt schon die Einteilung der Stämme in vier Gruppen; daher muß diese Einteilung aus der ältesten Zeit herrühren, zumal sie aus der späteren Zeit unerklärlich ist. In der Leagruppe sind nämlich eine Reihe von Stämmen zusammengefaßt, die in geschichtlicher Zeit keinerlei Beziehungen zueinander hatten und wegen ihrer weit voneinander entfernten Wohnsitze auch nicht haben konnten (z. B. Juda im Süden, Isaschar und Sebulon im Norden). Überhaupt sind Lea und Rahel Größen, die in geschichtlich bekannter Zeit niemals bestanden haben, also nur aus der frühisraelitischen Zeit stammen können oder sekundäre Bezeichnungen für ursprünglich zusammengehörige Größen sind.

Wenn die Sage die zwölf Ahnen der Stämme als Söhne eines einzigen Mannes, des Jakob-Israel, hinstellt, so will sie damit natürlich zum Ausdruck bringen, daß die zwölf Stämme die Unterabteilungen einer größeren Gemeinschaft sind: des Volkes Israel. Entsprechend wird die Aussage des genealogischen Systems zu deuten sein, daß Dan und Naphtali die Söhne der Bilha seien: nämlich so, daß diese Stämme als Teile der größeren Gemeinschaft Bilha bezeichnet werden sollen, d. h. als Unterstämme des Stammes Bilha, als dessen Sippen. In der Tat erscheint Dan in Jdc 13,2; 18,2.11 als *mišpaḥā* „Sippe", nicht als *šebäṭ* „Stamm". Der Stamm Bilha umfaßte also zunächst Sippen, von denen zwei sich später als selbständige Stämme konstituierten und wahrscheinlich die anderen in sich aufnahmen.

Das gleiche gilt für das Verhältnis von Rahel zu Ephraim, Manasse und Benjamin. Auch sie bildeten ursprünglich einen Stamm, der zu existieren aufhörte, als Benjamin sich loslöste und einen selbständigen Stamm konstituierte. So entstanden aus Rahel Joseph und Benjamin. Die Sage erzählt, daß Rahel bei der Geburt Benjamins starb (Gen 35,16 ff.).

Für Lea und Silpa läßt sich Ähnliches aus der Überlieferung heraus nicht glaubwürdig machen. Man wird aber annehmen dürfen, daß die Entwicklung gleich verlaufen ist.

Auf diese Weise läßt sich der Überlieferung entnehmen, daß die Israeliten zunächst aus vier Stämmen bestanden, die als Lea, Rahel, Bilha und Silpa bezeichnet werden; freilich bleibt es fraglich, ob dies die ursprünglichen Namen der Stämme gewesen sind. In dem landschaftlich reich gegliederten Palästina machten sich nach und nach die mächtigsten und größten Sippen dieser Stämme selbständig und wurden zu eigenen, neuen Stämmen.

4. Die späteren Stammesgebiete. a) Leastämme: Abgesehen vom ersten und ältesten System der israelitischen Stämme ist von einem Stamm Dina niemals die Rede; vielleicht diente der Name lediglich zur Vervollständigung des Zwölfersystems.

Ruben, Simeon und Levi sind in der Zeit, für die geschichtliche Nachrichten vorliegen, schon so gut wie verschollen. Dem entspricht es, daß sie im Jakobsegen (Gen 49) mit Tadel und Fluch belegt werden.

Erst der deuteronomistische Bearbeiter des Systems der Stammesgrenzen in Jos 13–19 hat für Ruben und Simeon ein fingiertes Stammesgebiet geschaffen; für den Stamm Levi war dies nicht erforderlich, weil er sekundär mit den das Priesteramt ausübenden Leviten gleichgesetzt wurde. Die alte Überlieferung über diese drei Stämme ist spärlich. Simeon und Levi werden in der Stammessage von Gen 34 erwähnt, wonach sie einmal einen Überfall auf die Stadt Sichem unternommen haben. Vielleicht hängt ihr Untergang mit solchen Ereignissen zusammen. Nach Jdc 1,3.17 hat Juda dem Simeon bei der Eroberung der Stadt Horma geholfen; Simeon erscheint dabei als sehr schwach. Ruben wird im Deboralied Jdc 5,15 f. als westjordanischer Stamm erwähnt. Alle drei müssen sich einmal im mittleren Palästina, wohl auf dem Gebirge Ephraim (dem samarischen Gebirge), aufgehalten haben. In der Richterzeit hat es offenbar noch Sippen gegeben, die ihren Ursprung auf diese Stämme zurückführten; allerdings haben sie weiter südlich gelebt. Die Reste der drei Stämme scheinen sich demnach aus Mittelpalästina zurückgezogen zu haben und allmählich in Juda aufgegangen zu sein.

Juda ist in der geschichtlichen Zeit der bedeutendste Leastamm. Er war auf dem nördlichen Teil des Gebirges Juda seßhaft. Da das Wort von Hause wahrscheinlich ein Landschaftsname ist und das Gebirge Juda größer als das Wohngebiet des Stammes war, dürfte der Stamm wohl nach der Landschaft benannt worden sein, in der er sich niederließ. Sein Wohngebiet läßt sich ziemlich genau festlegen. Im Norden reichte es bis unmittelbar an den kanaanäischen Stadtstaat Jerusalem heran, im Osten wurde es durch die am Toten Meer sich hinziehende Wüste Juda begrenzt, im Süden war Hebron schon im Besitz der Sippe Kaleb, die erst in der späteren Überlieferung als judäische Gruppe betrachtet worden ist (Auskundschaften des Kulturlandes unter Mose). Südlich von ihnen saßen die kenisitische Sippe Otniel und die Keniter. Sie alle sind in späterer Zeit, frühestens während der Regierungszeit Sauls, in Juda aufgegangen. Die Westgrenze Judas bildete der Rand des Gebirges Juda, erst später haben sich einzelne Sippen im Hügelland vor dem Gebirge niedergelassen.

Isaschar und Sebulon lebten in geschichtlicher Zeit am Südrand des galiläischen Gebirges – Sebulon auf der Nordseite der Jesreelebene, Isaschar zwischen Jesreelebene und Jordangraben.

Die räumliche Trennung der Leastämme zeigt ebenso wie der Untergang von drei Stämmen deutlich, daß sie eine Vorgeschichte auf dem Boden Palästinas gehabt haben, die nicht überliefert ist. In dieser Zeit müssen sie einmal alle lebendige und selbständige Größen gewesen sein und räumlich miteinander in Verbindung gestanden haben. Da Juda nach der Landschaft benannt worden ist, dürfte der Stamm dort sogleich ansässig geworden sein. Nördlich von ihm werden die Stämme Ruben, Simeon und Levi sich um Landbesitz bemüht haben, bis ihre Reste in Juda aufgegangen sind; noch weiter nördlich, vermutlich im nördlichen Teil des Gebirges Ephraim, haben sich die beiden Stämme Isaschar und Sebulon aufgehalten, bis sie nach Norden weitergezogen sind.

b) Bilhastämme: Der Stamm Naphtali hat sich nach der Einwanderung am Ostrand des galiläischen Gebirges niedergelassen, westlich vom Tiberiassee und vom Jordangraben.

Dan hat nach Jdc 1,34 f.; 13–16; 18,2 anfangs im Nordteil des westjudäischen Hügellandes seßhaft zu werden versucht. Als dies wegen der Überlegenheit der benachbarten Kanaanäerstädte nicht gelang, hat der Stamm sich im obersten Jordangraben angesiedelt. Eine nennenswerte geschichtliche Rolle hat er nicht gespielt.

Vielleicht darf man annehmen, daß auch der Stamm Naphtali, der später in der Nachbarschaft von Dan am Ostrand des galiläischen Gebirges zu finden ist, ursprünglich wie Dan Wohnsitze im judäischen Hügelland suchte und von dort gemeinsam mit Dan nach Norden gezogen ist. Gewiß ist davon nichts überliefert; aber wahrscheinlich wüßte man auch von der Wanderung des Stammes Dan nichts, wenn mit ihr nach Jdc 18 nicht die Entstehung des Heiligtums Dan verbunden wäre, das eines der beiden Staatsheiligtümer des Nordreichs Israel wurde.

c) Silpastämme: Der ursprüngliche Silpastamm scheint sich zunächst im Ostjordanland festgesetzt und dort in die beiden Stämme Gad und Asser geteilt zu haben. Gad wurde in dem Gebiet zwischen den Flüssen Jabbok und Arnon unmittelbar am Jordangraben seßhaft; Num 21,27–30 scheint ein altes Siegeslied über die Eroberung dieses Gebietes zu sein. Freilich war sein Besitz häufig umstritten, weil auch die Moabiter Anspruch darauf erhoben und es gelegentlich an sich reißen konnten.

Der Stamm Asser hat sich schließlich in der Nachbarschaft Naphtalis am .Westrand des galiläischen Gebirges niedergelassen. Wie Gad ist Asser kein sehr starker Stamm gewesen, so daß man sich sein Gebiet nicht zu groß vorstellen darf; das System der Stammesgrenzen in Jos 13–19 übertreibt beträchtlich.

d) Rahelstämme: Die beiden Stämme Joseph und Benjamin hatten sich auf dem Gebirge Ephraim, im Mittelpunkt des Landes, niedergelassen. Sie bildeten in geschichtlicher Zeit die mittelpalästinischen Stämme und waren in der Richter- und Königszeit am bedeutendsten. Den größten Raum nahm Joseph ein, während Benjamin einen verhältnismäßig schmalen Streifen zwischen Betel und Jerusalem innehatte, in dem außerdem Stadtstaaten lagen, die mit Benjamin in einem Vertragsverhältnis standen (vgl. Jos 9). Am nächsten liegt die Annahme, daß Benjamin sich erst auf palästinischem Boden von Joseph abgespalten hat, da ein solch kleiner Stamm allein den Landstreifen mit seinen kanaanäischen Städten nicht hätte besetzen können.

Der Stamm Joseph hat sich in die beiden Stämme Manasse und Ephraim geteilt. Nach Jos 17; Jdc 5,14 scheint es so, als hätten sie zuerst die Namen Machir und Ephraim getragen; Machir wäre nachträglich ins ostjordanische Gilead abgewandert, und der auf dem Gebirge Ephraim außer dem Stamm Ephraim von Joseph zurückbleibende Teil hätte den zusammenfassenden Namen Manasse erhalten. Die spätere Genealogie jedoch hat den ostjordanischen Machir vom westjordanischen Manasse abgeleitet und einfach als die ostjordanische Hälfte von Manasse bezeichnet. Angesichts der verwickelten Lage muß man am ehesten mit der Trennung von Joseph in drei Teile rechnen, nachdem vorher bereits Benjamin abgespalten war: Ephraim, Manasse und Machir. Da Jos 13–19 noch keinen israelitischen Besitz in Gilead kennt, können die Aufgliederung von Joseph und die Abwanderung von Machir erst im Verlauf der Richterzeit erfolgt sein.

Nach alledem läßt sich ein gewisses Bild von den innerpalästinischen Vorgängen bei der Landnahme zeichnen:

1. Die Israeliten sind in vier Stämmen in Palästina eingedrungen und dort seßhaft geworden. – 2. Die vier Stämme haben sich in Palästina jeweils wieder in neue Stämme aufgespalten, zuletzt noch in der Richterzeit. Hervorgerufen wurde dies durch die starke Vermehrung, gefördert durch die geographische Beschaffenheit des Landes. – 3. Nur ein Teil der Stämme hat sofort seine endgültigen Wohnsitze einnehmen können (Juda, Gad, ein Teil von Joseph), andere mußten innerhalb Palästinas wandern, wahrscheinlich weil sie zu schwach waren, um das ursprüngliche Gebiet zu behaupten oder überhaupt zu erobern. – 4. Einige Stämme sind in Palästina, wahrscheinlich im Kampf um ihre Wohnsitze, untergegangen (Ruben, Simeon, Levi). Ihre Reste sind in einem anderen Stamm aufgegangen. – 5. Die Leastämme haben in Palästina eine längere Vorgeschichte gehabt, die beim Einwandern neuer Stämme schon abgeschlossen war. Einige von ihnen saßen ursprünglich auf dem Gebirge Ephraim, das später von Joseph eingenommen wurde. – 6. Die erste Niederlassung von Dan (vielleicht auch von Naphtali) und

die spätere Wanderung nach Norden setzen voraus, daß zu dieser Zeit das Gebirge Ephraim von anderen Stämmen besetzt war.

5. Die Einwanderung der vier Urstämme. Für den ersten Teil der Landnahme, das Eindringen der Stämme in Palästina, ergibt sich zunächst, daß der Leastamm unabhängig vom Rahelstamm und vor ihm eingewandert ist. Der Rahelstamm besetzte ja das Gebirge Ephraim, d. h. dasselbe Gebiet, in dem einst die Stämme Ruben, Simeon und Levi seßhaft zu werden versucht hatten. Da sich dort auch die Leastämme Isaschar und Sebulon eine Zeitlang aufgehalten haben, wäre der Raum für eine gleichzeitige Ansiedlung des Rahelstammes zu eng gewesen. Ein Teil des Landes blieb ohnehin in den Händen der Kanaanäer, ein anderer bestand aus nichtgerodetem Waldgebiet. Die Stämme Lea und Rahel können sich dort also nicht gleichzeitig, sondern nur nacheinander angesiedelt haben. Da nun in späterer Zeit die Nachfolgestämme des Rahelstammes auf dem Gebirge Ephraim saßen, dagegen Ruben, Simeon und Levi schon im Untergang begriffen, Isaschar und Sebulon nach Norden weitergezogen waren, muß der Leastamm vor dem Rahelstamm eingewandert sein. Die Einwanderung dieser beiden Gruppen stellt die beiden hauptsächlichen Etappen des Gesamtvorgangs der Einwanderung dar.

Vielleicht ist der Leastamm von Süden oder Südosten her nach Palästina eingedrungen, und seine Teilung hat auf dem Boden Palästinas sogleich begonnen. Zuerst blieb Juda in seinem Wohngebiet zurück; Ruben, Simeon und Levi zogen weiter nach Norden, und noch weiter nördlich suchten Isaschar und Sebulon Fuß zu fassen. Bei dieser Annahme verlieren die Wanderungen und Wohnsitze der Leastämme ihren sonst planlosen Charakter.

Die Erinnerung an die Einwanderung des Rahelstammes ist als typischer Landnahmebericht in die gesamtisraelitische Überlieferung aufgenommen worden und liegt der Darstellung des Buches Josua zugrunde. Demnach dürfte der Weg dieser Gruppe mit großer Wahrscheinlichkeit durch das südliche Ostjordanland und über den unteren Jordan geführt haben.

Wann der Silpa- und der Bilhastamm eingewandert sind, läßt sich kaum mehr vermuten. Jedenfalls blieb ein Teil des Silpastammes, Gad, bereits im Ostjordanland zurück, während der andere Teil, Asser, nach Galiläa zog. Daß er anscheinend nicht versucht hat, auf dem Gebirge Ephraim seßhaft zu werden, läßt darauf schließen, daß seine Einwanderung entweder in der Zeit erfolgte, als die Leastämme das Gebirge

Ephraim zu besetzen suchten, oder zu der Zeit, als der Rahelstamm sich dort niedergelassen hatte.

Ähnliches gilt für den Bilhastamm. Er fand die Gebirge Juda und Ephraim schon besetzt und zog zunächst in das westjudäische Hügelland. Als er sich dort nicht behaupten konnte, ist er nach Norden weitergewandert, um sich im nördlichen Galiläa und am Jordangraben festzusetzen.

6. *Vorgang und Zeit der Landnahme.* Ein Überblick über die Wohnsitze der israelitischen Stämme zeigt, daß sie sich teilweise in den Landschaften Palästinas niedergelassen haben, die bis dahin nur dünn oder gar nicht besiedelt waren. Den Israeliten fielen vor allem die westjordanischen Gebirge und der Mittelteil des ostjordanischen Hochlandes zu, soweit dort nicht kanaanäische Stadtstaaten bestanden. Die Ebenen dagegen blieben ganz in den Händen der Kanaanäer oder von Gruppen der „Seevölker" der ägäischen Wanderung (z. B. der Philister), so daß die Israeliten neben ihnen als neues Bevölkerungselement in Palästina lebten. Soweit sich die israelitischen Stämme in bislang unbesiedelten Landschaften niederließen, ist dies aller Wahrscheinlichkeit nach auf friedliche Weise geschehen. Daneben aber haben auch kriegerische Auseinandersetzungen stattgefunden, in denen einige Stämme zerschlagen wurden und untergegangen sind. Daraus folgt, daß die israelitische Landnahme in unterschiedlicher Weise erfolgt ist: teilweise mit, teilweise ohne kriegerische Entscheidungen zwischen den Neuankömmlingen und den bisherigen Besitzern des Landes. In manchen Fällen sind auch kanaanäische Siedlungen in den israelitischen Landesteilen oder an ihren Grenzen angegriffen und wenigstens teilweise erobert worden. Wenigstens ein Teil der Zerstörungen von kanaanäischen Städten während der Landnahmezeit, die die Archäologie festgestellt hat, kann auf israelitische Eroberungen zurückgehen. Doch wäre es falsch, sämtliche Zerstörungsschichten auf derartige Ereignisse zurückführen zu wollen.

Ganz unwahrscheinlich ist dagegen die Annahme, daß eine Einwanderung überhaupt nicht stattgefunden habe und die „Landnahme" eine innerkanaanäische Erscheinung sei, so daß die „Israeliten", abgesehen von wenigen aus Ägypten gekommenen Familien, aus minderberechtigten Kanaanäern bestanden hätten. Nicht viel besser steht es mit einer weiteren Annahme, die die soeben erwähnte mit derjenigen einer Einwanderung verbindet, so daß sich minderberechtigte Kanaanäer aus den Stadtstaaten in die unbesiedelten Gegenden des Landes zurückgezogen und dort mit landsuchenden Elementen aus der Steppe zusammengetan hätten, wobei sich beide Gruppen in ihrem Gegensatz zu der feudalen Oberschicht in den Stadtstaaten einig gewesen wären. Wie es keine konkreten Hinweise auf eine Fluchtbewegung von unterprivilegierten Kanaanäern aus den Stadtstaaten gibt, so besteht keinerlei Anlaß, der alttestamentlichen Überlieferung – die doch längst überlieferungskritisch gründlich durchleuchtet worden ist – in einem derartigen Ausmaß zu mißtrauen, wie es bei den erwähnten Annahmen geschieht.

Zweifellos bedeutete es einen Aufschwung, als die Israeliten aus ihrer nomadischen oder halbnomadischen Lebensweise seßhaft wurden und allmählich zum Bauerntum übergingen. Ein weiterer Schritt ist jedoch nicht sogleich vollzogen worden: Die Israeliten wuchsen mit der Landnahme nicht sofort und geradewegs in die städtische Kultur Palästinas hinein, sondern blieben zunächst vor den Toren der Städte wohnen. Das erste und längere Stadium der Landnahme ist lediglich die Seßhaftwerdung und das Hineinwachsen in das Bauerntum gewesen. Schon dies war ein Schritt, der nicht überall in gleicher Weise getan worden ist; in manchen Gegenden und bei bestimmten Gruppen wirkte das Nomadentum noch lange Zeit lebhaft nach. Für die Masse der Israeliten ist jedoch ein allmählicher Übergang zum Bauerntum anzunehmen. Ein zweites Stadium erst bildete das Hineinwachsen in die städtische Kultur, das noch in der Zeit Davids und Salomos im Gange war. Auch dem sind nicht alle Israeliten gefolgt; nicht nur die dem Nomadentum nahestehenden Gruppen lehnten diesen Übergang ab, auch Teile des israelitischen Bauerntums blieben abseits. So ergab sich schon durch den verschiedenen Vollzug der Landnahme und der Weiterentfaltung eine soziale Differenzierung, die außer ihrem Reichtum auch Spannungen in sich enthielt und die Möglichkeit zu Konflikten bot.

Eine zeitliche Festlegung der Landnahme ist schwierig. Die allgemeine Auffassung neigt dahin, ihre Anfänge in der zweiten Hälfte des 14. Jh. v. Chr. anzusetzen. Der endgültige Abschluß ist erst im Laufe des 12. Jh. erfolgt. Dies sind die äußersten Grenzen, die sich abstecken lassen. Wahrscheinlich hat sich der Hauptvorgang innerhalb dieser Grenzen in wesentlich kürzerer Zeit abgespielt: im Verlauf weniger Jahrzehnte, die im 13. Jh. anzusetzen sind.

L. F. Burney, Israel's Settlement in Canaan, The Biblical Tradition and its Historical Background, 1919. – T. J. Meek, The Israelite Conquest of Ephraim, BASOR 61 (1936), 17–19. – H. H. Rowley, From Joseph to Joshua, 1950. – Y. Kaufmann, The Biblical Account of the Conquest of Palestine, 1953. – J. Mauchline, Gilead and Gilgal, Some Reflections on the Israelite Occupation of Palestine, VT 6 (1956), 19–33. – S. Mowinckel, „Rahelstämme" und „Leastämme", in:

Festschrift O. Eißfeldt, 1958, 129–150. – Z. Kallai, The Northern Boundaries of Judah from the Settlement of the Tribes until the Beginning of the Hasmonaean Period, 1960. – Ders., Note on the Town Lists of Judah, Simeon, Benjamin and Dan, VT 11 (1961), 223–227. – G. E. Mendenhall, The Hebrew Conquest of Palestine, BA 25 (1962), 66–87. – W. Herrmann, Issakar, FF 37 (1963), 21–26. – K.-D. Schunck, Benjamin, 1963. – M. Weippert, Die Landnahme der israelitischen Stämme in der neueren wissenschaftlichen Diskussion, 1967. – W. Helck, Die Bedrohung Palästinas durch einwandernde Gruppen am Ende der 18. und am Anfang der 19. Dynastie, VT 18 (1968), 472–488. – M. Ottosson, Gilead, Tradition and History, 1969. – A. Kuschke, Kleine Beiträge zur Siedlungsgeschichte der Stämme Asser und Juda, HThR 64 (1971), 291–313. – M. Noth, Die Ansiedlung des Stammes Juda auf dem Boden Palästinas, in: Ders., Aufsätze zur biblischen Landes- und Altertumskunde, I 1971, 183–196. – Ders., Das Land Gilead als Siedlungsgebiet israelitischer Sippen, ebd. 347–390. – Ders., Israelitische Stämme zwischen Ammon und Moab, ebd. 391–433. – Ders., Gilead und Gad, ebd. 489–543. – Sh. Yeivin, The Israelite Conquest of Canaan, 1971. – H. Weippert, Das geographische System der Stämme Israels, VT 23 (1973), 76–89. – J. A. Soggin, Archaeological Discoveries and the Israelite Conquest of Palestine in the Thirteenth and Twelfth Centuries, in: Ders., Old Testament and Oriental Studies, 1975, 11–30.

IV. Mose, Moseschar und Jhwh-Glaube

1. Überlieferung und Deutung. Der Auszug aus Ägypten und die Ereignisse um die Annahme des Jhwh-Glaubens sind Geschehnisse gewesen, die für die Folgezeit grundlegende Bedeutung gewonnen haben. Trotzdem sind auch sie im einzelnen zumeist nicht oder nur bruchstückweise zu fassen. Dies ist schon dadurch bedingt, daß sie lediglich von einem Bruchteil des späteren Volkes Israel erlebt wurden, die Überlieferung sie aber auf das ganze Volk bezogen hat. Dadurch sind allerlei Überlieferungen hinzugetreten, die von den schon in Palästina seßhaften Stämmen herrührten, und der gesamte Erzählungsstoff wurde ein Anziehungspunkt für fremde Erzählungen, die ursprünglich weder mit Mose noch mit Israel zu tun hatten. Vor allem darf eine wichtige Tendenz der Überlieferung nicht übersehen werden. Die Erzählungen von Mose und Josua, in denen die Geschichte der Bindung der israelitischen Stämme an den Jhwh-Glauben vor allem ihren Niederschlag gefunden haben, sind in der vorliegenden Fassung von den Tendenzen auf Zuspitzung ins Persönlich-Heldenhafte und auf Ausweitung ins Allgemeine und Volksmäßige beherrscht; deswegen kann ihr ursprünglicher Gehalt nicht immer sicher herausgeschält werden. Was sie vielleicht am ehesten widerspiegeln können, ist die Rolle der großen Anführer. Dies ist zweifellos ein sehr wichtiges, jedoch eben nur ein Element im Ablauf der Ereignisse. Daneben bleibt die äußere und erst recht die innere Geschichte der

55

Geführten weithin im Dunkel, obwohl ihre Entscheidungen in Annahme und Absage das geschichtliche Ergebnis maßgebend beeinflußt haben.

Für die Überlieferung ist die Person Moses entscheidend geworden. Er erscheint als der Gottesmann, der sich an die in Ägypten geknechteten Israeliten gesandt wußte, und wird in der volkstümlichen Einkleidung fast als Zauberer dargestellt. Zweifellos finden sich in seinem Bild viele Übertreibungen; solche Züge gehören zum geschichtlichen Bild aller Großen der Weltgeschichte. Daher finden sich mannigfache Legenden und Sagen, die Mose, seine Gefährten und seine Gegner umranken. Es wäre falsch, Mose deswegen die Geschichtlichkeit abzusprechen und ihn als mythische Gestalt zu bezeichnen. Allerdings bleibt es äußerst schwierig, seine Person zu erfassen. Es gibt keine Aussage von ihm über sich selbst und keine Urkunde, die sich mit zwingender Sicherheit von Mose selbst herleiten oder der Mosezeit zuweisen ließe – nicht einmal den Dekalog in seiner vorliegenden Form. Darum wird die Auseinandersetzung um die geschichtliche Gestalt und Bedeutung Moses weitergehen. Zuletzt ging es um die Fragen, ob der überlieferungsgeschichtliche Zusammenhang vom Auszug aus Ägypten mit den Ereignissen am Sinai ursprünglich und ob Mose in beiden Überlieferungen verhaftet sei, ja ob eine ursprüngliche Zusammengehörigkeit von Auszug und Meerwunder nicht zweifelhaft sei.

2. Der Aufenthalt in Ägypten und die Flucht.

In den Jahrhunderten von 1500–1200 v. Chr. sind Einwanderung und Niederlassung von asiatischen Ausländern in Ägypten nicht selten bezeugt; meist wurden sie in den Tempelbezirken als Sklaven in besonderen Wohnsitzen angesiedelt. In dem Rest einer Ansprache, mit der ein höherer Beamter unter dem Pharao Haremheb anscheinend semitische Nomaden seinen Untergebenen übergibt, bezeichnet er die Einwanderer als solche, „die nicht zu leben wußten". Sethos I. (um 1300) gibt an, daß er die Anführer, die er auf einem Feldzug in Palästina nicht erschlug, als Gefangene nach Ägypten geführt habe. Besonders wichtig sind die Aufzeichnungen von Grenzbeamten, die an den Grenzfestungen zur Kontrolle eingesetzt waren und die Ein- oder Ausreisenden zu kontrollieren hatten. In einem Bericht aus der Zeit um 1200 v. Chr. heißt es:

Eine andere Mitteilung für meinen [Herrn]: Wir sind damit fertig geworden, die Schasu-Stämme von Edom durch die Festung des Merenptah in Tkw passieren zu lassen bis zu den Teichen von Pitom des Merenptah in Tkw, um sie und ihr Vieh auf der großen Besitzung des Pharao, der guten Sonne eines jeden Landes, am Leben zu erhalten . . . Ich habe sie auf einem Schriftstück zu dem (Ort) bringen lassen, [wo] sich mein Herr befindet, zusammen mit den anderen Namen der Tage, an denen die Festung des Merenptah in [T]k[w] passiert wurde.

Derartige Vorgänge hat es öfters gegeben; daher wird man in der israelitischen Erinnerung an die Einwanderung und den Aufenthalt von

Israeliten in Ägypten einen geschichtlichen Kern erblicken müssen. Niemals hätte die Volkssage die Schmach der dortigen Knechtschaft als Ausgangspunkt für entscheidende Ereignisse der eigenen Geschichte erdichtet. Freilich kann es sich nicht um die israelitischen Stämme gehandelt haben, die im 13. Jh. nach Palästina eingewandert sind. Dafür sprechen Überlieferungsreste, die von einem Aufenthalt in Ägypten nichts wissen, und die Statistenrolle der Brüder neben Joseph. Es käme höchstens der Stamm Joseph in Frage. Er ist jedoch erst durch die Teilung des Rahelstammes in Palästina entstanden und stellt nicht die letzte Einwanderungswelle dar. Daher hat es sich bei der späteren Moseschar wohl um eine Gruppe von israelitischen Nomaden gehandelt, die vielleicht schon im 14. Jh. auf ägyptischen Boden übergetreten ist. Später, in Palästina, ist sie ganz oder überwiegend im Stamm Joseph aufgegangen. Ihre Erlebnisse wurden auf diesen übertragen und führten zur Entstehung der Josepherzählung, in der sich diese Überlieferung mit dem Machtbewußtsein des Stammes traf.

Die in dem ägyptischen Dokument erwähnten Schasu *(š'św)* aus Edom gehörten zu den nomadischen Gruppen im südlichen Palästina, die offenbar des öfteren nach Ägypten gezogen sind, um in dem weiteren Umkreis des Nildeltas für kürzere oder längere Zeit Weidegründe zu suchen und die sich mit behördlicher Erlaubnis dort aufhalten durften. In anderen ägyptischen Listen werden das „Land der Schasu S'rr" und das „Land der Schasu jhwᵓ" genannt. Während man S'rr gern mit dem Gebirge Seïr gleichsetzt, erblickten manche in *jhwᵓ* einen so deutlichen Hinweis auf den Gottesnamen Jhwh, daß sie – obwohl bislang ungeklärt ist, ob das Wort eine Landschaft, einen Berg, eine Person oder eine Gottheit bezeichnet – diesen Hinweis mit der alttestamentlichen Überlieferung verbinden und eine Gleichsetzung der Schasu mit der Moseschar oder mit israelitischen Stämmen nicht ausschließen. Diese Hypothese steht jedoch auf recht schwachen Füßen.

Ein zweiter Zug der israelitischen Überlieferung ist gleichfalls unverdächtig. Die Zugewanderten scheinen in das Land Gosen gewiesen worden zu sein, in das *wādi et-ṭūmēlāt*, mit der Hauptstadt Pitom. Dort war gutes Weideland, auf dem die Nomaden als Hirten des Pharao tätig waren. Auch ein dritter Zug der Überlieferung ist stichhaltig: daß die Ägypter nach einer gewissen Zeit begonnen haben, die Hirten zu produktiver Arbeit heranzuziehen und sie im Frondienst bei Bauten zu beschäftigen – eine Tätigkeit, die den freien und jeder erzwungenen Arbeit abgeneigten Nomaden als schlimme Bedrückung erscheinen mußte. Die Ausgrabungen von Pitom und Tanis scheinen diese Annahme bestätigt zu haben. Beide Städte sind von Ramses II. erbaut oder wiedererrichtet worden. Nach anderen ägyptischen Nachrichten hat gerade dieser Pharao die Chapiru, zu denen man die israelitischen Hirten rechnen muß, zum Steinetragen für den Bau einer Tempelfestung herangezogen. Ramses II. (1301–1234 v. Chr.) dürfte daher der sog. Pharao der Bedrückung gewesen sein. Längere Zeit haben die israelitischen Nomaden unter ihrer Fronarbeit gelitten, bis es einem Mann aus ihren Reihen gelang, ihre Widerstandskraft wachzurufen: Mose. Wie dies im einzelnen vor sich gegangen ist, läßt sich nicht mehr erschließen. Wie bei der Landnahme der Stämme in Palästina läßt sich auch in diesem Fall erst das Ergebnis im Auszug bzw. in der Flucht aus Ägypten erfassen.

In jedem Fall war Mose ein Israelit, in Ägypten geboren und mit ägyptischem Wesen nicht unbekannt. Sein Name ist ägyptischen Ursprungs. Er rührt von dem ägyptischen Namenselement ms(w) her, das „Sohn" oder „ist geboren" bedeutet und nach dem 12. Jh. Mose gesprochen wurde (vgl. Tut-mose, Ra-mses); jedoch fehlt das ursprünglich sicher vorhandene theophore Element des Namens. Eine weitere Mitteilung über Mose muß gleichfalls als geschichtlich betrachtet werden: seine Heirat mit einer stammesfremden Frau. Man hat mit Recht darauf hingewiesen, daß dieser Zug sicherlich nicht später in das Leben Moses eingetragen worden sein könne. Dazu gehört die Verschwägerung Moses mit dem midianitischen Priester Jetro oder Re'uel, der auch als „der Schwiegervater Moses" bezeichnet wird. Mose besaß also Beziehungen zu den Midianitern, deren Gebiet im nordwestlichen Arabien östlich des Golfs von Aqaba gelegen hat. Aus dieser Überlieferung läßt sich zunächst schließen, daß Mose vor dem Auszug der Israeliten aus Ägypten einmal von Ägypten nach Midian gezogen ist; ob es sich dabei um eine Reise oder um eine Flucht gehandelt hat, muß offen bleiben. Ferner ist als sicher anzunehmen, daß die Israeliten ihre glückliche Flucht aus Ägypten von vornherein dem Gott Jhwh zugeschrieben haben. Er war für sie ein neuer Gott, von dem Mose ihnen zuvor verkündet hatte. Mose aber hatte seine Verehrung bei den Midianitern kennengelernt, so daß es sich ursprünglich wohl um einen midianitischen Gott gehandelt hat.

Die Verheißung, die Mose von diesem Gott seinen geplagten Stammesgenossen nach Ägypten mitbrachte – daß er ihnen ein Land geben werde, das von Milch und Honig fließe –, war für diese der Anlaß zur Flucht. In dem folgenden Geschehen handelt es sich also um einen von Mose geschürten Fronarbeiteraufstand der Nomaden mit dem Ziel, Ägypten zu verlassen und sich eine neue Heimat zu suchen, in der sie nach ihrer Weise leben konnten. Durch Moses Verbindung zu den

Midianitern hatten sie zudem Aussicht auf baldige Hilfe und Unterstützung, sobald es ihnen einmal gelungen war, Ägypten zu verlassen.

Die Lage Ägyptens war für ein solches Unternehmen günstig. Unter Merenptah, dem Nachfolger Ramses II., war die ägyptische Macht zeitweilig geschwächt (1234–1224). In einem Teil des Landes brach ein Aufstand der Libyer aus, Syrien und Palästina empörten sich gegen die Reste ägyptischer Oberherrschaft, und die Völker der ägäischen Wanderung bedrängten das Pharaonenreich. Es ist Merenptah im fünften Jahr seiner Regierung zwar gelungen, der Schwierigkeiten Herr zu werden, aber es ist denkbar, daß die israelitischen Fronarbeiter sich in dieser Zeit ebenfalls erhoben und aus Ägypten flüchteten. Sie konnten damit rechnen, daß die Grenzen nicht so scharf bewacht waren wie früher und daß man nicht genug verfügbare Truppen besaß, um die Flüchtlinge zur Rückkehr zu zwingen.

Diese Flucht aufsässiger nomadischer Fronarbeiter aus Ägypten ist für Israel später das grundlegende Ereignis seiner Geschichte und der Beginn einer neuen Epoche des Glaubens geworden. Es ist mit der Erinnerung an ein wunderhaftes Erlebnis der Flüchtlinge verbunden: an ihre Errettung vor den ägyptischen Verfolgern. Diese Erinnerungen haben sich später infolge des gewichtigen Einflusses der Moseschar alle Israeliten in Palästina angeeignet. Dadurch wurde Jhwh, dessen helfende Hand die Flüchtlinge erfahren hatten, zum Gott des Volkes. Durch die Jahrhunderte hindurch besingt man diesen Gott, der sich Israel durch jene Rettungstat zu seinem Eigentum bestimmt hat, der die Macht Ägyptens niedergeworfen und sich als stärker denn die anderen Götter erwiesen hat. Soweit auch die späteren Daseinshaltungen im israelitischen Glauben auseinandergehen mögen, sie haben doch diese gemeinsame Grundlage: Jhwh hat Israel durch ein großes Wunder aus Ägypten gerettet.

Es ist ausgeschlossen, daß es sich darin um spätere Erfindung handeln könnte. Wollte man lediglich die siegreiche Macht Jhwhs feiern, so hätte man auf viele Erfolge in Palästina hinweisen können. Wollte man die Erwählung Israels begründen, so brauchte man nur auf dem Wege der alten Überlieferung weiterzugehen, die die Erwählung bereits auf die Patriarchen gründete. Jedoch liegt noch das alte Siegeslied der Flüchtlinge vor, das unmittelbar an das große Erlebnis der Rettung heranreicht:

Singt Jhwh,
  denn hocherhaben ist er.
Roß und Wagenkämpfer
  warf er ins Meer. (Ex 15,21)

Dieses Lied ist nicht nur deshalb wichtig, weil es das Erlebnis der Rettung geschichtlich beglaubigt; aus ihm geht auch hervor, daß die Rettung im Zeichen des Glaubens an Jhwh erfolgte.

Es fragt sich, ob sich der Schauplatz des Rettungswunders bestimmen läßt. Als Ort wird im Alten Testament manchmal das „Schilfmeer" genannt. Jedoch ist dies keineswegs durchgehend oder auch nur überwiegend der Fall. Vor allem in der Pentateuchüberlieferung findet sich die Bezeichnung „Schilfmeer" nur selten oder vielleicht ursprünglich überhaupt nicht. Außerhalb des Pentateuchs wird das „Schilfmeer" nicht einmal an der Hälfte der Stellen erwähnt, an denen vom Meerwunder die Rede ist. Überall sonst wird lediglich allgemein von „dem Meer" gesprochen. In der Bezeichnung „Schilfmeer" handelt es sich offensichtlich um ein erst nachträglich aufgekommenes Element der Überlieferung, das den Ort des Wunders näher bestimmen sollte. Denn der Ausdruck bezeichnet an fast allen Stellen deutlich den Golf von Aqaba. Jedoch ist dies eine wenig wahrscheinliche Gegend, weil es kaum anzunehmen ist, daß die Flüchtlinge den Weg über die Sinaihalbinsel dorthin eingeschlagen haben; er hätte sie von vornherein vor nahezu unüberwindliche Hindernisse gestellt. Die Lokalisierung dient in der Überlieferung denn auch nur der sekundären Verbindung der Auszugsüberlieferung mit der Vorstellung von der Einwanderung der palästinischen Stämme vom Ostjordanland aus.

Zu einer Bestimmung des Schauplatzes des Meerwunders haben die ugaritischen Texte verholfen. Aus ihnen hatte sich ergeben, daß der nördlich von dieser Stadt über der Mittelmeerküste aufragende Berg in vorhellenistischer Zeit der heilige Berg des Gottes Baal Zaphon gewesen war, sodann der Mons Casius der hellenistisch-römischen Zeit mit einem Heiligtum des Zeus Casios. Für ein anderes bekanntes Heiligtum des Zeus Casios an der Mittelmeerküste ließ sich die gleiche Aufeinanderfolge Baal Zaphon – Zeus Casios wahrscheinlich machen. Dieses Heiligtum lag am Mittelmeer östlich des Nildeltas. Dadurch ergab sich die Möglichkeit, das „Baal Zaphon" von Ex 14,2.9 zu lokalisieren und damit die Ortsangaben von Ex 14,2 überhaupt zu verstehen. Denn nunmehr lagen für zwei Ortsangaben konkrete Anhaltspunkte zur Lokalisierung vor, die sich gegenseitig stützen: 1. Das Heiligtum des Zeus Casios ist auf einem niedrigen Sandhügel am westlichen Ausgangspunkt der langen Nehrung der Lagune zu suchen, die in der Antike als Sirbonischer See bezeichnet wurde (15 km östlich der ägyptischen Grenzfestung Pelusium). 2. Das daneben genannte Migdol, das schon ägyptischen Texten der Ramessidenzeit bekannt war, hat wahrschein-

lich 12 km südlich von Pelusium gelegen, auf dem heutigen *tell el-ḫēr*.
3. Daraus folgt, daß mit dem „Meer" in Ex 14,2 der Sirbonische See gemeint ist.

Eine Reihe von Beschreibungen und Erzählungen griechischer und römischer Schriftsteller gibt eine anschauliche Vorstellung davon, ein wie starkes Hindernis der Sirbonische See und seine Umgebung bildeten. So schreibt Diodor:

Da das Wasser nur sehr schmal ist, einem Bande ähnlich, und große Sandflächen ihn überall umgeben, so wird viel Sand hineingewirbelt, wenn anhaltende Südwinde wehen. Der macht das Wasser für das Auge unerkennbar und läßt den See unmerklich ins Festland übergehen, so daß man ihn davon gar nicht unterscheiden kann. So sind auch schon viele von denen, die die Eigentümlichkeit der Gegend nicht kannten, hier mit ganzen Heeren untergegangen, indem sie den rechten Weg verfehlten. Denn der Sand gibt nach, sobald man ihn nur eben betreten hat, und täuscht die darüber Gehenden wie mit böser Absicht, bis sie endlich die drohende Gefahr ahnen und sich zu helfen suchen, wo doch keine Flucht und Rettung mehr möglich ist. Denn der vom Sumpf Verschlungene kann weder schwimmen, da der Schlamm die Bewegung des Körpers unmöglich macht, noch kann er heraussteigen, da er nichts Festes zum Darauftreten hat. Denn da sich der Sand mit Wasser vermischt hat und so beider Natur verändert worden ist, kann man hier weder gehen noch schwimmen.

Die Gegend war außerdem vom Meer bedroht. So sah Strabo große Gefahren

indem die Erde, von einem plötzlichen, einmaligen Krampf befallen, sich zugleich nach zwei Seiten hin verändert, so daß der hochgehobene Teil von ihr das Meer wegtreibt, der eingesunkene es aufnimmt, durch die umgekehrte Bewegung aber die Gegend die alte Gestalt wieder annimmt, wobei bald eine gewisse Veränderung eintritt, bald nicht . . .

An anderer Stelle:

Als wir in dem ägyptischen Alexandria weilten, wurde bei Pelusium und dem Kasionberg das Meer emporgehoben, überschwemmte das Land und machte den Berg zu einer Insel, so daß der am Kasion vorbei nach Phönizien führende Weg schiffbar wurde.

Daher wissen die alten Geschichtsschreiber von mannigfachen Katastrophen zu erzählen, die sich dort ereignet haben. Zu ihnen wird auch das Ende der ägyptischen Verfolger gehört haben. Das Zurückfluten oder Auseinanderklaffen der Wasser vor den Israeliten und ihr Hereinbrechen über die Ägypter läßt an die von Strabo erwähnten Erd- und Seebeben mit Sturmfluten denken, das Gehemmtwerden der Räder der ägyptischen Wagen dagegen an eine sumpfige Gegend, entsprechend dem von Diodor geschilderten gefährlichen Sumpfcharakter. Auf einen Versuch genauer Rekonstruktion des Hergangs muß man freilich verzichten. Denn bei den Erzählungen handelt es sich ja um Wundergeschichten, die Jhwhs Macht erweisen sollen.

3. Die Ereignisse zwischen Flucht und Einwanderung. Die Überlieferung stellt die folgenden Ereignisse in der Hauptsache so dar, als sei Mose nach der Rettung der Flüchtlinge zunächst zum Gottesberg gewandert, von dort aus nach Kadesch, um in Palästina einzudringen, und als dies mißlang, wieder zum Gottesberg und von dort aus unter Umgehen des Landes der Edomiter ins mittlere Ostjordanland.

Ein solches Hin und Her entspricht schwerlich der Wirklichkeit. Es setzt zudem voraus, daß der Gottesberg auf der Sinaihalbinsel zu suchen ist, was sicher nicht zutrifft. Schließlich lassen die Quellen selbst Mose schon in Kadesch weilen, obwohl vorher der Gottesberg nicht erwähnt wird. Tatsächlich liegen in der Überlieferung über den Wüstenzug zwei Sagenkränze vor, die ineinander verschachtelt worden sind. Der eine spielt in Kadesch, der andere am Gottesberg. Es stellen sich freilich die Fragen, ob die Moseschar nur an einer Stelle oder an beiden Stellen geweilt hat, und wenn an beiden: in welcher Reihenfolge – zuerst am Gottesberg und dann in Kadesch oder umgekehrt.

Es ist nicht möglich, die Gestalt Moses aus den Überlieferungen von Kadesch und vom Sinai zu eliminieren. Ereignisse an beiden Orten sind fest mit ihm und der Moseschar verbunden, so daß die Flüchtlinge sowohl in Kadesch als auch am Gottesberg gewesen sind. Auch die Reihenfolge kann nicht zweifelhaft sein, wenn man sich die geographischen Gegebenheiten vor Augen führt: Der Weg vom Sirbonischen See zum Gottesberg, der östlich der Sinaihalbinsel im midianitischen Gebiet gesucht werden muß, führt über Kadesch. Die Moseschar wird demnach zuerst in Kadesch geweilt haben und von dort zum Gottesberg gezogen sein. Von dort hat sie der Weg ins Ostjordanland und auf das Gebirge Ephraim geführt.

a) Kadesch ist eine große Oase, 75 km südlich von Beerseba, mit weit sich ausdehnenden Tälern und drei Quellen. Die Überlieferung berichtet wohl zutreffend von Zusammenstößen der Moseschar mit den Amalekitern, einem nomadischen Stämmeverband, mit dem noch Saul und David zu kämpfen hatten. Anscheinend wollten sie den Neuankömmlingen den Aufenthalt in der Oase verleiden.

Ein zweiter geschichtlicher Zug der Überlieferung bezieht sich auf die Leviten. Die Moseschar hatte den Jhwh-Glauben nach Kadesch mitgebracht, das selbst eine bekannte heilige Stätte mit einer Priesterschaft besaß. Vielleicht hat Mose Jhwh mit dem Gott von Kadesch identifiziert; jedenfalls erreichte er, daß sich wenigstens ein Teil der Priester von Kadesch, eben die Leviten, ihm anschlossen, so daß nun die Möglichkeit für einen priesterlichen Kultus bestand. Die Leviten – die von dem in Palästina untergegangenen Stamm Levi zu unterscheiden sind – brachten ihr Losorakel mit, wurden die Kerntruppe Moses gegen alle Jhwh-Feinde und wurden in Palästina durch ihre Wanderungen in das Gebirge Juda außerordentlich wichtig für die Verbreitung des Jhwh-Glaubens bei den südlichen Israeliten. Denn als die Moseschar Kadesch verließ, schlossen die Leviten sich ihr an.

Ein dritter geschichtlicher Zug liegt darin, daß die Moseschar versucht hat, von Kadesch aus nach Norden vorzustoßen und in Palästina einzudringen. Dies ist jedoch mißlungen; sie erlitt durch Amalekiter und Kanaanäer eine solche Niederlage, daß der Plan aufgegeben werden mußte. Im Zusammenhang damit mußte die Moseschar Kadesch überhaupt räumen und zog zum Gottesberg.

Sicher geschichtlich sind wenigstens im Kern die Erinnerungen daran, daß sich immer wieder Unwille, Aufruhr und Rivalität gegen die Führung Moses geltend machten. Dies war wohl besonders der Fall, als die äußeren Erfolge ausblieben, nach denen der Nomade seine Anführer in erster Linie beurteilt.

b) Der Gottesberg, zu dem die Moseschar von Kadesch aus gezogen ist, läßt sich nicht genau lokalisieren. Er wird im Alten Testament als Sinai, Horeb oder einfach als Gottesberg bezeichnet, so daß schon damals die Überlieferung unklar gewesen ist. Da es keinen Kultus gab, der mit ihm verbunden war, wurden Name und Ort nicht eindeutig überliefert. Nur eins ist klar: Die Vorstellung, daß der Gottesberg oder Sinai ein tätiger Vulkan gewesen sei, wie man früher häufig behauptete, ist unzutreffend. In jener Zeit gab es weder auf der Sinaihalbinsel noch im midianitischen Gebiet tätige Vulkane; sie fanden sich nur im eigentlichen Arabien und im nordöstlichen Ostjordanland. Die Darstellung der Gotteserscheinung in Ex 19, auf die man sich berufen hat, ist höchstens nach allerlei Erzählungen von vulkanischen Ausbrüchen und Erinnerungen an schreckliche Stürme, wie sie im nordwestlichen Arabien und in Syrien vorkommen, ausgebildet worden.

Auf der Sinaihalbinsel ist der Gottesberg nicht zu suchen, da weder die Erzählungen noch die Poesie der alten Zeit dorthin weisen; aus den gleichen Gründen gilt dies für die Gegend von Kadesch. Dagegen hat er mit größter Wahrscheinlichkeit in Midian gelegen. Jhwh war ursprünglich ein midianitischer Gott; sein heiliger Berg mußte sich daher im midianitischen Gebiet im nordwestlichen Arabien, östlich des Golfs von Aqaba, befinden.

An diesem Gottesberg ist das Verhältnis zwischen Jhwh und der Moseschar durch Mose konsolidiert worden. Aufgrund des Erlebnisses der Offenbarung der Gottheit erfolgte das Bekenntnis der Moseschar zu ihr und die Übernahme einer gottgegebenen Verpflichtung, nachdem die Verheißung des Landbesitzes bereits früher erfolgt war. In alledem handelte es sich zunächst um einen typischen nomadischen Vorgang. Die Gruppe bekannte sich wie bei den Patriarchengöttern zu einem Gott, der nun ihr Gott war. Herbeigeführt wurde dies durch den Anführer, der wie die Patriarchen Offenbarungsempfänger, Kultstifter und inspirierter Führer war. Doch sind von Anfang an offensichtlich andere Elemente wirksam gewesen, die es bewirkt haben, daß Jhwh nicht lediglich einer der zahlreichen israelitischen Sippengötter werden und bleiben konnte.

4. Die Einwanderung nach Palästina. Die Frage, was Mose und seine Schar nach einer gewissen Zeit bewogen hat, das Land Midian mit dem Gottesberg zu verlassen, läßt sich nicht beantworten. Vielleicht reichte die Nahrung für die Neuankömmlinge nicht aus, vielleicht war es die Sehnsucht nach dem Kulturland westlich des Jordans, das schon die anderen israelitischen Stämme dorthin gezogen hatte, vielleicht auch die Nachrichten von der politischen Lage in Palästina, die ein Eindringen und Seßhaftwerden möglich erscheinen ließen. Daher wiederholte die Moseschar den bei Kadesch vergeblich unternommenen Versuch, nach Palästina einzudringen. Der Weg führte diesmal durch das Ostjordanland. Dort ist Mose gestorben, bevor der Jordangraben erreicht wurde (um 1200). Im Anschluß daran ist die ihres ersten Anführers beraubte Schar über den Jordan gezogen und hat bei den mittelpalästinischen Stämmen eine neue Heimat gefunden. Von dort aus hat der Jhwh-Glaube seinen Siegeszug unter den Israeliten begonnen.

G. Beer, Mose und sein Werk, 1912. – W. Caspari, Neuere Versuche geschichtswissenschaftlicher Vergewisserung über Mose, ZAW 42 (1924), 297–312. – A. Musil, The Northern Heğâz, 1926. – C. S. Jarvis, The Forty Years' Wanderings of the Israelites, PEQ 70 (1938), 25–40. – H. St. J. Philey, The Land of Midian, 1957. – H. H. Rowley, Mose und der Monotheismus, ZAW 69 (1957), 1–21. – R. Smend, Das Mosebild von Heinrich Ewald bis Martin Noth, 1959. – W. Beyerlin, Herkunft und Geschichte der ältesten Sinaitradition, 1961. – E. Oßwald, Das Bild des Mose in der kritischen alttestamentlichen Wissenschaft seit Julius Wellhausen, 1962. – J. J. Stamm, Der Dekalog im Lichte der neuesten

Forschung, 1962[2]. – J. Koenig, La localisation du Sinaï et les traditions des scribes, RHPhR 43 (1963), 2–31. – Ders., Le Sinaï, Montagne de feu dans un désert de ténèbre, RHR 167 (1965), 129–155. – Ders., Le site de al-Jaw dans l'ancien pays de Madian, 1971. – G. Fohrer, Überlieferung und Geschichte des Exodus, Eine Analyse von Ex 1–15, 1964. – A. H. J. Gunneweg, Mose in Midian, ZThK 61 (1964), 1–9. – G. W. Coats, The Traditio-Historical Character of the Reed Sea Motif, VT 17 (1967), 253–265. – H. Schmid, Mose, Überlieferung und Geschichte, 1968. – K. Koch, Die Hebräer vom Auszug aus Ägypten bis zum Großreich Davids, VT 19 (1969), 37–81. – B. S. Childs, A Traditio-Historical Study of the Reed Sea Tradition, 1970. – S. Herrmann, Israels Aufenthalt in Ägypten, 1970. – R. Giveon, Les bédouins Shosou dans des documents égyptiens, 1971. – M. Noth, Der Schauplatz des Meereswunders, in: Ders., Aufsätze zur biblischen Landes- und Altertumskunde, I 1971, 102–110. – E. W. Nicholson, Exodus and Sinai in History and Tradition, 1973.

3. Kapitel: Die Israeliten in Palästina vor der Staatsbildung

I. Stammesführer bzw. -helden und Herrscher

1. Überlieferung. Will man aus der alttestamentlichen Überlieferung ein Bild von Josua gewinnen, so muß von vornherein alles ausscheiden, was sich im Zusammenhang der Moseüberlieferung findet. Die dortigen Erwähnungen Josuas haben kein ursprüngliches Eigenleben und sind durch das spätere Bedürfnis bestimmt, ihn an die größere Gestalt Moses anzuschließen, mit dem er ursprünglich nichts zu tun hatte. Wo immer Mose einen Helfer brauchte, dessen Rolle der tatsächlichen geschichtlichen Bedeutung Josuas entsprach, bediente man sich seiner Gestalt. Dies gilt auch für Ex 17,8 ff., wo Josua als Heerführer in einer selbständigeren Rolle auftritt; weil Mose sonst als Heerführer unbekannt war, wurde für eine der wenigen Erzählungen von Kriegshandlungen der spätere Heerführer Josua herangezogen.

Für die Gestalt Josuas kann man sich nur an das Buch Josua halten und in ihm vornehmlich an die Erzählungsreihe Jos 1–11, danach an die wenigen anderen Überlieferungen im übrigen Buch. Jedoch ist längst erkannt worden, daß die meisten Erzählungen in Jos 1–11 ursprünglich selbständig gewesen sind und nicht Heldensagen um die Person Josuas, sondern ätiologische Sagen darstellen. Sie waren dazu bestimmt, auffallende Tatbestände aus der Gegenwart der Erzählung aus Ereignissen der Vergangenheit abzuleiten, d. h. ihre Entstehungssage zu bieten. Die Tatbestände, die erklärt werden sollen, sind von sehr verschiedener Art: das Heiligtum von Gilgal bei Jericho (Jos 5,13 ff.), seine zwölf heiligen Steine (3 f.) und sein Vorhauthügel (5,2 ff.), der Stadthügel von Jericho als verwunschene Stätte (6), der Schutthügel von Ai mit einem Steinhaufen anstelle des Stadttors (8,9 ff.), der Steinhaufen in der Ebene Achor bei Jericho (7), die Duldung einer Sippe Rahab aus Jericho im israelitischen Gebiet (2; 6,22 ff.), das Vertragsverhältnis zwischen der Stadt Gibeon samt drei anderen Städten und ihrer israelitischen Umgebung einschließlich ihrer Vertretung an einem israelitischen Heiligtum (9) und die fünf Bäume über dem mit Steinen verstopften Eingang einer Höhle bei Makkeda in Juda (10,16 ff.). Die Hälfte der Sagen ist am Heiligtum von Gilgal beheimatet, so daß dort vielleicht alle Sagen zu einem Sagenkranz zusammengeschlossen worden sind. Die Haftpunkte der anderen Sagen lagen wahrscheinlich an dem Weg, der Gilgal mit dem Gebirge Ephraim verband. Die Gestalt Josuas ist erst nachträglich in sie eingeführt worden.

Ein Beispiel dafür, daß die Erklärungen der ätiologischen Sagen keineswegs mit der geschichtlichen Wirklichkeit übereinstimmen müssen, liefert die Sage von Ai (Jos 8), die einen Schutthügel am Wege von Jericho nach Betel mit einem Steinhaufen an seiner Seite auf eine Kanaanäerstadt und ihr Tor zurückführt. Die Eroberung und Zerstörung dieser Stadt soll Josua mittels einer Kriegslist gelungen sein. Die Ausgrabungen haben jedoch ergeben, daß der Ort zwar im 3. Jt. v. Chr. besiedelt und befestigt war, dann aber lange Jahrhunderte verlassen lag und erst von neuem besiedelt wurde, als die Israeliten bereits im Lande waren. Die alte Stadt ist also keineswegs durch die Israeliten erobert worden; dies anzunehmen und ihre Zerstörung davon herzuleiten, war ein Fehlgriff um Jahrhunderte. Die Sage kennt nicht einmal mehr den früheren Namen der Stadt, sondern bezeichnet den Ort einfach als Ai „Ruine".

Dennoch bleibt einiges Überlieferungsmaterial, das Rückschlüsse auf die Gestalt Josuas zuläßt: die Heldensage von der Schlacht zwischen Gibeon und Ajjalon in Jos 10,1–11.15 (mit einem hinzugefügten Liedfragment in 10,12–14), die Beschwerde des Stammes Joseph wegen unzureichender Landzuteilung in 17,14–18, die ursprüngliche Fassung der Erzählung vom sog. Landtag in Sichem in 24,1–28 und die Notiz von Josuas Erbbesitz und Grab in Timna auf dem Gebirge Ephraim, unweit der benjaminitischen Grenze.

Die Erzählungen des Richterbuches führen auf tragfähigeren geschichtlichen Boden als die Überlieferungen über die ältere Zeit. In ihnen begegnen Gestalten, die für ihre Stämme die gleiche Bedeutung gewonnen haben wie Josua für Joseph. Es handelt sich also nach wie vor um Stammesgeschichte.

Unter den sog. Richtern sind zwei Typen zu unterscheiden: Stammesführer bzw. -helden und Herrscher. Über beide berichtet das Richterbuch in unterschiedlicher Weise. Es enthält einmal eine Reihe von Erzählungen über verschiedene Stammesführer bzw. -helden und ihre siegreichen Taten, ferner eine Liste der sog. „kleinen Richter" mit kurzen Angaben über ihre Herkunft, die Dauer ihrer Tätigkeit und den Begräbnisort, teilweise auch über eine Einzelheit aus ihrem Leben. Beide Überlieferungsstränge überschneiden sich in den Personen Gideons und Jephtas; diese sind einmal Mittelpunkt einer Stammesheldenerzählung, ferner gibt es von ihnen Einzelangaben, die dem Schema der „kleinen Richter" entsprechen. Im Anschluß an Jephta sind die anderen kriegerischen Stammeshelden gleichfalls als „Richter" bezeichnet worden, obwohl diese Bezeichnung ihnen nicht zukommt, da sie nicht mit der Rechtsprechung zu tun hatten, sondern kriegerische Anführer waren. Andere „Richter" dagegen scheinen in Wirklichkeit Herrscher gewesen zu sein, da das Verb *špṭ* im Hebräischen wie in anderen semitischen Sprachen nicht nur „richten", sondern auch „herrschen" bedeutet.

Zu den Stammesführern bzw. -helden zählt das Richterbuch: Otniel, Ehud, Samgar, Gideon, Abimelech, Jephta und Simson, außerdem eine Frau: Debora. Zu den Herrschern sind nach den Angaben des Richterbuches zu rechnen: Tola, Jaïr, Ibzan, Elon und Abdon, außerdem Gideon und Jephta.

Das Richterbuch erzählt demnach sowohl von Anführern oder Helden einzelner Stämme als auch von Herrschern einzelner Städte oder Bezirke. Ihre Autorität mochte gelegentlich über den eigenen Stamm oder die eigene Stadt hinausreichen, jedoch ist ihre Ausdehnung auf Gesamtisrael sekundär.

2. Stammesführer bzw. -helden. Da die Ereignisse zeitlich nicht genau festzulegen sind und ihr gegenseitiges zeitliches Verhältnis unklar bleibt, wird im folgenden eine geographische Ordnung befolgt.

a) Innerpalästinische Ereignisse (Auseinandersetzung mit Kanaanäern): Die Erzählung von der Schlacht zwischen Gibeon und Ajjalon (Jos 10,1–11.15) berichtet über einen Zusammenstoß zwischen Israeliten und Kanaanäern. Josua rückte mit dem Heerbann des Stammes Joseph von Norden her an, die Kanaanäer anscheinend von Süden her. Die größeren Zusammenhänge der Schlacht sind freilich nicht ganz klar. Nach der Überlieferung handelte es sich ursprünglich um eine Fehde der Stadt Gibeon, die mit den Israeliten in einem Vertragsverhältnis stand, mit einigen südlicher gelegenen kanaanäischen Stadtstaaten. Aufgrund ihres Vertrages griffen die Israeliten ein und schlugen die Kanaanäer. Besonders dieser Sieg, unter dem Panier des neuen Gottes Jhwh errungen, der vom Himmel her eingriff, hat viele von der Überlegenheit dieses Gottes überzeugt und zu seiner Anerkennung beigetragen.

Vielleicht ist die Erzählung über die Schlacht erhalten geblieben, weil es die erste größere Tat Josuas war, durch die er Anerkennung errungen hat. Ihr sind sicher weitere gefolgt, so daß Josua bei der Festigung der Macht seines Stammes eine wichtige Rolle gespielt haben dürfte. Dann wird auch verständlich, daß der Stamm eine Beschwerde wegen unzureichenden Landbesitzes vor Josua gebracht hat – anscheinend in der Erwartung, daß der erfolgreiche Heer- und Stammesführer diesen Anspruch durch das politisch-militärische Übergewicht Josephs auf Kosten eines anderen Stammes oder der Kanaanäer befriedigen werde (Jos 17,14–18).

Wenn schließlich Jos 24 einen geschichtlichen Kern birgt, dann hat es sich nicht um die Verpflichtung von ganz Israel auf Jhwh, sondern um die Verpflichtung des Stammes gehandelt, den Josua anführte: des Stammes Joseph (mit oder ohne Benjamin). Die Moseschar war in diesem Stamm aufgegangen und hatte den Jhwh-Glauben hineingetragen. Im Namen des neuen Gottes hatte Josua bei Gibeon-Ajjalon gesiegt, in seinem Namen sich zum Anführer seines Stammes emporgeschwungen. Daraufhin hat er die Sippen des Stammes auf diesen Gott verpflichtet und das Heiligtum bei Sichem zum Stammesheiligtum erhoben.

Ein wichtiges Ereignis war die Deboraschlacht, die etwa eine halbe Generation nach Josua in der Ebene von Megiddo stattgefunden hat. Dieser Sieg hat wesentlich dazu beigetragen, die Selbständigkeit der nordpalästinischen Israeliten gegenüber den Kanaanäern zu festigen. Er hat in dem großartigen Siegeslied von Jdc 5 ein Denkmal erhalten; eine prosaische Erzählung liegt in Jdc 4 vor. Als Zeit ist etwa das Jahr 1150 v. Chr. anzunehmen. Die Stämme Isaschar, Sebulon und Naphtali, die am Rande der Jesreelebene und nördlich davon seßhaft waren, waren in bedrückende Knechtschaft unter die umliegenden kanaanäischen Stadtstaaten geraten. Nach dem Siegeslied scheint Sisera einer der führenden Stadtkönige gewesen zu sein; die entscheidenden Gestalten auf israelitischer Seite waren Debora und Barak, wobei Debora im Vordergrund steht. Anscheinend haben die unterdrückten Stämme ihre südlichen Nachbarn auf dem Gebirge Ephraim zu Hilfe gerufen, um mit ihnen gemeinsam das kanaanäische Joch abzuwerfen. Unter der Führung der Debora eilten ihnen die drei Rahelstämme Benjamin, Ephraim und Machir (gemeint ist wohl Manasse) zu Hilfe. Bei Taanach am Kison trafen die Heere zusammen. In einem Naturereignis glaubten die Israeliten Jhwh an der Spitze seiner Heere zugunsten seiner Anhänger eingreifen zu sehen. Gewitter und Platzregen scheinen den Israeliten einen Vorteil verschafft zu haben, der über die Ufer tretende Kison wurde den kanaanäischen Kriegswagen zum Verhängnis. Der Führer der Kanaanäer, Sisera, wurde auf der Flucht von der Keniterin Jael in ihrem Zelt erschlagen. Der Sieg ist als unmittelbarer Jhwh-Sieg empfunden worden und hat offenbar auf alle Beteiligten einen tiefen Eindruck gemacht, vielleicht auch auf andere israelitische Stämme. Jhwh war – das ist die Gewißheit, die durch das Siegeslied klingt – mächtiger als die Götter der Kanaanäer. Es mag sein, daß sich bei der Siegesfeier die befreiten Stämme in ähnlicher Weise auf den Jhwh-Glauben verpflichtet haben oder von Debora auf ihn verpflichtet wurden, wie Josua nach Jos 24 seinen Stamm auf den neuen Glauben verpflichtet hat.

b) Ereignisse im Osten (Grenzkämpfe): Jephta (Jdc 10,6–12,7) hatte vor der Mißgunst seiner Stammesgenossen seine Heimat verlassen müssen, kehrte jedoch auf ihren Wunsch angesichts eines Angriffs der Ammoniter zurück und übernahm die Führung. Die Ammoniter suchten das israelitische Siedlungsgebiet zu erobern, wie es ihrem ständigen Verlangen nach Ausdehnung in Richtung auf das westjordanische Kulturland entsprach. In der Antwort des Ammoniterkönigs an die Boten Jephtas wird dieser ammonitische Anspruch auf das Gebiet „vom Arnon bis zum Jabbok und bis zum Jordan" klar ausgesprochen (Jdc 11,13). Der ammonitische Angriff scheiterte jedoch an der Kraft der ostjordanischen Israeliten unter der Führung Jephtas. Es gelang ihnen bei dieser Gelegenheit sogar, tief in ammonitisches Gebiet vorzustoßen, ohne freilich einen dauernden Landgewinn erzielen zu können.

Ein weiterer Stammesheld ist aus Benjamin bekannt (Jdc 3,12–30).

Damals war es den ostjordanischen Moabitern gelungen, nicht nur die Ostseite des Jordangrabens zu besetzen, sondern sogar über den unteren Jordan in das Gebiet Benjamins hinüberzugreifen. Sie konnten das Gebiet um Jericho besetzen und sich tributpflichtig machen. Das gleiche wird erst recht für den Stamm Gad gelten, dessen Gebiet östlich des Jordans lag. Freilich dauerte dieser Zustand nicht lange. Denn der Benjaminit Ehud ermordete den moabitischen König Eglon, als er ihm den Tribut überbrachte. Dies gab den Anstoß zur Erhebung; die Moabiter wurden über den Jordan zurückgeworfen, die Jordanfurten wieder israelitisch.

Auch aus dem Stamm Manasse ist ein Stammesheld bekannt: Gideon (Jdc 6–8). Eine midianitische Horde unter der Führung zweier Häuptlinge fiel im Zusammenhang einer größeren Wanderung vom Ostjordanland aus in die große Ebene östlich von Sichem ein. Es ist nicht ersichtlich, ob sie nur rauben und plündern oder Weideland suchen wollten. Jedenfalls stießen sie auf die Brüder Gideons und machten sie, die wahrscheinlich ihr Eigentum verteidigen wollten, nieder. Aus Furcht vor der deswegen drohenden Blutrache kehrten sie daraufhin um und zogen sich fluchtartig ins Ostjordanland zurück. Gideon machte sich mit einer größeren Gruppe von Männern auf – wahrscheinlich aus seiner eigenen Sippe –, um Blutrache zu nehmen. Tief im Ostjordanland holte er die Midianiter ein, die sich dort sicher glaubten. Er sprengte sie in einem überraschenden Überfall auseinander, fing die beiden Häuptlinge und vollzog an ihnen eigenhändig die Blutrache.

Aus all diesen Erzählungen aus dem Osten läßt sich ein Element für den geschichtlichen Zusammenhang entnehmen. Israel war in der gleichen Lage wie vor ihm die Kanaanäer: Es mußte sein Siedlungsgebiet gegen neue Eindringlinge und andere Ansprüche verteidigen. Die Kleinstaaten im Osten benutzten jede Gelegenheit, um sich auf Kosten Israels auszudehnen und mehr vom Kulturland an sich zu reißen. Neue Stämme suchten von Osten her einzudringen, sei es um Beute zu machen, sei es um sich anzusiedeln. So mußten die Israeliten im Inneren des Landes mit den Kanaanäern fertig werden und sich nach außen hin gegen Angriffe behaupten.

c) Wahrscheinlich mußte auch Juda sein Gebiet verteidigen. Die Sippe Kaleb hatte Hebron besetzt, in der Nachbarschaft lebten die kenisitische Sippe Otniel und die Keniter, die sich erst spät von den Amalekitern loslösten. Sie alle waren sicherlich darauf bedacht, ihr Gebiet nach Norden auszudehnen, bis sie zur Zeit Sauls anscheinend in Juda aufgegangen sind. Dieses war im übrigen von mittel- und nordpalästinischen Stämmen weitgehend getrennt. Kanaanäisches Gebiet lag dazwischen, vor allem der kanaanäische Stadtstaat Jerusalem; so hat Juda sich an den Unternehmungen des Nordens nicht beteiligt. Erst später hat sich die Lage geändert, doch eine Scheidewand ist stets geblieben. Die rund zwei Jahrhunderte, die Juda ein Eigenleben geführt hat, haben immer nachgewirkt.

d) Ereignisse im Westen (Philisterkämpfe): In der südlichen Küstenebene Palästinas hatten sich inzwischen die Philister niedergelassen, gewissermaßen als Rechtsnachfolger der Ägypter. Jedenfalls scheinen sie den ägyptischen Anspruch auf Oberhoheit über Palästina zu ihrem eigenen gemacht zu haben und versuchten bald, ihn zu verwirklichen. An einigen Stellen konnten sie leicht vordringen und sich dabei Israeliten unterwerfen. Die Reste des Stammes Simeon scheinen damals vollends aufgerieben worden zu sein; danach stießen sie auf einen im Hügelland zurückgebliebenen Rest von Dan und auf Juda. Die damals von den Philistern unterworfenen und in ein Vasallenverhältnis gezwungenen Israeliten begegnen in I Sam 13,1; 14,21 als „Hebräer"; sie fielen zur Zeit Sauls von den Philistern ab und schlossen sich dem entstehenden israelitischen Staat an.

Von den Auseinandersetzungen zwischen den Philistern und dem Rest des Stammes Dan erzählen die Simsonsagen (Jdc 13–16). Freilich muß man sich im wesentlichen mit dem Wissen begnügen, daß es unter jenen Daniten einen Stammeshelden gegeben hat, der sich mit den neuen Eroberern herumschlug und sie in jeder Weise zu schädigen suchte, bis er in diesen Kämpfen zugrundegegangen ist. Denn die Einzelheiten, die sich in den Erzählungen von diesem Stammeshelden finden, scheinen teils mythischer, teils schwank- und märchenhafter Art zu sein und sich nachträglich an seine Gestalt geheftet zu haben.

3. Nichtisraeliten. Die Episode von Abimelech dürfte in der zweiten Hälfte des 12. Jh. v. Chr. spielen (Jdc 9). In der Überlieferung erscheint er als Sohn Gideons, da dieser ursprünglich Jerubbaal geheißen hat wie der Vater Abimelechs. In Wirklichkeit war Abimelech ein ehrgeiziger kanaanäischer Abenteurer, der in der gleichfalls kanaanäischen Stadt Sichem die dort regierende Adelssippe durch gedungene Mörder umbringen und sich selbst zum Stadtkönig von Sichem krönen ließ. Doch nach nur dreijähriger Herrschaft kam es während der Abwesenheit Abimelechs zum Bruch der Bevölkerung mit ihm. Er kehrte sogleich zurück, überrumpelte die Stadt und verbrannte die Besatzung mit den restlichen Einwohnern in dem Tempel des El-Berît, in den sie sich zurückgezogen hatten. Bald darauf kam er bei der Eroberung einer anderen Ortschaft zu Tode.

In der Erwähnung Samgars (Jdc 3,31; 5,6) scheint sich die Erinnerung an einen kanaanäischen Lokalherrscher oder -helden bewahrt zu haben. Er mußte sich gegen die Machtansprüche der Philister zur Wehr setzen und tat dies anscheinend mit Erfolg.

Die Grundlage der Otniel-Erzählung (Jdc 3,7–11) ist rätselhaft und bisher ungeklärt. Ist schon die Gestalt Otniels schwer zu deuten – ist vielleicht die diesen Namen tragende Sippe im Süden damit gemeint? –, so ist diejenige seines Gegners noch dunkler. Es ist ausgeschlossen, daß es sich tatsächlich um das Reich von Aram-Naharaim in Mesopotamien gehandelt hat; aber wer sonst gemeint ist, läßt sich nicht erkennen.

W. Richter, Traditionsgeschichtliche Untersuchungen zum Richterbuch, 1963. – Ders., Zu den „Richtern Israels", ZAW 77 (1965), 40–72. – D. A. McKenzie, The Judge of Israel, VT 17 (1967), 118–121. – H. Schmid, Erwägungen zur Gestalt Josuas in Überlieferung und Geschichte, Judaica 24 (1968), 44–57. – M. Noth, Das Amt des „Richters Israels", in: Gesammelte Studien zum Alten Testament, II 1969, 71–85. – A. D. H. Mayes, Israel in the Period of the Judges, 1974.

II. Vorstufen der Staatsbildung

1. Territorium und Stadtstaaten. Nach Seßhaftwerden und Ansiedlung war die frühere Stammesorganisation der Israeliten überholt und mußte sich den neuen Verhältnissen allmählich anpassen. Sippe und Stamm begannen sich in den Orts- und Bezirksverband umzuwandeln. Dies war ein Schritt, der im Laufe der Zeit zum Territorialstaat führte, wenn er konsequent verfolgt wurde. Es kam zur Aufnahme von Fremden, sowohl von anderen israelitischen Stämmen als auch von Kanaanäern. Nicht mehr die personelle Zugehörigkeit zum Stamm wurde entscheidend, sondern die jeweilige Niederlassung im Ort oder Bezirk.

Freilich hatte die territoriale Gliederung auch Nachteile für die Staatsbildung. Denn in jedem Territorium liegt die Tendenz, sich selbständig zu machen und für sich allein zu bestehen. Die Umbildung in Orts- und Bezirksverbände weckte daher auch föderative, zentrifugale Kräfte. Diese wurden durch eine unterschiedliche Haltung gegenüber dem kanaanäischen Problem und durch die lokale Auseinanderreißung verstärkt, wie sie der Riegel zwischen Juda und den mittel- und nordpalästinischen Stämmen bewirkte. So führte die Umbildung in Orts- und Bezirksverbände vor allem zur Bildung kleiner Territorien, war aber einem Gesamtreich hinderlich.

Das gleiche gilt für die damit verbundene Umbildung der Stellung der Sippenältesten. Ihr Einfluß erwuchs nunmehr zugleich aus ihrem Besitz, den sie durch die wirtschaftliche Umbildung erlangten. Die Anführer konnten durch die Verteilung der Beuteanteile zum Träger eines Herreneigentums werden. Da sie zudem über größeren Besitz an Menschen und Arbeitstieren verfügten, waren sie in der Lage, in stärkerem Maße als die anderen das Land zu roden. Das urbar gemachte Land aber gehörte demjenigen, der es gerodet hatte. So bildete sich allmählich eine aristokratische Ordnung heraus, gekennzeichnet durch die beherrschende Stellung der bedeutenderen Grundbesitzer, die die in der früheren Stammesorganisation ihnen rechtlich gleichstehenden Männer mit mittlerem oder kleinem Besitz tatsächlich in ihre Abhängigkeit brachten und eine Oberschicht zu bilden begannen.

Im Zuge der Auseinandersetzung mit der kanaanäischen Kultur kam es ferner zur Stadtwirtschaft im eigentlichen Sinne. Diese Entwicklung war nicht nur die Ursache für den späteren Gegensatz zwischen Stadt und Land, der sich besonders in Juda beobachten läßt. Vor allem begann damit die Bildung von Stadtstaaten. Bezeichnenderweise findet sich mehrfach die Redewendung „die Stadt X und ihre Tochterstädte" (Jdc 11,26 u. ö.). In diesen Gebilden lagen werdende oder bereits ausgebildete israelitische Stadtstaaten vor, an denen das kanaanäische Palästina reich gewesen ist. Die Erinnerung an einzelne Herrscher solcher Stadtstaaten findet sich in der Liste der fünf sog. kleinen Richter. Diese werden als Herrscher durch die Verwendung des Schemas der älteren Formeln für die Könige (I Sam 13,1 und I Reg 11,41 f.) in Verbindung mit dem Verb *špṭ* „herrschen" gekennzeichnet. Zu ihnen gehören: Tola in Samir und Jaïr in Gilead (Jdc 10,1–5), Ibzan in Betlehem, Elon in Ajjalon und Abdon in Piraton (Jdc 12,8–15), außerdem die beiden Söhne Samuels in Beerseba (I Sam 8,1 f.). Diese Herrscher waren lokale Autoritäten im Gebiet einer Stadt oder – wie im Falle Gilead – eines Bezirks. Ihr herrscherliches Amt kann am ehesten mit demjenigen eines kanaanäischen Stadtkönigs verglichen werden.

Neben den Stammesterritorien ist daher mit einer Reihe von israelitischen Stadtstaaten zu rechnen. Auch darin handelt es sich um eine Vorstufe der Staatsbildung, die der Bildung eines Gesamtreichs freilich eher hinderlich als förderlich sein mußte, sobald sich solche Stadtstaatengebilde erst einmal gefestigt hatten. Dazu ist es im Falle Israels jedoch nicht gekommen. Die Zeit zwischen der Seßhaftwerdung und der Bildung eines Gesamtreiches war zu kurz und zu unruhig, als daß sich kleinere Territorial- oder Stadtstaaten hätten festigen können.

Zu dieser Zeit ist sowohl von den israelitischen Stämmen als auch dort, wo man sich der kanaanäischen Stadtstaatenverfassung annäherte, das kanaanäische Recht übernommen und eingeführt worden. Da das Recht des Nomadentums im Kulturland nicht ausreichte, ist – wie der kanaanäische Kultus in die Jhwh-Verehrung – das kanaanäische Recht im Zug der tagtäglichen Rechtsprechung und Rechtsbildung wie selbstverständlich in Israel eingedrungen. Dieses Recht ist im einzelnen zwar kaum überliefert, entspricht aber dem aus anderen Ländern des Alten Orients, insbesondere aus Mesopotamien bekannten Recht, auch wenn es sich im kanaanäischen Bereich in eigener Weise entfaltet und entwikkelt hat.

2. *Gemeinsame Unternehmungen und Heiligtümer.* Den zentrifugalen Kräften wirkte die Notwendigkeit gemeinsamer Verteidigung gegen übermächtige Feinde entgegen. Allerdings ist nur ein Fall bekannt, in dem sich die Heerbanne mehrerer Stämme zur gemeinsamen Verteidigung zusammengefunden haben: in dem mit der Deboraschlacht endenden Feldzug. Daran war der Zusammenschluß der Stämme ebenso wichtig wie der errungene Sieg. Demgemäß erteilte der Dichter des Deboraliedes den Stämmen Lob und Tadel – je nachdem, ob sie an dem Feldzug teilgenommen oder sich der gemeinsamen Sache verweigert hatten. Nach dem Sieg zogen die einzelnen Heerbanne in ihre Heimat zurück, ohne daß es zu einem dauerhaften Zusammenschluß kam. Dennoch lag darin ein gewisser Ansatzpunkt für solche gemeinsamen Feldzüge, sobald der äußere Druck nur stark genug war und eine die anderen überragende Gestalt auftrat, der die verschiedenen Verbände dauernd zu folgen bereit waren.

Ferner spielten die Heiligtümer für das Leben der Israeliten eine nicht leicht zu überschätzende Rolle, insbesondere die Stammesheiligtümer. An ihnen trafen sich während der Feste die vollfreien, waffenfähigen und damit beschlußfähigen Männer des jeweiligen Stammes. Dann spielten nicht nur Kultus und Feier eine große und das Dasein formende Rolle, vielmehr wurden auch wichtige allgemeine Beschlüsse gefaßt und mannigfache private Angelegenheiten geregelt. Das Leben der Stämme spielte sich hauptsächlich an ihren Heiligtümern ab. Diese wurden in einigen Fällen von mehreren Stämmen gemeinsam benutzt, so der Tabor von Manasse, Sebulon, Isaschar und Naphtali; Mizpa im Ostjordanland von Gad und Gilead (Machir) und Beerseba von Juda und anderen südlichen Gruppen. Dies konnte zu einer stärkeren gegenseitigen Beziehung und Verbindung dieser Stämme führen.

3. *Die Frage sakraler Stämmebünde.* Gelegentlich wird die Annahme vertreten, daß die Israeliten bald nach ihrer Seßhaftwerdung in Palästina

einen sakralen Stämmebund gebildet hätten, dessen Umfang nach der früher einflußreichsten Hypothese durch eine Zwölfzahl von Mitgliedern analog den griechischen und italischen Amphiktyonien bestimmt war. Sein Kern bildete nicht die Kriegsführung, sondern der Kultus an einem Zentralheiligtum, das diesen Kultus und die gegenseitigen Beziehungen der Mitglieder regelnde kodifizierte Amphiktyonenrecht und das nichtkodifizierte Gewohnheitsrecht. Nur in Ausnahmefällen, nämlich bei Vergehen gegen eine Bestimmung des Amphiktyonenrechts, wurde gegen ein Mitglied der Amphiktyonenkrieg geführt. Außerdem wurden weitere kleine israelitische Amphiktyonien vor und neben dem Zwölfstämmebund postuliert – von der Hypothese nichtisraelitischer Amphiktyonien aufgrund der sechs oder zwölf Namen umfassenden Listen anderer Völker in der Genesis ganz abgesehen.

Aus der angenommenen Amphiktyonie der zwölf Stämme hat man allmählich zahlreiche andere Erscheinungen hergeleitet oder sie mit ihr in Verbindung gebracht. So verstand man die sog. kleinen Richter als Vertreter eines zentralen Richteramtes oder als politische Führer, die $n^e\acute{si}\hat{i}m$ als die offiziellen Vertreter der Stämme bei den Bundesversammlungen am Zentralheiligtum, den unter Davids und Salomos Hofbeamten erwähnten Mazkir als amphiktyonischen Amtsträger im Zusammenhang mit einem deklaratorischen Gesamturteil kultischen Gepräges und sogar die Nabis als Träger eines mosaischen und sodann amphiktyonischen Amtes der Rechtsverkündigung und Rechtsüberlieferung. Man erblickte das Amphiktyonenrecht in dem angeblich genuin israelitischen und mit dem „Gottesrecht" zu identifizierenden sog. apodiktischen Recht, dessen älteste Teile in Ex 22–23 vorliegen sollen und das in anderen Rechtsbüchern bis zum deuteronomischen Gesetz (Dtn 12–26) und zum Heiligkeitsgesetz (Lev 17–26) weitergebildet worden sein soll, fand den „Sitz im Leben" des Urbestandes der Stammessprüche (Gen 49; Dtn 33; Jdc 5) in der Theophaniebegehung der Amphiktyonie und denjenigen der Sprüche Jdc 21,3; I Sam 2,27b–30 und II Sam 7,5b–7 in einer amphiktyonischen Poesie. Man schrieb der Amphiktyonie sogar die Führung heiliger Kriege und die Rolle einer demokratischen politischen Organisation zu. Ja, letzten Endes sollte der von der Person Moses losgelöste Glaube Israels auf dem Boden der Amphiktyonie aus den Ballungen der Väter-, Auszugs- und Sinaiüberlieferungen und aus der religionsgeschichtlichen und historischen Konstellation erwachsen sein.

Freilich gab es bald auch eine Reihe von Stimmen gegen die Annahme einer israelitischen Amphiktyonie. Sie wiesen auf die Fragwürdigkeit der Analogie europäischer Institutionen, der Bewertung der Zwölfzahl, des Postulats eines (wechselnden) Zentralheiligtums und der Funktion der Lade, der Deutung einiger alttestamentlicher Texte und der Einschätzung der Verhältnisse während der vorstaatlichen Zeit hin. Daher stellt sich die Frage, ob die Israeliten tatsächlich einen sakralen Stämmebund, vielleicht sogar mit einem oder mehreren kleinen Vorläufern, gebildet haben und ob das gleiche für die anderen Stämme oder Völker gilt, die in der Genesis in Sechser- oder Zwölfergruppen aufgezählt werden. Jedoch wiegen die Gegengründe schwerer und schließen die Annahme von Amphiktyonien aus, so daß es wenig sinnvoll ist, den Ausdruck „Amphiktyonie", weil er sich weitgehend eingebürgert habe, weiterhin zu verwenden, ihn jedoch mit einem Gehalt zu füllen, der mit dem eigentümlichen Sinn des Ausdrucks nichts mehr gemein hat.

a) Es ist auffällig und ungewöhnlich, daß es keinen hebräischen Ausdruck gibt, der die Amphiktyonie bezeichnet, obwohl die Griechen, die diese Institution tatsächlich kannten, dafür eben jenen Begriff gebildet haben. In Israel hat es Ausdrücke für alle möglichen Einrichtungen und Lebensbereiche gegeben, während ein solcher für eine derart grundlegende Institution fehlen sollte. Schon diese Lücke läßt an der Existenz einer Amphiktyonie zweifeln. Der Name „Israel" kann nicht als Ersatz für den fehlenden Begriff angeführt werden. Da es sich um eine auf den Jhwh-Glauben gegründete Amphiktyonie gehandelt haben soll, wäre ein mit dem Zusatz „Jhwh" gebildeter Name für die Stämmegemeinschaft zu erwarten. „Israel" dagegen ist mit der Gottesbezeichnung „El" gebildet. Daß man angesichts der beginnenden Auseinandersetzung mit der kanaanäischen Religion ausgerechnet den mit der Bezeichnung eines der kanaanäischen Gegengötter versehenen Namen „Israel" für eine ausgesprochene Jhwh-Amphiktyonie gewählt hätte, ist höchst unwahrscheinlich.

b) Als Analogie zur behaupteten israelitischen Amphiktyonie oder als Modell für sie wird auf Verbände der alten griechischen und italischen Geschichte verwiesen, die nach der Sechs- und Zwölfzahl zusammengestellt waren und deren Mittelpunkt ein als Stätte des gemeinsamen Kultus dienendes Heiligtum bildete (z. B. Delphi). Freilich sind die tatsächliche Bedeutung und Rolle solcher Amphiktyonien schwer ersichtlich und dürfen jedenfalls nicht überschätzt werden. Vor allem sind zwei grundlegende Unterschiede gegenüber dem israelitischen und vorderorientalischen Bereich zu beachten. Einmal war die griechisch-italische Amphiktyonie eine Institution indogermanischer Völkerschaften, die man bei semitischen Gruppen nicht ohne weiteres in gleicher oder ähnlicher Weise annehmen kann – weder als eigene Schöpfung noch als übernommene Größe. Dazu sind die Gegensätze zwischen beiden Gruppen zu schwerwiegend. Tatsächlich sind im Alten Orient außerhalb der für Israel und einige andere Völker oder Stämme behaupteten Amphiktyonien derartige Institutionen nirgendwo belegt, auch nicht im phönizischen Gebiet, das doch enge Beziehungen zum griechischen Bereich besessen hat. Ferner bestanden zwischen den Völkergruppen in soziologischer Hinsicht grundlegende Unterschiede mit tiefgreifenden Folgen für die gesamte Lebenshaltung, die nicht übergangen werden dürfen. Was immer die griechisch-italischen Stämme ihrer Gesellschaftsform nach gewesen sein mögen, bevor sie nach Griechenland und Italien kamen und nachdem sie dort seßhaft geworden waren – sie waren jedenfalls nicht Nomaden oder Halbnomaden nach Art der semitischen Gruppen, bei denen man Amphiktyonien vermutet hat. Im Bereich des Alten Testaments handelt es sich ja nicht nur um die israelitischen Stämme, sondern auch um Nachbarvölker Israels, die in noch größerer Entfernung vom griechisch-italischen Raum als Israel lebten und bei denen eine Bekanntschaft mit dem dortigen System ganz unwahrscheinlich ist: die zwölf Stämme Nahors als Ahnherren von Aramäerstämmen (Gen 22,20–24), die zwölf Söhne Ismaels als Ahnherren von Ismaeliterstämmen (Gen 25,13–16), die Ahnherren der von drei Frauen Esaus hergeleiteten Edomiterstämme (Gen 36, 10–14), die sechs Söhne Abrahams und der Ketura als Ahnherren arabischer Stämme (Gen 25,2), vielleicht noch die Ahnherren choritischer Stämme vom Gebirge Seïr (Gen 36,20–28). Es ist kaum anzunehmen, daß im Gegensatz zu den Amphiktyonien im Kulturland Griechenlands und Italiens im Vorderen Orient gerade die außerhalb des alten Kulturlandes oder an seinem Rand lebenden Stämme derartige Organisationen geschaffen hätten.

c) Eine Amphiktyonie besitzt ein gemeinsames Zentralheiligtum, das von den Mitgliedern abwechselnd versorgt wird. Man hat behauptet, daß dies auch in Israel der Fall gewesen sei, daß die Lade Jhwhs das Symbol der Amphiktyonie gebildet und daß mit ihr das Zentralheiligtum mehrfach gewechselt habe. Es soll sich zumindest in Sichem, Betel und Silo befunden haben. Jedoch wird die Lade in Verbindung mit Sichem überhaupt nicht erwähnt. Man hat ein zeitweiliges Zentralheiligtum in Sichem auch nur angenommen, weil nach Jos 24 der Zwölfstämmebund unter maßgeblicher Mitwirkung Josuas dort gebildet worden sein soll. Jedoch die gesamtisraelitische Ausrichtung der Erzählung beruht auf der fast allgemein zugestandenen Bearbeitung eines alten Sagenkerns. Dieser war eine Stammeserzählung über einen geschichtlichen Vorgang, an dem Josua beteiligt war: die einmalige Verpflichtung des eigenen Stammes auf Jhwh durch Josua, nachdem er seine Erfolge in dessen Namen errungen hatte. Ebensowenig hat sich das Zentralheiligtum zeitweilig in Betel befunden. Die Notiz über den dortigen Aufenthalt der Lade in Jdc 20,27 f. ist ein später Einschub in den Text, der in ungeschickter Weise die Einleitung einer an Jhwh zu richtenden Frage auseinanderreißt. Er sollte in einer jungen Zeit begründen, warum sich die Israeliten ausgerechnet in Betel, das inzwischen als Staatsheiligtum des Nordreichs Israel verhaßt geworden war, zur Einholung eines Jhwh-Orakels eingefunden hatten.

Dagegen ist Silo – und Silo allein – der dauernde Standort der Lade vor ihrem Verlust an die Philister. Dennoch ist Silo kein amphiktyonisches Zentralheiligtum gewesen. Denn die Lade war keineswegs das Wanderheiligtum der Moseschar, sondern ist außerpalästinisch-israelitischer und vormosaischer Herkunft und von einer nach Palästina einwandernden Gruppe mitgebracht worden – am ehesten von der Gruppe, die die Überlieferungen über die Einwanderung durch den Jordangraben bewahrt hat: das Haus Joseph oder die Ephraimiten und die mit ihnen gemeinsam vorgehenden späteren Benjaminiten. Die Lade war also ursprünglich kein mit Jhwh in Verbindung stehender Gegenstand und eignete sich daher auch nicht als Symbol einer Jhwh-Amphiktyonie.

d) Wie es keinen alttestamentlichen Text gibt, der einen sakralen Stämmebund erwähnt, so gibt es auch keinen, der von Aktionen eines solchen Stämmebundes berichtet. Manchmal hat man zwar das Deboralied (Jdc 5) dafür heranziehen wollen, jedoch zu Unrecht. Denn die Deboraschlacht wurde gegen die Kanaanäer geschlagen und kann schon aus diesem Grunde kein amphiktyonischer Krieg gewesen sein. Auf israelitischer Seite bestand nur ein kurzzeitiges Stämmebündnis, dem sechs Stämme angehörten, neben denen vier abwesende Stämme aufgezählt werden. Dagegen könnte es sich bei dem in Jdc 19–21 geschilderten Feldzug gegen die Benjaminiten um einen Amphiktyonenkrieg gehandelt haben: um ein Strafgericht, das der israelitische Stämmebund über sein Mitglied Benjamin verhängt und durchgeführt hätte. Doch diese Annahme ist längst mit überzeugenden Gründen widerlegt worden. Es hat sich in Wirklichkeit um einen Krieg zwischen Ephraim und Benjamin gehandelt; das wirkliche Vergehen Benjamins lag auf politischem Gebiet und bestand in der Auflehnung Benjamins oder einiger Städte des südephraimitischen Gebietes gegen das ephraimitische Kernland und um die Loslösung Benjamins von Ephraim, mit dem es gemeinsam eingewandert war.

Wenn es keine israelitische Amphiktyonie gegeben hat, dann stellt sich die Frage, welchen Sinn das Schema der Zwölfzahl gehabt hat. Sicherlich handelt es sich darin nicht um eine bloße Theorie und fiktive Konstruktion, obschon die genannten Stämme weder gemeinsam Palästina erobert und sich dort angesiedelt noch nach dem Seßhaftwerden mehr oder weniger zufällig eine Zwölfzahl gebildet hätten. Das Schema gibt weder eine historische Situation genau wieder, noch ist es reine Theorie. Vielmehr handelt es sich um eine Theorie in Anpassung an die geschichtliche Situation. Grundlegend war die Zwölfzahl, an die die tatsächlichen Verhältnisse mehrfach angeglichen und angepaßt worden sind. Daraus erklären sich die verschiedenen Formen des Schemas.

Nun hat die Zwölfzahl für das antike Denken eine wichtige Rolle gespielt. Sie war eine kosmische Zahl, die Zahl des Tierkreises und der Monate des Jahres, die Grundzahl des Sexagesimalsystems, letztlich die runde Zahl einer Gesamtheit. Die Zwölfzahl der israelitischen Stämme bezeichnet demnach die Gesamtheit Israels, so daß das Schema der Zwölfzahl von Stämmen als eine genealogische Liste zur Feststellung der Abstammungs- und Verwandtschaftsverhältnisse zu verstehen ist. Der Stamm bestand ja aus einer Reihe von Familien und Sippen, die sich von einem gemeinsamen Ahnherrn herleiteten, dem Stamm dessen Namen gaben, sich als sein „Haus" oder seine „Söhne" und gegenseitig als „Brüder" im weiteren Sinn betrachteten. Und wie die jeweils lebende Generation eines Stammes sich mit ihren angeblichen Ahnen verwandt wußte und darum gemeinsam lebte, so wußte sie sich mit anderen

Stämmen verwandt, deren Ahnen als Brüder des eigenen erschienen. Dadurch ermöglichten sich das Zusammenleben mehrerer Stämme, die gemeinsame Benutzung eines Heiligtums und ein gelegentliches militärisches Bündnis.

Von da aus erklärt sich ungezwungen das Schema der zwölf israelitischen Stämme, das die Gesamtheit Israels in einer genealogischen Liste erfaßt. Anders als in den gelehrten und umfassenden Genealogien der priesterschriftlichen Quellenschichten des Pentateuchs und der Chronik lebt in ihm die ältere und volkstümliche Tradition weiter. Es stellt eine kurze volkstümliche Genealogie dar und konstituiert die durch Bande der Blutsverwandtschaft zusammengehaltene Gemeinschaft Israel als vom Stammvater her verwandt, wie der gewöhnlich mit „Volk" übersetzte hebräische Ausdruck ʿăm besagt. Jener Ahnherr ist der mit Jakob gleichgesetzte Israel (vgl. Gen 32,29); ja, nach der genealogischen Aneinanderreihung der Patriarchen ist der ʿăm Israel eigentlich schon in der Familie Abrahams vorhanden. Das Schema der zwölf Stämme Israels weist also nicht auf eine Institution hin, die eine Vorstufe der Staatsbildung darstellte, sondern als Deklaration der Gemeinschaft Israel auf den Vorgang der allmählichen Volkwerdung der israelitischen Stämme.

M. Noth, Das System der zwölf Stämme Israels, 1930. – P. A. Munch, Die wirtschaftliche Lage des israelitischen Volksbewußtseins vor Saul, ZDMG 93 (1939), 217–253. – H. M. Orlinsky, The Tribal System of Israel and Related Groups in the Period of the Judges, Oriens Antiquus 1 (1962), 11–20. – R. Smend, Jahwekrieg und Stämmebund, Erwägungen zur ältesten Geschichte Israels, 1963. – Ders., Zur Frage der altisraelitischen Amphiktyonie, EvTh 31 (1971), 623–630. – B. Mazar, The Philistines and the Rise of Israel and Tyre, 1964. – G. Fohrer, Altes Testament – „Amphiktyonie" und „Bund"?, in: Ders., Studien zur alttestamentlichen Theologie und Geschichte (1949–1966), 1969, 84–119. – R. de Vaux, La thèse de l'amphictyonie israélite, HThR 64 (1971), 415–436. – A. D. H. Mayes, Israel in the Pre-Monarchy Period, VT 23 (1973), 151–170. – C. H. J. de Geus, The Tribes of Israel, 1976. – O. Bächli, Amphiktyonie im Alten Testament, 1977.

Saul ca. 1030–1010 (1012–1004)
David ca. 1010– 970 (1004– 965)
Salomo ca. 970– 931 (965– 926)

Rehabeam	930–914	(926–910)	Jerobeam I.	⎱	930–910	(927–907)
Abia	913–911	(910–908)	Nadab	⎰	910–909	(907–906)
Asa	910–870	(908–868)	Baesa	⎱	909–886	(906–883)
			Ela	⎰	886–885	(883–882)
			Simri		885	(882)
			Omri	⎫	885–874	(882/78–871)
Josaphat	869–849	(868–847)	Ahab	⎪	874–853	(871–852)
Joram	849–842	(852/47–845)	Ahasja	⎬	853–852	(852–851)
Ahasja	841	(845)	Joram	⎭	852–841	(851–845)
Atalja	841–836	(845–840)	Jehu	⎫	841–814	(845–818)
Joas	836–797	(840–801)	Joahas	⎪	814–798	(818–802)
Amazja	796–768	(801–773)	Joas	⎬	798–782	(802–787)
Asarja	767–740	(787–736)	Jerobeam II.	⎭	782–753	(787–747)
			Sacharja	⎱	752	(747)
			Sallum	⎰	752	(747)
			Menachem	⎱	751–742	(747–738)
Jotam	739–736	(759–744)	Pekachja	⎰	741–740	(737–736)
Ahas	736–716	(744/36–729)	Pekach		740–732	(735–732)
			Hosea		731–722	(731–723)
Hiskia	715–687	(728–700)				
Manasse	686–642	(696–642)				
Amon	641–640	(641–640)				
Josia	639–609	(639–609)				
Joahas	609	(609)				
Jojakim	608–598	(608–598)				
Jojachin	598	(598)				
Zedekia	597–587	(597–587)				

Die jeweils an zweiter Stelle in Klammern angegebene Regierungszeit entstammt der Chronologie von A. Jepsen, Untersuchungen zur israelitisch-jüdischen Chronologie, 1964, verbesserte Form von 1970 in: W. Rudolph, Joel-Amos-Obadja-Jona, 1971.

4. Kapitel: Israel unter einheitlichem Königtum

I. Saul (ca. 1030–1010)

1. Die Lage im Alten Orient und in Palästina. Die Zeit Sauls war der Ausgangspunkt für die Epoche der größten politischen Macht Israels. Sie kündigte sich mit Saul zwar erst an, aber die Bildung eines nationalen Königtums als wesentlicher Ausdruck und Faktor dieser Macht erfolgte in jener Zeit. Fragt man danach, wie es zur Entstehung des Königtums gekommen ist, so ergeben sich mehrere Antworten: Eine gewisse Voraussetzung war durch die Vorstufen der Staatsbildung gegeben. Ferner hatte sich der Jhwh-Glaube in Israel allgemein durchgesetzt, so daß eine erstarkende national-religiöse Kultur die Grundlage für die politische Einigung bilden konnte. Außenpolitisch waren des weiteren die Schwäche der Großmächte und das Beispiel der Nachbarn wichtig. Den letzten Anstoß gab schließlich die Bedrängnis der Israeliten durch ihre Feinde. An dieser Stelle ist auf die beiden letzten Gründe einzugehen.

Das Verhalten der Nachbarvölker war für Israel beispielhaft. Die Edomiter, Moabiter und Ammoniter im Ostjordanland hatten sich bereits zu Staaten zusammengeschlossen, in denen Könige regierten, die mehr als Stammesfürsten waren. Die Philister hatten ihre Stadtfürsten, die ähnlich wie in der Ägäis eine Art Tyrannis ausgeübt zu haben scheinen und deren Stadtstaaten einen machtvollen Bund bildeten. Die Phönizier waren in unverbundenen Stadtstaaten zusammengeschlossen; aber infolge ihrer Freiheit von fremder Herrschaft und der großen Ausdehnung ihres Handels waren Tyrus, Sidon und Byblos mächtige Staaten geworden, deren zentrale Gewalt in den Händen von Königen ruhte. Diese Beispiele der Nachbarn konnten nicht ohne Eindruck auf Israel bleiben, vor allem als es selbst die Kraft dieser Staaten am eigenen Leibe spüren mußte.

Dazu trat die Schwäche der Großmächte. Sie waren nicht in der Lage, Palästinas weitere Verselbständigung zu hindern und ihm seine Freiheit zu nehmen. Israel konnte sich als von ihnen unabhängig betrachten. Die Großmächte waren aber auch nicht in der Lage, Palästina oder Israel vor der Eroberungslust und dem Ausdehnungsdrang seiner Nachbarstaaten zu schützen. Wie die Staatsbildung der Nachbarn ergab auch die Schwäche der Großmächte sowohl einen positiven als auch einen negativen Grund für die Bildung eines eigenen israelitischen Staates und Königtums.

Im einzelnen hat Ägypten nach der Regierung Ramses' III. (1195–1164 v. Chr.) aufgehört, in Vorderasien eine maßgebliche Rolle zu spielen. Nur die nächsten kurzlebigen Nachfolger des Ramses hatten einige schwache Versuche gemacht, in Palästina ägyptische Garnisonen zu unterhalten (bis etwa 1150). Das assyrische Reich hatte zwar Mesopotamien unter seine Gewalt bringen können, und Tiglatpileser I. (1113–1074) hatte sogar Nordsyrien erobert und sich die Phönizier für kurze Zeit tributpflichtig machen können. Aber seine Nachfolger waren zu schwach, um ihre Vorherrschaft in Syrien aufrechtzuerhalten, so daß Assyrien auf Mesopotamien beschränkt blieb.

Den letzten Anstoß zum Zusammenschluß der israelitischen Stämme zu einem Staatswesen mit einem König an der Spitze gab die wachsende Bedrängnis durch Philister und Ammoniter im 11. Jh. v. Chr.

Damals begann sich der Ausdehnungsdrang der Philister zu entfalten. Dabei interessierte sie weniger das judäische Bergland als vielmehr das reichere Gebiet des Gebirges Ephraim und die Jesreelebene. Hinter diesem Ausdehnungsdrang stand jedoch nicht das Bedürfnis nach Siedlungsland. Denn die Philister scheinen sich als Nachfolger der ägyptischen Oberherren in Palästina betrachtet zu haben. Sie übernahmen den ägyptischen Herrschaftsanspruch auf Palästina und suchten ihn zu verwirklichen.

Das Haupthindernis dafür bildeten nicht die kanaanäischen Stadtstaaten, die in zunehmendem Maße bedeutungslos wurden, sondern die kraftvoll emporstrebenden israelitischen Stämme, die praktisch zu Herren der palästinischen Bergländer geworden waren. Sie mußten besiegt und entmächtigt werden, wenn die Philister ihre Oberherrschaft über Palästina errichten wollten. Dazu ist es denn auch weitgehend gekommen. In einer Schlacht östlich von Aphek (15 km nordöstlich von Jaffa) wurden die Israeliten geschlagen und in Richtung auf Silo zurückgedrängt. In dieser Notlage holte man die Lade aus dem Heiligtum von Silo. Dadurch wurde der Kampfeswille mächtig angefacht; nach I Sam 4 brach durch die Anwesenheit der Lade geradezu eine Art Kriegsekstase aus. Trotzdem endete die neue Schlacht mit einer verheerenden Niederlage der Israeliten, sogar die Lade fiel in Feindeshand. Die Philister drangen bald tief in das Bergland vor; unter anderem haben sie um 1050 das Heiligtum von Silo zerstört. In Gibea im benjaminitischen Gebiet residierte ein philistäischer Stadthalter. So drohte Israel im eigenen Land in hoffnungslose Knechtschaft zu geraten. Und die Philister haben keine Anstrengung versäumt, um ihre Herrschaft zu sichern. Sie kontrollierten die Herstellung von eisernen Geräten und Waffen (I Sam 13,19–22). Das Eisenmonopol bedeutete gerade damals, als das Eisen allmählich überall an die Stelle der Bronze trat, sowohl die praktische Entwaffnung Israels und die militärische Überlegenheit der Philister als auch einen Vorsprung in Wirtschaft und Handel, der Israel lahmlegen mußte.

Als die Philister auf diese Weise im Begriff waren, ihre Oberherrschaft über Palästina zu errichten, haben die Ammoniter die Gelegenheit ergriffen, einen großen Angriff auf den ostjordanischen Besitz Israels zu unternehmen. Freilich berichtet die alttestamentliche Überlieferung nur von dem letzten Akt dieses Dramas: vom Angriff auf die Stadt Jabesch in Gilead. Da sie inmitten des israelitischen Siedlungslandes in Gilead lag, war die Voraussetzung für den Angriff auf sie die vorherige Unterwerfung des größten Teils des israelitischen Landbesitzes im Ostjordanland durch die Ammoniter. Sie suchten erneut zu erreichen, was ihnen zur Zeit Jephtas mißlungen war: die Ausdehnung in das Land Gilead und bis zum Jordan. In der Lage Israels schienen sie denn auch die beste Aussicht zu haben, ihr Ziel zu erreichen.

Daraus folgten sowohl das anmaßende und überhebliche Auftreten des ammonitischen Königs gegenüber den Einwohnern von Jabesch, der ihnen sieben Tage Frist für ein Hilfegesuch an die westjordanischen Israeliten gewährte, als auch die Bereitwilligkeit der Einwohner von Jabesch zur Unterwerfung, da sie nicht ernstlich auf eine Hilfe der israelitischen Stämme rechneten. Und als die Boten von Jabesch das Gebirge Ephraim durcheilten, da empfand man zwar mit ihnen die Schmach und weinte und klagte, aber die Kraft zur Hilfe fehlte. Doch mit dem plötzlichen Auftreten Sauls wendete sich das Blatt, und eine neue Epoche israelitischer Geschichte begann.

2. *Überlieferung.* Saul, der erste König Israels, ist geschichtlich nicht in vollem Maße erfaßbar; seine Regierungszeit läßt sich nur ungefähr um 1030–1010 v. Chr. ansetzen. Ein großer Teil der Überlieferung will eigentlich gar nicht von ihm berichten, sondern gehört einem Erzählungswerk an, dessen Held sein jüngerer Gegenspieler David ist. Außer diesen Erzählungen in I Sam 16 ff., in denen Saul recht negativ dargestellt wird, liegt eine locker aneinandergereihte Erzählungsreihe in I Sam 9–11; 13–15 vor. Sie hat halb sagenhaften Charakter und behandelt im wesentlichen die Anfänge Sauls. Dazu treten in I Sam 28 und 31 die Erzählungen über sein Ende. Angesichts dessen läßt sich zwar keine zusammenhängende Darstellung von Sauls Leben und Herrschaft, wohl aber ein wesentlicher Umriß seiner geschichtlichen Erscheinung gewinnen.

3. *Sauls Königtum.* Saul ist aus dem Stamm Benjamin hervorgegangen, als Sohn eines Bauern und zunächst als Stammesheld wie in der vorstaat-

lichen Zeit, bis er zum König erhoben wurde. Daß man bei der Suche nach einem Herrscher als ständigen Anführer auf ihn verfallen ist, wird dadurch vielleicht besser verständlich. Nicht nur sein Erfolg gegen die Ammoniter hat die Aufmerksamkeit auf ihn gelenkt. Es hat sicher eine Rolle gespielt, daß er aus dem zwar zentral gelegenen, aber ziemlich schwachen Stamm Benjamin stammte. Denn durch die Schwäche des Stammes war eine zu starke Zentralisierung der Macht unmöglich, die die gegenseitige Eifersucht der Stämme schwerlich geduldet hätte. Und durch die zentrale Lage waren separatistische Absichten des Stammes Benjamin von vornherein ausgeschaltet. So konnte ein reines Stammeskönigtum ebenso wie eine zu starke Zentralgewalt vermieden werden.

Nach der Überlieferung wurde die Erhebung Sauls zum König durch die geheime Designation Jhwhs vorbereitet, die Samuel ihm vermittelt hat. Infolge dieser Mitwirkung erscheint Samuel als eine bedeutsame Gestalt der israelitischen Geschichte, über die freilich widersprüchliche Mitteilungen überliefert sind.

Seine Kindheitsgeschichte (I Sam 1–3) ist eine Sage; sie erzählt, wie das ersehnte Kind Samuel dem Heiligtum in Silo angelobt worden ist, wozu der schlimme Frevel und der furchtbare Untergang des Priesterhauses Eli in scharfem Kontrast stehen. Anscheinend hat Samuel zu Silo und seiner Priesterschaft in einer gewissen Beziehung gestanden, die mit der Überlieferung des alten Jhwh-Glaubens zusammenhängt. Ganz anders ist sein Bild in der Darstellung von den Anfängen des Königtums. In ihr erscheint er als weltliches Oberhaupt und geistlicher Herrscher Israels und wird zu den Richtern gezählt; durch sein Gebet soll er einen großen Sieg über die Philister errungen haben. Erst im Alter habe er auf das Drängen Israels, das die anderen Völker nachäffte, einen König durchs Los bestimmt. Hier geht die Initiative vom Volk aus, das mit den Richtern unzufrieden war und zur Strafe den gewünschten König erhielt. Später hat man zudem erzählt, daß Samuel kurz vor seinem Tode noch David zum König an Sauls Stelle gesalbt habe (I Sam 16) und daß David vor Saul zu ihm geflohen sei (I Sam 19), der in diesem Zusammenhang als Anführer einer Prophetenschar auftritt. Dagegen stellt eine andere Überlieferung Samuel als Seher hin, der mit den ekstatischen Propheten nichts zu tun hatte. Nach I Sam 9–10,16; 11,1–11 war Samuel nämlich ein Seher in einer ungenannten Stadt. Allerdings ist dabei der sagenhafte Zug nicht zu übersehen, nach der es zu seinem Sehertum gehörte, daß er aus weiter Ferne den Pilgern in die Körbe schauen konnte (I Sam 10,3).

Von der geschichtlichen Lage hält die Überlieferung zutreffend fest, daß Samuel bei der Erhebung Sauls zum König entscheidend mitgewirkt hat und der eigentliche Begründer des israelitischen Königtums gewesen ist. Die politische Notwendigkeit, Israel auf diesem Wege aus der Macht seiner Feinde zu retten, verband sich bei ihm nach der

Überlieferung mit einem Auftrag Jhwhs. Der durch eine seltsame Fügung zu ihm kommende Saul war der von Jhwh designierte König; und diese Bestimmung vermittelte er dem Erwählten. Die dichtende Volksüberlieferung hat die Darstellung der Ereignisse in starkem Maße legendarisch überwuchert. Märchenhaft ist es, daß der Held auszieht, um Esel zu suchen, und eine Königskrone findet. Legendarisch sind die Vorzeichen, die Samuel für das Eintreffen seiner Verheißung gegeben hat. Und der Saul dieser Erzählung ist, wie man gesagt hat, ein „guter Junge", nicht jedoch der Stammesheld und der Vater eines schon erwachsenen Sohnes. Ungeachtet dessen sind jedenfalls die Vermittlung der Bestimmung Sauls durch Samuel und damit die religiöse Wurzel von Staatsbildung und Königtum deutlich. So ist entgegen späterer Anschauung das Königtum nicht im Gegensatz zum Jhwh-Glauben entstanden, sondern schien durch ihn geradezu gefordert. Samuel hat die Knechtschaft Israels als unvereinbar mit dem Glauben seines Volkes und der Ehre Jhwhs empfunden. Er hat den Benjaminiten Saul dazu ausersehen, der Retter seines Volkes zu werden, und in ihm das Bewußtsein seiner Bestimmung wachgerufen.

Die Designation Sauls war jedoch nur ein Ereignis von mehreren. Es folgte die Erhebung zum König mittels der Akklamation durch eine Gruppe von Israeliten in Gilgal. Ihr lag Sauls erste Bewährung als militärischer Führer zugrunde: die Rettung der Stadt Jabesch in Gilead. Die Akklamation hat sicherlich nicht das ganze Volk vorgenommen; diese Auffassung beruht auf der nachträglichen Ausdehnung auf ganz Israel. Eine Volksversammlung hätte in einer solch kriegerischen Zeit wohl kaum stattfinden können. Vielmehr ist Saul in Gilgal von seinem eigenen Stamm Benjamin zum König erhoben worden. Dem haben sich dann weitere Stämme angeschlossen. So lassen sich die Überlieferung von der Bestimmung Sauls zum König durch das Losorakel in Mizpa und seine Salbung zum *nagîd* in Ephraim verstehen. Aus diesen Überlieferungen, in denen wenigstens die Namen der Heiligtümer und die Bezeichnungen der rituellen Akte auf alten Erinnerungen beruhen dürften, ist wohl zu folgern, daß Saul nicht in einem einzigen Vorgang zum König der israelitischen Stämme erhoben, sondern von einem Stamm nach dem anderen dazu erkoren worden ist. Nur Juda scheint sich Saul nicht angeschlossen zu haben.

Jedenfalls handelte es sich um ein nationales Königtum und ein nationales Staatswesen, nicht um territoriale Bildungen. Saul war nicht König von Palästina, sondern König der Israeliten. Dies hatte zur Folge, daß es zu keiner territorialen Abrundung des Staates kam. Nicht nur blieb Juda wahrscheinlich fern; auch die kanaanäischen Stadtstaaten, die den judäischen Süden und den galiläischen Norden von der Mitte des Landes trennten, blieben ausgeschlossen. Diese Beschränkung auf das nationale Moment war notwendig und durch die Begründung des Königtums im Jhwh-Glauben sachlich bedingt.

Sucht man das Königtum Sauls näher zu bestimmen, so ergeben sich zunächst folgende Erkenntnisse: 1. Saul ist aus dem kleinen Stamm Benjamin hervorgegangen und konnte sich zunächst nur auf ihn stützen. Aber sein Königtum blieb nicht darauf beschränkt. Es ist kein Stammesfürstentum, sondern Volkskönigtum. – 2. Es war ferner ein nationales und nicht ein territoriales Königtum. Saul war primär König einer Menschengruppe, der Israeliten, nicht jedoch eines bestimmten Gebietes. Erst auf dem Wege über die israelitischen Stämme herrschte er über die Stammesgebiete. – 3. Des weiteren war Sauls Königtum vor allem ein Heerkönigtum, durch den Krieg und die Abwehr der Feinde begründet und bestimmt. Es sollte den israelitischen Heerbann unter einheitlicher Führung zusammenfassen und die Besitz- und Hoheitsansprüche der Nachbarn auf israelitisches Gebiet abwehren. Demgegenüber traten die innenpolitischen Aufgaben weitgehend zurück. – 4. Der ständige Kampf, den Saul zur Abwehr feindlicher Angriffe führen mußte, hat es nur in Ansätzen dazu kommen lassen, daß er eine Organisation des Staates vornahm. Auch wirtschaftliche Folgerungen konnte Saul aus seinem Königtum nicht ziehen. Daß er Lehen aus dem Krongut vergeben hätte (I Sam 22,7), ist schwerlich anzunehmen. Er besaß nicht mehr Grundbesitz als das väterliche Erbe. Ein Krongutbesitz, über den der König verfügte, konnte noch nicht bestehen, sondern mußte erst im Laufe der Zeit erworben werden.

Mit alledem ist die Frage nach Ursprung und Eigenart des Königtums Saul noch nicht voll beantwortet. Es gibt mehrere Antworten darauf, von denen die an dritter Stelle zu nennende am wahrscheinlichsten ist:

Man hat die Herrschaft Sauls als ein charismatisches Königtum aufgrund der Designation Jhwhs und der Akklamation des Volkes gekennzeichnet. Hinzu träte allerdings ein Vertrag zwischen dem König und den Vertretern des Volkes, der das Königtum rechtlich begründete. Aber von einer Regelung der Thronfolge im Sinne eines erblichen Königtums könnte keine Rede sein; man hätte statt dessen an die immer neue Wahl des Tüchtigsten gedacht. Sauls Königtum hätte dann die Tradition der vorstaatlichen Zeit fortgesetzt, in der hervorragende Stammeshelden die Führung innerhalb ihrer Stämme erlangten; sie wäre nur ausgeweitet worden, da Saul fast alle Stämme anführte. Jedoch berücksichtigt diese Auffassung nicht alle in Frage kommenden Gesichtspunkte.

Ganz unwahrscheinlich ist die Auffassung, daß das Königtum die Fortführung einer Amphiktyonie der zwölf Stämme gewesen sei. Eine solche Amphiktyonie hat es in Israel nicht gegeben. Anderenfalls hätte man erwarten müssen, daß Saul seine Residenz an das Bundesheiligtum einer solchen Amphiktyonie verlegt hätte; dies ist jedoch nicht der Fall. Er behielt seinen Wohnsitz in Gibea in Benjamin bei, das er von den Philistern zurückgewonnen hatte.

Das Königtum Sauls hat teilweise das frühere Stammesführertum fortgesetzt, allerdings auf mehrere Stämme ausgedehnt, teilweise dem kanaanäisch-altorientalischen Typ entsprochen, freilich den israelitischen Gegebenheiten gemäß geändert. Die Fähigkeiten, die die Überlieferung Saul zuschreibt, kann man für seine ersten Taten analog den Fähigkeiten der Stammeshelden des Richterbuchs erklären, nicht jedoch für die Zeit seines Königtums. Nicht nur der Ritus der Königssalbung stammte aus der orientalischen Umwelt, sondern auch der Gedanke der unverlierbar bleibenden Begabung mit göttlicher Lebenskraft und Autorität. Demgemäß wird Saul in den späteren Feldzügen nicht mehr als Führergestalt nach Art der Stammeshelden geschildert. Für sie wäre es unmöglich, die Initiative einem Sohn zu überlassen (I Sam 13,2 ff.; 14,1 ff.) oder die Führung teilweise oder ganz einem Feldhauptmann zu übertragen (I Sam 14,50 f.; 17,55 ff.). Die Befähigung Sauls war also anderer Art und wurde als bleibende Bevollmächtigung durch die Königssalbung übermittelt. Sie bewirkte, daß der Herrscher als unantastbar galt (I Sam 24,7.11; 26,11.23). In diesem Zusammenhang bedeutete die Akklamation des Volkes nicht mehr die Schaffung, sondern die Anerkennung dieses Sachverhaltes.

Es ist anzunehmen, daß schon das Königtum Sauls erblich und dynastisch angelegt war. Hält man I Sam 13,13 f., wonach Jhwh Sauls Königtum für immer bestätigt hätte, wenn dieser das Gebot seines Gottes gehalten hätte, für eine spätere Eintragung, so läßt sich auf Sauls Sohn Ischbaal hinweisen: Als er König wurde, galt dies als rechtmäßig, und niemand hat sich dem widersetzt. Im Gegenteil haben manche die Machtübernahme durch David als Verrat am Hause Sauls betrachtet (II Sam 16,8). Dieser hat manches unternehmen müssen, um mit den Schwierigkeiten fertig zu werden, die ihm Sauls Königtum als dynastisches Königtum bereitete: das Bündnis mit Jonatan und die Bekleidung mit dessen Mantel, wodurch er an seinem Leben Anteil gewann, und die Heirat mit Sauls Tochter Michal, um in das Haus Sauls aufgenommen zu werden. Doch die Schwierigkeiten waren erst beseitigt, als der gelähmte und daher als König untaugliche Meribaal als einziger männlicher Nachkomme Sauls übrig war. Dieses dynastische Prinzip aber ist kennzeichnend für das Königtum des Kulturlandes nach kanaanäisch-altorientalischer Art.

Sauls innenpolitische Tätigkeit ist gering gewesen. Er hat vielleicht für die Durchsetzung von Rechtssätzen gewirkt (I Sam 14,32–34; 28,3.9), priesterliche Aufgaben und Rechte übernommen (I Sam 13,12; 14,35) und seinen Vetter mit der Heerführung (I Sam 14,50 f.) und den Priester Achia mit der Orakelbefragung (I Sam 14,18 f.) beauftragt. Letzteres ist der Anfang eines königlichen Beamtentums, das demjenigen der altorientalischen Staaten entsprach.

So scheint nicht erst Davids, sondern schon Sauls Königtum und damit das israelitische Königtum überhaupt und von Anfang an wenigstens teilweise der Eigenart des altorientalischen Königtums zu entsprechen. Freilich sollten in der Zeit Sauls die fremden Einflüsse eingedämmt und dem Jhwh-Glauben angepaßt werden. Der König galt als dem Gott Israels verantwortlich und hatte seinen Willen durchzusetzen. Aus dem Bruch mit dieser Einschätzung folgte der tiefe Bruch im Leben Sauls.

4. Kämpfe und Heerwesen. Sauls Königtum war in erster Linie ein Heerkönigtum, vor allem dazu bestimmt, die Besitz- und Hoheitsansprüche der Nachbarn auf israelitisches Gebiet abzuwehren. Durch eine solche kriegerische Tat ist Saul überhaupt König geworden. Entsprechend seiner Aufgabe kämpfte er gegen die Amalekiter (I Sam 15) und vor allem gegen die Philister, die ihre Herrschaft über die israelitischen Stammesgebiete durchgesetzt hatten (I Sam 13 f.31).

a) Die erste kriegerische Tat Sauls richtete sich gegen die Ammoniter. Sie ist die Grundlage für seine Erhebung zum König geworden. Damals hatten die Boten der von den Ammonitern bedrohten Stadt Jabesch in Gilead überall in Israel Mitgefühl erregt, jedoch keine Kraft zur Hilfe gefunden. Als Saul davon erfuhr, so erzählt die Überlieferung, wurde er vom Geist Jhwhs ergriffen: Er hackte seine Ochsen in Stücke und schickte diese im Land als Symbol des Aufgebots zum Heerbann umher: Wie diesen Tieren wird es jedem ergehen, der der Aufforderung nicht Folge leistet! Das Aufgebot hatte Erfolg, der Heerbann sammelte sich, und Saul konnte an seiner Spitze plötzlich und unerwartet im Ostjordanland erscheinen. Dieser gesammelten israelitischen Kraft war der Gegner nicht gewachsen. Das überraschte ammonitische Heer wurde geschlagen und verstreut. Damit war die Situation von Grund auf geändert und der gesamte israelitische Besitz im Ostjordanland wiederhergestellt.

b) Nach diesem Anfangserfolg bestand die Hauptaufgabe Sauls darin, die Herrschaft der Philister abzuschütteln. Freilich erfährt man darüber nur etwas von den ersten und letzten Ereignissen. In Gibea erschlug Jonatan den philistäischen Statthalter; dies war das Zeichen zum allgemeinen Aufstand. Die Philister suchten natürlich ihre Herrschaft zu behaupten, und so entstand ein nicht enden wollender Krieg, der Saul seit seiner Herrschaft in Atem gehalten hat.

Ein erstes großes Philisterheer suchte wohl noch eine Art Strafexpedition auszuführen. Es schlug ein Lager bei Mikmasch auf, durch eine tiefe Schlucht von der Heerschar Sauls getrennt. Da scheint wieder Jonatan durch einen kühnen Handstreich eine Verwirrung unter den Philistern hervorgerufen zu haben. Saul nutzte sie aus und errang einen glänzenden Sieg. Die Philister mußten das Bergland räumen. Als Folge dessen gingen diejenigen Israeliten, die ihnen Heeresfolge hatten leisten müssen, zu Saul über. Dennoch gaben die Philister ihr Streben nach Herrschaft über Palästina nicht auf. Sie haben immer neue Angriffe vorgetragen, und Saul hat sie immer wieder zurückschlagen müssen. Zwei Jahrzehnte ist es ihm auch gelungen, sich gegen die Philister zu behaupten und sie sogar aus den Bergländern zu verdrängen, bis er schließlich in diesem immerwährenden Krieg den Tod gefunden hat.

c) Während Sauls angebliche Kämpfe gegen Moabiter, Edomiter und Aramäer schwerlich auf geschichtlichen Tatsachen beruhen, weiß die Überlieferung noch von einem Feldzug gegen die Amalekiter. Es handelte sich um einen größeren Stämmeverband von Nomaden, mit denen schon die Moseschar in der Oase von Kadesch ständige Auseinandersetzungen gehabt hatte und die immer wieder räuberische Einfälle in das Kulturland unternahmen. Gegen diese Beutezüge wurde der Kampf als Jhwh-Krieg ausgerufen. Die Parole lautete: hier Jhwh – dort Amalek! Saul fiel in das Gebiet der Amalekiter ein, schlug sie, nahm ihren Anführer gefangen und kehrte mit großer Beute zurück. Doch an dieser Stelle ereignete sich anscheinend der große Umschwung im Drama. Saul hatte eine heilige Sitte verletzt, als er an der Beute nicht den Bann vollstreckte, d. h. sie als Jhwh-Beute nicht sofort vernichtete. Das Königtum hatte andere Folgen als erwartet. Saul fühlte sich nicht einfach als Werkzeug Jhwhs und kannte nicht nur den Gehorsam ihm gegenüber. Er wollte die politischen Folgerungen aus seiner Stellung ziehen, wie es sich auch in dem Bestreben zeigt, Jonatan die Thronfolge zu sichern. Doch damit waren Samuel und die hinter ihm stehenden Kreise nicht einverstanden. Samuel erschien an dem Heiligtum, an dem Saul eine Gedenkstele errichten wollte, und erklärte ihn für abgesetzt. Dies hatte zwar keine äußeren Folgen, denn Sauls Herrschaft war durch seine Erfolge zu fest gegründet. Aber es scheint, als rühre von dieser Begebenheit der tiefe Riß her, der die letzten Lebensjahre Sauls durchzogen hat – das Mißtrauen, das ihn gegen seine Umgebung erfüllte, und die Schwermut, die sich in plötzlichen Wutanfällen Luft schaffte. Nun ging sein Streben nur noch dahin, sich die Herrschaft zu erhalten, und verstrickte ihn in Maßnahmen, die seiner Art ursprünglich fremd waren. Es liegt ein tiefer Sinn in der Erzählung, daß ihm am Vorabend seines Todes noch einmal der erschienen sei, der ihn in seinen letzten Jahren verfolgt habe: der Geist des Mannes, aus dessen Hand er seine Bestimmung zum König erfahren, der ihn dieser Würde aber auch für verlustig erklärt hatte (I Sam 28,11 ff.).

d) Saul konnte seine entscheidenden Erfolge erzielen, weil ihm der gesamte Heerbann Israels folgte. Dieser geballten Kraft waren weder die Ammoniter noch die Amalekiter gewachsen. Im Gebirge konnte Saul es auch mit den Philistern aufnehmen, da sie dort ihre schwersten Waffen, die Kriegswagen, nicht einzusetzen vermochten. Dennoch waren das israelitische und das philistäische Heer einander nicht gleichwertig, und Saul mußte immer wieder Überraschungsmomente auszunutzen suchen. Die Philister stützten sich auf ein gut ausgebildetes und stets schlagfertiges Heer, dessen Rückgrat die schwer bewaffneten Fußkämpfer bildeten. Zudem handelte es sich überwiegend um Söldner. Demgegenüber war der israelitische Heerbann schlecht bewaffnet, da er noch nicht über die neuen eisernen Waffen verfügte. Ferner waren die Israeliten schlecht ausgebildet; es blieb praktisch jedem selbst überlassen, die Handhabung der Waffen zu lernen. Schließlich war der israelitische Heerbann nur für kurze Zeit im Jahr verfügbar; Bauern und Hirten können nur vorübergehend aus dem wirtschaftlichen Leben herausgezogen werden.

Diesem Mißverhältnis suchte Saul dadurch abzuhelfen, daß er eine ständige Gefolgschaft in seinen Diensten schuf, um immer eine schlagfertige Truppe zur Verfügung zu haben. Nach seinem Tode blieb sie im Dienst seiner Familie (II Sam 2,12 ff.; 4,2 ff.). Jedoch war sie zu klein, um in einem Feldzug entscheidend eingreifen zu können.

5. *Sauls Ende.* Zwei Jahrzehnte lang ist es Saul gelungen, das palästinische Bergland von den Philistern freizukämpfen und ihren Angriffen zu widerstehen, bis er ihnen doch erlegen ist. Die Philister lockten ihn in die Jesreelebene; und obwohl Saul wissen mußte, daß er ihnen dort infolge der ungünstigen strategischen Lage zwischen den Kanaanäer-

städten und der Unterlegenheit des israelitischen Heerbannes nicht gewachsen sein konnte, stellte er sich ihnen. Der Heerbann wurde denn auch geschlagen und auf das Gebirge zurückgedrängt, konnte sich jedoch auch dort nicht halten, sondern löste sich in wilder Flucht auf. Saul stürzte sich ins Schwert; drei seiner Söhne fielen, darunter Jonatan. Die Philister brachten Sauls Waffen als Weihegaben in einen Astartetempel, seine Leiche hängten sie mit denen seiner Söhne als Trophäen an die Stadtmauer von Bet-Schean. Die dankbaren Einwohner von Jabesch in Gilead jedoch holten sie nachts und bestatteten sie bei sich, bis David die Gebeine später in das Familiengrab überführte. Damit war der Zustand wiederhergestellt, wie er am Anfang der Regierung Sauls bestanden hatte. Das Westjordanland war praktisch wieder eine Provinz der Philister, Saul schien vergeblich gelebt und gekämpft zu haben. Ungeachtet dessen hat er die ergreifende Totenklage verdient, mit der David ihm und seinem Sohn Jonatan ein Denkmal gesetzt hat (II Sam 1,17–27).

H. Wildberger, Samuel und die Entstehung des israelitischen Königtums, ThZ 13 (1957), 442–469. – A. Weiser, Samuel und die Vorgeschichte des israelitischen Königtums, ZThK 57 (1960), 141–161. – Ders., Samuel, Seine geschichtliche Aufgabe und religiöse Bedeutung, 1962. – W. Beyerlin, Das Königscharisma bei Saul, ZAW 73 (1961), 186–201. – E. Kutsch, Salbung als Rechtsakt im Alten Testament und im Alten Orient, 1963. – J. A. Soggin, Charisma und Institution im Königtum Sauls, ZAW 75 (1963), 54–65. – G. Wallis, Die Anfänge des Königtums in Israel, WZ Halle-Wittenberg 12 (1963), 239–247. – H. Seebass, Die Vorgeschichte der Königserhebung Sauls, ZAW 79 (1967), 155–171. – Chr. E. Hauer, Jr., The Shape of Saulide Strategy, CBQ 31 (1969), 153–167. – M. Noth, Samuel und Silo, in: Ders., Aufsätze zur biblischen Landes- und Altertumskunde, I 1971, 148–156.

II. David (ca. 1010–970)

Das Königtum Sauls war ein erster Anfang gemeinsamen staatlichen Lebens in Israel, hervorgerufen durch den Druck von außen seitens der feindlichen Nachbarn, begünstigt durch die politische Lage Palästinas infolge der Schwäche der Großmächte. Mit David wandelte sich das Bild. Das einmal eingeführte Königtum erwies sich als eine Kraft, die weit über die Grenzen dessen hinausführte, woran seine Begründer zu denken gewagt und was sie für erlaubt und angemessen gehalten hatten. Im Verlauf einer Generation wurde Israel von tiefster Erniedrigung durch die Oberherrschaft der Philister zur größten Machtfülle geführt, die es je besessen hat. Es reihte sich für kurze Zeit unter die altorientalischen Großmächte ein, um freilich bald wieder aus ihrer Reihe zu verschwinden, sobald sich die organisatorische Schwäche des israelitischen Großreiches auswirkte und sobald die Mächte am Nil und in Mesopotamien ihre alte Stellung einnahmen. Es ist kein Wunder, daß diese kurze Zeit der Blüte sich tief und unauslöschlich in die Erinnerung des Volkes eingegraben hat und daß ihr Begründer als der ideale König in seine Geschichte eingegangen ist.

1. Überlieferung. David hat in kurzer Zeit einen steilen Aufstieg zur größten Macht erlebt. Entsprechend seiner Bedeutung liegt eine ungewöhnlich reiche Überlieferung über ihn vor, die großenteils aus seiner eigenen Zeit oder aus der Zeit seines Nachfolgers stammt. Es handelt sich vor allem um die Erzählungen von Davids Aufstieg (I Sam 16,14–II Sam 5*; 8,1–15) und von Davids Thronfolge (II Sam 9–20; I Reg 1–2). In ihnen tritt dem Leser die Gestalt Davids so klar entgegen, daß er fast alle wichtigen Stufen seines Lebensgangs und Lebenswerks erkennen kann und von da aus auf sein persönliches Wesen zu schließen vermag.

Dennoch kann man der Überlieferung nicht ganz froh werden, besonders wenn man berücksichtigt, wie nahe die Berichte zeitlich den Ereignissen stehen. Nirgendwo in der Überlieferung wird deutlich, daß David ein Großreich geschaffen hat, das neben den anderen altorientalischen Großreichen durchaus bestehen konnte und dem man nicht gerecht wird, wenn man es nur im Rahmen der Lebensgeschichte eines Mannes betrachtet. Nicht einmal in der Thronfolgegeschichte wird zum Ausdruck gebracht, daß es nicht um eine Familienangelegenheit, sondern um die Thronfolge in einem Großreich ging. So stellt sich die Frage, ob es in der Umgebung Davids und Salomos niemanden gegeben hat, der die ungeheure Bedeutung dieser Epoche zu erkennen vermochte. Haben alle nur die Einzelereignisse erblickt und geschildert, ohne die großen Zusammenhänge zu erfassen? Jedenfalls muß man die Bildung des Großreiches Davids aus den einzelnen Geschehnissen rekonstruieren.

2. David zur Zeit Sauls. David stammte aus Betlehem in Juda. Er trat als Söldner in die persönliche Gefolgschaft Sauls als dessen Waffenträger ein und wurde später Truppenführer. Kriegserfolge machten ihn schnell bekannt und gewannen ihm das Herz des Volkes. Bald ergaben sich auch enge Beziehungen zur Familie des Königs, die ihm eine politische Zukunft versprachen. Er schloß Freundschaft mit Sauls Sohn Jonatan und heiratete Sauls Tochter Michal. Auch Saul selbst war ihm zunächst anscheinend gewogen; doch sein späteres Mißtrauen zerriß die engen Bande. Saul scheint gefürchtet zu haben, daß David nach seinem Tode seinen Sohn Jonatan von der Thronfolge verdrängen würde, ja daß es ihm gelingen könnte, ihn selbst aus der Gunst des Volkes zu verdrängen und ihm vielleicht sein Königtum zu nehmen.

So kam es zum Bruch zwischen Saul und David, der nach der Überlieferung allein auf Saul zurückzuführen ist. Freilich kann es durchaus sein, daß die

Sachlage nicht so eindeutig war. Man hat später das Bild Sauls auch in anderer Hinsicht verdunkelt und war bemüht, keinen Schatten auf David fallen zu lassen. Wenn aber Saul tatsächlich versucht haben sollte, David zu beseitigen, dann ist ihm dies gründlich mißlungen. David hatte zu viele Helfer in der Umgebung Sauls, nicht zuletzt dessen Sohn und Tochter. Es gelang ihm, sich in Sicherheit zu bringen.

Freilich kehrte er nicht zu seiner Sippe nach Juda zurück, sondern betrieb in der Folgezeit sein militärisches Führertum auf eigene Faust weiter. Er sammelte eine Söldnertruppe um sich, die durch ein Treueverhältnis an ihn allein gebunden war und sich wie üblich aus allerlei Abenteurern zusammensetzte. Sie waren rechtlich und wirtschaftlich entwurzelt, durch Sippe und Stamm nicht mehr gebunden und für das Söldnerleben völlig frei. Nach I Sam 22,2 handelte es sich um 400 Mann, nach 23,13 um 600 Mann; nach 27,3; 30,2 ff. hatten sie ihre Frauen und Kinder bei sich, da sie keinen festen Wohnsitz besaßen.

Arbeit und Unterhalt fand David mit seiner Truppe zuerst im westjudäischen Hügelland, dessen Orte durch Übergriffe der Philister ständig bedroht waren. Die Bergfeste Adullam scheint David als Stützpunkt gedient zu haben; von dort aus trat er den Philistern entgegen. Er hatte dabei Aussicht auf Erfolg, da er den philistäischen Söldnern seine eigenen entgegenstellen konnte. So erwies er sich den Einwohnern von Kegila in der Abwehr der Philister als hilfreich.

Einige Zeit später hat David seine Tätigkeit an den Südostabhang des judäischen Gebirges verlegt, um dessen Gebiet gegen die Raubzüge nomadischer Gruppen, besonders der Amalekiter, zu schützen. Wie die Erzählung von Nabal und seiner Frau Abigail zeigt (I Sam 25), hat David den Lebensunterhalt für sich und seine Truppe dadurch bestritten, daß er von seinen Schützlingen einen Tribut erhob, wahrscheinlich in Naturalien. Und er ging mit Gewalt gegen denjenigen vor, der ihm die Bezahlung verweigerte.

Durch diese Tätigkeit im Westen und Süden Judas hat David wichtige Verbindungen mit den einzelnen Gruppen der Judäer und ihren Nachbarn gewonnen. Auch seine Heirat mit Abigail (I Sam 25,39 ff.) gehörte in diesen Rahmen. Durch sein Auftreten als Beschützer der Judäer hat er sich die Sympathien erworben, die für seine spätere Königswahl von ausschlaggebender Bedeutung wurden.

In dieser Zeit soll Saul ihn ständig verfolgt haben, um ihn zu fangen oder zu töten. Allerdings ist dies geschichtlich recht fragwürdig, da schwerlich anzunehmen ist, daß Saul im selbständigen Stammesgebiet von Juda dem David ungehindert hätte nachjagen können. Ebenso bleibt Davids Entschluß undurchsichtig, mit seinen Söldnern in den Dienst der Philister zu treten. Vielleicht hat die Aussicht auf bessere Entlohnung ihn zu diesem Schritt bewogen. Denn die reichen Stadtstaaten konnten mehr bieten als die judäischen Viehzüchter. Der einzige mögliche Nachteil, die Aufgabe des Jhwh-Glaubens, wurde nicht gefordert. Jedenfalls bot David sich dem König Akisch von Gat an, und dieser nahm den bekannten Truppenführer in seine Dienste. Von ihm erhielt David die Statthalterschaft von Ziklag, das vielleicht 15 km südöstlich von Gaza gelegen hat. Die Aufgabe, die ihm zugewiesen wurde, war seiner früheren Tätigkeit verwandt: die Amalekiter und andere nomadische Gruppen vom Kulturland abzuwehren und Raubzüge wie ständige Niederlassung zu verhindern. Diese Tätigkeit kam durch die Schwächung der Nomaden auch den Judäern zugute, denen er gelegentlich sogar Anteile von seiner Beute schickte (I Sam 30,26 ff.).

3. König von Juda und Israel. Der Tod Sauls schuf eine neue Lage.

David zog mit seinen Söldnern nach Hebron, in den Süden des judäischen Gebirges, wo seine Erhebung zum König von Juda zustande kam. In diesem Augenblick trat der Staat Juda ins Leben. Außer dem Stamm Juda hat er Reste anderer israelitischer Stämme und die im Süden angrenzenden Sippen und Stämme umfaßt (Kaleb, Jerachmeel, Keniter). Außer seinen Söldnern stand David künftig der judäische Heerbann zur Verfügung.

Es scheint, daß David ohne jeden Widerspruch seines Lehnsherrn nach Hebron ziehen konnte. Vielleicht haben die Philister seine Erhebung zum König von Juda nicht einmal ungern gesehen. Sie betrachteten ihn wohl als ihren Vasallen und hofften, daß sie nach ihrem Sieg über die mittel- und nordpalästinischen Stämme nun wie von selbst auch die Oberherren von Juda werden würden. Aber David ging seine eigenen Wege. Einmal im Besitz der Macht, steckte er sich höhere Ziele und bereitete den Boden für seine Anerkennung als König von Israel.

Inzwischen hatte Sauls Feldhauptmann Abner einen noch unmündigen Sohn des Toten, Ischbaal, nach Machanajim ins Ostjordanland gebracht. Er konnte sich im Westjordanland nicht halten – offenbar sowohl wegen der Überlegenheit der Philister als auch wegen der ablehnenden Haltung israelitischer Stämme. Dabei erscheint Abner als die führende Persönlichkeit. Er ließ Ischbaal zum König von Israel ausrufen, scheint aber selbst alle Macht in Händen gehabt zu haben. Offenbar hat er nach der Herrschaft gestrebt, da er sich Sauls Nebenfrau Rizpa nahm; denn dergleichen bedeutete den Anspruch auf die Herrschaft oder ihre Übernahme. Das tiefe Zerwürfnis, das tatsächlich unter den Erben Sauls bestand, führte schließlich dazu, daß Abner sich von Ischbaal abwandte und Verhandlungen mit David anknüpfte. Dazu dürfte beigetragen haben, daß die Ansprüche Ischbaals auf das Westjordanland inzwischen endgültig vereitelt worden waren und daß sich ein schwerwiegender Zusammenstoß zwischen Söldnertruppen Davids und Ischbaals ereignet hatte. Das Streitobjekt scheint das Gebiet von Benjamin gewesen zu sein. Entweder wollte Abner es gegen das Eindringen Davids schützen oder seine Söldner aus dem schon besetzten Gebiet vertreiben. Dabei kam es zu einem schwerwiegenden Zwischenfall:

Asahel, der Bruder von Davids Feldhauptmann Joab, verfolgte Abner, der ihn mehrfach vor einem Angriff warnte und ihn schließlich niedermachte. Daraus aber ergab sich für Joab die Notwendigkeit, an Abner Blutrache zu üben.

Noch vor Beginn der Verhandlungen mit Abner forderte David, daß ihm seine Frau Michal, die Tochter Sauls, zurückgegeben werden müsse. Er richtete diese Forderung auch unmittelbar an Ischbaal. Er beabsichtigte damit, öffentlich als zur Familie Sauls gehörig anerkannt zu werden und dadurch den Boden für weitere Ansprüche zu ebnen. Dennoch wagte Ischbaal nicht, die Forderung abzulehnen. Michal wurde ihrem zweiten Mann genommen und von Abner zu David nach Hebron gebracht. Dort kam ein Vertrag zwischen beiden zustande. Wahrscheinlich würde David daraufhin ohne Schwierigkeit König von Israel geworden sein, wenn ihm nicht Joab einen Strich durch die Rechnung gemacht hätte. Er kehrte gerade nach Hebron zurück, erfuhr von dem Vorgefallenen, verfolgte Abner, erreichte und tötete ihn, um seiner Pflicht der Blutrache zu genügen. Und da es sich um Blutrache handelte, konnte David gegen den zwar treuen, aber brutalen Joab nicht vorgehen.

Jedoch wurde die Schwierigkeit auf andere Art behoben; es kann nicht ausgeschlossen werden, daß David daran im geheimen beteiligt war. Jedenfalls wollten sich zwei Truppenführer Ischbaals den Dank Davids verdienen, ermordeten ihren König und brachten seinen Kopf nach Hebron. Allerdings hatten sie sich geirrt, wenn sie auf eine Belohnung hofften; David ließ sie für ihre Verbrechen töten. Oder wollte er unbequeme Mitwisser aus dem Wege räumen? Jedenfalls war damit das letzte Hindernis für eine Herrschaft Davids über Israel beseitigt. Die Vertreter der israelitischen Stämme sagten sich, daß kein anderer sie besser vor den Philistern schützen könne als der erfolgreiche Heerführer und Schwiegersohn Sauls. Sie begaben sich nach Hebron und übertrugen David das Königtum über Israel. So ist dies die zweite Etappe für Davids Macht geworden. Freilich wurden Juda und Israel dadurch nicht politisch vereinigt, sie blieben vielmehr zwei selbständige Staaten und waren lediglich durch die Personalunion in David vereinigt – eine für die spätere Zeit folgenschwere Entwicklung.

4. Festigung und Ausbau der Herrschaft. Die nächste Etappe im Aufstieg Davids war die Eroberung Jerusalems. Vielleicht hing sie schon mit neuen Plänen zusammen, die David hegte: ganz Palästina in seine Hand zu bringen. Doch auch ein einheitlich regiertes Gesamtisrael mußte unmöglich erscheinen, solange der Stadtstaat Jerusalem zwischen den beiden israelitischen Staaten sich in feindlichen Händen befand. Die Hauptverbindungsstraße zwischen Nord und Süd konnte durch sie jederzeit gesperrt werden. So führte denn David den Schlag, der späteren Zeiten am bedeutungsvollsten und nachhaltigsten erschienen ist, obwohl man Jerusalem als fast uneinnehmbar betrachtete, so daß das Spottwort der Einwohner berechtigt erschien: „Hier dringst du nicht ein, sondern die Blinden und Lahmen werden dich fernhalten." Trotzdem wagte David das scheinbar Unmögliche und ließ Jerusalem durch seine Söldner erstürmen.

Eben deswegen brauchte er den alten Stadtstaat nicht Juda oder Israel einzuverleiben, sondern konnte ihn in seinen Eigenbesitz überführen. Er verstärkte die Befestigungen, ließ mit Hilfe phönizischer Bauleute einen Palast errichten, nannte den Ort die „Davidstadt" und machte ihn zu seiner Residenz. So erhielt das Reich einen Mittelpunkt, der dem König selbst gehörte. Durch diese kluge politische Maßnahme wurde jede Eifersucht zwischen Nord und Süd wegen der Wahl des Königssitzes von vornherein ausgeschaltet, weil er auf ursprünglich nichtisraelitischem Boden lag. Zugleich war der König den Nord- und Südstämmen gleich nahe, jedoch von ihnen unabhängig, weil Jerusalem sein Eigenbesitz war.

David tat noch einen weiteren Schritt und überführte die Lade nach Jerusalem, nachdem die Philister sie nach Baalat in Juda abgeschoben hatten. Nach Überwindung einiger Schwierigkeiten konnte David die Lade in einer Prozession mit Musik, Tanz und Opfern in seine Residenz bringen, wobei er selbst den Kulttanz anführte. Die Lade wurde zunächst in einem Zelt untergebracht, das neben dem Palast aufgeschlagen war. Später wollte David für sie einen Tempel nach kanaanäischem Vorbild errichten. Da jedoch regte sich heftiger Widerspruch, der David durch den Seher Natan vorgetragen wurde: Jhwh kann nur in einem Zelt wohnen, Tempelbau ist Sünde. David mußte sich dem beugen. Die Lade verblieb weiterhin im Zelt, das später ins Kidrontal an die Gichonquelle verlegt wurde.

5. Das Großreich Davids. Dienten die bisherigen Maßnahmen im wesentlichen der Festigung der Herrschaft Davids über die beiden israelitischen Staaten, so führten seine weiteren Unternehmungen darüber hinaus. Es begann eine neue Etappe, in der er nicht nur ganz Palästina, sondern auch einen großen Teil der angrenzenden Gebiete in seine Hand brachte. In kurzer Zeit entstand ein Großreich, das in die Reihe der Großmächte des Alten Orients gestellt werden muß. Dabei bleibt es allerdings unklar, in welcher Reihenfolge sich die Eroberungen Davids ereigneten. Ihre zeitliche Aufeinanderfolge ist nicht zu erkennen; doch vielleicht entspricht die sachliche Reihenfolge am ehesten auch der zeitlichen.

a) Als erstes ist die Brechung der Vormacht der Philister und ihre Beugung unter Davids Oberhoheit zu nennen. Gerade dies gehört in den Rahmen der Großreichbildung hinein. Denn die Philister fühlten sich als Rechtsnachfolger Ägyptens in Palästina und erhoben den Anspruch auf Oberherrschaft über das Land, den sie vor allem gegen die Israeliten fast völlig durchgesetzt hatten.

David mußte sich mit ihnen auseinandersetzen, wenn er sich nicht mit der Stellung eines philistäischen Vasallenfürsten begnügen wollte. Es ging in diesem Kampf um die Oberhoheit über Palästina. Der Sieger würde das Land beherrschen und Nachfolger der früheren ägyptischen Herrschaft sein.

Die Initiative ging anscheinend von den Philistern aus. Nach der Erhebung Davids zum König auch von Israel dürfte ihnen klar geworden sein, daß er sich nicht mit der Stellung eines Vasallenfürsten zufriedengeben würde. Sie fielen mit einem starken Heer in die Ebene Rephaim unweit von Jerusalem ein. Bis nach Betlehem hin besetzten sie das Land, so daß David sich zeitweilig sogar in seine Bergfestung Adullam zurückziehen mußte. Anscheinend lag dieser erste Kampf zeitlich vor der Eroberung Jerusalems durch David, da ihm diese Stadt sonst eine bessere Zuflucht geboten hätte. Bis sich der ganze Heerbann gesammelt hatte, hielt er die Philister durch Kleinkrieg hin. Dann überfiel er plötzlich ihr Lager, wahrscheinlich von Westen her. Die Philister wurden vollständig geschlagen und mußten sogar ihre Götterbilder in der Hand des Siegers lassen.

Ihre Kraft war jedoch ungebrochen; so fielen sie ein zweites Mal in Israel ein, diesmal in das Tal Bekaim südlich von Gibeon. Wieder überfiel David sie im Rücken. Es war nach der Überlieferung eine Schlacht wie in alter Zeit: Jhwh war mit David und rauschte in den Wipfeln der Sträucher vor ihm her. Die Philister wurden weit zurückgetrieben; seitdem war ihre Angriffskraft gebrochen.

Danach ging David zur Offensive über. Der israelitische Heerbann drang in das Gebiet der Philister ein, freilich ohne David, der nicht mehr mit ins Feld zog. Wieviele Schlachten oder Feldzüge erforderlich waren, um die Philister endgültig zu besiegen und zu unterwerfen, ist nicht ersichtlich. Nur das Ergebnis ist klar: Mit David hörten die Philister auf, eine politische Rolle in Palästina zu spielen. Die Kraft der Herrenschicht war verbraucht; sie ist in der kanaanäischen Bevölkerung aufgegangen. Die philistäischen Stadtstaaten wurden zu Vasallen Davids. Wichtig an diesen Vorgängen ist, daß es um die Oberherrschaft im ganzen Westjordanland ging. Der Angriff Davids betraf sogleich nicht nur die philistäischen Stadtstaaten in der Küstenebene, sondern das gesamte palästinische Gebiet des früheren ägyptischen Reiches. Durch den Sieg Davids ging es in seine Hände über; er wurde der Nachfolger der ägyptischen Macht. Darin eingeschlossen war, daß er ohne weiteres auch der Herr der noch vorhandenen kanaanäischen Stadtstaaten und der kanaanäischen Bevölkerung wurde. Ihre staatsrechtliche Stellung wird allerdings nicht klar. Wahrscheinlich wurden sie den israelitischen Staaten einfach einverleibt und erhielten die gleichen Rechte wie die Israeliten.

Auf diese Weise war David nunmehr Herrscher von ganz Palästina einschließlich der von Israeliten besiedelten ostjordanischen Gebiete. Während früher der Schwerpunkt in der Küstenebene gelegen hatte, verschob er sich nunmehr nach Osten ins Gebirge. Während dieses früher nur eine Randzone gebildet hatte, stellte es nun den Schwerpunkt des Landes dar.

b) Die Verschiebung des Schwerpunktes hatte eine weitere Folge: Davids Großreich konnte nicht am Jordan enden wie der Herrschaftsbereich der Ägypter und Philister. Notwendig ergab sich eine weitere Ausbreitung nach Osten hin: ins mittlere und südliche Ostjordanland. Dort traf David auf die Königreiche der Ammoniter, Moabiter und Edomiter. Daraus mußte sich für ihn die Notwendigkeit ergeben, diese Staaten zu erobern. Er konnte sie nicht außerhalb seines Herrschaftsbereichs lassen, so daß sich dort vielleicht Widerstandsgebiete gegen diesen entwickelt hätten. Vielmehr war die territoriale Ausdehnung und Abrundung seiner Herrschaft bis zum Rande der Wüste notwendig.

Als erste brachen die Ammoniter einen Krieg mit David vom Zaun. Die Leichtfertigkeit, mit der der Ammoniterkönig hierin vorging, indem er Davids Gesandtschaft anläßlich seiner Thronbesteigung aufs schwerste beleidigte, erklärt sich nur aus der völligen Verkennung der Wandlung, die sich mit der Erhebung Sauls zum König und mit der Bildung der israelitischen Staaten unter David vollzogen hatte. Die Ammoniter waren offenbar noch immer der Meinung, daß sich ihnen eine günstige Gelegenheit zur Machterweiterung bot, die sie nicht vorübergehen lassen durften. Immerhin holten sie aramäische Völkerschaften zu Hilfe. Zunächst wurden diese Aramäer geschlagen. Danach war das Schicksal des kleinen ammonitischen Staates schnell besiegelt. Seine Hauptstadt hielt sich bis zuletzt, bei ihrer Belagerung fiel auch der Hetiter Uria aus der Leibwache Davids. Als der Fall der Stadt bevorstand, eilte David herbei, um sich die ammonitische Krone aufs Haupt zu setzen. Er verband dieses Königtum durch Personalunion mit seinen bisherigen Königtümern. So ist es auch unter Salomo geblieben, der eine ammonitische Prinzessin heiratete, d. h. eine Angehörige des königlichen Harems, die den Davididen die Anwartschaft auf die Herrschaft sicherte. Erst nach dem Tode Salomos konnten die Ammoniter wieder ein selbständiges Königtum errichten.

Anders in Moab. Dort sicherte David vor allem den israelitischen Besitz, der an Moab angrenzte und annektierte einen Teil des Landes für Israel. Dann brach er nach dem Sieg über Moab dessen Kraft, indem er den geschlagenen moabitischen Heerbann zu zwei Dritteln töten ließ – eine grausame und brutale Maßnahme, die David nicht im besten Licht erscheinen läßt. Das einheimische Königshaus blieb bestehen, jedoch als Vasallen wie die Philister. So wurde Moab zu einem abhängigen, tributzahlenden Vasallenstaat.

Gegen Edom ging David weniger scharf vor. Da zuerst östlich von Beerseba gekämpft wurde, ist anzunehmen, daß die Edomiter im Süden in judäisches Gebiet eingedrungen waren. Bald aber wurde der Krieg nach Edom selbst hineingetragen und endete mit der vollständigen Unterwerfung des Landes. Das einheimische Königshaus wurde vernichtet, nur einer seiner Angehörigen, Hadad, konnte nach Ägypten entfliehen. Das Land erhielt keinen neuen Vasallenkönig, sondern wurde – wie Jerusalem – Davids alleiniges Eigentum. Ein Statthalter verwaltete es für ihn.

Auch mit der Angliederung der ostjordanischen Gebiete hat David keinen Einheitsstaat geschaffen. Die einzelnen Staaten bestanden weiter; sie hatten lediglich eine einheitliche Spitze in der Person Davids und waren von ihm abhängig.

c) Die beiden ersten Stufen des davidischen Großreichs waren die Niederwerfung der Philister und die territoriale Abrundung im Ostjordanland. Die nächste Stufe war die Auseinandersetzung mit den Aramäern im Norden. Damit griff David in das nördliche Ostjordanland und nach Nordsyrien über. Dort hatte er es daher praktisch mit dem Gesamtverband der Aramäer zu tun, die in mehreren selbständigen Staaten organisiert waren. Dazu gehörten zunächst die kleinen Staaten von Bet-Rechow (nördlicher Nachbar der Ammoniter), des Landes Tob, von Geschur und Maacha. Am wichtigsten war der Aramäerstaat von

Damaskus geworden. Vermutlich handelte es sich um eine aramäische Herrenschicht mit monarchischer Spitze über der alteingesessenen Bevölkerung – das erste Beispiel dafür, daß die Aramäer die Herrschaft in einem alten städtischen Zentrum des Kulturlandes an sich reißen konnten. Zur Zeit Davids reichte sie wohl nicht wesentlich über den alten Stadtstaat von Damaskus hinaus; später hat dieser Staat für Israel eine wichtige Rolle gespielt. Außerdem gab es ein weiteres Herrschaftsgebilde, das den Anspruch auf Oberherrschaft erhob: das Königreich des Hadadeser von Aram-Zoba. Es hat in dem Grenzgebiet von Kulturland und Steppe östlich des Antilibanon gelegen. Hadadeser gebot nicht nur über die Aramäerstämme dieser Gegend, sondern auch über diejenigen in der Wüste bis zum Euphrat, ebenso über diejenigen zwischen Libanon und Antilibanon; er beanspruchte ferner die Oberherrschaft über die aramäischen Kleinstaaten im nördlichen Ostjordanland. Dort lagen die Anfänge einer neuen Großreichbildung vor, mit der David in Konflikt geraten mußte.

Zuerst konnte er die aramäischen Bundesgenossen der Ammoniter besiegen. Als daraufhin ein großer Angriff der gesammelten aramäischen Macht unter der Führung Hadadesers erfolgte, wehrte David ihn in einer großen Entscheidungsschlacht im nördlichen Ostjordanland ab und schlug anschließend die Aramäer von Damaskus. Daraufhin hat er in diesem aramäischen Bereich eine Neuordnung im Rahmen seines großen und komplizierten Herrschaftssystems vorgenommen. Mit sicherem Blick erkannte er die Bedeutung von Damaskus; daher beseitigte er die dortige aramäische Herrschaft und setzte einen Statthalter an ihrer Stelle ein. Dagegen begnügte er sich gegenüber dem Herrschaftsgebilde Hadadesers, das aus sehr verschiedenen Elementen zusammengesetzt und schwer greifbar war, mit der Anerkennung seiner Oberhoheit und der Zahlung von Tribut. Das gleiche gilt wahrscheinlich für die kleinen Aramäerherrschaften an den Rändern des ostjordanischen Kulturlandes. Bei dieser Gelegenheit wird David auch die alten Stadtstaaten des Landes Basan (östlich und nordöstlich des Tiberiassees) in eine Vasallenstellung gebracht haben.

Dieses umfassende und komplizierte Gebilde war das Großreich Davids. Es umfaßte nicht nur ganz Kanaan und das Ostjordanland bis zum Rande der Wüste, sondern reichte von der ägyptischen Grenze durch die Abhängigkeit Hadadesers bis nach Nordsyrien und an den Euphrat. Die Erinnerung daran liegt überall dort vor, wo der Anspruch israelitischer Herrscher laut wird, bis an die Enden der Erde, von der Grenze Ägyptens bis zum Euphrat zu herrschen.

6. Das Staatswesen. a) Das Ergebnis der Machtausweitung Davids ist zweifellos ein Großreich gewesen. Jedoch war es keineswegs ein Einheitsstaat, sondern ein sehr verwickeltes Gefüge von Bindungen und Abhängigkeiten. David vereinigte mehrere Königtümer in Personalunion und hatte andere Gebiete in seinen Eigenbesitz übernommen; wieder andere waren als Vasallenstaaten von ihm abhängig, einige Landstriche hatte er Israel einverleibt. Dieses komplizierte Gebilde wurde lediglich durch die Person des Königs und seine militärische Macht zusammengehalten. Sein späterer Fortbestand hing wesentlich von der Kontinuität der persönlichen Reichsleitung ab, also von der strengen dynastischen Bindung der Herrschaft an das Geschlecht des Reichsgründers. Daher rührt das Bemühen Davids um die Regelung der Thronfolge.

b) Während es sich in der Herrschaft Sauls um ein Nationalkönigtum der Israeliten gehandelt hatte, kam es unter David zur Bildung eines abgerundeten palästinischen Territorialstaates als Kern seines Großreichs. Die kanaanäischen Stadtstaaten wechselten den Oberherrn, als David die Philister besiegte, und wurden dann mit den Gebieten der israelitischen Stämme in einem Territorialstaat zusammengefaßt. Die von David zur Volkszählung ausgesandten Offiziere durchzogen auf ihrem Weg durch das Land in gleicher Weise israelitische und kanaanäische Gebiete; beide gehörten zum Herrschaftsbereich Davids.

Dieser Territorialstaat litt allerdings an zwei Spannungen: der Spannung zwischen Israeliten und Kanaanäern, die in das Innere des Reiches verlegt wurde, und der Spannung zwischen Juda und den mittleren und nördlichen israelitischen Stämmen. Letztere wurde unter David zur politischen Trennung, die die spätere Geschichte entscheidend bestimmt hat. David hatte durch staatsrechtliche Akte die Herrschaft über die Gesamtheit Israels erhalten. Dadurch waren zwei Staaten und Königtümer entstanden, die David und Salomo durch Personalunion miteinander vereinigten, bis sie nach Salomos Tod auseinanderfielen. Im davidischen Staat lag also nicht nur die Großreichsidee beschlossen, in ihm war auch der Keim zur Reichsspaltung gelegt.

c) Auch das Heerwesen stellte ein kompliziertes Gefüge dar. Nicht der judäische und der israelitische Heerbann, die dem Feldhauptmann Joab unterstanden, bildeten den festen Kern der Macht Davids, sondern die Söldner. Es gab mehrere Söldnertruppen in seinem Dienste, z. B. die 600 Mann starke Truppe des Gatiters Itai. Die Leibwache Davids, die sog. Kereti und Peleti, entstammte den miteinander verwandten Kretern und Philistern, also aus Landfremden, wie es der orientalischen

Sitte entsprach. Außerdem wird die kleine Elitetruppe der 30 sog. Helden Davids erwähnt; bei ihnen überwog das israelitische Element, doch waren Hetiter und Philister nicht ausgeschlossen.

d) Über den Ausbau des königlichen Beamtentums unterrichtet die Überlieferung wenig. Es scheint, daß David die Verwaltung seines Reiches weitgehend nach ägyptischem Vorbild organisierte, das in Palästina zumindest nachwirkte. Am davidischen Hof hat es zwei „Schreiber" gegeben: den Mazkir und den Sopher (meist als „Kanzler" und „Schreiber" wiedergegeben); ihre Amtsbezeichnungen weisen wahrscheinlich auf die Zweisprachigkeit der Korrespondenz hin. Ferner gab es einen Beamten für den Frondienst und Männer, die den Titel „Berater" oder „Freund" des Königs führten.

e) Der finanzielle Bedarf und Lebensunterhalt für den Hof und für die staatlichen und militärischen Ausgaben wurde hauptsächlich durch die Kriegsbeute und die regelmäßigen Tribute der Vasallenstaaten gedeckt. Daneben wurden die Israeliten herangezogen. David ließ durch Offiziere eine Personenstandsaufnahme vornehmen, die steuerlichen und militärischen Zwecken diente. So ungeheuerlich erschien dies den freiheitliebenden Israeliten, daß sie eine Seuche als Strafe Jhwhs für dieses Unternehmen verstanden oder sogar annahmen, daß der Satan David dazu verleitet habe. Immerhin wird sich die Steuer auf Woll- und Naturalienabgaben für Hof und Heer nach Art von II Sam 17,27–29 beschränkt haben. Dazu trat in besonderen Fällen der Frondienst, d. h. die Heranziehung der Untertanen zur Arbeit bei staatlichen Bauten. Damit vollzog sich der Übergang in feste staatliche Formen, die die Freiheit des einzelnen beschränkten. Aus den vollberechtigten Stammesgenossen, deren Führer nur primus inter pares war, wurden Untertanen, denen ein Herrscher Befehle erteilte.

f) Ein solcher Herrscher führt einen Hof. Saul hatte an dergleichen nicht gedacht und ein bäuerliches Dasein in seiner Heimat gelebt. David dagegen errichtete sich einen Palast, in dem er ein verhältnismäßig glänzendes Hofleben führte, von dem nicht zuletzt der große Harem Zeugnis ablegt. Neben seiner ersten Frau, der Saultochter Michal, werden sieben weitere Frauen genannt, dazu an anderer Stelle 15 Nebenfrauen. Solange die Kinder dieser Frauen klein waren, ergaben sich keine wesentlichen Schwierigkeiten. Als sie jedoch erwachsen waren, begann das Unheil in Davids großer Familie und führte zu starken Erschütterungen des jungen Staates.

7. Krisen und Streitigkeiten. Die Schwäche des davidischen Reiches lag in seinem komplizierten Gefüge und in der Unausgeglichenheit der Reichsteile, zu deren Verschmelzung die Voraussetzungen fehlten. Daraus erklären sich die Krisen, in denen Söhne Davids eine wichtige Rolle spielten.

Ein erster Aufstand gegen David wurde von seinem dritten Sohn Absalom angezettelt. Er hatte eine lange private Vorgeschichte, die mit der Vergewaltigung der Schwester Absaloms, Tamar, durch ihren Halbbruder Amnon begann und nach der Rache Absaloms durch die Maßnahmen Davids zu dessen tiefer Kränkung führte, da er sich von der Thronfolge ausgeschlossen sah. So nutzte er die Unzufriedenheit mancher Judäer mit David aus und führte ferner Verhandlungen mit Benjamin und Ephraim. Als er den richtigen Augenblick für gekommen hielt, ließ er sich in Hebron zum König salben. Der überraschte und ungerüstete David mußte mit seinen Söldnern fliehen, ließ aber die Priester Abjatar und Zadok zurück, damit sie ihm laufend berichten konnten, vor allem seinen Ratgeber Husai, der Absalom so beraten sollte, wie es für David nützlich war. Husai erreichte denn auch, daß Absalom aus Furcht vor David von dessen sofortiger Verfolgung absah, um erst ein größeres Heer zu sammeln. Dadurch gewann David Zeit, seinerseits seine Truppen zu verstärken. Bei Machanajim im Ostjordanland kam es zum Entscheidungskampf. David vermochte mit seinen Söldnern den Heerbann Absaloms zu schlagen. Absalom wurde entgegen dem ausdrücklichen Befehl Davids von Joab in einem Augenblick der Wehrlosigkeit erstochen. Mit diesem Sieg war der Aufstand zusammengebrochen. David war wieder als König anerkannt.

Ein weiterer Konflikt ergab sich aus den Spannungen zwischen Nord und Süd. Der Benjaminit Seba rief die israelitischen Stämme erneut zur Empörung auf. Juda blieb dem Aufstand fern, entbot jedoch seinen Heerbann nicht rechtzeitig, so daß David wieder nur auf seine Söldner angewiesen war. Seba fand jedoch keine rechte Unterstützung bei den Israeliten und mußte sich mit seiner Truppe von Ort zu Ort zurückziehen, bis er sich in Abel Bet-Maacha verschanzte. Als Joab mit den Söldnertruppen anrückte, wollte man auch dort nichts mehr mit ihm zu tun haben, brachte ihn um und warf Joab seinen Kopf zu, der sich daraufhin zurückzog. Damit war auch dieser Aufstand niedergeworfen.

Schließlich führte die Regelung der Thronfolge in den letzten Lebensjahren Davids zu Streitigkeiten. Nach Absaloms Tod gab es zwei ernsthafte Anwärter: Salomo und Adonija. Unter dem Zwang der Verhältnisse hat David nach langem Zögern versucht, das Problem ohne Verfassungsgrundlage zu lösen. Doch hätte er sich schwerlich durchgesetzt, wenn sein Kandidat nicht von anderer Seite unterstützt worden wäre. In diesem Zusammenhang wird die Bedeutung des Heeres für die Thronfolge deutlich. Die beiden Anwärter wurden durch verschiedene Gruppen des Heeres unterstützt: Die Söldner mit der Leibwache standen auf der Seite Salomos, der Feldhauptmann des Heerbanns, Joab, auf der Seite Adonijas. Endlich fiel die Wahl Davids auf Salomo. Die Gründe, die zur Ausschaltung Adonijas führten, sind im Rahmen der Familiengeschichte nicht mehr deutlich greifbar. Vielleicht hat Adonija das judäische Element zu stark bevorzugt; auch die ihn unterstützende Partei war stark judäisch orientiert. Damit aber wurden die Grundlagen des Reiches in Frage gestellt. Den konkreten Anlaß zur Entscheidung gab eine Art Putschversuch Adonijas. In dieser Lage ließ David Salomo unter dem Schutz der Leibwache im Zelt mit der Lade im Kidrontal zum König salben. Salomo wurde damit in die Mitherrschaft aufgenommen; es scheint, daß David bald danach gestorben ist.

J. Simons, Jerusalem in the Old Testament, 1952. – S. Kapelrud, König David und die Söhne des Saul, ZAW 67 (1955), 198–205. – A. Malamat, The Kingdom of David and Solomon in its Contact with Egypt and Aram Naharaim, BA 21 (1958), 96–102. – Ders., Aspects of the Foreign Policies of David and Solomon, JNES 22 (1963), 1–17. – L. Rost, Die Überlieferung von der Thronfolge Davids, in: Ders., Das kleine Credo und andere Studien zum Alten Testament, 1964, 119–253. – K. M. Kenyon, Jerusalem, Ausgrabungen 1961–1967, 1968. – R. N. Whybray, The Succession Narrative, A Study of II Samuel 9–20; I Kings 1 and 2, 1968. – G. Fohrer, Der Vertrag zwischen König und Volk, in: Ders., Studien zur alttestamentlichen Theologie und Geschichte (1949–1966), 1969, 330–351. – J. Gray, A History of Jerusalem, 1969. – J. Weingreen, The Rebellion of Absalom, VT 19 (1969), 263–266. – J. H. Grønbaek, Die Geschichte vom Aufstieg Davids, 1971. – J. Conrad, Zum geschichtlichen Hintergrund der Darstellung von Davids Aufstieg, ThLZ 97 (1972), 321–332. – J. H. Flanagan, Court History or Succession Document?, JBL 91 (1972), 172–181. – E. Würthwein, Die Erzählung von der Thronfolge Davids – theologische oder politische Geschichtsschreibung?, 1974. – Jerusalem Revealed, Archaeology in the Holy City 1968–1974, 1975. – J. A. Soggin, The Reign of ᵓEsbaᶜal, Son of Saul, in: Ders., Old Testament and Oriental Studies, 1975, 31–49. – T. Veijola, Die ewige Dynastie, 1975.

III. Salomo (ca. 970–931)

Salomo, Davids Sohn und Erbe seines Reiches, war nach jeder Richtung hin bestrebt, sein Reich in die Zusammenhänge der Weltpolitik zu stellen und ihm vollen Anteil an der Weltkultur zu verschaffen. Insofern ist er mit Recht als der typische Exponent der zweiten Generation einer schnell erwachsenen Großmacht bezeichnet worden.

1. Überlieferung. Die Pracht und der Glanz der Zeit Salomos haben ihren Niederschlag in einer reichen Überlieferung gefunden. Zunächst gehört dazu ein Erzählungswerk, das die Frage der Thronfolge im Reiche Davids von den

Anfängen über die Einsetzung Salomos als Mitherrscher Davids bis zu seinem Eintritt in die Alleinherrschaft und zu den ersten Maßnahmen zur Sicherung seines Thrones schildert (II Sam 9–20; I Reg 1–2). Während dieses Erzählungswerk den Ereignissen nicht sehr fern steht, liegt über Salomos Regierung eine jüngere Darstellung vor (I Reg 3–11), die im großen Ganzen nach sachlichen Gesichtspunkten angelegt ist, wenn dieser Grundsatz auch nicht streng eingehalten wird. Als Quelle erwähnt es das „Buch der Geschichte Salomos". Dieses Buch war offenbar eine bunte und uneinheitliche Sammlung sehr verschiedener Stoffe. Sie sind z. T. wenigstens mittelbar dem Hofarchiv, z. T. dem Tempelarchiv entnommen worden und geschichtlich weitgehend zuverlässig. Alle diese Stoffe sind von den deuteronomistischen Verfassern der Königsbücher übernommen und zu einer von ihren Gesichtspunkten beherrschten Darstellung verarbeitet worden. So läßt sich der Weg der Überlieferung in diesem Fall von den Archiven und anderen Materialien über das Buch der Geschichte Salomos bis zur deuteronomistischen Darstellung verfolgen.

Angesichts dieses langen Weges ist es nicht verwunderlich, daß die Geschichte Salomos ihm ebensowenig voll gerecht wird, wie es für die Darstellung Davids gilt. Wieder muß versucht werden, aus alten Einzelnachrichten ein Bild zusammenzusetzen, das die Regierung Salomos so schildert, wie sie wirklich gewesen ist, und nicht, wie es der Akzentsetzung der deuteronomistischen Verfasser der Königsbücher entspricht. Denn nach der Darstellung von I Reg 3–11 stand im Mittelpunkt der Regierung Salomos beherrschend der Bau des Tempels in Jerusalem, während er in Wirklichkeit nur ein sehr kleiner Ausschnitt aus der gesamten Bautätigkeit des Königs war. Auch wenn man sich auf die Jerusalemer Bauten beschränkt, war der Tempel lediglich ein einziges Glied in der großen Palastanlage – und nicht einmal das wichtigste, wie ein Vergleich der Baujahre zeigt.

2. Erste Regierungsmaßnahmen. Nach Davids Tod wurde es bald klar, daß der Thronfolgestreit nicht völlig erledigt war. Adonija dachte nicht daran, seine Ansprüche ganz aufzugeben und sich von der Politik zurückzuziehen, sondern versuchte, sich durch eine List einen neuen Rechtsanspruch zu verschaffen. Man hatte dem alten David in seinen letzten Lebensjahren ein junges Mädchen beigegeben: Abisag von Sunem. Adonija wandte sich an die Königsmutter mit der Bitte, ihm dieses Mädchen als Frau zu verschaffen. Durch den Besitz der letzten Frau des toten Königs jedoch wäre ein Anspruch auf den Thron gegeben gewesen. Die Königsmutter hat die Bedeutung der Bitte Adonijas anscheinend nicht erkannt, sondern vielleicht eine romantische Liebesgeschichte vermutet; daher befürwortete sie Adonijas Bitte bei Salomo. Aber dieser witterte dahinter sogleich das Richtige. Da Adonija auf diese Weise sein Loyalitätsversprechen gebrochen hatte, ließ Salomo ihn kurzerhand töten.

Es scheint tatsächlich so, als ob Adonija weitergehende Pläne hatte, die er zusammen mit seinen Freunden verfolgte. Denn als Joab vom Tode Adonijas hörte, betrachtete er sich sofort als verloren, floh in das heilige Zelt und faßte dort als Schutzsuchender die Hörner des Altars. Trotzdem wurde auch er auf Salomos Befehl getötet.

Dem Dritten in dieser Gruppe, dem Priester Abjatar, erging es besser. Mit Rücksicht darauf, daß er David schon während seines Söldnerlebens zur Zeit Sauls beigestanden hatte und ihm gefolgt war, wurde er auf seinen Grundbesitz bei Anatot bei Jerusalem verbannt und seines Priesteramts in Jerusalem enthoben.

Noch von anderer Seite her scheint Salomo sich bedroht gefühlt zu haben: durch den Benjaminiten Simeï. Da er diesem aber nichts nachweisen konnte, begnügte er sich damit, ihn unter Kontrolle zu halten. Simeï durfte Jerusalem bei Todesstrafe nicht verlassen, vor allem nicht das Kidrontal nach Benjamin hin überschreiten. Drei Jahre lang hielt er sich an diese Verfügung. Dann entliefen ihm zwei Sklaven, woraufhin er sich über seine Aufenthaltsbeschränkung hinwegsetzen zu können meinte und sich die Sklaven zurückholte. Salomo jedoch benutzte dies als willkommenen Anlaß, den alten Gegner seines Hauses töten zu lassen. Auf diese Weise beseitigte Salomo von vornherein die möglichen Herde eines Aufruhrs gegen ihn.

3. Staat und Regierung. a) Salomo hat das komplizierte Reichsgebilde Davids übernommen und in der Hauptsache zusammenzuhalten vermocht, jedoch in keiner Weise versucht, es durch weitere Eroberungen zu vergrößern. In dieser Beziehung war er der Hüter eines Erbes und nicht mehr. Man braucht dies durchaus nicht negativ zu beurteilen. Eine weitere Ausdehnung hätte die Kräfte des Volkes sicherlich überstiegen. Die Beschränkung auf das Erreichte war weiser als neue Eroberung. Daher werden kriegerische Unternehmungen Salomos überhaupt nicht berichtet; seine Ziele suchte er mit anderen Mitteln zu erreichen.

Jedoch hat er keineswegs die Wehrkraft seines Reiches vermindert. Die Heerbanne des Volkes blieben bestehen, und die Söldnertruppen wurden zahlenmäßig vergrößert. Vor allem hat Salomo sein Heer um eine neue Truppe vervollständigt und, da es sich wieder um Söldner handelte, zugleich das stehende Heer vergrößert: Er hat eine Kriegswagentruppe aufgestellt; es werden 1400 Wagen und 12000 Mann bzw. 4000 Gespanne und 12000 Mann genannt (I Reg 10,26; 5,6). Nach hetitischem Brauch bestand eine Wagenbesatzung aus drei Mann, die aus den einverleibten kanaanäischen Gebieten genommen wurden. Natürlich konnte die neue Truppe nicht in der Hauptstadt untergebracht werden, daher wurden für sie besondere Garnisonen gebaut, die sog. Wagenstädte.

Abgesehen von diesen Garnisonen hat Salomo weitere Festungen errichtet oder ausgebaut, die vornehmlich an den Grenzen oder den Hauptverkehrsstraßen lagen. So werden erwähnt: Hazor (am Westrand des nördlichen Jordangrabens), Megiddo (in der Jesreelebene), Gezer (ungefähr halbwegs zwischen Jerusalem und Jaffa), Bet-Horon (etwa 25 km nordwestlich von Jerusalem), Baalat (in der Nähe der beiden letzten Orte) und Tamar (westlich von der Südspitze des Toten Meers). Diese Festungsbauten sprechen für den bewußten Übergang von der Eroberung zur Verteidigung des Landes gegen Angriffe von außen. Die Einrichtung der Kriegswagentruppe widerspricht dem nicht. Denn sie war für den Kampf in den Ebenen unerläßlich.

b) Salomo hat im wesentlichen den Bestand des davidischen Reiches zusammenhalten können. In Palästina scheint es nur zu einem gelegentlichen Übergriff des ägyptischen Pharao gekommen zu sein (vielleicht des Sisak, des Begründers der 22. Dynastie). Er sandte ein Heer auf palästinischen Boden; dieses hat zumindest die Stadt Gezer eingeäschert, die von Kanaanäern bewohnt war. Offenbar handelte es sich dabei um einen Ausschnitt eines größeren Feldzugs. Nachdem Ägypten einige Jahrhunderte hindurch zu schwach gewesen war, um seine Oberhoheit über Palästina zu behaupten, meldete es nunmehr seine Ansprüche wieder an und suchte seinen Machtbereich in Palästina auszudehnen. Der neue ägyptische Vorstoß richtete zwar keinen großen Schaden an, war aber doch ein Vorbote späterer Ereignisse (vgl. I Reg 14,25 ff.).

Wie die Philisterstädte blieben die ostjordanischen Randstaaten in den Abhängigkeitsverhältnissen, die von David geschaffen worden waren. Bei Ammon und Moab geschah dies ohne Widerspruch; eine der Frauen Salomos war eine Prinzessin aus dem früheren königlichen Harem der Ammoniter, ihr Sohn wurde Salomos Nachfolger Rehabeam. In Edom dagegen kam es zu einem Aufstandsversuch. Als David das edomitische Königshaus vernichtet hatte, war einer seiner Angehörigen, Hadad, nach Ägypten entflohen. Von dort kehrte er nach dem Tode Davids und Joabs zurück, um die Fremdherrschaft von Edom abzuschütteln. Doch die Errichtung eines neuen Königtums gelang ihm anscheinend nicht, denn die wichtige Handelsstraße zum Golf von Aqaba, die durch Edom führte, blieb stets in der Hand Salomos. Ihrem Schutz galt wohl auch der Bau der Festung Tamar.

Folgenschwerer war es, daß Salomo das Entstehen eines neuen Staates im Norden nicht verhindern konnte. Dort wurde die von David geschaffene Neuordnung des aramäischen Raums umgeworfen und ein neues aramäisches Königtum mit dem Sitz in Damaskus begründet. Ein Untertan des Königs Hadadeser von Zoba hatte sich der Stadt Damaskus bemächtigen können und sich zum König ausgerufen. Diesem Königtum ist es bald gelungen, ein größeres Gebiet unter seine Herrschaft zu bringen, das territorial geschlossen war. Es konnte sich nicht nur die Kerngebiete der Herrschaft von Zoba unterwerfen, sondern auch das gesamte nördliche Ostjordanland; die dortigen kleinen Aramäerherrschaften wie die Stadtstaaten von Basan sind dem König von Damaskus untertan geworden. Damit war im Norden ein Teil aus dem Großreich Davids herausgebrochen und die Grundlage für eine feste und dauernde Machtbildung geschaffen, die selbst zu einem Großreich führen konnte. Die entscheidende Bedeutung des neuen Staates wurde allerdings erst nach Salomo erkennbar. Zu seiner Zeit scheint sich seine Bildung erst vollzogen zu haben. Doch bereits eine Generation nach Salomo begegnet dieser Aramäerstaat von Damaskus als ein gefährlicher und überlegener Gegner des Staates Israel.

Im Norden ist eine zweite Gebietseinbuße zu erwähnen. David hatte anscheinend die phönizische Küste von Akko bis Sidon annektiert. Tyrus dagegen war selbständig geblieben, und mit ihm trat Salomo in enge Beziehungen. Wahrscheinlich als Gegenleistung für die umfassenden Lieferungen von Tyrus für Salomos Bauten mußte dieser die Küstenlandschaft bis Sidon mit etwa 20 Ortschaften an Tyrus abtreten.

c) Daß Salomo auf weitere Eroberungen verzichtet hat, bedeutet nicht, daß er sich von der Politik zurückgezogen und auf die Großmachtstellung verzichtet hätte. Er hat vielmehr versucht, sein Reich in die Zusammenhänge der Weltpolitik hineinzustellen und ihm dadurch erhöhtes Ansehen zu verschaffen. Nur strebte er dies nicht mittels Kriegen und territorialer Ausdehnung an, sondern durch den Ausbau der diplomatischen Beziehungen. War David der große Eroberer, so Salomo der große Diplomat unter den israelitischen Königen.

Bezeichnend ist sein Verhalten gegenüber Ägypten nach jenem Feldzug, dem die Stadt Gezer zum Opfer gefallen war. Salomo antwortete darauf nicht mit Krieg, sondern führte geschickte Verhandlungen mit Ägypten. Sie endeten damit, daß er eine Tochter des Pharao als Frau und die Stadt Gezer als Mitgift erhielt. Als Gegenleistungen Salomos wird man in erster Linie den Schutz ägyptischer Handelskarawanen in Palästina und die Aufnahme des Handels mit Ägypten erwarten dürfen.

Sehr eng gestalteten sich die Beziehungen zum König Hiram von

Tyrus. Sie betrafen hauptsächlich den gegenseitigen Handel. Beide Partner schlossen einen regelrechten Handelsvertrag ab, aus dem I Reg 5,15 ff. unmittelbar zu zitieren scheint. Da Tyrus wesentlich mehr zu bieten hatte als Israel, entstanden auf die Dauer große Verpflichtungen Salomos gegenüber Hiram. Sie wurden durch die bereits erwähnte Abtretung der phönizischen Küstenteile an Tyrus abgegolten.

In diesen Zusammenhang gehört auch die Erzählung vom Besuch der Königin von Saba in Jerusalem. Freilich ist sie zumindest mit märchenhaften Zügen ausgestattet, wahrscheinlich sogar ganz märchenhaft. Sie weist jedoch auf den Verkehr mit Südarabien hin, der auch sonst vorausgesetzt wird. Politik und Handel sind bei Salomo stets eng miteinander verflochten.

Schließlich sind Heiraten ein altes und bewährtes Mittel der Diplomatie, auch bei Salomo. So war er mit selbständigen und abhängigen Dynastien verschwägert. Neben der bereits erwähnten ägyptischen Prinzessin (vgl. I Reg 3,1) werden hetitische Frauen genannt, da Salomo mit Kleinasien in Handelsbeziehungen stand, ferner Frauen aus den abhängigen Randstaaten Ammon, Moab und Edom.

d) Im Inneren des Reiches änderte sich an den Abhängigkeitsverhältnissen der einzelnen Reichsteile anscheinend nichts. Vor allem blieben Juda und Israel getrennte Größen, die nur durch Personalunion miteinander verbunden waren. Jerusalem, die Davidstadt, blieb königliches Eigentum und Herrschaftsbereich im engsten Sinn.

Ungeachtet dessen bedeutete die Regierung Salomos einen wesentlichen Fortschritt in der inneren Verwaltung des Reiches. Während bei David noch jede straffe innerstaatliche Organisation fehlte und nur eine Personenstandsaufnahme vorgenommen wurde, hat Salomo das große Gebiet des Staates Israel in 12 Bezirke eingeteilt. Jeder Bezirk war einem Beamten unterstellt und hatte jeweils für einen Monat die Versorgung des königlichen Hofes zu sichern. Es handelt sich um folgende Bezirke:

1. das Gebirge Ephraim,
2. die früheren kanaanäischen Städte um Bet-Schemesch (westlich von Jerusalem),
3. nördlich davon Socho und das Land Chepher,
4. nördlich davon das Hügelland von Dor südlich des Karmel,
5. nördlich und nordöstlich davon die Jesreelebene,
6. Ramot in Gilead (Ostjordanland),
7. südlich davon Machanajim mit dem Jordangraben,
8. Naphtali in Nordostgaliläa,
9. Asser in Westgaliläa,

10. Isaschar in Südostgaliläa mit dem Nordteil der Jesreelebene,
11. Benjamin,
12. Gad (Ostjordanland).

Die Aufzählung ergibt zunächst ein Bild vom Umfang des Staates Israel zur Zeit Salomos. Sie zeigt ferner, daß nicht die Absicht bestand, die alten Stammesgrenzen zu verwischen; sie sind vielmehr als Ausgangspunkt genommen worden. Es fehlt lediglich der Stammesname Sebulon, doch ist dieses Gebiet wohl mit Asser verschmolzen worden. Die meisten Bezirke liegen auf ursprünglich israelitischem Stammesgebiet, in dem eingesprengte kanaanäische Städte inzwischen aufgegangen waren (Nr. 1; 6–12). Weiter zeigt sich, daß die alten Stammesgebiete durch die früheren kanaanäischen Stadtstaatenbezirke ergänzt worden sind. Einige Bezirke umfaßten ausschließlich solche Stadtstaatengebiete, so Nr. 2–4 diejenigen in der Küstenebene, Nr. 5 diejenigen der Jesreelebene. So waren zwar israelitische Stammesgebiete und kanaanäische Stadtstaatengebiete in einem Staat miteinander vereinigt, in der Bezirkseinteilung aber im wesentlichen getrennt berücksichtigt worden.

Juda ist erst in späterer Zeit in ähnliche Bezirke aufgeteilt worden. Der Staat stand zur Zeit Salomos unmittelbar unter königlicher Verwaltung und war offenbar von den monatlichen Lieferungen für den Hof befreit. Vielleicht hatte er statt dessen andere Abgaben zu leisten.

Zu den bisherigen obersten königlichen Beamten traten nunmehr die Beamten der Bezirke Israels hinzu, die wenigstens in späterer Zeit eine eigene kleine Truppe zur Verfügung hatten, um sich durchsetzen zu können. Sie waren einem Obervorsteher unterstellt. Auch dem Fronminister wurden für die Arbeitsabteilungen der einzelnen Bezirke besondere Vögte zur Seite gestellt.

e) Vor allem aus der Vergrößerung des Heeres und der Bautätigkeit ergab sich ein beträchtlicher Finanzbedarf des Staates. Er wurde aus verschiedenen Quellen gedeckt, zunächst wie bei David durch die Tribute der abhängigen Staaten. Hinzu kamen als neue Quelle die Erträgnisse aus dem Handel, der königliches Monopol war; sie konnten wohl die reiche Kriegsbeute ersetzen, die David eingebracht hatte. Ferner wurden Zölle von durchziehenden Karawanen erhoben (I Reg 10,15). Der Bedarf des Hofes wurde durch die Naturalabgaben der israelitischen Bezirke gedeckt. Die Steuer betrug wahrscheinlich 10% der Erträgnisse, wozu der Zehnte für den Kultus hinzutrat. Freilich war die monatliche Abgabe der Bezirke nicht ganz gerecht, da die Lieferungen an Ackererzeugnissen und Schlachtvieh in den verschiedenen Monaten des Jahres nicht immer gleich leicht zu beschaffen waren.

Außerdem wurden die Untertanen zu Fronarbeiten für die königlichen Bauten herangezogen. Dies betraf zweifellos nicht nur die kanaanäischen Einwohner; sicher wurden auch Israeliten herangezogen, obwohl man dies später zu bestreiten suchte, da man es als peinlich empfand.

4. Handel und Wirtschaft.

Der diplomatische Verkehr Salomos führte zum Austausch hochwertiger Kulturgüter zwischen den vorderorientalischen Höfen und ermöglichte einen königlichen Monopolhandel von Land zu Land. Man hat mehrfach den Eindruck, als habe die Pflege diplomatischer Beziehungen in erster Linie dem Handel gedient. Jedenfalls war Salomo nicht nur der große Diplomat unter den israelitischen Königen, sondern zudem der große königliche Kaufmann.

Die Zeit war für größere Handelsunternehmungen reif, denn auf dem Meer und in der Wüste waren frische Kräfte rege. Auf dem Mittelmeer waren die Phönizier dabei, eines der größten Schiffahrtsunternehmen der Geschichte in Gang zu bringen. Nach dem Zusammenbruch des kretisch-mykenischen Reiches unter dem Druck der Seevölker im 13./12. Jh. v. Chr. hatten im östlichen Mittelmeer chaotische Zustände geherrscht. Piraterie war an der Tagesordnung. Die ägyptische Erzählung von den Abenteuern Wen-Amuns im 11. Jh. gibt eine deutliche Vorstellung von den anarchischen Verhältnissen der Zeit. Von etwa 1050 an dehnten jedoch die Phönizier ihren Machtbereich auf dem Meer schnell aus, beherrschten gegen Ende des 10. Jh. die Seewege bis nach Spanien und verfügten ferner über Niederlassungen auf Cypern, Sizilien und Sardinien, wahrscheinlich auch in Nordafrika und Spanien. Diese Ausdehnung nach Westen ist vornehmlich das Werk Hirams von Tyrus (etwa 970–935). Er erscheint in phönizischen Berichten als der große Eroberer und Gründer, als Sieger über koloniale Aufstände und als Erbauer mehrerer Tempel in Tyrus. Die Israeliten müssen von den Erzählungen darüber tief beeindruckt gewesen sein, wie auch von dem Wohlstand, den die nordisraelitischen Stämme durch ihre Nachbarschaft mit den Phöniziern offenbar mit diesen geteilt haben. Nicht nur lagen die nächsten israelitischen Orte lediglich wenige Kilometer von der Küste entfernt, die Daniten haben bereits seit dem Ende des 12. Jh. auf phönizischen Schiffen Dienste angenommen (vgl. Jdc 5,17).

In der Wüste ergab sich eine ähnliche Situation. Der Handel hatte stark zugenommen. Kamelkarawanen durchquerten Gebiete, in denen sie mehrere Tage ohne Quellen oder Zisternen auskommen mußten. Zur Zeit Salomos war der Verkehr zwischen dem Kulturland des fruchtbaren Halbmonds und Südarabien schon weit gediehen. Wenn man die Schwierigkeiten berücksichtigt, die dem entgegenstanden, wird man die Anfänge dafür wohl schon in den aramäischen Wanderungen des 13. Jh. suchen. Die Einverleibung der ostjordanischen Staaten sowie der dortigen aramäischen Herrschaften in das Großreich Davids bedeutete für Salomo zugleich, daß er den Karawanenverkehr zwischen Arabien und dem Norden bis Damaskus und zum Euphrat beherrschte und monopolisierte. Erst durch die Bildung eines neuen aramäischen Staates in Damaskus wurde dieses Monopol eingeschränkt.

So bezog Salomo sein Reich in den internationalen Handel ein. Dies geschah in Form eines königlichen Monopolhandels, dessen Erträgnisse zunächst in die Kasse des Königs flossen. Zu exportieren hatte Salomo freilich nicht viel. Außer dem in Gen 37,25 erwähnten Gummi, Balsam und Laudanum waren es in erster Linie Getreide und Öl, daneben Wolle und Wein, d. h. die Landesprodukte Palästinas.

a) Vor allem mit Hiram von Tyrus trat Salomo in Handelsbeziehungen; dadurch konnte er am besten am internationalen Handel teilhaben. Er schloß mit Tyrus einen regelrechten Handelsvertrag (I Reg 5,15). Danach lieferte Tyrus Zedern- und Zypressenholz für die Bauten Salomos; es wurde vom Libanon zum Mittelmeer geschafft, dort zu Flößen zusammengestellt, in einen philistäischen Hafen gefahren und von dort zu Lande weitertransportiert. Tyrus erhielt dafür Getreide und Öl, da es selbst über wenig Landbesitz verfügte. Außerdem sind natürlich andere hochwertige Kulturgüter importiert worden, z. B. Metallwerkzeuge, Schmuckgegenstände usw.

b) Die Verbindung mit Tyrus ergab als weiteres großes Handelsunternehmen Salomos die Fahrten nach Ophir. Dieses vom Märchen umsponnene Land Ophir ist etwa die gleiche Gegend wie das ägyptische Punt und wohl an der ostafrikanischen Küste in der allgemeinen Gegend von Somaliland zu suchen. Die Fahrten dorthin unternahm Salomo in Verbindung mit Tyrus, wie dies dem phönizischen System gemeinsamer Unternehmungen zur See entsprach. Am Golf von Aqaba, in der Hafenstadt Ezion-Geber, wurde eine Handelsflotte – wahrscheinlich nach dem Muster der phönizischen Schiffe – gebaut. Aus Afrika brachte sie die dortigen Landesprodukte mit – genau die gleichen, die die Ägypter aus Punt bezogen: Gold, Silber, Elfenbein, Edelholz und wahrscheinlich zwei Arten von Affen (meist fälschlich als „Pfau" übersetzt). Daß die Fahrten alle drei Jahre unternommen wurden, bedeutet nach israelitischer Zählung, daß sie ein ganzes Jahr und Teile von zwei weiteren Jahren in Anspruch nahmen. So konnte die Flotte z. B. im November oder Dezember des ersten Jahres von Ezion-Geber abfahren und im Mai oder Juni des dritten Jahres zurückkehren, um sich die günstigste Jahreszeit zu wählen. Die gesamte Reise brauchte praktisch nicht mehr als $1^{1}/_{2}$ Jahre in Anspruch zu nehmen.

c) Besonders bezeichnend für die Geschäftstüchtigkeit Salomos ist sein Transithandel mit Pferden und Kriegswagen. Freilich ist der Bericht I Reg 10,28 f. textlich schwierig und wohl folgendermaßen zu übersetzen:

Salomos Pferde wurden exportiert aus Cilicien. Die Händler des Königs holten sie aus Cilicien zu dem üblichen Marktpreis. Ein Wagen kostete bei der Ausfuhr aus Ägypten 600 Schekel Silber und ein Pferd aus Cilicien 150. So lieferten sie sie durch ihre Vermittlung an alle Könige der Hetiter und an die Könige Arams.

Cilicien war die Heimat der besten Pferde, während die Ägypter des Neuen Reichs Spezialisten in der Herstellung von Kriegswagen waren, wozu sie Hartholz aus Syrien einführten. Die Notiz in I Reg 10 bedeutet dann, daß Salomo praktisch das Monopol für den Handel mit Pferden und Kriegswagen hatte, weil er die Handelsstraßen zwischen Ägypten einerseits und Syrien und Kleinasien andererseits beherrschte. Die Ägypter mußten ihre besten Pferde über Israel beziehen und die Syrer und Kleinasiaten ihre besten Kriegswagen ebenfalls. Damit konnte Salomo weitgehend den Preis bestimmen; aus den angegebenen Zahlen kann man folgern, daß gewöhnlich vier cilicischen Pferden ein ägyptischer Kampfwagen entsprach. Darin war die Handelsspanne als Salomos Verdienst eingeschlossen. Wahrscheinlich hat er damit zugleich seine eigene Kriegswagentruppe aufgebaut.

d) Ausgrabungen im südlichen Ostjordanland schienen schließlich einen weiteren Aufschluß über Salomos wirtschaftliche Unternehmungen zu ermöglichen: Salomos Kupferminen und -raffinerien. Bei Ezion-Geber am Golf von Aqaba war eine angebliche Kupferraffinerie entdeckt worden, von der man zunächst annahm, daß sie im 10. Jh. errichtet worden sei. Die Einzelheiten schienen auf die Nachahmung phönizischer Methoden hinzuweisen, wie sie in den westlichen Mittelmeerländern erprobt worden waren. Genauso wie in der Schiffahrt und in der noch zu erwähnenden Bautätigkeit hätte es sich um kanaanäisch-phönizischen Einfluß gehandelt. Jedoch sind diese Annahmen durch neuere archäologische Überprüfungen unwahrscheinlich geworden.

Gleiches gilt für die Vermutung, daß das Erz für die angebliche Kupferraffinerie bei Ezion-Geber in dem nahegelegenen Wadi Timna gefördert worden sei. Dort gab es in der Tat Kupferminen; doch sind sie von den Ägyptern ausgebeutet worden, die das Erz auch an Ort und Stelle verhüttet haben.

Dagegen bleibt die Angabe von I Reg 7,40 ff. bestehen, daß die kupfernen Tempelgeräte im Jordantal zwischen Sukkot und Zaretan hergestellt worden seien, d. h. in der Talebene östlich des Jordans und nördlich des Jabbok. An den nahegelegenen steilen Hügelhängen am Jordantal gibt es in der Tat alte Kupferfundstätten.

e) Mit dem wirtschaftlichen Aufschwung setzte eine soziale Umschichtung im Volke ein. Wenn auch der Handel königliches Monopol war, wurde doch ein für das arme Palästina verhältnismäßig großer Reichtum ins Land gebracht. Er blieb nicht in der Kasse des Königs, sondern wurde für die mannigfaltigen Bedürfnisse seiner Regierung ausgegeben. Dadurch entwickelte sich allmählich ein Stand reicher Städter, die ihre Gewinne in Grundbesitz anlegten und bald Großgrundbesitzer wurden. Bauern und Viehzüchter wurden aus vollfreien Staatsangehörigen zu unfreien Pächtern und Hirten. Ferner entstand in den Städten eine Schicht von Besitzlosen, die immer mehr anwuchs. Besonders bedenklich an dieser Entwicklung war, daß es sich bei den Jerusalemer Emporkömmlingen meist nicht um Israeliten handelte. Dort waren nur verhältnismäßig wenige Israeliten angesiedelt, der größte Teil der Bevölkerung war kanaanäischer Herkunft. Vor allem er machte die Geschäfte und wurde reich, während die freien Israeliten von ihrem Grundbesitz im Lande festgehalten wurden. Nach und nach erwarben die reichen Hauptstädter großen Grundbesitz von verarmten Israeliten, so daß sich ein unheilvoller Gegensatz zwischen den Jerusalemern und der Landbevölkerung herausbildete, der Jahrhunderte lang andauerte.

5. *Bautätigkeit.* Außer dem großen Diplomaten und Kaufmann ist der Bauherr Salomo zu nennen. Der Bau von Garnisonen und Festungen wurde bereits erwähnt. Dabei ist auf eine Korrektur älterer Ansichten hinzuweisen: Hatte man lange Zeit geglaubt, in Megiddo auf die Stallungen für die Pferde der salomonischen Kriegswagen gestoßen zu sein, so hat eine neuerliche Überprüfung ergeben, daß diese Stallungen erst aus der Zeit des Königs Ahab stammen.

Ferner hat Salomo für einige seiner ausländischen Frauen Tempel errichten lassen, in denen ihr heimatlicher Kultus ausgeübt werden konnte. Ein moabitisches und ein ammonitisches Heiligtum in Jerusalem werden in I Reg 11,7 ausdrücklich genannt. Die Heiligtümer dürften wohl in der Bauweise der betreffenden Länder errichtet worden sein.

Eingehendere Nachrichten liegen über die Palastanlage in Jerusalem vor, zu der der Tempel gehörte. Leider hat die spätere Überlieferung nur die Angaben über den Tempelbau sorgfältig mitgeteilt, während die Beschreibung des Palastes stark gekürzt worden ist. Die ganze Anlage ist in 13 Jahren nördlich der Davidstadt in einem neuen Stadtteil errichtet worden. Die Architekten, die die Pläne entwarfen, und die Bauleute, die sie ausführten, sind Phönizier gewesen, die Salomo durch die Vermittlung Hirams von Tyrus erhalten hat.

Die Palastgebäude scheinen sich um zwei Höfe gruppiert zu haben, wie es von anderen altorientalischen Palastanlagen bekannt ist. Am äußeren Innenhof lagen drei große Gebäude: Das erste war ein Zeughaus, das nach der Überlieferung zur Aufbewahrung von Waffen und Kriegsgerät gedient hat und den Namen Libanonwaldhaus trug, weil es Säulen und Balken aus Zedernholz hatte; es bestand aus einem großen Saal, über dem sich an den Seiten in drei Stockwerken je 15 Kammern mit hölzernen Wänden befanden. Das zweite Gebäude war eine der Öffentlichkeit zugängliche Halle mit säulengetragener Vorhalle, die vielleicht zu Versammlungen gedient hat. Das dritte Gebäude war der Thronsaal, in dem der Thron des Königs stand und in dem er Gericht hielt; er war ebenfalls der Öffentlichkeit zugänglich. Am inneren Innenhof lagen die Wohnräume des Königs und das besondere Wohnhaus für die ägyptische Prinzessin. Über die zahlreichen Nebengebäude, die nicht gefehlt haben können, schweigt der Bericht sich aus.

Zu diesen beiden Gebäudekomplexen trat als dritter die Tempelanlage, die in ihren wesentlichen Zügen rekonstruiert werden kann. Das Tempelhaus war in drei Räume gegliedert: die Vorhalle, die Halle und das Allerheiligste; neuerdings wird auch eine Zweigliederung vertreten und an Stelle des Allerheiligsten ein Einbau in die Halle angenommen. Die Breite der Räume wird mit 20 Ellen (10 m) angegeben, ihre Tiefe mit 10, 40 und 20 Ellen (5, 20 und 10 m); die Höhe von Vorhalle und Halle betrug 30 Ellen (15 m), die des Allerheiligsten 20 Ellen (10 m). Das gesamte Gebäude war also 35 m lang, 10 m breit und 15 m hoch. Nach den angegebenen Maßen bildete das Allerheiligste einen Würfel mit gleichen Maßen. Es lag 5 Ellen (2,5 m) höher als Halle und Vorhalle, so daß Stufen hinaufgeführt haben; die weiteren 5 Ellen, die an der Höhe der anderen Räume fehlen, wurden wie beim herodianischen Tempel durch ein Obergeschoß eingenommen. Das Allerheiligste war dunkel und empfing nur von der Tür her etwas Licht, die Halle dagegen war in ihrem oberen Teil mit Fenstern versehen, die durch Läden geschlossen werden konnten.

Nach dem Bericht der Königsbücher waren die Halle und das Allerheiligste außen von Seitenräumen umgeben, die in drei Stockwerken je 30 Kammern umfaßten. Die Zugänge zu diesen Kammern, die Treppenhäuser für die beiden oberen Stockwerke enthalten haben müssen, wird man sich auf beiden Seiten der Vorhalle zu denken haben, da die Kammern erst bei der Halle begannen. Da man von diesen Treppenhäusern aus auch das Dach des ganzen Tempelgebäudes zugänglich machen mußte, wird man sie sich turmartig und ein wenig höher als das übrige Gebäude zu denken haben. Jedoch haben diese Seitengebäude wahrscheinlich noch nicht zum Tempel Salomos gehört, denn der Bericht in den Königsbüchern darüber stammt wohl erst aus einer späteren Zeit. Daher ist am ehesten anzunehmen, daß die Seitenräume in einer nicht näher bestimmbaren Zeit nach Salomo angelegt worden sind.

6. *Unterrichtswesen.* Im Zusammenhang mit den diplomatischen und wirtschaftlichen Beziehungen zur internationalen Welt ergab sich für die Zeit Salomos wie von selbst die Pflege des geistigen und kulturellen Austausches. Auch an der Weltkultur seiner Zeit erhielt Israel Anteil.

Wenn Salomos Weisheit besonders gerühmt wird, dann muß man dies nicht grundsätzlich anzweifeln, jedoch von der damaligen Bedeutung der sog. Weisheitslehre als einer Art Wissenschaft her verstehen und zugleich berücksichtigen, daß es nicht allein von ihm persönlich gilt, sondern daß es in Jerusalem oder am Königshof eine Stätte der Weisheitspflege gab. Sobald Salomo die Verwaltung des Staates ausgebaut hatte, waren Beamte notwendig. Der Königshof brauchte eine solche Schicht für die mannigfachen Aufgaben der Regierung und Verwaltung. Wollte man nicht auf Ausländer zurückgreifen, die anderswo ausgebildet worden waren, so war es nötig, die Schulung selbst zu betreiben. Daher ist unter Salomo in Jerusalem eine Schule eingerichtet worden, wie es sie außerhalb Israels schon vorher gegeben hat.

Die Schule war für die Ausbildung des führenden Beamtentums bestimmt. Das Schreiben auf Papyrusblättern oder Holztafeln bildete das Grundfach. Weitere Fächer lassen sich aus Andeutungen erschließen. Wenn vom „gewandten Schreiber" die Rede ist, dann weist dies auf die Schulung im Aufnehmen von Diktaten als einer weiteren Stufe der Ausbildung hin. Die Kenntnis des Ägyptischen und der dem Hebräischen verwandten Sprachen der Nachbarstaaten, später des Assyrischen und Babylonischen, ist vorauszusetzen. Auch juristische Kenntnisse wurden gelehrt, da sie für die königlichen Beamten erforderlich waren. Aus Hinweisen läßt sich ersehen, daß der Unterricht im 10. oder 12. Lebensjahr begann und 8 oder 10 Jahre umfaßte. Dabei ging eine gewisse Belehrung und Unterrichtung im Elternhaus durch den Vater voraus, wie es allgemein üblich war.

Die altorientalische und alttestamentliche Überlieferung gibt über zwei Arten von Form und Inhalt der Belehrung Aufschluß. Den Ausgangspunkt bildet I Reg 5,10–13, wobei es gleichgültig ist, ob diese Sätze dem Buch der Geschichte Salomos entstammen oder in einer späteren Zeit formuliert worden sind:

Die Weisheit Salomos war größer als die Weisheit aller Ostleute (nördliches Ostjordanland) und als die ganze Weisheit Ägyptens. Er war weiser als jeder

116

Mensch, als der Esrachiter Etan, Heman, Kalkol und Darda, die Söhne Machols, und sein Name wurde bei allen Völkern ringsum berühmt. Er dichtete 3000 Sprüche, und seiner Lieder waren 1005. Er redete über die Bäume – von der Zeder, die auf dem Libanon steht, bis zum Ysop, der an der Mauer wächst – und redete über das Vieh, die Vögel, das Kriechgetier und die Fische.

Bei der Bewertung dieser Sätze ist zunächst zu bedenken, daß es sich um höfische Geschichtsschreibung handelt, und daher eine gewisse Übertreibung abzuziehen ist. Ferner ist zu bedenken, daß das Ausgesagte nicht eigentlich von Salomo persönlich gilt, sondern von seiner Regierung und Regierungszeit, jedoch ihm als einem absoluten Herrscher persönlich zugeschrieben wird. Schließlich sind die hohen Zahlen fälschlich mit Liedern und Sprüchen verbunden worden, während sie sich in Wirklichkeit auf eine andere Art von Weisheit beziehen. Faßt man dies alles ins Auge, so ergeben sich nach Form und Inhalt zwei Arten von Weisheitslehre oder Wissenschaft, die unter Salomo in Israel heimisch und an der Schule von Jerusalem gelehrt wurden:

a) Zunächst wird eine überwiegende Bezogenheit dieser Weisheit auf die Erscheinungen der Pflanzen- und Tierwelt behauptet. Von solcher Natur- oder Bildungsweisheit spricht der Text in erster Linie. Sie war kein genuin israelitisches Erzeugnis, sondern wird in I Reg 5 mit vollem Bedacht und starker Betonung in den Rahmen des Alten Orients gestellt. Tatsächlich dürfte für Israel der ägyptische Einfluß maßgeblich gewesen sein.

Aus Ägypten ist denn auch ein entsprechendes Werk aus der Zeit um 1100 v. Chr. bekannt: das Onomastikon des Amenope. Was dieses Werk darstellen will, sagt seine Überschrift: „Anfang der Lehre . . . über alles, was da ist, was Ptah geschaffen und Thot aufgezeichnet hat, über den Himmel mit seinem Zubehör, über die Erde und was in ihr ist, was die Berge ausspeien und was die Flut bewässert, an allen Dingen, die Re bescheint, und an allem, was auf der Erde grünt.“ Die ganze Schrift ist gefüllt mit der Aufzählung von Wesen und Dingen des Himmels, des Wassers und der Erde, von göttlichen und königlichen Personen, Hofleuten, Beamten, Berufen, Klassen, Stämmen und Typen von Menschen, von Städten, Gebäuden und ihren Teilen, von Ländereien, Getreidearten und ihren Produkten, von Speisen und Getränken, Teilen eines Rindes und Arten von Fleisch. Der erhaltene Teil stellt eine Liste mit 610 Stichwörtern dar. Das Werk ist demnach der Versuch einer Enzyklopädie allen Wissens, wenn auch nur in der Form einer Aneinanderreihung von Stichwörtern in einigermaßen sachlicher Ordnung, wobei den Wesen und Dingen der außermenschlichen Welt nicht weniger Aufmerksamkeit geschenkt wird als den Erscheinungen des Menschenlebens. Es handelt sich um eine Art sachlich gegliedertes Lexikon, während sich Regeln der ägyptischen Lebensweisheit nicht einmischen. Außer diesem Onomastikon ist eine zweite Schrift bekannt, die etwa 500 Jahre älter ist, geringeren Umfang hat, aber den gleichen trockenen Aufzählungsstil aufweist und mit den Pflanzen und den Tieren beginnt (Ramesseum Onomastikon). Von einer dritten Schrift der gleichen Gattung liegen dürftige Reste vor. Solche Listen enzyklopädischen Inhalts gab es auch in Babylonien, wo sie in noch früherer Zeit als in Ägypten geschaffen worden sind.

Die Ägypter haben ihre Listenwissenschaft mit der Natur- und Bildungsweisheit von den Babyloniern übernommen, die Israeliten unter Salomo von Ägypten. Eine nicht geringe Reihe alttestamentlicher Texte läßt auf das Vorhandensein derartiger Listen in Israel schließen. Solche Listen mit 1005 und 3000 Stichwörtern sind – wenn man den Zahlenangaben in I Reg 5 trauen darf – damals in Jerusalem entwickelt worden.

b) Als zweite Art der Weisheit ist die Lebensweisheit mit Lebens- und Verhaltensregeln für den Menschen zu nennen. Ihre Form ist die des Spruchs, der Sentenz oder des Liedes. Auch diese Art der Weisheit stammt aus Ägypten, wo sie ursprünglich die Standesmoral der königlichen Beamten war, die sie von Salomo an auch am Hof in Jerusalem wurde. Auch sie ist an der Jerusalemer Schule unterrichtet worden, da aus dieser die späteren Beamten hervorgingen. Freilich hat diese Art der Weisheitslehre ihre hauptsächliche Bedeutung für Israel und den alttestamentlichen Glauben erst viel später gewonnen, als sie sich in der nachexilischen Zeit aus einer Standesethik zu einer den Menschen überhaupt betreffenden Lehre entwickelte. Zur Zeit Jesajas war sie durchaus noch auf den Königshof und das Beamtentum beschränkt (vgl. Prov 25,1). Immerhin kann manches Material aus den Sprüchen des Buches Proverbia auf die Zeit Salomos zurückgehen; von da aus wird verständlich, daß man dieses ganze Buch ebenso wie das Buch Kohelet auf Salomo als Verfasser zurückgeführt hat.

7. Eigenart und Krise des salomonischen Reiches. Die beschriebenen Unternehmungen und Tätigkeiten waren in erster Linie Sache des Königs und seines Hofes, nicht aber der Untertanen. Nur langsam und mittelbar wuchsen diese in die neue Kultur hinein, zunächst lediglich die oberen Schichten. Im großen Ganzen konnten die Neuerungen Salomos bei den Israeliten nur die Wirkung haben, daß ihnen die Person des Königs, der Hof und die Hauptstadt immer fremder wurden. Zudem verlor das Königtum zunehmend den Charakter eines nationalen Heerkönigtums. Da der Heerbann nicht einberufen wurde, war das Volk von der persönlichen Fühlungnahme mit dem König und von dem Einfluß auf seine Regierung völlig ausgeschlossen. Salomo war ein absoluter Herrscher im Sinn des altorientalischen Königtums.

Von daher leitet die Überlieferung eine innere Krise unter Salomo her: Im Zusammenhang mit den verhaßten Fronarbeiten kam es zur Empörung des als Aufseher eingesetzten Jerobeam. Er mußte vor der Strafe des Königs nach Ägypten fliehen; doch war es wie ein Wetterleuchten, das das heraufziehende Unwetter ankündigte. Denn später wurde Jerobeam zum König in Nordisrael erhoben, das sich damit der Herrschaft der Davididen und der Personalunion mit Juda für immer entzog. Man kann freilich fragen, ob es über kurz oder lang nicht ohnehin dazu gekommen wäre; aber jedenfalls ist die Entwicklung durch die Rolle beschleunigt worden, die das davidisch-salomonische Reich im Orient spielte und die die nordisraelitischen Bauern nicht mitspielen wollten.

Ungeachtet der Schwäche der Struktur des Großreichs, die ihm als Folge der Eroberungspolitik Davids notwendigerweise anhaftete, und ungeachtet der Angleichung an das absolute Königtum des Alten Orients, der David und Salomo sich nicht entziehen konnten, ist Salomo eine überragende Gestalt unter den judäischen und nordisraelitischen Königen. Als einziger von ihnen hätte er die Bezeichnung „der Große" verdient. Aber man nennt ihn nicht so, denn er hat keinen anderen Staat überfallen, keine Beute gemacht und nicht genug Menschen getötet. Gerade darum soll er wenigstens in diesem Buch abschließend „Salomo der Große" genannt werden.

K. Möhlenbrink, Der Tempel Salomos, 1932. – A. Parrot, Der Tempel von Jerusalem, Golgatha und das Heilige Grab, 1956. – B. Rothenberg, Ancient Copper Industries in the Western Arabah, PEQ 94 (1962), 5–65. – Ders. und A. Lupu, Excavations in the Early Iron Age Industry at Timna (Wadi Arabah, Israel), May 1964 (Preliminary Archeological Report), ZDPV 82 (1966), 125–135. – H. Schult, Der Debir im salomonischen Tempel, ZDPV 80 (1964), 46–54. – J. B. Pritchard (ed.), Solomon and Sheba, 1974. – T. A. Busink, Der Tempel von Jerusalem, 1969. – T. N. D. Mettinger, Solomonic State Officials, 1971. – K. Rupprecht, Der Tempel von Jerusalem, Gründung Salomos oder jebusitisches Erbe?, 1977.

5. Kapitel: Die israelitischen Staaten bis zur Bedrängnis durch die Aramäer

I. Das Auseinanderfallen der israelitischen Staaten

1. Einleitung. Das davidisch-salomonische Reich hat zweifellos den Höhepunkt der Geschichte Israels bedeutet. Unter der glänzenden Oberfläche bestanden jedoch starke Spannungen politischer, sozialer und religiöser Art. Sie brachten den großartigen Bau nach Salomos Tod zum Einsturz.

Politisch nachteilig wirkte sich die Unausgeglichenheit der Reichsteile aus, vor allem die lose Verbindung von Juda und Israel durch bloße Personalunion im König. Denn der Herrscher war mit Hof und Hauptstadt dem Volk immer ferner gerückt. Von der Verbundenheit, die noch zur Zeit Davids geherrscht hatte, war wenig geblieben. Salomo war der absolute Herrscher, der in der fernen Hauptstadt unnahbar thronte und Entscheidungen fällte, die niemand verstand. Er lebte nicht in der Welt der israelitischen Bauern und Viehzüchter, sondern in der internationalen Kultur seiner Zeit. Die freien Israeliten waren nur mehr seine Untertanen, denen er befahl und von denen er Steuern und Fronarbeiten verlangte, nachdem David sie wie Vieh hatte zählen lassen. Wahrscheinlich sehnten sich nicht wenige nach der „guten alten Zeit" zurück, in der jede Sippe für sich allein sorgte und nur gelegentlich das eintauschte, was sie brauchte, jedoch nicht selbst herstellen konnte; an jene Zeit, in der man Ackerfrüchte und Vieh noch nicht für den Hof nach Jerusalem liefern mußte und in der die Wolle noch nicht exportiert wurde, damit der König daran verdiente.

Abgesehen von dieser Entfremdung vor allem der Nordstämme ist als stärkste politische Spannung diejenige zwischen Juda und Israel, zwischen Süd und Nord, zu nennen. Diese Spannung bestand nicht erst seit David oder Salomo, sondern hatte eine lange Vorgeschichte. Sie war durch die besonderen Verhältnisse bei der Landnahme entstanden. Damals war Juda von den mittel- und nordpalästinischen Stämmen durch eine kanaanäische Barriere getrennt, deren Angelpunkt Jerusalem war. Bis zur Eroberung dieser Stadt durch David hat Juda etwa zwei Jahrhunderte lang ein Sonderdasein geführt, dessen Folgen sich nicht mehr rückgängig machen ließen. Wahrscheinlich war es auch unter dem Königtum Sauls beiseite geblieben. So kam es folgerichtig unter David zu der Begründung eines eigenen Königreichs Juda, neben dem Israel einen zweiten Staat bildete. Die Personalunion unter David und Salomo hätte freilich ebenso den Beginn der völligen Verschmelzung bilden können, wie sie tatsächlich der Beginn des endgültigen Auseinanderlebens geworden ist. Jedenfalls ist David trotz all seiner Erfolge die volle Einigung von Juda und Israel nicht gelungen, wahrscheinlich hat er sie überhaupt nicht ins Auge gefaßt.

Zu den politischen Spannungen traten die sozialen, die die Kluft zwischen der Bevölkerung auf dem Lande und in den kleinen Ortschaften einerseits und Jerusalem andererseits aufrissen. Der Handel Salomos führte dazu, daß die Jerusalemer Kaufleute zu reichen und mächtigen Kaufherren und Großgrundbesitzern wurden. Sie erlangten in dem Staat Salomos ein Übergewicht, auf das der Bauer und Viehzüchter nur mit Haß antworten konnte.

Weniger offen, dafür desto wirksamer bestanden schließlich religiöse Spannungen. Der Kultus, der seit Salomo im Tempel zu Jerusalem ausgeübt wurde, war nicht mehr die kultische Frömmigkeit der älteren Zeit. Diese hatte zwar mancherlei kanaanäisches Gut übernommen, war dabei jedoch wählerisch gewesen. Nur dasjenige war übernommen worden, was sich dem Jhwh-Glauben wirklich assimilieren und in ihn einfügen ließ – dies angesichts der neuen Lage, die im Kulturland auch für den Glauben entstanden war. Salomo ist in dieser Hinsicht offenbar viel unbedenklicher gewesen. Mit ihm beginnt der Weg, den allmählich die ganze kultische Frömmigkeit gegangen ist: der Weg bis hart an die Grenze des Synkretismus, ja bis in den Synkretismus hinein. Denn dieser erschien geradezu notwendig als eine Staatsreligion oder Staatsideologie, die für Israeliten und Kanaanäer eine gemeinsame Grundlage und ein einigendes Band bilden konnte. Desto größer wurde dabei die Spannung zu den Gruppen im Volk, die sich bemühten, den alten Glauben rein und unverfälscht zu erhalten. Diese Spannung ist eines der wesentlichen Momente, das die geistig-religiöse Geschichte Israels während der folgenden Jahrhunderte bestimmt hat.

2. Rehabeam und die Spaltung des Reiches. Nach dem Tode Salomos wurde sein Sohn Rehabeam, von einer ammonitischen Prinzessin geboren, sein Nachfolger. Juda hat ihn ohne weiteres anerkannt, nicht jedoch Nordisrael. Diese zurückhaltende Stellungnahme muß zunächst als eine Abwehr des königlichen Absolutismus verstanden werden. Die Nordisraeliten dachten nicht daran, sich ein Erbkönigtum aufzwingen zu lassen, in dem der Sohn automatisch dem Vater folgte. Freilich ist die

Entwicklung bald über diese Haltung hinweggegangen; vorläufig hat sie sich jedenfalls ausgewirkt. Offensichtlich wollten die Vertreter des Volkes auf die Thronfolge Einfluß haben. Saul war aufgrund der Zustimmung der einzelnen Stämme König geworden; David hatten die Südstämme in Hebron zum König gewählt, danach hatten die Vertreter der Nordstämme ihm das Königtum über Israel übertragen. Erst David hatte einen seiner Söhne – Salomo – selbst zum Nachfolger bestimmt und zu seinen Lebzeiten als Mitregent eingesetzt. Gegen diese alle überraschende Maßnahme erhob sich kein Widerspruch. Nach Salomos Tod jedoch wurde er laut. Die Volksversammlung, d. h. die Versammlung der freien und vollberechtigten Staatsbürger, verlangte ihr Recht. Offenbar hatte Rehabeam nicht daran gedacht, eine solche Volksversammlung einzuberufen, doch gerade deswegen ist ihr Auftreten nicht zufällig. Sie bestand auf ihrem alten Recht der Königswahl und des Abschlusses eines Vertrages mit diesem König. Bereits an diesem Punkt war ihr Programm konservativ und revolutionär zugleich.

Rehabeam machte sich nach Sichem, dem Ort der Volksversammlung, auf, um zu versuchen, sich mit ihr zu einigen, zumal das absolute Königtum in Gefahr war. In den Verhandlungen, die stattfanden, wurde der zweite Programmpunkt der aufsässigen Israeliten deutlich: „Dein Vater hat uns ein hartes Joch auferlegt. Mache du jetzt deines Vaters schweren Dienst und das harte Joch leichter, das er uns auferlegte, dann wollen wir dir untertan sein" (I Reg 12,4). Die Israeliten stellten also Bedingungen. Sie wollten die feste Zusicherung, daß Steuern und Frondienst erleichtert würden. Dies bedeutete, daß nach der Erbfolge auch die äußeren Kennzeichen des Untertanenwesens beseitigt werden sollten. Das absolute Königtum sollte eingeschränkt werden. Dabei ist natürlich zu berücksichtigen, daß darin nicht nur die politische Spannung zwischen Königtum und Volk wirksam war, sondern auch die Spannung zwischen Nord und Süd im Hintergrund stand. Gerade weil Juda Rehabeam ohne weiteres anerkannt hatte, schloß Israel sich dem nicht an. Vielleicht stellte es durch seine Forderungen das absolute Königtum auch deswegen in Frage, weil es von vornherein auf eine Trennung von Juda hinarbeitete.

Rehabeam beriet zunächst mit den alten, erfahrenen Ratgebern, die anscheinend einen Kronrat bildeten, der in schwierigen Fällen vom König hinzugezogen wurde. Sie rieten zu klugem Nachgeben. Jüngere Ratgeber jedoch, die Rehabeam danach befragte, empfahlen ihm im Gegenteil, den israelitischen Bauern streng und schneidig gegenüberzutreten. Diese Ratgeber waren schon in der Zeit Salomos, unter dem absoluten Königtum, aufgewachsen und an Autorität und Gehorsam gewöhnt. Weil sie selbst es nicht anders kannten, erwarteten sie die entsprechende Wirkung bei den Israeliten. Rehabeam folgte ihnen und antwortete auf die Forderung der Volksversammlung: „Mein Vater hat euch mit Peitschen gezüchtigt, ich aber werde euch mit Skorpionen züchtigen" (I Reg 12, 15). Rehabeam wollte also die Lasten nicht verringern, sondern vergrößern; er wollte die Rechte des Königs nicht einschränken lassen, sondern eher noch ausdehnen.

Als Folge dieser Haltung brach eine Empörung aus. Die Volksversammlung sagte sich vom Davidshause mit einem Spruch los, der die Losung beim Aufstand Sebas (II Sam 20,1) aufnahm:

> Wir haben nicht teil an David
> und kein Erbe an Isais Sohn!
> Zu deinen Zelten, Israel!
> Nun kümmere dich um dein Haus, David!

Dies war der dritte und hauptsächliche Programmpunkt der Israeliten in Sichem. Zwar suchte Rehabeam nunmehr nachträglich einzulenken und entsandte den alten Fronminister Adoniram, der schon unter David gedient hatte, zu den Israeliten. Aber es kam nicht mehr zu neuen Verhandlungen, da er von den Israeliten gesteinigt wurde. Daraufhin blieb Rehabeam nichts anderes übrig, als vor der Wut des Volkes zu flüchten und sich nach Jerusalem zu retten.

3. Jerobeam I. Was sollte nunmehr in Nordisrael werden? Es zeigte sich, daß der Gedanke des Königtums in den 100 Jahren seines Bestehens auch bei den mittel- und nordpalästinischen Stämmen Fuß gefaßt hatte. Sie suchten einen eigenen König.

Nach dem Tode Salomos war der einstige Flüchtling Jerobeam aus Ägypten zurückgekehrt, wohin er nach seiner Empörung gegen den König geflohen war, um sich in Sicherheit zu bringen. Gerade deswegen richtete sich die Aufmerksamkeit des Volkes nach seiner Rückkehr aus der Emigration auf ihn. Man bot ihm die Königswürde an, und er stimmte zu. Zu seiner Residenz erhob er die Stadt Sichem. Dabei wurden die Stadtbefestigungen erneuert; wahrscheinlich hat Jerobeam neue Mauern und Türme auf den alten kanaanäischen Fundamenten errichtet.

4. Die Bedeutung der Spaltung. Das Großreich Davids und Salomos war zerfallen. Die Absage von Nordisrael an die Davididen war endgültig. Der Dualismus zwischen den Staaten Juda und Israel verfestigte sich. In der Folgezeit ist es nicht mehr zur Wiederherstellung der Personalunion zwischen beiden gekommen. Die Spannungen innerhalb des Großreiches waren damit zwar gelöst, aber noch nicht aus der Welt geschafft; vielmehr bestanden sie zwischen den beiden getrennten Staaten fort. Die weitere Geschichte war zunächst von diesem Gegensatz bestimmt, bis Assyrien als größerer Gegner auf den Plan trat und ihn angesichts des neuen weltweiten Geschehens, das damit begann, wesenlos machte.

Der Gegensatz zwischen Juda und Israel spiegelt sich auch in der Literatur wider. In Jerusalem suchte man den Abfall des Nordreichs von den Davididen, anders gesagt: seine Verselbständigung, zugleich zu einem Abfall vom Gott der Väter und von den Verheißungen Jhwhs an die davidische Dynastie zu erklären; man gab die Hoffnung auf eine reumütige Rückkehr Nordisraels so schnell nicht auf. Umgekehrt machte man im Nordreich die davidische Dynastie für alles verantwortlich (I Reg 11,29 ff.;12,16). Man behauptete, daß die Wurzel allen Übels in der jerusalemischen Abkehr vom Glauben der Väter liege, wie er an den Heiligtümern im Norden gepflegt wurde (I Reg 12,28), und pochte auf die älteren Verheißungen, die Joseph von Jakob gegeben waren (Dtn 33,13 ff.). Wieweit man in Juda und Israel den Gedanken an eine religiöse Einheit von Gesamtisrael bewahrt hat, ist schwer ersichtlich. Es sind vielleicht kleine Kreise gewesen, die sich in denjenigen Erzählungsschichten des Pentateuchs äußern, die den nationalen großisraelitischen Gedanken propagierten.

H. Seebass, Zur Königserhebung Jerobeams I., VT 17 (1967), 325–333.

II. Überblick über den Zeitraum

1. Überlieferung und Chronologie. Die wichtigste alttestamentliche Überlieferung über die weitere Königszeit findet sich im Rest der beiden Königsbücher (I Reg 12,21-II Reg 25). Sie wird durch mancherlei Hinweise in den Prophetenbüchern ergänzt. Außerdem gibt es für den Hauptteil dieser Epoche zahlreiche schriftliche Nachrichten aus der übrigen altorientalischen Literatur, vor allem aus Mesopotamien.

In den Königsbüchern haben die Berichte über die einzelnen Könige ihr Gepräge durch die Formeln erhalten, die sie einleiten und beschließen. Dieser Rahmen erscheint erstmals bei Rehabeam vollständig. Die Einleitung in I Reg 14,21 ff. lautet:

41 Jahre war Rehabeam alt, als er König wurde, und 17 Jahre regierte er in Jerusalem (der Stadt, die sich Jhwh aus allen Stämmen Israels erwählt hatte, um seinen Namen dort wohnen zu lassen). Der Name seiner Mutter war Naema, die

Ammoniterin. 'Er' tat, was Jhwh mißfiel und 'reizte' ihn mehr als das, was 'seine' Väter durch ihre Sünden getan hatten, die sie begingen.

Darauf folgt die Beschreibung der Sünden der Väter. Die Schlußformel findet sich in I Reg 14,29.31:

Die übrige Geschichte Rehabeams und alles was er getan hat, das ist aufgezeichnet in dem Buch der Geschichte der Könige von Juda ... Rehabeam legte sich zu seinen Vätern schlafen und wurde '' in der Davidstadt begraben '', und sein Sohn Abia wurde König an seiner Statt.

Dieser Rahmen findet sich bei fast allen Königen von Juda und Israel, nur fehlt bei den letzteren außer der Angabe des Alters beim Regierungsantritt der Name der Königsmutter. Dies ist wohl dadurch bedingt, daß die Königsmutter in Nordisrael nicht die wichtige, manchmal fast beherrschende Stellung wie in Juda einnahm. Bei einigen Königen fehlt der Rahmen oder ein Teil von ihm; dies ist durch die besondere Art ihres Regierungsantritts oder Todes begründet. Bei den Königen Joram und Ahasja fehlt die Schlußformel, weil sie von Jehu ermordet wurden. Bei Jehu fehlt die Einleitung. Bei Atalja fehlt beides, weil Regierungsantritt und Tod in anderer Weise erzählt werden. Ebenso fehlt die Schlußformel bei den vom Feind abgesetzten Königen Hosea, Joahas, Jojachin und Zedekia.

Drei Angaben in den Rahmenformeln müssen besonders betrachtet werden: a) Die erste Angabe ist der Synchronismus, der neben den Jahren der Regierungsdauer zu stehen pflegt. Jeder israelitische Regierungsantritt wird gleichzeitig nach dem Jahr des gerade regierenden judäischen Königs datiert und umgekehrt jeder judäische Regierungsantritt nach dem Jahr des jeweiligen israelitischen Königs. So heißt es z. B.: ,,Nadab, der Sohn Jerobeams, wurde im zweiten Jahr des Asa, des Königs von Juda, König über Israel" oder ,,Im 18. Jahr des Königs Jerobeam wurde Abia König über Juda". Freilich stimmen diese synchronistischen Angaben mit den absoluten Zahlen, die für die Regierungsjahre der einzelnen Könige genannt werden, nicht überein. Und beide Reihen, die synchronistischen und die absoluten Zahlen, stehen an manchen Stellen im Widerspruch zu der recht zuverlässigen Chronologie, die aus mesopotamischen Quellen errechnet werden kann. Diese Widersprüche sind kaum befriedigend zu lösen.

Zunächst hat man den Grund für die Widersprüche in der Unzuverlässigkeit und Künstlichkeit der beiden alttestamentlichen Zahlenreihen gesucht. Dann hat man wenigstens den absoluten Regierungszahlen Vertrauen entgegenbringen wollen und die Fehler ausschließlich oder fast ausschließlich in den synchronistischen Angaben erblickt. Man beurteilte sie als spätes Erzeugnis künstlicher Berechnung im Gegensatz zu den absoluten Zahlen, die auf guter alter Tradition beruhen sollten. Danach hat man aufgrund synchronistischer Zusammenstellungen assyrischer und babylonischer Könige den Tatbestand nochmals überprüft und geglaubt, daß auch die synchronistischen Angaben alt und im Grunde zuverlässig seien. Unstimmigkeiten sollen dadurch verursacht sein, daß in den Rahmenstücken mehrere Zählsysteme benutzt und dabei durcheinander geraten sind. Diese Zählsysteme sollen mit der Reichsspaltung begonnen und sich teils bis zum Untergang des Nordreichs, teils bis zum Untergang des Südreichs erstreckt haben. Dabei gelangte man bis zu der Annahme von fünf Zählsystemen, die in rund drei Jahrhunderten aufeinandergefolgt wären; doch dies erscheint recht unwahrscheinlich.

Vielleicht kommt man der Lösung näher, wenn man von einem umfassenden chronologischen System des ganzen Alten Orients ausgeht und diesem die assyrischen Quellen zugrunde legt, die als die zuverlässigsten gelten können. Von da aus lassen sich einige wichtige Daten der Geschichte Israels festlegen und von diesen aus die Chronologie der Königszeit rekonstruieren. Freilich ist für die chronologischen Systeme in Juda und Nordisrael mit zwei Unterschieden zu rechnen, auf denen die Abweichungen der synchronistischen und absoluten Zahlen untereinander und von der tatsächlichen Chronologie beruhen: 1. In Nordisrael sind manche Jahre doppelt gezählt worden. Wenn ein König starb, dann wurde dieses Jahr als sein letztes Regierungsjahr gerechnet. Normalerweise bestieg in demselben Jahr sein Nachfolger den Thron; dieser zählte den Rest des angebrochenen Jahres nochmals als sein erstes Regierungsjahr. So wurde dasselbe Jahr zweimal – als letztes und als erstes Regierungsjahr – gezählt. In Juda dagegen richtete man sich nach der assyrischen Sitte und zählte den Rest des Jahres, in dem der neue Herrscher den Thron bestiegen hatte, nicht mit, sondern begann erst mit dem ersten vollen Regierungsjahr des Königs. – 2. Hinzu kommt, daß der Beginn des Jahres (Neujahr) in beiden Staaten verschieden lag. Das Jahr begann in Nordisrael im Nisan (März/April), während es in Juda im Tischri (Oktober/November) begann. Von da aus ergibt sich für die tatsächliche Chronologie, daß man in Nordisrael bereits acht Monate im Jahr 930 lebte, bevor man in Juda dieses Jahr begann.

b) Die zweite Angabe ist die Beurteilung der Könige. Sie erfolgt danach, ob sie den Kultus, der außerhalb des Jerusalemer Tempels geübt wurde, geduldet haben oder nicht. Haben sie ihn geduldet, so erhalten sie ein schlechtes Urteil, sonst ein gutes. Daß diese Beurteilung der geschichtlichen Lage nicht gerecht werden kann, ist deutlich, denn die alleinige Berechtigung des Jerusalemer Tempels hat erst die deuteronomische Theologie gegen Ende des 7. Jh. v. Chr. festgelegt. Natürlich werden nach diesem Grundsatz alle Könige von Israel verurteilt, außerdem ein erheblicher Teil der judäischen. Unbedingte Anerkennung finden nur Hiskia und Josia, weil sie nach deuteronomischem Urteil die einzigen waren, die entschlossen gegen die außerjerusalemischen Kulte vorgegangen sind und daher dem späteren Königsideal entsprachen. Eingeschränkte Anerkennung finden Asa, Josaphat, Joas, Asarja und Jotam.

c) In den Schlußformeln werden Quellen erwähnt, die benutzt worden sind: „Das Buch der Geschichte der Könige von Juda" für die judäischen Könige und „Das Buch der Geschichte der Könige von Israel" für die israelitischen Könige. Sie dürften nach den gleichen Grundsätzen verfaßt worden sein wie „Das Buch der Geschichte Salomos". Auf sie wird für mannigfache Einzelheiten verwiesen, so für Jerobeam darüber, „wie er Krieg geführt und wie er regiert hat", für Simri über „die Verschwörung, die er angestiftet hat", für Ahab über „das Elfenbeinhaus, das er errichtet, und alle Städte, die er gebaut hat". Nach diesen Angaben ist in den Büchern offizielles Material aus den Staatsarchiven und wahrscheinlich aus den Tempelarchiven verwertet worden. Daß sie nicht erhalten sind, bedeutet einen großen Verlust.

2. Grundzüge und Zeitabschnitte. In dem ganzen Zeitraum von 930–750 v. Chr. spielten die Großmächte des Alten Orients noch kaum eine Rolle. Praktisch waren Syrien und Palästina nach wie vor sich selbst überlassen und wurden von keiner überragenden Macht bedrängt. Erst gegen Ende des Zeitraums machte sich in Nordsyrien der assyrische Druck bemerkbar, doch erreichte er Nordisrael noch nicht. Zum Verständnis der geschichtlichen Ereignisse sind daher im wesentlichen zwei Faktoren zu berücksichtigen: 1. der Gegensatz zwischen Juda und Nordisrael mit den Schwankungen des politischen Gleichgewichts zwischen beiden und 2. die Verschiebung der übrigen Kräfte im syrisch-palästinischen Staatensystem mitsamt den Auswirkungen für die Lage der beiden israelitischen Staaten.

Auf dieser Grundlage läßt sich der Zeitraum in drei kleinere Zeitabschnitte untergliedern: a) die Periode ernster Spannung und Rivalitätskämpfe zwischen Juda und Israel unter den ersten Königen nach Salomo; b) mit dem Aufkommen der Dynastie Omri eine Zeit entschiedener Vormachtstellung Israels, die jedoch durch die zunehmende Überlegenheit des Aramäerstaates von Damaskus um ihre volle Auswirkung gebracht wurde; c) die Zeit tiefster Demütigung beider Staaten durch die Aramäer, nachdem im Nordreich die Dynastie Jehu zur Herrschaft gekommen war, wobei nur der wachsende Druck Assyriens auf Damaskus den Israeliten in der ersten Hälfte des 8. Jh. eine Möglichkeit der Erholung und neuer Blüte verschaffte.

J. Begrich, Die Chronologie der Könige von Israel und Juda, 1929. – W. F. Albright, The Chronology of the Divided Monarchy of Israel and Juda, BASOR 100 (1945), 16–22. – Ders., New Light from Egypt on the Chronology and History of Israel and Judah, BASOR 130 (1953), 4–11. – P. van der Meer, The Ancient Chronology of Western Asia and Egypt, 1955[2]. – J. Finegan, Handbook of Biblical Chronology, 1964. – A. Jepsen – R. Hanhart, Untersuchungen zur israelitisch-jüdischen Chronologie, 1964. – V. Pavlovský – E. Vogt, Die Jahre der Könige von Juda und Israel, Bibl 45 (1964), 321–343. – S. H. Horn, The Babylonian Chronicle and the Ancient Calendar of the Kingdom of Judah, AUSS 5 (1967), 12–27. – K. T. Andersen, Die Chronologie der Könige von Israel und Juda, StTh 23 (1969), 69–114. – A. Jepsen, Ein neuer Fixpunkt für die Chronologie der israelitischen Könige, VT 20 (1970), 359–361. – E. R. Thiele, The Mysterious Numbers of the Hebrew Kings, 1951. – Ders., Coregencies and Overlapping Reigns among the Hebrew Kings, JBL 93 (1974), 174–200.

III. Die Zeit der Rivalitätskämpfe (930–885)

1. Rehabeam – Jerobeam I. a) Es ist verständlich, daß der Reichsspaltung ein fortdauernder Kriegszustand zwischen Juda und Nordisrael folgte, der fast ein halbes Jahrhundert anhielt. Denn Rehabeam erblickte in Jerobeam I. lediglich einen Aufrührer, der unterworfen werden mußte, während dieser Nordisrael nach Kräften verteidigte. Zunächst war Juda überlegen. Es verfügte über ansehnliche finanzielle Mittel, die Salomo angesammelt hatte, über ein gut aufgebautes Heerwesen und eine entsprechende staatliche Organisation. Rehabeam hatte denn auch einige Erfolge und konnte sein Staatsgebiet etwas ausdehnen.

Im Jahre 926 war es damit zunächst zu Ende, da ein größerer Gegner beide Staaten bedrohte. Der ägyptische Pharao Sisak, der schon unter Salomo einen Feldzug in die palästinische Küstenebene unternommen hatte, glaubte wohl, nach dem Zerfall des Großreichs in Palästina wieder eine größere Rolle als zuvor spielen zu können. Vielleicht wollte er die Oberhoheit Ägyptens über Palästina wiedererrichten.

Die alttestamentliche Überlieferung berichtet freilich nur über die Ausplünderung Jerusalems durch ihn, so daß man glauben könnte, er habe Jerobeam gegen Rehabeam unterstützen wollen. Jedoch zeigt seine eigene Inschrift im Tempel von Karnak über seinen Feldzug, daß er auch eine Reihe von nordisraelitischen Städten ausgeplündert hat, z. B. Megiddo und Taanak in der Jesreelebene. Dazu paßt, das Jerobeam seine Residenz zeitweilig von Sichem nach Penuel ins Ostjordanland verlegt hat; offensichtlich fühlte er sich dort sicherer. Freilich scheint sich das ägyptische Heer nicht in das Gebirge Ephraim gewagt zu haben, so daß Juda den ersten Stoß aushalten mußte. Ungeachtet möglicher weitergehender Absichten interessierten Sisak die Schätze, die sich in Jerusalem zur Zeit Salomos angesammelt hatten. Zu seiner Beute gehörten die goldenen Schilde, die jener im Tempel aufgehängt hatte und die Rehabeam später durch metallene ersetzte, und nach dem Bericht der Septuaginta die noch aus der Zeit Davids stammenden Tribute der Söhne Hadadesers von Aram-Zoba.

Jedenfalls ist es Sisak nicht gelungen, Palästina unter ägyptische Oberhoheit zu bringen oder gar zur ägyptischen Provinz zu machen. Nach seinem Abzug regierten Rehabeam und Jerobeam wie vorher weiter. Ägypten war anscheinend nicht in der Lage, die militärische Macht der beiden israelitischen Staaten zu brechen und ständig Truppen in Palästina zu unterhalten.

b) Über die politischen Maßnahmen, die Jerobeam im Inneren des Staates Israel ergriff, wird nichts berichtet. Es wird bei der Einteilung in 12 Bezirke geblieben sein; nur einige Änderungen in Einzelheiten waren mit Rücksicht auf die eintretenden Gebietsverluste erforderlich. Wahrscheinlich hat sich aber der Gegensatz zu Jerusalem auch im Staatswesen Nordisraels ausgedrückt. Jerobeam hat seiner Regierung den Stempel der Einfachheit, der Bevorzugung der Bauern und der Ablehnung des Fremden aufgedrückt. Großstädtisches Wesen und internationale Elemente wurden zurückgedrängt. Im Gegensatz zu Jerusalem hat er sich auch der alten Heiligtümer Betel und Dan an der Süd- und Nordgrenze seines Reiches angenommen. Sie wurden zu königlichen Staatsheiligtümern erhoben und mit einem goldenen Stierbild als Symbol Jhwhs ausgestattet; der Zehnte und die Festwallfahrten wurden zu ihnen gelenkt.

Rehabeam begann in Juda eine rege Bautätigkeit. Anscheinend suchte er nach dem ägyptischen Feldzug seinen Staat durch einen Festungswall zu schützen: nach Süden gegen Ägypten und nach Westen gegen das Gebiet der alten Philisterstädte. Auch im Norden scheint er – wie später Asa – auf benjaminitischem Gebiet Festungen errichtet zu haben. Ob er sich nach dem Überfall durch die Ägypter wieder soweit erholt hat, daß er den Angriff gegen Nordisrael fortsetzen konnte, ist unbekannt. In religiöser Hinsicht ging die Staatsreligion in Jerusalem auf dem Weg zum Synkretismus weiter; nachdem das universale Reich zerfallen war, mußte aus der universalen Religion Salomos nur der kanaanäische Einfluß wirksam bleiben. Im Tempel wurde sogar ein Symbol einer kanaanäischen Göttin aufgestellt.

c) Mit der Spaltung des Kernlandes des davidisch-salomonischen Großreichs war dessen Herrlichkeit dahin. Im Ostjordanland machten die Edomiter sich selbständig und errichteten ein neues Königtum, wahrscheinlich unter Hadad, der dies unter Salomo vergeblich versucht hatte. Die Moabiter waren vorerst zu einem solchen Schritt nicht stark genug, auch als ihnen nur der Staat Israel allein gegenüberstand. So wurde Moab ein Vasall Nordisraels; die Israeliten behielten ferner das von David annektierte Gebiet. Die Ammoniter dagegen haben sogleich wieder ein eigenes, selbständiges Königtum begründen können. Denn da die israelitischen Könige keine Beziehung mehr zum Davidhaus haben wollten, kümmerte sie dessen Königtum über Ammon nicht. Und die Davididen in Jerusalem hatten weder die Macht noch die räumliche Verbindung, um ihre Ansprüche geltend machen zu können. Ebenso werden sich im Westen die philistäischen Vasallen wieder selbständig gemacht haben. Eine politische Rolle spielten sie jedoch lange Zeit nicht mehr. Dagegen blieben die früheren kanaanäischen Stadtstaaten im Bereich der beiden israelitischen Staaten, da sie diesen politisch einverleibt worden waren.

So stellten Juda und Nordisrael zwei Territorialstaaten in Palästina dar, Nordisrael vorerst noch mit dem Vasallenstaat Moab. Allerdings hatte sich infolge der Angriffe Rehabeams die südliche Grenze Nordisraels nach Norden verschoben. Der größte Teil des Stammesgebietes von Benjamin, das bis dahin zu Nordisrael gehört hatte, fiel an Juda. Dies war für Jerusalem wichtig, das der Grenze zwischen Juda und Benjamin sehr nahe gelegen hatte; nunmehr bildete das benjaminitische Gebiet für die Stadt ein Vorfeld bei einem Angriff von Norden her. Im westlichen Hügelland ist die Grenze Judas nicht sicher zu bestimmen. Die seit alters mit Benjamin verbundene Stadt Kirjat-Jearim gehörte wahrscheinlich zu Juda, da sie von Judäern besiedelt war. Vor allem besaß Juda Ortschaften aus dem südlichen Bezirk der Kanaanäerstädte, dem salomonischen Bezirk Bet-Schemesch. Dies bedeutet insgesamt, daß die beiden südlichen Bezirke von Nordisrael – Benjamin und Bet-Schemesch – zum großen Teil an Juda gefallen sind.

2. *Abia – Jerobeam I.* Abia hat den Kampf gegen Jerobeam wieder aufgenommen und scheint ihm kleinere Gebietsteile abgewonnen zu haben, obwohl nur die Chronikbücher darüber berichten und deren Mitteilungen gewöhnlich mit Vorsicht aufgenommen werden müssen. Jedenfalls hat Jerobeam keinen Erfolg gegen Juda davontragen können. Man wird daher in Nordisrael nicht gerade zufrieden mit ihm gewesen sein, wie sich unter seinem Nachfolger bestätigt.

3. *Nadab.* Unter Jerobeams Sohn Nadab brach die Unzufriedenheit mit der werdenden Dynastie Jerobeams durch. Nadab hat nur zwei Jahre regiert, dann wurde er bei der Belagerung einer philistäischen Stadt von Baesa aus Isaschar ermordet und bald darauf seine ganze Familie ausgerottet. Der Feldzug gegen die Philister läßt nebenbei vielleicht darauf schließen, daß auch von dort aus ein Druck auf Nordisrael ausgeübt wurde.

4. *Asa – Baesa.* Während in Juda schon Abias jüngerer Bruder Asa herrschte, bestieg in Nordisrael Baesa, der Mörder Nadabs, den Thron. Er verlegte die Residenz nach Tirza.

Inzwischen hatte sich in Syrien der Aramäerstaat von Damaskus zu einer beachtlichen Macht entwickelt. Seine Grenze zu Nordisrael verlief entlang dem Ostrand des obersten Jordangrabens einschließlich des Ostrandes des Tiberiassees und dann südlich des Jarmuk in etwa südöstlicher Richtung. Da Damaskus dem Staat Israel an Macht meist wesentlich überlegen war, ist die Grenze durch die Aramäer häufig überschritten worden – sei es zu einzelnen Feldzügen tief in das israelitische Gebiet hinein, sei es zu dauernder Annektion israelitischen Gebiets. Im einzelnen läßt sich dies nicht mehr verfolgen; denn außer spärlichen Notizen in den Königsbüchern ergibt sich dies nur aus den Angaben von Prophetenlegenden. Diese nützen jedoch nicht viel, weil sie zeitlich kaum eingeordnet werden können. Meist war in ihnen ursprünglich kein Königsname genannt und nur vom „König von Israel" die Rede. Erst später haben die Verfasser der Königsbücher die Erzählungen nach eigenem Ermessen bestimmten Königen zugewiesen.

Nur ein einziger Zusammenstoß zwischen Nordisrael und den Aramäern läßt sich einigermaßen sicher datieren, da er sich während der Regierungen von Asa und Baesa ereignete. Eine Notiz darüber aus den Annalen ist erhalten geblieben, weil darin vom Jerusalemer Tempel- und Palastschatz die Rede war. Danach hatte Baesa sich an Benhadad von Damaskus gewandt, um mit ihm ein Bündnis zu schließen und seine Unterstützung gegen Juda zu erhalten. Tatsächlich konnte er daraufhin einen Teil Benjamins zurückerobern. Aber Asa drehte den Spieß um. Was er im Tempel und Palast an Schätzen besaß, raffte er zusammen und erkaufte sich damit ein Bündnis mit Benhadad. Dieser hat dem offensichtlich gern zugestimmt. Asa konnte mehr bieten als der arme Baesa; außerdem konnte sich Benhadad leicht auf Kosten seines Nachbarn bereichern. Er fiel daher in den oberen Jordangraben und das östliche Galiläa ein und nahm von einem Teil des Landes Besitz. Ob und wann Nordisrael dieses Gebiet zurückerlangen konnte, ist unbekannt. Währenddessen hatte Asa im Süden freie Hand und konnte die Grenze in Benjamin wieder nach Norden verlegen.

Vorher hatte Baesa mitten im benjaminitischen Gebiet die Stadt Rama als Festung auszubauen begonnen (etwa 10 km nördlich von Jerusalem). Sie ging ihm an Juda verloren. Asa errichtete seinerseits zwei judäische Festungen: Geba (11 km nordnordöstlich von Jerusalem) und Mizpa (15 km nördlich von Jerusalem). Die Grenze zwischen Juda und Israel verlief also im wesentlichen nördlich von Mizpa und scheint sich die weitere Königszeit hindurch im wesentlichen gehalten zu haben.

Bezeichnend für die religiöse Geschichte Judas ist ein Vorgang, der sich unter Asa in Jerusalem abgespielt hat. Er soll die Königsmutter Maacha gestürzt haben, weil sie einer kanaanäischen Göttin im Jerusalemer Tempel ein Symbol habe errichten lassen, d. h. weil sie versuchte, Jhwh eine weibliche Gottheit beizugeben. Zum erstenmal kam dabei in der Öffentlichkeit die religiöse Spannung zum Austrag: die Spannung zwischen der zum Synkretismus neigenden offiziellen Kultreligion und dem alten Jhwh-Glauben. Von da an wurde Juda stärker als Nordisrael ein Hort und Stützpunkt des Jhwh-Glaubens. Die davidische Dynastie begann sich als Wahrer der alten Überlieferung zu verstehen, wenn auch stets in einer Ausprägung, die ihr die Priesterschaft und ein lebendiges nationales Element gaben.

5. Gliederung Judas. In der nachsalomonischen Zeit ist Juda wie vorher Nordisrael in Verwaltungsbezirke gegliedert worden. Die Nachrichten darüber in Jos 15,21–62; 18,21–28 und 19,7.41–46 stammen freilich erst aus späterer Zeit. Doch ist das System sicherlich älter als die ausgehende Königszeit, kann jedoch erst nach Salomo entstanden sein, da einige Bezirke ganz oder fast ganz in solchen Gebieten lagen, die erst nach der Reichsspaltung zu Juda kamen. Da es zeitlich nicht genau eingeordnet werden kann, soll es an dieser Stelle erwähnt werden. Freilich sind einige Gaue durch die Annektionen Josias erweitert worden, ursprünglich also kleiner gewesen.

Wie Nordisrael wurde auch Juda in 12 Bezirke gegliedert, deren Einteilung an alte geschichtliche Grenzen anknüpfte: 1. Bezirk von Beerseba; 2. Bezirk von Adullam (wie die beiden folgenden im westlichen Hügelland, hauptsächlich aus den Territorien alter Stadtstaaten bestehend); 3. Bezirk von Lachisch; 4. Bezirk von Kegila; 5. Bezirk von Debir (Kenisiter als Kern der Bevölkerung); 6. Bezirk von Hebron (Kalibbiter als Kern der Bevölkerung); 7. Bezirk von Maon (Keniter als Kern der Bevölkerung); 8. Bezirk von Bet-Zur (wie 9. Sitz des Stammes Juda); 9. Bezirk von Betlehem; 10. Bezirk von Jerusalem (außer Jerusalem selbst weiteres Gebiet in der Umgebung); 11. Bezirk von Jericho (Stammesgebiet Benjamins auf dem Gebirge und in der Jordanebene); 12. Bezirk von Ekron (aus ehemaligen Stadtstaatsgebieten zusammengesetzt; Name und Umfang erst unter Josia erhalten).

6. Ela und Simri. Wie unter Jerobeam war man in Nordisrael anscheinend auch mit der beginnenden neuen Dynastie Baesa wenig zufrieden. Baesas Sohn Ela regierte nur zwei Jahre, dann wurde er ermordet, während er sich bei einem Gastmahl betrunken im Hause des Palastvorstehers aufhielt. Sein Mörder war Simri, der Befehlshaber der Hälfte der Kriegswagen, also ein Offizier des stehenden Heeres.

Simri erhob sich zum König. Aber er vertrat nicht das ganze Heer, dessen Großteil sich vielmehr gerade auf einem Feldzug befand. Als man dort von der Ermordung Elas hörte, machte sich das Heer unter der

Führung Omris auf, um den toten König zu rächen. Die Residenzstadt Tirza wurde belagert und eingenommen. Als Simri, der nur sieben Tage regiert hat, erkennen mußte, daß alles verloren war, setzte er den Königspalast in Brand und kam darin um. Das Heer erhob daraufhin seinen Führer Omri zum neuen König.

Y. Aharoni, The Province-List of Judah, VT 9 (1959), 225–246. – S. Herrmann, Operationen Pharao Schoschenks I. im östlichen Ephraim, ZDPV 80 (1964), 55–79. – J. Debus, Die Sünde Jerobeams, 1967. – J. M. Miller, Another Look at the Chronology of the Early Divided Monarchy, JBL 86 (1967), 276–288. – N. Allan, Jeroboam and Shechem, VT 24 (1974), 353–357.

IV. Die Zeit der Dynastie Omri (885–841)

Die Zeit der Dynastie Omri ist durch zwei Merkmale gekennzeichnet: durch die entschiedene Vormachtstellung Nordisraels über Juda und durch die zunehmende Überlegenheit des Aramäerreichs von Damaskus, die jene Überlegenheit um ihre volle Auswirkung gebracht hat. Es begann also eine 45 Jahre währende Zeit, in der Nordisrael unter energischen und politisch weitblickenden Herrschern im Inneren gefestigt wurde und nach außen hin ein wesentliches Übergewicht über Juda gewinnen konnte. Nur kam dieses infolge der Bedrängnis durch die Aramäer nicht voll zur Auswirkung; sonst wäre es vielleicht noch einmal zu einem einheitlichen israelitischen Reich gekommen. Freilich standen dem nicht nur die Aramäer im Wege, sondern auch die religiöse Spannung in Nordisrael, die von der Dynastie Omri gesteigert wurde. Neben der zum Synkretismus neigenden Kultreligion verbreitete sich der kanaanäische Baalkult, der vom Königshof vor allem aufgrund einer paritätischen Politik gefördert wurde, die den bislang zurückgedrängten Kanaanäern zugute kam.

1. Omri. Die Erhebung Omris zum König von Nordisrael blieb nicht unangefochten. Ein Teil des Volkes wählte an seiner Stelle Tibni, der wohl aus Ephraim stammte. Vier Jahre lang zog sich der Krieg zwischen beiden hin; dann fiel oder starb Tibni, so daß Omri alleiniger Herrscher wurde.

Omri ist im Ausland geradezu als der Begründer eines neuen Staates betrachtet worden. Noch in späteren assyrischen Inschriften erhält Israel die Bezeichnung *bīt ḫumrī* „Omriland". Dem entspricht eine Bemerkung auf der Stele des Königs Mescha von Moab (um 840

v. Chr.): „Omri hatte sich des ganzen Landes von Madeba bemächtigt und (Israel) wohnte darin während seiner Regierungszeit und des Abschnittes der Regierungszeit seiner Söhne – vierzig Jahre." Dies bedeutet, daß Omri dem Vater Meschas die Hälfte seines Landes abgenommen und für Israel annektiert hat; der Rest Moabs blieb Vasallenstaat.

Vor allem zu den Phöniziern knüpfte Omri wichtige Verbindungen an, die dadurch gefestigt wurden, daß sein Sohn Ahab die Tochter des Königs von Tyrus, Isebel, heiratete. Für Israel ergaben sich neue Handelsbeziehungen, außerdem erhielt es einen Bundesgenossen gegen die immer stärker andrängenden Aramäer von Damaskus. Ihnen hat Omri freilich nachgeben müssen. Es ging in der Auseinandersetzung mit ihnen anscheinend stets in erster Linie um den Besitz des israelitischen Bezirks von Ramot in Gilead (Ostjordanland). Dafür sprechen sowohl die geographischen Gegebenheiten als auch Mitteilungen einiger alttestamentlicher Erzählungen. Nur lassen sich die einzelnen Phasen der Auseinandersetzung nicht verfolgen, da die Königsnamen durchweg erst später in die Erzählungen eingesetzt worden sind. Anscheinend hat Omri den Aramäern auch gestatten müssen, in seiner Hauptstadt Handelsniederlassungen anzulegen.

Diese Hauptstadt wurde Samaria, das Omri auf einem Berg erbaute, den er sich durch Kauf erwarb. Aufgrund dieser politisch klugen Maßnahme war die Hauptstadt – wie Jerusalem im Großreich Davids und Salomos – ein Ort mitten im Lande, durch Straßen mit allen wichtigen Städten des Staates und den großen Handelsstraßen verbunden, aber noch nicht mit geschichtlichen Erinnerungen belastet, die einen israelitischen Stamm hätten erregen können. Zudem hatte Omri das Gelände für seine Hauptstadt käuflich erworben, so daß es in seinen Besitz überging und keinem israelitischen Stammesterritorium angehörte. Auch strategisch war die Lage gut; Samaria lag auf einem allein stehenden Berg, war gut zu verteidigen und konnte längeren Belagerungen standhalten. So hinterließ Omri seinem Nachfolger ein gutes Erbe.

2. Ahab – Josaphat. Schon unter Omri war die Aussöhnung zwischen Nordisrael und Juda in die Wege geleitet worden. Von Ahab wird nunmehr ausdrücklich berichtet, daß er mit Josaphat Frieden schloß. Jedoch übernahm dabei Nordisrael die Führung, so daß der Friede praktisch im Nachgeben Judas bestand. Es erkannte Nordisrael als den mächtigeren Staat an, leistete dessen König Heeresfolge, und Josaphat gab seinem Sohn die israelitische Prinzessin Atalja zur Frau.

Auch unter Ahab dürfte sich die Auseinandersetzung mit den Aramäern um den Besitz des Bezirks Ramot in Gilead fortgesetzt haben. Später sind Ahab viele Kämpfe mit den Aramäern zugeschrieben worden; schließlich soll er sogar im Kampf gegen sie gefallen sein (I Reg 22). Dies wird jedoch durch die Formulierung der Mitteilung über seinen Tod ausgeschlossen, die ein friedliches Ende voraussetzt: „Dann legte sich Ahab zu seinen Vätern schlafen" (I Reg 22,40).

Allzu stark kann die Bedrängnis durch die Aramäer zur Zeit Ahabs denn auch nicht gewesen sein. Sonst hätte sicherlich Mescha von Moab bereits damals versucht, das Land zurückzuerobern, das Omri seinem Vater abgewonnen hatte. Statt dessen hat er Ahab bis zu dessen Tod Tribut gezahlt und als sein Vasall gegolten.

Inzwischen begann in Mesopotamien das neuassyrische Reich zu erstarken und sich auszudehnen. Weder zur Zeit des davidisch-salomonischen Reiches noch nach der Reichsspaltung in der Zeit der Rivalitätskämpfe zwischen Juda und Israel hatte Assyrien die Kraft besessen, über seine Grenzen hinauszugelangen. Dies änderte sich erst zur Zeit Omris unter Assurnasirpal (883–859 v. Chr.). Er drang gegen Nordsyrien mit dem Mittelmeer als Ziel vor. Um 870 konnte er den Tribut phönizischer Seestädte in Empfang nehmen. Es ging um den Handelsweg zwischen dem Euphrat und den Handelsstädten am Mittelmeer. Damit betrat das assyrische Reich den Weg, der es zur führenden Großmacht seiner Zeit werden ließ. Und damit kündigt sich zugleich von ferne eine Situation an, die für Juda und vor allem für Nordisrael die größten Folgen haben sollte. Freilich war vorläufig davon kaum etwas zu ahnen, da die Assyrer ganz mit Nordsyrien und Damaskus beschäftigt waren. Doch eben im Zusammenhang mit Damaskus wurde Nordisrael unter Ahab einmal kurz in die Zusammenhänge der großen Politik einbezogen. In Assyrien hatte Salmanassar III. den Thron bestiegen (858–824). Er hat die bisherige Politik fortgesetzt und sich besonders um die Unterwerfung von Damaskus bemüht. Da dies sich allein nicht stark genug zum Widerstand fühlte, brachte es eine Koalition von 11 kleineren Staaten zustande, die gemeinsam dem Assyrer Widerstand leisten wollten. Unter diesen Staaten befand sich auch Israel; darüber hinaus ist anzunehmen, daß Juda ebenfalls Truppen gestellt hat, die nicht eigens erwähnt werden, weil sie dem israelitischen Heer angeschlossen waren. Im Jahre 855 hat Salmanassar einen Feldzug nach dem Westen unternommen. Bei Qarqar am Orontes im nördlichen Syrien kam es zur Schlacht zwischen ihm und den Verbündeten. Den besten Bericht darüber gibt eine Inschrift aus der Zeit Salmanassars selbst:

Seine königliche Residenz Qarqar zerstörte ich, riß ich ein und verbrannte ich mit Feuer. 1200 Wagen, 1200 Reiter, 20 000 Soldaten des Hadadeser von Damaskus; 700 Wagen, 700 Reiter, 10 000 Soldaten des Irḫuleni von Hamat; 2000 Wagen, 10 000 Soldaten des Ahab von Israel; 500 Soldaten aus Byblos; 1000 Soldaten aus Ägypten; 10 Wagen, 10 000 Soldaten aus Irqanat; 200 Soldaten des Matinuba'lu von Arwad; 200 Soldaten aus Usanat; 30 Wagen, 10 000 Soldaten des Adunuba'lu von Sian; 1000 Kamele des Arabers Gindibu'; [. . .] 000 Soldaten des Ba'sa, des Sohnes Ruhubis aus Ammon – diese zwölf Könige nahm er zu Hilfe. Um Kampf und Schlacht zu liefern, zogen sie mir entgegen. Mit der erhabenen Kraft, die der Herr Assur mir gegeben hat, und mit den mächtigen Waffen, die der Gott Nergal, der vor mir hergeht, mir geschenkt hat, kämpfte ich mit ihnen. Von Qarqar bis Gilzau brachte ich ihnen eine Niederlage bei. 14 000 ihrer Soldaten streckte ich mit den Waffen zu Boden; wie Hadad ließ ich ein Unwetter auf sie niederregnen, verstreute ihre Leichen, füllte die Ebene mit ihren zahlreichen Truppen, ließ mit den Waffen ihr Blut fließen [. . .]. Mit ihren Leichen dämmte ich den Orontes wie mit einer Brücke. In jener Schlacht nahm ich ihnen ihre Wagen, ihre Reitpferde und ihre Pferde, die sie in das Joch gespannt hatten.

Den Sieg in jener Schlacht hat Salmanassar sich zugeschrieben. Jedoch scheint er keinen entscheidenden Erfolg errungen zu haben, da von irgendwelchen Folgen keine Rede ist; zumindest hat er seinen Erfolg nicht ausnutzen können.

Insgesamt ist es Ahab gelungen, den Wohlstand Israels zu heben. Freilich scheint seine Regierung auch Schattenseiten gehabt zu haben. Das Königtum entwickelte sich nach altorientalischem Vorbild immer stärker zur absoluten Monarchie und Despotie, wie die Nabot-Erzählung zeigt (I Reg 21). Außerdem hielt infolge der Heirat Ahabs mit der phönizischen Prinzessin Isebel phönizisches Wesen Einzug in Israel, vor allem die Verehrung des tyrischen Baal. Gerade durch die einwirkende phönizische Stadtkultur aber wurde die bisherige Grundlage des Staates Israel, das bäuerliche Wesen, in Frage gestellt.

So ist es nicht verwunderlich, daß ein Teil des Volkes der neuen Dynastie ablehnend gegenüberstand. Dem Widerspruch verliehen einzelne Wortführer Ausdruck. Von ihnen ist vor allem der Prophet Elia aus Gilead zu nennen. Freilich handelt es sich in den Erzählungen über ihn vielfach um Legenden, die sich um seine Gestalt gebildet haben und die in der Folgezeit bearbeitet worden sind. Doch auch nach Abzug fragwürdiger Überlieferungen bleibt die Größe Elias unverkennbar. In ihm lebten die Impulse des mosaischen Jhwh-Glaubens wieder auf. Er betrachtete das Leben am Hof und in weiten Kreisen des Volkes als Abfall von Jhwh und als Baaldienst. Für ihn gab es nur den einen Gott, mit dessen Dienst sich kanaanäischer Kultus nicht verträgt, der fern in der Wüste und nicht im Tempel wohnt und vor dessen Macht sich auch der König zu beugen hat. So wurde Elia der unmittelbare Vorläufer und Wegbereiter der großen Einzelpropheten von der Mitte des 8. Jh. an.

3. Ahasja. Während in Juda noch Josaphat regierte, folgte dem Ahab sein Sohn Ahasja, jedoch mit wenig Glück und Erfolg. Schon bald nach seinem Regierungsantritt verletzte er sich durch einen Sturz vom Obergeschoß seines Palastes. Davon hat er sich nicht wieder erholt, sondern starb nach zweijähriger Regierung.

In dieser Zeit, in der Israel erneut durch die Aramäer bedrängt wurde, konnten möglicherweise die Moabiter ihr Vasallenverhältnis zu Israel lösen. König Mescha von Moab überschritt sogar den Grenzfluß Arnon und schob die moabitische Nordgrenze bis etwa zur Breite des Nordendes des Toten Meers vor. Damit war zwischen Moab und Israel annähernd der alte Besitzstand aus der Landnahmezeit wiederhergestellt. Dies kann sich während der letzten Jahre der Dynastie Omri ereignet haben, zumal noch von Kämpfen Jorams, des Nachfolgers Ahasjas, gegen Moab die Rede ist. Andere setzen die Verselbständigung Moabs in die ersten Jahre Jorams (841–838) an; doch der von Mescha in seiner Inschrift erwähnte „Untergang" Israels muß sich nicht auf das Ende der Dynastie Omri beziehen.

Ich bin Mescha, der Sohn des Kemoschjt, König von Moab, der Dibonite. Mein Vater war König über Moab 30 Jahre, und ich wurde König nach meinem Vater. Und ich errichtete diese Kulthöhe für Kamosch in Qericho als Panier der Rettung (?), denn er errettete mich von allen meinen Drängern (?) und ließ mich meine Lust sehen an allen meinen Hassern.

Omri war König von Israel und hatte Moab lange Zeit bedrückt, denn Kamosch war erzürnt über sein Land. Und sein Sohn folgte ihm, und auch er sprach: „Ich werde Moab bedrücken." In meinen Tagen sprach er so, aber ich sah meine Lust an ihm und seinem Hause. Und Israel ist für immer zugrunde gegangen. Omri hatte das ganze Land von Madeba eingenommen und (Israel) wohnte darin während seiner Regierungszeit und der Hälfte der Regierungszeit seiner Söhne – 40 Jahre; aber während meiner Regierungszeit wohnte Kamosch (wieder) darin. Und ich baute Baal-Meon (wieder auf), machte das Staubecken darin und baute Qirjaton (wieder auf).

Die Gaditer wohnten seit je im Lande von Atarot, und der König von Israel hatte sich Atarot gebaut. Ich griff die Stadt an, nahm sie ein und tötete alles Volk der Stadt als Opfer (?) für Kamosch und Moab. Ich brachte von dort den Altar ihres Dwd und brachte ihn vor Kamosch in Qerijot. Und ich siedelte dort Leute aus Saron und Leute aus Macharot an. Und Kamosch sprach zu mir: „Geh, nimm Nebo von Israel fort!" Da brach ich bei Nacht auf und griff es von Tagesanbruch bis zum Mittag an. Ich nahm es ein und tötete alle: 7000 Männer nebst Beisassen, Frauen und Beisassinnen und Sklavinnen, denn ich hatte sie 'Aschtar-Kamosch geweiht. Ich nahm von dort die Geräte Jhwhs und brachte sie vor Kamosch.

Und der König von Israel hatte Jahaz gebaut und wohnte während seines Feldzugs gegen mich darin. Da vertrieb ihn Kamosch vor mir, und ich holte 200 Mann aus Moab, alle seine Häuptlinge (?), brachte sie nach Jahaz und nahm es ein, um es Dibon anzugliedern.

Auch Juda hat sich wohl aus seiner Abhängigkeit von Nordisrael etwas lösen können. Josaphat lehnte nämlich das Angebot Ahasjas ab, mit ihm gemeinsam die Handelsschiffahrt nach Süden hin wieder aufzunehmen. Er wollte offenbar auf eigene Faust Politik treiben und wie Salomo vom Golf von Aqaba aus die Ophirfahrten wieder aufnehmen. Freilich hatte er damit kein Glück. Das erste Handelsschiff scheiterte gleich nach der Ausfahrt aus dem Hafen Ezion-Geber, anscheinend infolge der dortigen Windverhältnisse.

4. Joram – Josaphat, Joram, Ahasja. Der Nachfolger Ahasjas war sein jüngerer Bruder Joram. Aus dieser Zeit stammen allerlei Einzelnachrichten über Auseinandersetzungen mit den Moabitern, an denen außer Nordisrael offenbar auch Juda beteiligt war. Man gab sich also in Israel mit der durch Mescha geschaffenen Lage nicht zufrieden, sondern suchte wenigstens die Arnongrenze wieder zu erreichen. Im einzelnen sind diese Grenzstreitigkeiten für das Gesamtgeschehen unwichtig. Vorläufig kamen sie jedenfalls nicht zur Ruhe. Aufs Ganze gesehen, war der Stand der Dinge im allgemeinen davon abhängig, wie die jeweilige Lage Nordisraels war. Solange es von der überlegenen Macht der Aramäer bedrängt wurde, wird sich an der von Mescha geschaffenen Lage nichts Wesentliches geändert haben.

Insgesamt ging es mit Nordisrael unter Joram bergab. Denn Salmanassar III. erneuerte in den folgenden Jahren seine Feldzüge, und jedesmal mußte Nordisrael ihm im Bund mit den syrischen Herrschern seine besten Truppen entgegenstellen. Salmanassar hat offenbar wieder gesiegt, jedoch keine entscheidenden Erfolge errungen. Diese Feldzüge hatten für Nordisrael zwar den Vorteil, daß der Druck der Aramäer geringer wurde, das dauernde Kriegführen ohne sichtbare Gewinne aber ließ die Stimmung im Volke immer gereizter und gedrückter werden, bis es schließlich zum Ausbruch kam.

In Juda begann unter Josaphats Sohn Joram ebenfalls der Niedergang, den vor allem Josaphat aufgehalten hatte. Offenbar hat Juda sich am Kampf gegen Salmanassar beteiligen und Truppen stellen müssen.

Dadurch konnte es geschehen, daß im Westen des Landes die wichtige Stadt Libna abfiel und sich dem philistäischen Gebiet anschloß. Hinzu trat das Mißtrauen des Volkes gegen Jorams Frau Atalja, die israelitische Prinzessin aus phönizischem Blut, und vor allem gegen den von ihr eingeführten Kult des tyrischen Baal. Als Joram von Juda starb, hinterließ er seinem Sohn Ahasja kein glänzendes Erbe. Ahasja konnte nicht lange regieren. Nach einem Jahr leistete er Joram von Nordisrael Heeresfolge gegen die Aramäer in Gilead und wurde in den Umsturz Jehus hineingerissen.

So waren nach dem erfolgreichen Beginn Omris in Nordisrael am Ende des Zeitraums die beiden Staaten Nordisrael und Juda erneut an einem Tiefpunkt angelangt.

J. W. Jack, Samaria in Ahab's Time, 1929. – C. F. Whitley, The Deuteronomic Presentation of the House of Omri, VT 2 (1952), 137–152. – A. Alt, Der Stadtstaat Samaria, 1954. – A. Parrot, Samaria, die Hauptstadt des Reiches Israel, 1957. – J. M. Miller, The Elisha Cycle and the Accounts of the Omride Wars, JBL 85 (1966), 441–454. – Ders., The Fall of the House of Ahab, VT 17 (1967), 307–324. – M. Haran, The Rise and Decline of the Empire of Jeroboam ben Joash, VT 17 (1967), 266–297. – J. Liver, The Wars of Mesha, King of Moab, PEQ 99 (1967), 14–31. – G. Fohrer, Elia, 1968[2]. – O. H. Steck, Überlieferung und Zeitgeschichte in den Elia-Erzählungen, 1968. – R. W. Corney, The Reigns of Omri and Ahab, An Essay in the Reconstruction of the History of Israel, Diss. Boston 1970. – M. Miller, The Moabite Stone as a Memorial Stela, PEQ 106 (1974), 9–18. – R. Smend, Der biblische und der historische Elia, in: VT Suppl. XXVIII, 1975, 167–184. – J. A. Soggin, Tibni, King of Israel in the First Half of the 9th Century B. C., in: Ders., Old Testament and Oriental Studies, 1975, 50–55. – J. Strange, Joram, King of Israel and Judah, VT 25 (1975), 191–201.

V. Die Zeit der Dynastie Jehu (841–752)

Die Zeit der Dynastie Jehu ist durch zwei Momente gekennzeichnet: 1. Zunächst haben beide Staaten, Nordisrael und Juda, in dieser Zeit ihre tiefste Demütigung durch die Aramäer erlebt; 2. erst in der ersten Hälfte des 8. Jh. v. Chr. wurde der assyrische Druck auf die Aramäer so stark, daß für die israelitischen Staaten die Möglichkeit der Erholung bestand. Es begann eine Zeit neuer Blüte; sie kam jedoch weniger dem alten Israelitentum zugute als vielmehr dem Kanaanäertum, das sich besonders in Nordisrael in starkem Maße durchgesetzt hatte.

1. Umsturz in Israel: Jehu. Im Jahre 841 v. Chr. regierte in Nordisrael Joram, in Juda Ahasja. Joram fühlte sich stark genug, dem von den

Assyrern bedrängten Aramäerstaat von Damaskus den ostjordanischen Bezirk Ramot wieder streitig zu machen. Er hatte zunächst Erfolg und konnte die Stadt Ramot besetzen. Doch dann trat ein neuer Herrscher an die Spitze von Damaskus: Hasael, der seinen Vorgänger Benhadad ermordete. Entsprechend wird er in einer Inschrift Salmanassars III. als „Sohn eines Niemand" bezeichnet, der sich des Thrones bemächtigt habe. Dagegen ist die alttestamentliche Erzählung unwahrscheinlich, nach der der Prophet Elisa dem Hasael zuerst den Gedanken an die Bemächtigung der Königswürde eingegeben haben soll.

Hasael zog sofort mit einem Heer gegen die bei Ramot lagernden Israeliten; in den sich entwickelnden Kämpfen wurde Joram von Nordisrael verwundet. Er mußte sich zur Heilung nach Jesreel begeben und übertrug Jehu die Führung über das Heer. Während seiner Abwesenheit begann der Umsturz im israelitischen Heerlager. Nach der alttestamentlichen Erzählung, deren Kern sicherlich zutrifft, soll ein Prophet im Auftrag Elisas den Jehu im geheimen zum König gesalbt haben. Als die Offiziere diesen fragten, was der „Verrückte" gewollt habe, und er Auskunft gab, wurde er sofort vom Heer als König anerkannt und ausgerufen. Die Zeit war für einen Umsturz reif. Die Dynastie Omri hatte sich dem Volk entfremdet, die Unzufriedenheit scheint weithin geherrscht zu haben. Dies gilt nicht nur für bestimmte Volksschichten, sondern auch für die Hauptstadt und die maßgeblichen Führer des Heeres. Jehu war kühn und rücksichtslos genug, um die Dinge in Gang zu bringen. Dabei macht die am Anfang wichtige Beteiligung prophetischer und konservativer Kreise deutlich, daß es zunächst nicht allein um politische Bestrebungen ging. Für die meisten Beteiligten handelte es sich um eine religiöse und politische Aktion, bei der der politische Umsturz eigentlich nur den religiösen ermöglichen sollte. Jehu selbst dachte freilich anders. Er war rücksichtsloser und brutaler, als seine Helfer glaubten, und riß das weitere Geschehen völlig an sich. Er förderte zwar auch den religiösen Umsturz, doch ging es ihm selbst letztlich um die politische Machtergreifung.

Als erstes entledigte Jehu sich des bisherigen Königs Joram. Dem israelitischen Heerlager erlegte er Stillschweigen auf und fuhr nach Jesreel. Beide Könige fuhren ihm dort entgegen, aber Jehu rief Joram zugleich zu, daß er als Empörer komme und machte ihn nieder. Dasselbe Schicksal ereilte Ahasja von Juda, der bei Joram weilte; er floh, wurde unterwegs verwundet und starb in Megiddo.

Danach begab sich Jehu zum Königspalast, um die Königsmutter Isebel zu töten. Im königlichen Schmuck zeigte sie sich am sog. Erscheinungsfenster, von dem aus der König sich nach ägyptischer Sitte dem Volk zeigte, und bezeichnete Jehu als einen „Simri", einen Königsmörder. Daraufhin wurde sie von zwei ihrer Eunuchen aus dem Fenster gestürzt und von den Pferden Jehus zertreten.

Sodann richtete Jehu zwei Briefe an die Hauptstadt und den Hof. Im ersten teilte er den Tod der beiden Könige mit und überließ es anscheinend den Ministern und Ältesten, einen neuen König vorzuschlagen; sie wagten natürlich nicht, einen anderen als ihn selbst zu nennen. Im zweiten Brief forderte er in versteckter und zweideutiger Art den Tod der in der Hauptstadt lebenden königlichen Prinzen, d. h. der Angehörigen der Königsfamilie. Ihre Köpfe wurden ihm denn auch geschickt, und Jehu schichtete sie vor dem Tor der Stadt Jesreel auf: So sollte jede weitere Auflehnung gegen ihn bestraft werden!

Anschließend begab sich Jehu nach Samaria, um die Herrschaft anzutreten. Dabei suchte er die nationale und religiöse Opposition zu befriedigen, die den Sturz der Dynastie Omri vorbereitet hatte. Er tat dies, indem er die offenkundigen Verehrer des tyrischen Baal zu einer Opferfeier in ihren Tempel lud und sie danach von seinen Truppen niedermachen und das Heiligtum zerstören ließ. Es scheint, daß die Notiz „Er vertilgte den Baal aus Israel" darüber hinaus politische Bedeutung hatte, daß nämlich die Gleichberechtigung der Kanaanäer aufgehoben wurde, die sich vor allem infolge der paritätischen Politik der Dynastie Omri ergeben hatte. Israel sollte wieder ein Volk Jhwhs sein.

Jehu hat den Thron durch Gewalt und Blutvergießen erlangt und gesichert. Zugleich hat er äußerlich den alten Glauben wiederhergestellt und jede Verehrung eines anderen Gottes zum Verbrechen gegen den Staat gestempelt, das mit dem Tode bestraft wurde. Es ist jedoch bezeichnend, daß die frühere religiöse Opposition in dieser Phase des Geschehens nicht mehr in Erscheinung trat. Sie hatte sich von Jehu zurückgezogen und seinen Blutrausch weder beabsichtigt noch gebilligt. Nur wenige Jahrzehnte später erklärte Hosea sogar ausdrücklich, daß Jehu sich schuldig gemacht habe, als er ein Blutbad anrichtete, und daß sein Haus deswegen zur Rechenschaft gezogen werde (Hos 1,4).

Als Vertreter der religiösen Opposition, die Jehu zunächst unterstützt hatte, ist einmal der Prophet Elisa zu nennen. Auch er ist überwiegend aus der Legende bekannt, die seine wahre Gestalt weitgehend verdeckt hat. Immerhin steht fest, daß er am Umsturz Jehus beteiligt war, ja daß er ihn durch die Salbung Jehus mitbewirkt hat. Er hat darin den Widerspruch Elias gegen die kanaanäerfreundliche Dynastie Omri fortgesetzt und den Wechsel heraufbeschworen, ohne jedoch ein Blutbad an Unschuldigen und Unmündigen zu wollen. Neben Elisa ist Jonadab ben Rechab zu erwähnen, der Anführer einer Gruppe von Leuten, die sich im Kulturland zu nomadischem Leben verpflichtet wußten. Daraus entstand in der Folgezeit der Jhwh-Orden der Rechabiten. Dieser Jonadab begegnete Jehu auf seinem Weg von Jesreel nach Samaria und wurde von ihm mitgenommen, damit er Jehus „Eifern für Jhwh" in Samaria sehen könne.

Die Wirren im Zusammenhang mit dem Umsturz in Nordisrael machten es Jehu unmöglich, den Feldzug im Ostjordanland fortzusetzen. Die Stadt Ramot wird Hasael von Damaskus ohne große Anstrengungen zurückerobert haben. Jedoch scheint die Einigkeit der syrischen Herrscher gegenüber Salmanassar III. gesprengt worden zu sein. Als dieser im Jahre 841 v. Chr. einen neuen Feldzug in den Westen unternahm, mußte Hasael ihm allein entgegentreten, wurde geschlagen und sogar in Damaskus belagert:

Hasael vom Lande Damaskus verließ sich auf die Masse seiner Truppen und bot seine Truppen in Menge auf. Den Saniru, eine Bergspitze gegenüber dem Libanon, machte er zu seiner Festung. Ich kämpfte mit ihm und brachte ihm eine Niederlage bei. 6000 seiner Krieger streckte ich mit den Waffen nieder, 1121 seiner Wagen, 470 seiner Kavalleristen mitsamt seinem Troß nahm ich ihm weg. Um sein Leben zu retten, machte er sich davon. Ich verfolgte ihn und schloß ihn in seiner Hauptstadt Damaskus ein. Seine Baumgärten hieb ich nieder. Bis zum Hauran-Gebirge zog ich. Städte ohne Zahl zerstörte, verwüstete und verbrannte ich, Beute machte ich in ihnen ohne Zahl. Bis zum Gebirge Ba'lira'si, einem Vorgebirge, zog ich. Ein Königsbild von mir stellte ich dort auf. Damals empfing ich den Tribut der Tyrer, der Sidonier und des Jehu aus dem Hause Omri.

Jehu und andere phönizische Fürsten sandten also bei dieser Gelegenheit Tribute an Salmanassar. Doch war dieser nicht in der Lage, Damaskus zu unterwerfen, auch nicht in einem weiteren Feldzug, so daß er schließlich von ihm abließ. Sobald wiederum Salmanassar sich aus Syrien zurückgezogen hatte, hatte Hasael von Damaskus wieder freie Hand und ging gegen Nordisrael vor. Er eroberte das ganze israelitische Ostjordanland, so daß Nordisrael fast ein Drittel seines Gebietes einbüßte und Jehus Regierung ruhmlos zu Ende ging.

2. Umsturz in Juda: Atalja und Joas. Mit Joram war Ahasja von Juda durch Jehu ermordet worden. Dies machte sich in Jerusalem die Königsmutter zunutze, um in der herrschenden Verwirrung selbst Königin von Juda zu werden. Sie tötete fast die ganze königliche Familie; nur der kleine Joas wurde von der Frau des Priesters Jojada, einer Schwester des ermordeten Königs, gerettet und verborgen gehalten. Der Grund für das Vorgehen der Atalja ist unbekannt. Sollte es die Antwort auf Jehus Morden in ihrer nordisraelitischen Heimat sein, indem sie in Jerusalem die Dynastie auszurotten suchte? Oder hoffte sie als Königin an Jehu Rache nehmen zu können? Auch aus ihrer Regierungszeit läßt sich darüber nichts entnehmen; jedoch dürfte sie bald gemerkt haben, daß ihre Macht auf tönernen Füßen stand und die Mehrheit der Judäer mit Jehu sympathisierte.

Im Jahre 836 änderte sich das Bild erneut. Auf den Putsch der Atalja folgte auch in Juda ein religiöser und politischer Umsturz. Nachdem Joas sechs Jahre lang verborgen gehalten worden war, wurde er überraschend zum König ausgerufen. Dazu hatte sich Jojada sowohl der königlichen Leibwache versichert, die er im Tempel zusammenzog, als auch der freien und vollberechtigten Judäer. Sie erhoben Joas zum König; Atalja wurde im Palast getötet. Ein Doppelvertrag bildete den Abschluß der Inthronisation. Ein Vertrag wurde zwischen Jhwh einerseits und dem König mit dem Volk andererseits geschlossen; er hatte im wesentlichen den Inhalt, daß die Judäer ein Volk Jhwhs sein wollten. Dazu trat ein Vertrag zwischen König und Volk. Für die Staatsverfassung in Juda ergibt sich daraus, daß sie an erster Stelle über die Staatsreligion handelte, an zweiter offenbar über innenpolitische Fragen. Dem folgte sodann eine Reinigung von allen Baalkulten; auch in Jerusalem wurde der Baaltempel zerstört und sein Priester getötet.

Joas war noch zu jung, um selbst die Regierung führen zu können. Dies besorgte vorerst ein Regentschaftsrat, der offensichtlich vom Priester Jojada geleitet wurde. In ihm waren selbstverständlich auch die freien und vollberechtigten Judäer vertreten. Diese Zusammensetzung des Regentschaftsrates wird einen wichtigen Teil des Vertrags zwischen König und Volk gebildet haben.

Die Jhwh-Verehrung war in Israel und in Juda auf Betreiben der religiösen und nationalen Opposition durch staatliche Anordnung wieder durchgesetzt worden. Dieses Moment staatlicher Anordnung macht deutlich, daß die angestaute religiöse Spannung letzten Endes nicht gelöst worden war. Wie die politischen Spannungen durch die Reichsspaltung von der Innen- auf die Außenpolitik verlagert worden waren, so wurden auch die religiösen Spannungen verlagert. Auf die Periode offenen Kampfes gegen die vom Königtum als gleichberechtigt anerkannte oder gar begünstigte kanaanäische Religion folgte wieder eine Periode, in der sich das langsame und fast unmerkliche Einsickern kanaanäischer Elemente, soweit sie dem Volke lieb und wert waren, in den Jhwh-Glauben vollzog. Die religiösen Spannungen wurden noch mehr als zuvor in das Innere des Jhwh-Glaubens verlegt.

3. Joahas von Israel – Joas von Juda. Diese Zeit brachte die tiefste Demütigung von Nordisrael durch die Aramäer. Unbeschwert vom assyrischen Druck konnte Hasael von Damaskus seine Operationen fortsetzen. Da er das Ostjordanland bereits besaß, fiel er mit Erfolg ins Westjordanland ein. Schließlich durfte Joahas nur noch eine geringe Streitmacht behalten, d. h. er war völlig zum Vasallen der Aramäer geworden und nicht viel mehr als ein Statthalter, der eine kleine Truppe zur Verfügung hat, um die Ordnung aufrechtzuerhalten.

Im Anschluß daran wandte Hasael sich sogar gegen Juda. Er zog in der Küstenebene nach Süden, um gegen Jerusalem zu ziehen. Da sandte ihm Joas alle Weihgeschenke und Schätze aus dem Tempel und erkaufte auf diese Weise seinen Abzug. Dadurch hatte Juda zwar kein Land eingebüßt, aber das Volk wurde mit dem einst bejubelten König unzufrieden; schließlich wurde er getötet.

Aus der vorhergehenden Zeit erfährt man von einer Regierungshandlung des Joas, die zeigt, daß die judäischen Könige sich für berechtigt hielten, über den Tempel zu verfügen. Der König versuchte die Priester zu bestimmen, die Tempelsteuern auch zu Reparaturen am Tempelgebäude zu verwenden. Schließlich wurde so entschieden, daß lediglich das Geld der Schuld- und Sühneopfer in die Hände der Priester gelangte, während das andere unter königlicher Aufsicht gesammelt und zur Tempelreparatur verbraucht werden sollte.

Doch noch zuvor war der Tiefpunkt in der Abhängigkeit von den Aramäern überwunden. Denn der Nachfolger Hasaels, Benhadad II., wurde durch andere Pläne von Nordisrael und Juda abgelenkt. Aus der Inschrift des Königs Zakir von Hamat ist zu erfahren, daß Benhadad diesen im Bund mit anderen syrischen Herrschern angegriffen hat, jedoch geschlagen worden ist. Dies zeigt, daß Benhadad anscheinend weitere Eroberungsabsichten in anderer Richtung hatte. Unter seinem Sohn und Nachfolger (nur als Mari „mein Herr" bekannt) begann für Damaskus wieder die assyrische Gefahr. Adadnirari III. (810–783 v. Chr.) hat Damaskus belagert, das sich nur durch Zahlung eines großen Tributs loskaufen konnte:

Vom Ufer des Euphrat aus unterwarf ich Chatti und ganz Amurru, Tyrus, Sidon, Israel (Omri-Land), Edom und Philistäa bis zum großen Meer im Westen meinen Füßen. Tribut und Abgabe legte ich ihnen auf. Nach dem Lande Damaskus zog ich. Mari, den König des Landes Damaskus, schloß ich in Damaskus, seiner Residenzstadt, ein.

144

4. Joas von Nordisrael – Amazja von Juda. Durch das erneute Vordringen der Assyrer wurde das Aramäerreich von Damaskus so geschwächt, daß Joas von Nordisrael zum Angriff gegen es übergehen und einige Erfolge erringen konnte. Wenigstens im Westjordanland wurde er wieder alleiniger Herr des israelitischen Gebietes und hat so die Verluste des Joahas wieder wettmachen und den Stand der Dinge wie beim Tode Jehus erreichen können.

Die neue Erstarkung von Nordisrael wirkte sich sofort auf sein Verhältnis zu Juda aus. Dort hatte nach der Ermordung des Joas sein Sohn Amazja den Thron bestiegen, die Mörder seines Vaters töten lassen und einen erfolgreichen Zug gegen Edom unternommen. Er hatte dabei den Handelsweg zum Golf von Aqaba wieder freikämpfen können. Dieser Erfolg bewog ihn, das Vasallenverhältnis gegenüber Israel zu lösen und sich für gleichberechtigt zu erklären. Als er auf Verhandlungen mit Joas von Israel nicht einging, kam es zum Bruderkrieg. Das judäische Heer wurde geschlagen, der König gefangen, Jerusalem eingenommen, ein Teil seiner Mauern geschleift und Amazja nur gegen Abgabe aller Schätze und Stellung von Geiseln freigelassen. Das ist die tiefste Demütigung, die Juda von Nordisrael erlebt hat und die nur kurze Zeit nach der tiefsten Demütigung Nordisraels durch die Aramäer liegt.

Mit dieser Niederlage hatte Amazja ausgespielt. Es steht sicher im Zusammenhang damit, daß schon 791 v. Chr. Asarja als Mitregent eingesetzt worden ist. Er wird die Regierung bald allein geführt haben. Amazja erlag erst 768 einer Verschwörung, vor der er vergeblich nach Lachisch floh.

5. Jerobeam II. – Asarja. a) Unter Jerobeam II. setzte sich die Erholung Nordisraels weiter fort, da der assyrische Druck auf Damaskus sich steigerte. Israel erlebte sogar eine neue Zeit der Macht und des Glanzes. Man kann sagen, daß es sich zu einer Macht aufschwang wie nie zuvor.

Der Grund dafür lag in der Auseinandersetzung zwischen Assyrien und Damaskus. Deren Auseinandersetzung hat im ganzen Zeitraum das Schicksal Nordisraels weitgehend bestimmt: Wenn Assyrien Damaskus bedrängte, hatte Israel Ruhe, wenn nicht, bedrängte Damaskus Israel. Nun hatte 773 v. Chr. Assurdan III. von Assyrien Damaskus schwer geschlagen, so daß es wie gelähmt war. Infolgedessen gelang es Jerobeam, das Ostjordanland zurückzuerobern. Anscheinend konnte er die davidisch-salomonische Grenze gegen die Aramäer erreichen. Zugleich damit machte sich die israelitische Überlegenheit auch gegenüber Ammon und Moab geltend. Ohne die Unterstützung der Aramäer waren die Ammoniter den Israeliten nicht gewachsen, so daß Jerobeam dort ebenfalls die alte Ostgrenze wiederherstellte. Das gleiche gilt gegenüber Moab, wo er ebenfalls die israelitischen Gebietsansprüche geltend machte; vielleicht ist es ihm sogar gelungen, die einstige Arnongrenze zu erreichen.

Außer diesen Gebiets- und Machterweiterungen nahm der Handel größeren Umfang an und wuchs der Wohlstand. Man muß vielfach sogar von Wohlleben und Luxus sprechen, vor allem in der Hauptstadt Samaria. Man träumte davon, „der Erstling der Völker" zu sein (Am 6,2). Freilich war dies alles nur eine Scheinblüte. Ihre Voraussetzung war das Übergreifen der assyrischen Macht nach Syrien und die dadurch gegebene Entmächtigung von Damaskus. Für den Weitblickenden mußte dies von unheilvoller Vorbedeutung sein, denn selbstverständlich würde Assyrien sich mit dem Besitz von Damaskus nicht begnügen. So ist es kein Zufall, daß gerade in dieser Zeit Jerobeams II., als Nordisrael auf dem Höhepunkt seiner Macht und Kultur stand, die beiden Propheten Amos und Hosea mit der furchtbaren Botschaft für das in Wohlleben versinkende Volk auftraten: Das Ende ist gekommen, die Frucht von Jehus Tat in Jesreel ist reif zur Ernte!

b) Währenddessen regierte in Juda Asarja, der nach der Ermordung seines Vaters Amazja im Jahre 768 allgemein als König anerkannt worden war. Das Land nahm unter ihm einen glänzenden Aufschwung. Dazu trug vor allem bei, daß Jerobeam II., anders als seine Vorgänger, die Überlegenheit Nordisraels nicht dazu ausnutzte, die Oberherrschaft auch über Juda anzustreben. So wurde Jerusalem neu befestigt und die Bresche in der Mauer geschlossen. Die Handelsstraße nach Süden wurde gesichert und ein lebhafter Transithandel von dort nach Samaria, Tyrus und Sidon getrieben. In der Steppe wurden Wachttürme und Zisternen angelegt, um große Viehherden halten zu können, und in mehreren Städten große königliche Töpfereien errichtet. Schließlich wurde das Heerwesen reorganisiert. So zog auch in Juda noch einmal ein lange entbehrter Wohlstand ein, wie es auch Jesaja und Micha wenige Jahrzehnte später bezeugen. Am Schluß seiner Regierung ist Asarja aussätzig geworden, so daß sein Sohn Jotam für ihn die Regentschaft übernahm.

6. Sacharja. Der langen glücklichen Zeit Jerobeams II. folgte die nur halbjährige Regierung seines Sohnes Sacharja. Er wurde aus unbekannten Gründen von Sallum erschlagen, der wahrscheinlich aus Gilead stammte, wie überhaupt das zurückgewonnene Ostjordanland stark zur Zersetzung des Nordreichs beigetragen hat.

D. D. Luckenbill, Azariah of Judah, AJSL 61 (1925), 217–232. – A. Cody, A New Inscription from Tell al-Rimāḥ and King Jehoash of Israel, CBQ 32 (1970), 325–340. – M. C. Astour, 841 BC.: The First Assyrian Invasion of Israel, JAOS 91 (1971), 383–389. – J. B. Knott, The Jehu Dynasty: An Assessment Based upon Ancient Near Eastern Literature and Archaeology, Diss. Emory University 1971. – Chr. Schmitt, Elisa, 1972. – J. M. Miller, The Fall of the House of Ahab, VT 17 (1967), 307–324.

6. Kapitel: Die israelitischen Staaten während Assyriens Vordringen nach Westen

I. Überblick über den Zeitraum

1. Die neue Lage im Alten Orient. Bald nach dem Sturz der Dynastie Jehu begann sich Assyrien wieder zu rühren. Dort hatte Assurnirari V. friedlich und tatenlos regiert (754–745 v. Chr.); schon unter seinem Vorgänger Assurdan war die Macht Assyriens zurückgegangen. Dies änderte sich plötzlich, als Tiglatpileser III. den Thron bestieg (744–727); er ist einer der größten assyrischen Eroberer gewesen. Mit der Zurückhaltung oder Lässigkeit seiner Vorgänger hat er gebrochen und die assyrische Eroberungstradition aufgenommen, die ihn nach Westen wies. Mit ihm begann die Reihe der zielbewußten assyrischen Könige, die die alten Großmachtpläne endlich verwirklichen wollten und tatsächlich das Assyrerreich von Erfolg zu Erfolg führten.

Tiglatpileser III. mußte sich zuerst gegen das aus dem Hurriterreich hervorgegangene Urartu wenden. Im Jahre 743 stellte er durch den Sieg über es zunächst Assyriens Vormachtstellung am oberen Euphrat wieder her. Dann wandte er sich gegen das Königreich von Arpad in Nordsyrien, das durch Urartu dem assyrischen Einfluß entzogen worden war; dadurch fehlte dem assyrischen Handel der Zugang zum Mittelmeer. In mehreren Feldzügen wurde Arpad zur assyrischen Provinz gemacht. Das gleiche Schicksal erlitt das Reich von Hamat in Syrien, das sich zusammen mit Urartu und Arpad von Assyrien getrennt hatte. Damit war die Machtstellung Assyriens in Syrien weitgehend gesichert.

Aus dieser internationalen Lage zu Beginn des neuen Zeitraums folgte in den nächsten Jahrzehnten für die Israeliten eine noch schwerere Krise als in der Aramäerbedrängnis. Denn mit Tiglatpileser III. begannen die Assyrer ihre Absicht zu verwirklichen, ein Weltreich mit Einschluß Ägyptens zu errichten. Die erste Folge war, daß das ganze syrisch-palästinische Staatensystem aus den Angeln gehoben wurde.

Ihre Erfolge verdankten die Assyrer, abgesehen von der politischen Lage und ihrer geschickten Ausnutzung, vor allem drei Umständen:

a) Der assyrische Staat war als reiner Militärstaat aufgebaut worden, gegründet auf ein Heer aus den einheimischen Hirten und Bauern und aus der Bevölkerung der eroberten Reiche. Es war ein Heer mit glänzender Organisation und guter Ausbildung. Eine Reihe technischer Verbesserungen gaben ihm von vornherein große Vorteile gegenüber den Nachbarn. Anstelle des nur für einen einzelnen Feldzug ausgehobenen Heerbanns wurden allmählich starke Fußtruppen aufgestellt, mit Bogen, Piken und Schwertern bewaffnet, mit eisernen Brustplatten gepanzert und an den Kampf in geschlossener Truppe gewöhnt. Neben den langsamen und schweren Kriegswagen wurden Abteilungen von schwer bewaffneter Kavallerie eingesetzt, die durch ihren wuchtigen Angriff die Schlachtreihe des Feindes auseinanderbrachen und bei der Verfolgung nützlich waren. Ferner wurde die Belagerungstechnik verbessert, da eine befestigte Stadt bis dahin ein außerordentlich großes Hindernis bedeutete. Gewöhnlich konnte sie nicht im Sturm genommen, sondern mußte durch eine lange und mühsame Belagerung zur Übergabe gezwungen werden. Die Assyrer konstruierten mit Hilfe der technischen Kenntnisse ihrer Zeit eine Anzahl verschiedener Belagerungsmaschinen, hauptsächlich Sturmböcke, um die Mauern zum Einsturz zu bringen. Auch die Anlage von unterirdischen Gräben machte die Festungen gegenüber ihren Angriffen oft hilflos.

b) Ferner bildeten die Assyrer den systematischen Terror gegenüber ihren Feinden bis ins äußerste aus. Andere Staaten wie Ägypten nahmen nur in Ausnahmefällen zu solchen brutalen und grausamen Maßnahmen ihre Zuflucht, wie sie in der Politik der assyrischen Eroberer zur Regel wurden. Sie mordeten die gesamte Bevölkerung eroberter Städte und Dörfer aus und folterten die Gefangenen in führender Stellung in entsetzlicher Weise. Die Berichte über die assyrischen Feldzüge zählen mit ermüdender Eintönigkeit die nach jedem Sieg verhängten Strafen auf. Danach scheint es die unabänderliche Gewohnheit der assyrischen Heerführer gewesen zu sein, Menschen zu Hunderten und Tausenden lebendig zu schinden oder zu pfählen, ihnen Beine, Arme, Nasen und Ohren abzuschneiden und die Verstümmelten in Käfige zu sperren. So war es kein Wunder, daß der bloße Name der Assyrer panischen Schrecken verbreitete und daß das Heranrücken ihrer Heere oft starke Reiche oder Städte veranlaßte, um Gnade zu bitten und sich zu unterwerfen. Sogar nach Griechenland gelangte die Kunde von den grausamen Kriegen der Assyrer und von ihrer schweren Herrschaft über die besiegten Völker.

c) Zur Sicherung ihrer Herrschaft in eroberten Gebieten nahmen die Assyrer Deportationen von Teilen der unterworfenen Bevölkerung vor. Es handelte sich um eine politisch-militärische Maßnahme, die die Kraft der besiegten Staaten brechen und ihre Einwohner in das Völkergemisch des Weltreiches einschmelzen sollte. Zumindest seit Tiglatpileser I. sind Deportationen in kleinerem Maßstab bekannt, seit Tiglatpileser III. erfolgten sie als großer Völkeraustausch. Gelegentlich wurden nur das feindliche Heer und die Oberschicht deportiert, manchmal war die gesamte Einwohnerschaft von Städten und Dörfern betroffen, sogar die Sklaven. Von solchen Deportationen und der Neuansiedlung der Deportierten in einem anderen Teil des assyrischen Reiches ist häufig die Rede.

2. Grundzüge und Zeitabschnitte. Von der Ausdehnung der assyrischen Macht wurden im Zusammenhang mit der Auflösung des syrisch-palästinischen Staatensystems auch Israel und Juda betroffen. Am schlimmsten erging es dem Nordreich, das nach dem Sturz der Dynastie Jehu eine Revolution nach der anderen erlebte. Es bildete sich sehr schnell eine antiassyrische Einstellung heraus, und als Folge dessen erlag Israel der Großmacht völlig. Zuerst wurden seine Außengebiete in assyrische Provinzen umgewandelt, danach sein Restbestand.

Die Könige von Juda handelten klüger, indem sie rechtzeitig Vasallen der assyrischen Macht wurden. Damit war freilich eine Beschränkung ihrer Selbständigkeit gegeben; und diese wurde schließlich als so drückend empfunden, daß Hiskia sich zweimal von Assyrien lossagte. Nach glimpflichem Verlauf beim erstenmal verlor er beim zweitenmal die ganze judäische Landschaft. Dabei blieb es allerdings nicht, da sie Juda wieder zurückgegeben wurde. Jedoch war seitdem an der vollen Abhängigkeit von Assyrien nicht mehr zu rütteln, bis das Weltreich überraschend schnell zerfiel.

E. Forrer, Die Provinzeinteilung des assyrischen Reiches, 1921. – W. W. Hallo, From Qarqar to Carchemish: Assyria and Israel in the Light of New Discoveries, BA 23 (1960), 34–61. – W. von Soden, Die Assyrer und der Krieg, Iraq 25 (1963), 131–144. – M. Cogan, Imperialism and Religion: Assyria, Judah and Israel in the Eighth and Seventh Centuries B. C., Diss. Pennsylvania 1971.

II. Der Untergang des Staates Israel (752–722)

1. Sallum, Menachem, Pekachja. Die Dynastie Jehu war durch Sallum gestürzt worden, als er Sacharja nach kurzer Regierung ermordet hatte. Doch er konnte sich seiner Königswürde nicht lange erfreuen. Nachdem er nur einen Monat regiert hatte, wurde er von Menachem aus Tirza beseitigt. Dies war der Beginn der teilweise chaotischen Zustände und des fortschreitenden inneren und äußeren Zerfalls des Reiches Israel, in den besonders der Prophet Hosea Einblick gibt. Dreißig Jahre lang zog sich das langsame Sterben des Staates hin, bis das Ende eintrat.

Menachem hatte es anscheinend nicht leicht, sich im Land Geltung zu verschaffen. In Nordisrael herrschte teilweise ein Bürgerkrieg, in dem nur mehr das Faustrecht galt. Gegen Ende seiner Regierung machte sich bereits Tiglatpileser III. im Westen bemerkbar. Damaskus und Tyrus zahlten Tribut, Menachem mußte sich dem im Jahre 742 anschließen. Tiglatpileser selbst nennt in einer Inschrift Menachem von Israel unter den Tributzahlern.

Tribut empfing ich von Kuschtaschpi von Kommagene, von Razon von Damaskus, Menachem von Samaria, Hiram von Tyrus, Sibittibe'l von Byblos, Urik von Ku'e, Pisiris von Karkemisch, Enil von Hamat, Panammuwa von Sam'al . . .

Der Tribut wurde in Nordisrael durch eine Sondersteuer aufgebracht; es handelt sich um eine Kopfsteuer, bei der jeder Grundbesitzer 50 Schekel bezahlen mußte.

Wahrscheinlich aus der Zeit Menachems stammen Hinweise auf die Verwaltungseinteilung Israels, die auf die Dynastie Omri oder auf die Dynastie Jehu zurückgeht. Es handelt sich um Ostraka, beschriebene Tonscherben, die in Samaria gefunden wurden. Es waren Begleitschreiben zu Wein- und Öllieferungen aus den Weinbergen und Ölbaumpflanzungen, die sich als Krongut im Besitz des Königs befanden. Sie lagen verstreut in der näheren und weiteren Umgebung Samarias. In einem Teil der Ostraka wird der Distrikt angegeben, in dem der königliche Besitz lag. Dabei handelt es sich durchweg um Unterteile des Bezirks Ephraim. Dies bedeutet, daß die Bezirke des israelitischen Staates, die Salomo eingerichtet hatte, wieder in kleinere Distrikte unterteilt worden sind. Auch diese Unterteilung hat genauso wie die Gliederung in Bezirke durch Salomo auf die geschichtlichen Grenzen Rücksicht genommen, die zwischen den Gebieten israelitischer Sippen und ehemaliger Stadtstaaten bestanden hatten.

Auf Menachem folgte sein Sohn Pekachja. Als er erst zwei Jahre regiert hatte, ereignete sich ein neuer Putsch. Pekachjas Adjutant, Pekach, zettelte eine Verschwörung gegen ihn an und ermordete ihn mit Hilfe von 50 Männern aus Gilead in seinem Palast in Samaria.

2. Pekach und der erste assyrische Eingriff in Israel. Pekach schlug eine andere Politik als seine Vorgänger ein; hierin wird wohl der Grund zur Ermordung Pekachjas gelegen haben. Seine beiden Vorgänger hatten eine assurfreundliche Politik befolgt, wenn auch notgedrungen; aber sie hatte nichts eingebracht, vielmehr das Volk und den Staat viel gekostet. Pekach stützte sich nunmehr umgekehrt auf Damaskus, vielleicht mit Ägypten im Hintergrund, und verfolgte eine antiassyrische Richtung. Razon von Damaskus hatte sich Assyrien ebenfalls unterwerfen müssen und suchte mit Pekach eine Koalition der Kleinkönige im Westen zu erreichen, damit man sich mit vereinten Kräften gegen die Gefahr aus dem Osten wehren konnte. Mit diesem Versuch aber begann das Unheil erst recht seinen Lauf zu nehmen.

Der Anstoß ging von Juda aus. Selbstverständlich sollte es sich der Koalition anschließen, jedoch Jotam weigerte sich. Infolgedessen erklärten Israel und Damaskus ihm den Krieg, um ihn gewaltsam dazu zu zwingen; wegen der beiden angreifenden Staaten bezeichnet man ihn als den syrisch-ephraimitischen Krieg. Anscheinend sollte Juda zu einer syrischen oder israelitischen Provinz gemacht werden, zumindest einen nichtdavidischen – vielleicht aramäischen – Herrscher erhalten. Unter Jotams Nachfolger Ahas wurde die Lage gefährlich, da die beiden Verbündeten von Norden her in Juda einrückten. Da entschloß Ahas sich zu einem folgenschweren Schritt, vor dem Jesaja ihn vergeblich warnte (vgl. Jes 7,1–9.10–17). Er übersandte Tiglatpileser einen großen Tribut, erklärte sich zu seinem Vasallen und rief ihn gegen Damaskus und Israel um Hilfe an.

Dem assyrischen König war natürlich daran gelegen, die Koalition der Kleinstaaten noch im Entstehen zu sprengen; aufgrund des judäischen Hilfeersuchens, das ihm einen Rechtsgrund bot, kam er sofort. Schon vorher hatte er im Jahre 734 einen Feldzug unternommen, der ihn nach Phönizien und Palästina geführt hatte. Dabei hatte er zunächst das in Nordsyrien schon errichtete assyrische Provinzialsystem ausgebaut und vergrößert, freilich mehr nebenbei im Zuge der eigentlichen Pläne dieses Feldzugs. Als nächstes hatte er einen kriegerischen Zusammenstoß mit dem Staate Israel, dessen Schauplatz eine der Ebenen am Westrand des Staates gewesen zu sein scheint, am ehesten die von Akko. Natürlich siegte Tiglatpileser; die politische Folge war die Errichtung der assyrischen Provinz Dor, genannt nach ihrer Hauptstadt am Karmel. Sie umfaßte denjenigen Teil der palästinischen Küstenebene, der bis dahin zu Nordisrael gehört hatte, und war die erste assyrische Provinz auf dem Boden Israels. Damit hatte Tiglatpileser sich zunächst begnügt und war durch die Küstenebene südwärts in das Gebiet der philistäischen Stadtstaaten gezogen; dort lag das Hauptziel seines Feldzugs: die Stadt Gaza, der entschiedenste Gegner der Anerkennung der assyrischen Oberhoheit und der eigentliche Herd des Widerstandes in der Küstenebene. Gaza wurde als Vasallenstaat in die Gruppe dieser abhängigen Staaten in den Grenzzonen des Großreiches eingereiht. Danach rückte Tiglatpileser noch weiter südlich bis an die ägyptische Grenze vor, wo er einen Stützpunkt errichtete. Es kam ihm anscheinend darauf an, das ganze palästinische Küstenland unter seine Botmäßigkeit zu bringen und gegen Ägypten abzuschirmen. Der erste Teil seines folgenden Berichts handelt von Nordisrael:

Wie mit Gras füllte ich das Gefilde mit den Leichnamen ihrer Krieger. . . . nebst ihrem Besitz, ihren Rindern, ihrem Kleinvieh, ihren Eseln . . . inmitten seines Palastes . . . ihre Abgabe (?) nahm ich von ihnen in Empfang, ihr Land verkleinerte (?) ich . . . Chanunu von Gaza geriet in Furcht vor meinen starken Waffen und floh nach Ägypten. Gaza . . . Talente Gold, 800 Talente Silber, Leute nebst ihrem Besitz, seine Frau, seine Söhne, seine Töchter, seine Habe, seine

Götter führte ich fort . . . Bilder der großen Götter, meiner Herren, und ein Bild meiner Majestät stellte ich aus Gold her, stellte sie im Palast von Gaza auf und bestimmte sie zu den Göttern ihres Landes . . . legte ich ihnen auf. Jener aber – gleich einem Vogel floh er aus Ägypten . . . Ich brachte ihn an seinen Ort zurück . . . bestimmte ich zu einer Hafenstadt für Assyrien. In der Stadt „Bach Ägyptens" stellte ich ein Bild meiner Majestät her . . . Talente Gold und . . . Talente Silber nahm ich weg und nach Assyrien . . .

Von da aus wird erst recht verständlich, daß Damaskus und Israel sich von einer assyrischen Zange umfaßt und bedroht fühlten und daß ihnen – die fast automatisch als nächste Staaten erobert werden mußten – daran gelegen war, diesem Geschick zu entrinnen. Ebenso ist deutlich, wie wichtig dafür die Mitwirkung Judas sein mußte, dessen Unterwerfung unter Assyrien ja die Umklammerung von Damaskus und Israel nahezu vollendete. Verständlich wird auch die schnelle Reaktion Tiglatpilesers, der den ganzen Südwesten seines Reiches bedroht sehen mußte und daher dem Hilferuf Judas nur zu gern und schnell entsprach. In den Feldzügen der Jahre 733 und 732 suchte er die Verhältnisse entsprechend seinen Plänen zu regeln.

Als erstes nahm er Damaskus ein, ließ Razon töten und die Einwohner deportieren. Das Staatsgebiet wurde in mehrere Provinzen eingeteilt (733–732):

Das ausgedehnte Gebiet von Damaskus in seinem Gesamtumfang, vom Ammana-Gebirge bis nach Gal'za und Abilakka an der Grenze Israels (Haus Omri) gliederte ich dem assyrischen Reiche ein, einen General setzte ich als Statthalter über sie ein.

Ahas begab sich nach Damaskus, um Tiglatpileser zu huldigen, und wurde von ihm auch als Vasall aufgeführt:

Matanbe'l von Arwad, Sanibu von Ammon, Salamanu von Moab, Mitinti von Askalon, Ahas von Juda, Qa'usmalaka von Edom, Musri . . ., Chananu von Gaza. (Es folgt der Katalog der Tributgaben.)

Daneben wandte sich Tiglatpileser im Jahre 733 gegen Nordisrael. Es verlor die Randgebiete im Norden und Osten, so daß nur noch das Gebirge Ephraim übrigblieb und einen abhängigen Vasallenstaat bildete. Die annektierten Gebiete verteilte Tiglatpileser auf zwei neue Provinzen: Er faßte den israelitischen Anteil an Galiläa mit der Jesreelebene zusammen und gab dieser Provinz nach ihrer Hauptstadt den Namen Megiddo. Ferner bildete das israelitische Ostjordanland die Provinz Gilead, wobei der alte Landesname beibehalten wurde.

3. Hosea und der Untergang des Staates Israel. Es ist kein Wunder, daß nach diesem Aderlaß eine neue Revolution ausbrach, diesmal anscheinend seitens der assyrerfreundlichen Richtung. Hosea erschlug Pekach und wurde von Tiglatpileser als Vasallenkönig anerkannt:

Israel (Haus Omri) . . . alle seine Bewohner mit ihrer Habe brachte ich nach Assyrien. Ihren König Pekach stürzten sie, und Hosea setzte ich als König über sie ein. 10 Talente Gold und 100 (?) Talente Silber empfing ich von ihnen als ihre jährliche Abgabe.

Hosea blieb einige Jahre ein getreuer assyrischer Vasall und entrichtete gehorsam den Tribut. Dann aber trat ein neuer Umschwung ein, mit dem das Ende Israels heranrückte. Am Hof kämpften zwei Richtungen um die Macht: eine, die für Unterwerfung unter Assyrien war, und eine andere, die für Selbständigkeit durch politische Verbindung mit Ägypten eintrat. Den Ausschlag im Ringen zwischen beiden gaben Versprechungen des Pharao, Nordisrael zu helfen; daraufhin konnte sich die antiassyrische Partei durchsetzen. Dies zeigte sich sofort, als nach Tiglatpilesers Tod Salmanassar V. den assyrischen Thron bestieg (726–722). Hosea stellte die Tributzahlung ein, wie es häufig bei Thronwechseln geschah.

Dies hatte jedoch schlimme Folgen. Salmanassar ließ ein Heer gegen Samaria rücken, das die strategisch günstig gelegene Stadt drei Jahre lang belagerte (725–723). Schließlich fiel Samaria in die Hand der Assyrer. Der Eroberer war noch Salmanassar:

Am 25. Tebet bestieg Salmanassar in Assyrien den Thron. Die Stadt Samaria zerstörte er. Im fünften Jahre Salmanassars, im Monat Tebet starb (der König). Fünf Jahre hat Salmanassar über Akkad und Assyrien regiert. Am 12. Tebet bestieg Sargon in Assyrien den Thron. Im Monat Nisan bestieg Merodach-Baladan in Babel den Thron.

Aber auch Sargon II. schrieb sich die Einnahme zu:

Die Leute von Samaria, die aus Haß gegen meinen königlichen Vorgänger (?) die Untertänigkeitsbezeugung und das Senden von Tribut . . . eingestellt hatten und Krieg führten – in der Kraft der großen Götter, meiner Herren, kämpfte ich mit ihnen und erbeutete 27280 Leute mit ihren Kriegswagen und die Götter, auf die sie vertrauten. 200 Wagen musterte ich für die königliche Garde aus, die übrigen von ihnen siedelte ich in Assyrien an. Samaria stellte ich größer als zuvor wieder her, und Bewohner von Ländern, die meine Hand erobert hatte, ließ ich darin einziehen. Einen General setzte ich als Statthalter über sie ein und gliederte sie dem Lande Assyrien ein.

Die Oberschicht wurde also deportiert; nach den assyrischen Angaben handelte es sich um fast 28000 Männer. Das Land wurde ebenfalls in eine assyrische Provinz umgewandelt und diese nach ihrer Hauptstadt Samaria genannt; sie wurde von einem assyrischen Statthalter regiert.

Seither ist der Name Samaria, der die Residenzstadt der nordisraelitischen Könige bezeichnet hatte, zugleich der Name der Landschaft des Gebirges Ephraim.

Anstelle der nach Mesopotamien deportierten Israeliten wurde eine fremde Oberschicht angesiedelt. Zunächst handelte es sich um die Oberschicht einiger im Norden unterworfener Stämme, in späteren Jahrzehnten kamen Leute aus Mesopotamien hinzu. Auf diese Weise sollte Samaria eine entnationalisierte zuverlässige Provinz mit verschiedenartigen Bevölkerungsteilen werden, die völlig von der Zentralregierung in Ninive abhängig war.

Trotzdem hat sich die Provinz im Jahre 720 nochmals mit Damaskus, Arwad und anderen an einem großen Aufstand beteiligt, durch den das Reich von Hamat von neuem errichtet werden sollte. Auch der Stadtstaat Gaza und sogar Ägypten unterstützten ihn. Er wurde jedoch grausam niedergeschlagen, sogar Ägypten entrichtete den Assyrern einen Tribut. Juda hat sich anscheinend gänzlich herausgehalten.

Man sollte annehmen, daß mit der Auflösung des israelitischen Staates der Jhwh-Glaube aus dem Lande getilgt worden wäre; aber das war keineswegs der Fall. Die bunt zusammengewürfelte neue Bevölkerung, zu der als arbeitende Unterschicht vor allem die Israeliten gehörten, hat nach wie vor Jhwh als den Landesgott kultisch verehrt. Daneben hat es gewiß an kultischen Einrichtungen der neuen Bevölkerungsgruppen nicht gefehlt, ebensowenig an assyrischen Kulten. Immerhin ist bemerkenswert, daß noch im Jahre 586 Leute aus Sichem, Silo und Samaria zu dem zerstörten Tempel in Jerusalem zogen, um auf einem erhaltenen Altar Jhwh zu opfern (Jer 41).

Das Interesse der neuen Bevölkerung für den Tempel in Jerusalem alarmierte anscheinend die assyrischen Herren und führte zur Wiederbelebung des Jhwh-Kultus im Heiligtum Betel. Während der Belagerung Samarias und der Eroberung des Gebirges war es wahrscheinlich zerstört worden; nunmehr wurde es wenigstens teilweise wiedererrichtet und einer der deportierten Priester zurückgeschickt, um den Kultus in Gang zu bringen. Dieser wurde erst nach der Kultusreform Josias unterbrochen, als Josia infolge des beginnenden Zerfalls des assyrischen Reiches über Juda hinausgreifen konnte. Nach dem Tode Josias scheint Betel wieder von Juda abgetrennt worden zu sein, da es bei der babylonischen Eroberung nicht zerstört worden ist, also nicht mehr zu Juda gehört haben kann. Erst zwischen 555–540 erfolgte eine neue Zerstörung, entweder im Zusammenhang mit einem Aufstand gegen Babylonien oder bei der persischen Eroberung des Landes. Bis dahin war jedenfalls der Jhwh-Kultus in Betel in Blüte.

Die deportierte Oberschicht der Israeliten ist zwar großenteils, aber nicht völlig im Völkergemisch des Assyrerreichs aufgegangen, obwohl ihr die Lebensader durchschnitten war. Einige Reste haben sich lange erhalten, wie Hinweise erkennen lassen. Auch die späteren Hoffnungen Jeremias und Ezechiels auf die Wiedererrichtung von Israel (Jer 30 f.) und die Vereinigung der Reiche Israel und Juda (Ez 37) weisen in diese Richtung.

W. F. Albright, The Original Account of the Fall of Samaria in II Kings, BASOR 174 (1964), 66 f. – H. J. Cook, Pekah, VT 14 (1964), 121–135. – A. F. Rainey, Semantic Parallels to the Samaria Ostraca, PEQ 102 (1970), 45–51.

III. Die Zeit des Ahas und Hiskia: Erhaltung Judas (736–687)

1. Lage und Aussichten Judas. Ahas hatte sich zu Beginn des syrisch-ephraimitischen Krieges dem assyrischen König freiwillig unterworfen und bewährte sich danach als treuer Vasall. Er entrichtete regelmäßig seinen Tribut und führte zum Zeichen seiner Ergebenheit assyrischen Kultus in Jerusalem ein. So ließ der Assyrerherrscher ihn auf seinem Thron, als Samaria eine assyrische Provinz wurde. Auch an dem Aufstand von 720 hat Ahas sich nicht beteiligt. Seine Politik hat sich für seine Zeit bewährt.

Nach der zeitweiligen Förderung des Kultus des tyrischen Baal unter der Dynastie Omri im Nordreich und unter Atalja in Juda wurden nun offiziell fremde Götterkulte aufgenommen; dies geschah als Zeichen der Abhängigkeit von Assyrien im Gefolge der offensichtlich notwendigen Politik. Es ist nutzlos, Ahas deswegen zu verurteilen. Er hatte nur die Wahl zwischen dieser Möglichkeit oder der anderen einer Eingliederung in die assyrischen Provinzen und der Deportation der judäischen Bevölkerung. Ein Vorwurf kann nicht ihn treffen, sondern das machthungrige Assyrien, das ihn vor diese Alternative stellte.

Als Ahas sich in Damaskus aufhielt, um dem assyrischen König zu huldigen, hat er die genaue Beschreibung eines aramäischen Bronzealtars nach Jerusalem geschickt. Es ist jedoch bezeichnend, daß er anordnete, einen derartigen Altar im Tempel lediglich für den königlichen Gebrauch aufzustellen, d. h. nur für den vom Staat einzuführenden assyrischen Kultus. Der salomonische Altar blieb wie bisher in Gebrauch. Auch Ahas dachte also nicht daran, den Jhwh-Kultus durch einen anderen zu ersetzen und mit den Traditionen Jerusalems zu brechen. Im übrigen zeigen der nach aramäischem Muster hergestellte Altar und die Einführung assyrischer Kulte, daß die Zeit der kanaanäischen Kulte zumindest vorerst vorüber war. Maßgebend für Palästina waren nunmehr die aramäische und vor allem die assyrische Kultur.

Obwohl die Politik des Ahas sich bewährt hat, mußte der Untergang des Nordreichs auch Juda gefährden. Darüber konnte man sich kaum hinwegtäuschen, so sehr die Regierung in Jerusalem aufgeatmet haben mochte, als der drohende und häufig überlegene Rivale Nordisrael verschwunden war. Früher aber hatte man andere Kleinstaaten als Puffer zwischen Assyrien und Juda gehabt, vor allem Damaskus und Israel. Dadurch war der Vasallenstaat Juda seinem Oberherrn ziemlich fern gewesen; unmittelbare Anlässe zu Zusammenstößen konnte es nicht geben. Nunmehr hatte der Fall des Nordreichs den judäischen Staat zum unmittelbaren Nachbarn Assyriens gemacht. Das Gebirge Ephraim war eine assyrische Provinz, und wenige Kilometer nördlich von Jerusalem schalteten bereits assyrische Statthalter und Beamte. Dadurch entstand eine gefährliche Lage. Jeder Zusammenstoß mit Assyrien mußte Juda und Jerusalem unmittelbar bedrohen.

So hat denn auch Jesaja klar erkannt und ausgesprochen, daß das assyrische Unheil nicht bei Ephraim stehenbleiben werde. Wenn es dort erst einmal hereingebrochen sei, werde es sich nach Juda hineinwälzen und es überfluten (Jes 8,5–8). Etwas später sah auch der Prophet Micha das Ende Jerusalems nahe und stimmte über es die Totenklage an (Mi 1,2–9).

In der damaligen Lage gab es für die Politik Judas zwei Möglichkeiten. Die eine bestand darin, mit den vereinten Kräften aller noch bestehenden Kleinstaaten im Westen und mit Hilfe Ägyptens und aufrührerischer Elemente in Babylonien dem Vordringen der Assyrer Einhalt zu gebieten und die Vasallität aufzuheben. Die andere Möglichkeit bestand darin, das Geschick auf sich zu nehmen, das das Vordringen Assyriens Juda aufnötigte, d. h. die Selbständigkeit aufzugeben und die assyrische Oberherrschaft zu ertragen. Gegenüber früheren Zeiten war dies eine schwere Einbuße, aber sie ermöglichte es vielleicht, ungefährdet die Zeit zu überstehen, in der Assyrien als Großmacht den Vorderen Orient beherrschte. So dürfte Ahas gedacht haben; Jesaja hat ihn darin unterstützt, wenn auch nicht aus politischen, sondern aus religiösen Gründen: Er deutete Jhwhs Willen mit Juda in dieser Weise.

2. Hiskia und Assyrien. An der Regierung Hiskias fällt sogleich eine neue Aktivität auf. Vor allem betätigte der König sich als Bauherr. Er besserte in Jerusalem die alte Stadtmauer aus und versah sie mit Türmen. Besonders wichtig war, daß er das Wasser der Gichonquelle im Kidrontal, die bisher nur durch einen Schacht auf halber Höhe des Stadtberges zu erreichen war, durch den Siloatunnel in das Innere der Stadt leitete.

Die Arbeiten wurden von zwei Bautrupps ausgeführt, die einander im Gestein entgegenarbeiteten. An der Stelle, an der sie aufeinander trafen und den Durchbruch erzielten, wurde folgende Inschrift angebracht:

Der Durchbruch. Und dies war der Verlauf des Durchbruchs: Als noch [? Ellen Zwischenraum war, hörte man] die Beilhacken, jeder auf den anderen zu; und als noch 3 Ellen zu durchschlagen [waren, hö]rte man die Stimme eines jeden, der den anderen rief, denn es war ein Spalt im Felsen von rechts nach [link]s. Und am Tage des Durchbruchs schlugen die Steinhauer einer dem anderen entgegen, Beilhacke gegen Beilhacke. Da floß das Wasser von der Quelle zum Teich 1200 Ellen weit; und 100 Ellen war die Höhe des Felsens über den Köpfen der Steinhauer.

Durch diese Wasserleitung machte Hiskia Jerusalem für längere Zeit belagerungsfähig. Außerdem gelang es ihm, größere finanzielle Mittel zu beschaffen und die Zeughäuser mit Waffen zu füllen.

Daneben suchte der König aus dem früheren israelitischen Reich an sich zu reißen, was möglich war. Wahrscheinlich hatte schon Ahas ganz Benjamin oder wenigstens einen Teil davon als Belohnung für seine Treue erhalten; auch das Gebiet von Jericho erscheint seither als judäisch. Außerdem hat Hiskia von den Resten der nordisraelitischen Bevölkerung an sich gezogen, was nicht unter assyrischer Herrschaft leben wollte. Ferner scheint zu seiner Zeit in größerem Umfang die frühere nordisraelitische Literatur in Juda gesammelt worden zu sein. Und da Micha von Juda wie selbstverständlich als von „Jakob" oder „Israel" spricht, ist anzunehmen, daß die Judäer sich als Erben und Rechtsnachfolger der Traditionen und Ansprüche Nordisraels hinstellten und deswegen die Ehrennamen des Volkes übernahmen.

Als Folge des Zustroms der nordisraelitischen Bevölkerung scheint Jerusalem zur Zeit Hiskias im Westen erweitert worden zu sein. Nahm man bisher an, daß zu der David- und der Salomostadt später lediglich zwei belanglose Stadtviertel im Norden hinzugekommen seien, so ändert die Entdeckung des Restes einer gewaltigen Stadtmauer auf dem Westhügel – dessen Besiedlung man gewöhnlich erst in späteren Jahrhunderten angesetzt hat – das Bild völlig. Die auf rund 40 m freigelegte Mauer, deren Fundament 7 m dick und teilweise bis zu einer Höhe von 3,30 m erhalten ist, stammt vom Ende des 8. oder Anfang des 7. Jh. v. Chr. So ist nunmehr anzunehmen, daß es um 700 außer der David- und der Salomostadt noch ein großes Wohngebiet mit starken Befestigungen auf dem Westhügel Jerusalems gegeben hat. Wahrscheinlich lagen dort die beiden Stadtviertel, die man früher im Norden vermutete. Damals ist Jerusalem auf das Drei- bis Vierfache seiner Fläche gewachsen. Dies setzt eine geradezu explosionsartige Zunahme der Bevölkerung voraus, die sich nur durch den Zustrom zahlreicher Flüchtlinge aus dem Gebiet des früheren Nordreichs Israel erklären läßt.

Insgesamt ging es unter Hiskia um eine neue nationale Politik und einen nationalen Kulturaufschwung. In diesen Rahmen gehört schließlich die Kultusreform Hiskias, die den jerusalemischen Kultus von allen nichtisraelitischen Elementen säubern sollte, darunter von einem ehernen Schlangenbild (dem Symbol eines Heildämons), den Ascheren und Mazzeben, sicher auch des aramäisch-assyrischen Altars. Mit Sicherheit kann man sagen, daß in Jerusalem der Jhwh-Kultus ohne synkretistische Züge wiederhergestellt wurde. Schwieriger ist die Frage zu beantworten, wie Hiskia sich zu den Heiligtümern außerhalb Jerusalems verhalten hat. Mehrfach ist die Auffassung vertreten worden, daß er sie ganz beseitigt habe wie Josia ein Jahrhundert später. Aber es gibt keine zuverlässige Nachricht darüber; der jetzige Bericht geht auf einen deuteronomistischen Verfasser zurück, der aufgrund der Maßnahmen Josias urteilte. An eine radikale Beseitigung der außerjerusalemischen Heiligtümer kann schwerlich gedacht werden; sogar nach dem Deuteronomium bestanden sie zur Zeit Josias ungestört mit ihren Priesterschaften. Daher ist höchstens eine Reinigung der außerjerusalemischen Heiligtümer von fremden Elementen anzunehmen. Der Sinn der Reform ist jedenfalls klar. Sie zielte einmal auf die Stärkung des nationalen Glaubens hin. Ferner war die Abschaffung fremder Kulte und Bräuche zugleich eine politische Maßnahme wie zuvor ihre Einführung: ein Teilmoment der Loslösung von fremder Herrschaft und des Strebens nach eigener Souveränität.

So vollzog sich unter Hiskia allmählich ein politischer Umschwung. Das Nationalbewußtsein und damit die antiassyrische Neigung wuchsen. Von den beiden Möglichkeiten, die Juda offenstanden, hatte Ahas diejenige der Vasallität gewählt. Hiskia entschloß sich nach und nach zu der anderen: Aufhebung der Vasallität und Selbständigkeit. Die Kultusreform war praktisch schon die Kündigung des Vasallenverhältnisses; bald folgten weitere entscheidende Schritte.

a) Erster Versuch, die Selbständigkeit zu erringen. Im Jahre 720 hatte Sargon unter anderem die Stadt Gaza erobert. Bald nach seinem Abzug aber machten sich in Palästina neue aufrührerische Bewegungen bemerkbar. Sie konzentrierten sich in Asdod, dessen König eine weitreichende Verschwörung anzettelte, wobei er sich auf den ägyptischen Pharao stützen konnte. Außer Edom und Moab schloß sich auch Juda an und verweigerte Assyrien den Tribut.

Jedoch die Hoffnung der Verbündeten auf Ägypten wurde bitter enttäuscht; der ägyptische König wurde von einem Äthiopier entthront, und die Hilfe blieb aus. Als das Heer Sargons im Jahre 712/711 heranzog, war die Sache schon verloren. Asdod und Gat wurden erobert und in das assyrische Provinzsystem eingegliedert. Über den Feldzug gegen Asdod wird berichtet:

Azuri, der König von Asdod, plante Tributverweigerung und schickte an die Könige seiner Umgebung gehässige Briefe über Assyrien. Weil er Böses getan hatte, setzte ich seiner Herrschaft über die Bewohner seines Landes ein Ende; Ahimiti, seinen . . . Bruder, setzte ich als König über sie ein. Die doppelzüngigen „Hetiter" feindeten seine Herrschaft an; den Jamani, der kein Anrecht auf den Thron hatte, und, wie sie selbst, vor keiner Herrschaft Achtung hatte, erhoben sie über sich. In der Erregung meines Herzens unterließ ich es, die Masse meiner Truppen zu mobilisieren und mein Heerlager aufzubieten, sondern zog mit meinen „Helden", die in (Feindes- und) Freundesland nicht von meiner Seite wichen, nach Asdod. Als jener Jamani das Heranziehen meines Feldzugs von ferne hörte, floh er ins Grenzgebiet von Ägypten bei Meluchcha, und sein Aufenthaltsort wurde nicht gefunden. Asdod, Gimtu (Gat?) und Asdod belagerte und eroberte ich. Seine Götter, seine Gattin, seine Söhne und Töchter, Hab und Gut, seinen Palastschatz mitsamt den Bewohnern seines Landes erbeutete ich. Jene Städte reorganisierte (?) ich. Bewohner aus von meiner Hand eroberten Ländern aus . . . des Ostens siedelte ich dort an. Meine Generäle setzte ich als Statthalter über sie ein. Ich rechnete sie zu den Bewohnern Assyriens, und sie trugen mein Joch. Der König von Meluchcha, das inmitten . . ., ein unbetretbarer Ort, ein Weg von . . ., dessen Väter von alters her bis heute an meine königlichen Väter keine Gesandten geschickt hatten, um sich nach ihrem Wohlergehen zu erkundigen – als er von ferne die Macht Assurs, Nabus und Marduks erfuhr, überkam ihn Furcht vor dem Schreckensglanz meiner Majestät, Schrecken ergoß sich über ihn; er legte ihn (d. h. Jamani) in Fesseln, Bande und Ketten von Eisen, und man brachte ihn den weiten Weg nach Assyrien bis vor mich.

Juda entging dem Schicksal von Asdod nur dadurch, daß Hiskia sich schleunigst unterwarf und seinen Tribut entrichtete. Sargon war in Mesopotamien selbst ausreichend beschäftigt und zog wieder ab. Hiskia blieb nunmehr Vasall, solange Sargon lebte.

b) Zweiter Versuch, die Selbständigkeit zu erringen. Als Sargon im Jahre 705 starb, begannen in dem großen Reich wie üblich neue Unruhen. Der Babylonier Merodach-Baladan konnte sich für ein halbes Jahr zum Herrn Babyloniens aufschwingen. Er hatte schon gegen Sargon gekämpft und scheint sein Lebensziel darin erblickt zu haben, Babylonien wieder von Assyrien zu trennen und zu verselbständigen. Mit ihm war der neue assyrische König Sanherib (704–681) zunächst hinreichend beschäftigt. Diese Lage nutzten die westlichen Vasallenstaaten aus und schlossen sich von neuem zu einer großen Koalition zusammen. Die Führung lag vor allem bei Sidon und Askalon, ferner bei Ekron, nachdem dessen assyrerfreundlicher Herrscher gefangengenommen worden war. Auch Hiskia spielte eine tonangebende Rolle. Im Hintergrund stand wiederum Ägypten.

Als Sanherib den Osten unterworfen hatte, machte er sich im Jahre 701 nach dem Westen auf. Im Norden wurde Sidon unterworfen und eine neue assyrische Provinz gegründet. Daraufhin unterwarfen sich sofort viele der Abtrünnigen: Arwad, Byblos, Asdod, Ammon, Moab und Edom. Jedoch Askalon und Juda blieben fest; ihr Selbstvertrauen war erheblich gewachsen. Daher brach Sanherib in das Gebiet von Askalon ein. Zugleich rückte ein ägyptisches Hilfsheer an. Bei Altaku kam es zur Schlacht, in der offenbar Sanherib gesiegt hat. Jedenfalls mußten die Ägypter wieder abziehen, und Sanherib konnte die Küstenebene mitsamt Ekron erobern.

Schließlich war Juda an der Reihe, das am längsten Widerstand geleistet hatte. Von Lachisch aus, das im Südwesten Judas lag, ließ Sanherib seine Truppen durch das Land ziehen. Sie nahmen einen Ort und eine Festung nach der anderen ein, bis lediglich Jerusalem mit dem König übrig war. Allmählich wurde die Lage dort gefährlich. Nicht nur die Flüchtlinge vom Lande verließen die Stadt wieder, auch die Reihen der Truppen lichteten sich durch Desertion bedenklich. Hiskia beschloß endlich, sich wieder zu unterwerfen, und sandte Sanherib ein Huldigungsschreiben mit einem reichen Tribut, für den die letzten Schätze zusammengeholt wurden. Doch scheint dies Sanherib nicht genügt zu haben. Vielleicht wollte er nach assyrischem Brauch bedingungslose Kapitulation, Besetzung Jerusalems, Absetzung und Bestrafung Hiskias. Daher nahm er zwar den Tribut an, ließ Jerusalem aber durch einen Heerführer belagern, wo ihm Hiskia nunmehr Widerstand entgegensetzte. Wider Erwarten kam es zur plötzlichen Rettung. Anscheinend wurde Sanherib in seinen Plänen gestört und mußte seine Truppen schleunigst abziehen. Der Grund dafür ist nicht ganz einsichtig; immerhin ist wohl weniger an den Ausbruch einer Seuche in seinem Heer zu denken, wie die Legende erzählt, als vielmehr daran, daß seine Anwesenheit in Mesopotamien erforderlich war, weil in Babylonien neue Unruhen ausgebrochen waren. Über seinen Feldzug hat Sanherib berichtet:

Auf meinem dritten Feldzug zog ich nach dem Chattiland. Luli, den König von Sidon, warf die Furcht vor dem Glanze meiner Herrschaft nieder, er floh in die Ferne, mitten ins Meer, und verschwand für immer. Die Städte Groß-Sidon,

Klein-Sidon, Bīt-Zitte, Sarepta, Mahaliba, Uschu, Achsib, Akko, seine starken ummauerten Städte, Proviantstädte, seine Festungen, warf die Schrecklichkeit der Waffen meines Herrn Assur nieder, und sie unterwarfen sich meinen Füßen. Etobal setzte ich auf den Königsthron über sie; Tribut und Abgabe für meine Herrschaft legte ich ihm Jahr für Jahr, ohne Unterlaß auf.

Minhimmu von Samsimuruna, Etobal von Sidon, Abdili'ti von Arwad, Urumilki von Byblos, Mitinti von Asdod, Puduilu von Haus Ammon, Kammusun'adbi von Moab, Aiarammu von Edom, alle Könige des Landes Amurru brachten reiche Gaben, ihr schweres Geschenk vierfach vor mich und küßten meine Füße.

Sidqa jedoch, den König von Askalon, der sich meinem Joch nicht unterworfen hatte – die Götter seiner Familie, ihn selbst, seine Frau, seine Töchter, seine Brüder und seine Verwandten führte ich fort und brachte ihn nach Assyrien. Scharruludari, den Sohn des Rukibte, ihren früheren König, setzte ich über die Einwohner von Askalon ein. Die Zahlung von Tribut als Geschenk für meine Herrschaft legte ich ihm auf, und er zog mein Joch.

Im Verlauf meines Feldzugs belagerte, eroberte und plünderte ich Bet-Dagon, Japho, Bene Berak und Azuru, Städte von Sidqa, die sich meinen Füßen nicht schleunigst unterworfen hatten.

Die Statthalter, die Adligen und die Einwohner von Ekron, die ihren König Padi, einen vereidigten Vasallen von Assyrien, in eiserne Ketten gelegt und ihn Hiskia von Juda wie einen Feind übergeben hatten – wegen des Greuels, den sie begangen hatten, geriet ihr Herz in Furcht. Sie verbündeten sich mit den Königen von Ägypten und den Bogenschützen, Wagen und Rossen des Königs von Meluchcha, einer Streitmacht ohne Zahl, und diese kamen ihnen zu Hilfe. Bei Altaku standen sie mir gegenüber in Schlachtordnung und schärften ihre Waffen. Im Vertrauen auf meinen Herrn Assur kämpfte ich mit ihnen und brachte ihnen eine Niederlage bei. Den Befehlshaber der Kriegswagen, die ägyptischen Prinzen und den Befehlshaber der Kriegswagen des Königs von Meluchcha nahm ich mitten in der Schlacht lebend gefangen. Altaku und Timnat belagerte, eroberte und plünderte ich.

Ich näherte mich Ekron. Die Statthalter und Adligen, die Frevel verübt hatten, tötete ich; an die Türme der Stadt hängte ich ihre Leichname. Die Bewohner der Stadt, die Sünde und Frevel begangen hatten, nahm ich gefangen. Die übrigen von ihnen, die keine Sünde und keinen Frevel auf sich geladen hatten und deren Schuld sich nicht herausstellte, sprach ich frei. Ihren König Padi holte ich aus Jerusalem und setzte ihn auf den Herrscherthron über sie. Abgabe an meine Herrschaft legte ich ihm auf.

Hiskia von Juda jedoch, der sich meinem Joch nicht unterworfen hatte – 46 seiner festen ummauerten Städte und die zahllosen kleinen Städte in ihrem Umkreis, belagerte und eroberte ich durch das Anlegen von Belagerungsdämmen, Einsatz von Sturmböcken, Fußsoldatenkampf, Untergrabungen, Breschen und Sturmleitern (?). 200150 Leute, groß und klein, männlich und weiblich, Pferde, Maultiere, Esel, Kamele, Rinder und Kleinvieh ohne Zahl führte ich aus ihnen heraus und rechnete sie zur Beute. Ihn selbst schloß ich gleich einem Käfigvogel in seiner Residenz Jerusalem ein. Schanzen warf ich gegen ihn auf, das Hinausgehen aus seinem Stadttor machte ich ihm unmöglich. Seine Städte, die ich geplündert hatte, trennte ich von seinem Lande ab und gab sie Mitinti, dem König von Asdod, Padi, dem König von Ekron, und Silbel, dem König von Gaza, und verkleinerte so sein Land. Zu dem früheren Tribut ihrer jährlichen Abgabe fügte ich weitere Geschenke als Gabe für meine Herrschaft hinzu und legte sie ihnen auf. Ihn aber, Hiskia, warf die Furcht vor dem Glanz meiner Herrschaft nieder. Die irregulären Truppen und seine Elitetruppen, die er zur Verstärkung seiner Residenz Jerusalem hineingebracht hatte, suchten das Weite. Zusammen mit 30 Talenten Gold, 800 Talenten Silber ließ er erlesenes Antimon, große Karneolsteine, elfenbeinerne Betten, elfenbeinerne Sessel, Elefantenhaut, Elfenbein, Ebenholz, Walnußbaumholz (?), alles mögliche, einen schweren Schatz, sowie seine Töchter, Palastdamen, Sänger und Sängerinnen nach meiner Residenzstadt Ninive hinter mir her bringen. Um eine Abgabe zu übergeben und mir zu huldigen, schickte er seinen Gesandten.

Der Abzug der Assyrer von Jerusalem und die Rettung der Stadt sind von größter Bedeutung geworden. Zunächst war Hiskias Ansehen wiederhergestellt, da er König geblieben war. Ferner wurde die Bedeutung des Jerusalemer Tempels stark gehoben. An ihm, so legte man das Geschehen aus, war der fast allmächtige assyrische König gescheitert und hatte sich fluchtartig zurückziehen müssen. Dort war Jhwhs Heiligtum, dort war man sicher. Vor allem aber wurde Jerusalem nicht zerstört und Juda nicht eine assyrische Provinz. Noch mehr als ein Jahrhundert konnten sie bestehen bleiben, und gerade dieses Jahrhundert hat entscheidend dazu beigetragen, daß auch das babylonische Exil den Jhwh-Glauben nicht mehr auslöschen konnte. Wäre Jerusalem schon im Jahre 701 vernichtet worden, so wäre es den Judäern kaum anders als den Nordisraeliten ergangen: Ihr Hauptteil wäre im Völkergemisch des Großreichs aufgegangen und der Jhwh-Glaube vergessen worden.

Jerusalem war zwar erhalten geblieben, aber in den territorialen Bestand Judas griff Sanherib tief ein. Er teilte die eroberte Landschaft Juda den früheren philistäischen Städten Asdod, Ekron und Gaza – nach einer anderen Fassung der Inschrift auch Askalon – zu und riß damit die Grenze zwischen dem Stadtstaat Jerusalem und dem Stamm bzw. Reich Juda in seiner ursprünglichen Gestalt wieder auf. Nur der Stadtstaat Jerusalem mit einem gewissen Vorgelände im Norden und Süden sollte der Herrschaft Hiskias überlassen bleiben, wenn er seinen Verpflichtungen als assyrischer Vasall nachkam, während das Reich überhaupt aus dem palästinischen Staatensystem entfernt werden sollte.

Damit wurden die älteren, vordavidischen Ansprüche der Philisterstädte auf die Oberhoheit über ihr östliches Hinterland als Teil ihrer als Nachfolger der Ägypter erhobenen Ansprüche auf die Oberhoheit über ganz Palästina befriedigt. Was die Philister damals aus eigener Kraft errungen hatten, wurde wenigstens teilweise, jedoch mit Hilfe des assyrischen Herrschers und natürlich in Abhängigkeit von ihm wiederhergestellt. Beides wurde durch die Schaffung einer besonderen Art von assyrischer Provinz miteinander verbunden. Einerseits hat Sanherib dem oft unruhigen philistäischen Gebiet seine gewohnte staatliche Organisation gelassen, also die Gliederung in Stadtstaaten mit Vasallenfürsten, das Ganze aber als Provinz Asdod unter einem assyrischen Statthalter zusammengefaßt, der demnach ganz Philistäa und das dazugeschlagene Juda zu überwachen hatte. Von da aus erklärt sich die offizielle Einführung assyrischer Kulte in der Landschaft Juda, die erst durch die Reform Josias beseitigt wurden. Wahrscheinlich hat erst Hiskias Sohn und Nachfolger Manasse das abgetrennte Land zurückerlangt; die Änderung war möglich, weil die philistäischen Vasallen mit ihm nur belehnt worden waren. Eine späte Nachwirkung hat der Eingriff Sanheribs jedoch gehabt: Beim ersten Eingriff der Babylonier in Juda (597) haben sie ebenfalls mit der Abtrennung der südlichen Landesteile begonnen und Sanheribs Maßnahmen aufgegriffen.

H. H. Rowley, Hezekiah's Reform and Rebellion, in: Ders., Men of God, 1963, 98–132. – J. Begrich, Der Syrisch-Ephraimitische Krieg und seine weltpolitischen Zusammenhänge, in: Ders., Gesammelte Studien zum Alten Testament, 1964, 99–120. – S. H. Horn, The Chronology of King Hezekiah's Reign, AUSS 2 (1964), 40–52. – Ders., Did Sennacherib Campaign Once or Twice against Hezekiah?, AUSS 4 (1966), 1–28. – F. L. Moriarty, The Chronicler's Account of Hezekiah's Reform, CBQ 27 (1965), 399–406. – B. S. Childs, Isaiah and the Assyrian Crisis, 1967. – J. B. Payne, The Relationship of the Reign of Ahaz to the Accession of Hezekiah, Bibliotheca Sacra 126 (1969), 40–52. – P. Welten, Die Königsstempel, Ein Beitrag zur Militärpolitik Judas unter Hiskia und Josia, 1969. – B. Obed, The Historical Background of the Syro-Ephraimite War Reconsidered, CBQ 34 (1972), 153–165. – M. Broshi, The Expansion of Jerusalem in the Reigns of Hezekiah and Manasseh, IEJ 24 (1974), 21–26. – E. Puech, L'inscription du tunnel de Siloé, RB 81 (1974), 196–214.

IV. Die Zeit Manasses und Amons: Juda unter assyrischer Oberhoheit (686–640)

1. Manasse. Nach dem Scheitern der Politik Hiskias war an der vollen Abhängigkeit Judas von Assyrien bis zum Zerfall des Großreiches nicht mehr zu rütteln. Dieses Bewußtsein bestimmte die Politik Manasses. Während seiner Zeit steigerte sich die Macht Assyriens noch. Auf Sanherib folgte Asarhaddon (680–669 v. Chr.), der zunächst Assyriens Stellung am Mittelmeer sicherte, indem er Tyrus in eine assyrische Provinz umwandelte. Ferner gelang es ihm, in zwei Feldzügen den Pharao Tirhaka aus Ägypten nach Nubien zu verdrängen und das Land bis Theben zu unterwerfen. Auch gegenüber Arabien hatte er Erfolge. Für all diese Kriege mußte Juda Truppen stellen. Als Denkmal der Erfolge Asarhaddons ist eine Stele aus Nordsyrien bekannt, auf der Tirhaka und der König von Tyrus von Asarhaddon wie zwei gebändigte wilde Tiere an einem Strick geführt werden. Ferner sind in einer Inschrift die westlichen Vasallen Asarhaddons aufgeführt, unter ihnen Manasse von Juda.

Ich bot die Könige von Chattiland und von jenseits des (Euphrat)flusses auf: Ba'lu, König von Tyrus, Manasse, König von Juda, Qa'usgabri, König von Edom, Musuri, König von Moab, Silbel, König von Gaza, Metinti, König von Askalon, Ikausu, König von Ekron, Milkiasapa, König von Byblos, Matanba'al, König von Arwad, Abiba'li, König von Samsimuruna, Puduilu, König von Haus Ammon, Achimilki, König von Asdod . . .

Erst in der letzten Regierungszeit Asarhaddons konnte Tirhaka sich wieder in Ägypten festsetzen. Dies veranlaßte den neuen assyrischen Herrscher Assurbanipal (668–626), einen Feldzug nach Ägypten zu unternehmen und ihn zu vertreiben. Als sein Nachfolger wieder bis ins Nildelta vordrang, zog Assurbanipal nochmals gegen Ägypten und konnte sogar die Stadt Theben einnehmen (663) – ein Ereignis, das die damalige Welt erzittern ließ. Es war wohl der größte Triumph des assyrischen Weltreichs.

Aus dieser Machtfülle ergab sich als Politik Manasses selbstverständlich die volle Abhängigkeit von Assyrien. Gegenüber der Haltung Hiskias bedeutete dies einen erneuten Umschwung in die Richtung der Politik des Ahas. Es durfte keinen offiziellen Widerspruch gegen die assyrische Oberhoheit geben; Juda wurde zum gehorsamen Vasallen, der Tribut wurde regelmäßig entrichtet, für die Feldzüge wurden Truppen gestellt. Für Jahrzehnte verschwanden vom Jerusalemer Königshof jede proägyptische und nationale Partei; sofern sie sich regten, war es für Manasse ein Gebot der Selbsterhaltung, sie zu unterdrücken. Der Erfolg blieb nicht aus: Manasse erlangte die im Jahre 701 abgetrennte Landschaft Juda zurück.

Ob Manasse diese Politik bis an sein Ende verfolgt hat, ist nicht klar. Schon bald nach der Eroberung Thebens durch die Assyrer erstarkte Ägypten wieder.

Auf die Dauer konnte dieses Land vom fernen Assyrien aus nicht unterworfen und in Abhängigkeit gehalten werden, zumal Assurbanipal durch Kriege und Aufstände im Osten hinreichend beschäftigt war. So konnte sich in Ägypten Psammetich I. (663–609) allmählich die einzelnen Gaufürsten unterwerfen und die tatsächliche Macht in seiner Hand sammeln. Assurbanipal blieb nichts anderes übrig, als ihn als Vasallen für ganz Ägypten anzuerkennen. Schließlich warf Psammetich um 645 die assyrische Oberhoheit völlig ab. Vielleicht hat dies Manasse bewogen, die eigene Selbständigkeit etwas stärker zu betonen, obschon die Darstellung der Chronik, daß er vom assyrischen Herrscher deswegen gefangengenommen und in Ketten nach Babylon deportiert worden sei (II Chr 33,10 ff.), sicherlich Legende ist. Er blieb stets ein assyrischer Vasall.

Die politische Abhängigkeit von Assyrien hatte die kulturelle und religiöse im Gefolge. Lebte Juda von Assyriens Gnaden, so war es notwendig, den assyrischen Göttern die schuldige Verehrung darzubringen. Daher wurden die assyrischen Kulte offiziell in Jerusalem eingeführt; zugleich wurden die anderen Kulte freigegeben, die Hiskia zurückgedrängt hatte. Die Baale und Astarten sowie die bocksgestaltigen Feldgötter wurden wieder verehrt, die Mazzeben und Ascheren erstanden wieder; für Kinderopfer wurde im Tal Hinnom eine besondere Stätte eingerichtet. Im Jerusalemer Tempel wurde ein Symbol der assyrischen Himmelskönigin Ischtar aufgestellt, ihr zu Ehren die sakrale Prostitution beim Tempel getrieben und dafür sogar ein besonderes Haus gebaut. In den Vorhöfen des Tempels wurden Altäre für die assyrischen Gestirngötter aufgestellt. Für die Prozessionen des Sonnengottes Schamasch wurde ein Thronwagen hergestellt und die Verehrung des dahinsterbenden und wiederauflebenden Gottes Tammuz eingeführt. Dies alles hatte einen religiösen Synkretismus zur Folge, der kaum noch übertroffen werden konnte. Außerdem trat offen zutage, was noch versteckt an heidnischen Vorstellungen und Bräuchen vorhanden war: Zauberei, Totenbefragung, Phalluskult usw. Die Eigenart des Jhwh-Glaubens erstickte fast völlig.

Dieser tiefgehende religiöse Einfluß Assyriens war offensichtlich nur ein Ausschnitt aus einer allgemeineren Erscheinung. Auch auf kulturellem Gebiet schloß Juda sich eng an Assyrien an. Man söhnte sich mit der Vasallenschaft aus und begann, den früheren Feind zu bewundern und nachzuahmen. Die Folge der politischen Abhängigkeit war nicht nur die religiöse Beeinflussung, sondern auch die Übernahme assyrischen Lebens und Denkens, assyrischer Sitte und Kultur.

Ohne Widerstand hat sich dieser Umschwung im gesamten politischen, kulturellen und religiösen Leben freilich nicht vollzogen, da er den Bruch mit der ganzen Vergangenheit in sich schloß. Die Auseinandersetzung mit der kanaanäischen Kultur war im wesentlichen abgeschlossen und das übernommene Gut inzwischen assimiliert worden; dabei hatte sich im Zusammenwirken von Nomadentum, Kanaanäertum und Jhwh-Glaube eine eigentümlich israelitische Lebenshaltung gebildet. Die Abhängigkeit von Assyrien stellte das Volk noch einmal vor ähnliche Probleme wie nach der Landnahme in Palästina: Es traf wieder mit einer überlegenen Zivilisation zusammen, der viele sofort verfallen sind. Unter Josia siegte schließlich die israelitische Daseinshaltung, doch bis zu seiner Zeit blieb der Ausgang des Ringens offen.

Manasse scheint, wo es nötig war, seine Politik mit Gewalt durchgesetzt und jeden Widerstand unerbittlich erstickt zu haben. Nur so ist es zu verstehen, daß die Königsbücher ihm vorwerfen, er habe Ströme unschuldigen Blutes vergossen, so daß Jerusalem wie eine übervolle Schale bis an den Rand mit Blut gefüllt gewesen sei (II Kön 21,16). Die Legende hat auch Jesaja zu den Märtyrern gerechnet. Durch derartige Maßnahmen konnte er die Opposition zwar zum Schweigen bringen, nicht aber zum Abfall von Jhwh. Der Widerstand ging insgeheim weiter. In diesen Jahrzehnten scheinen sich zudem die beiden Hauptströmungen der religiösen Opposition wenigstens teilweise miteinander verbunden zu haben: die Landpriester und die prophetischen Kreise. Beide erblickten den Schaden der Zeit im Abfall von Jhwh. Beide sahen eine stets wachsende Gefahr in dieser Hinsicht in den vielen Heiligtümern im ganzen Lande mit ihren anderen Göttern gewidmeten Altären und Kulten. Wenn sie beseitigt werden könnten, müßte es möglich sein, den Jhwh-Glauben wieder zu Ehren zu bringen. Dann konnte man hoffen, auch die politischen, sozialen und kulturellen Schäden zu heilen. So zeigten sich in grundlegenden Fragen Gemeinsamkeiten, die später zum Erfolg der deuteronomischen Reform führten.

Infolge der Beziehungen zwischen Manasse und Psammetich I. scheint schließlich der Grundstein gelegt worden zu sein für die judäischen Militärkolonien, die seit dem 6. Jh. v. Chr. in Ägypten bekannt sind, vor allem durch die Papyri von Elephantine. Es ist zwar behauptet worden, daß sie erst in der Zeit des Untergangs Jerusalems entstanden seien. Aber die kurz danach mit Jeremia nach Ägypten auswandernden Judäer hatten dort schon solche Kolonien in Migdol, Tachpanches und Memphis, wahrscheinlich auch in Patros in Oberägypten vorgefunden. Sie sind demnach älteren Ursprungs und gehen wahrscheinlich auf die Zeit Manasses zurück, der Untertanen als Söldner nach Ägypten verkauft und dafür unter anderem Pferde eingehandelt hat. Vor allem dürfte es sich um frühere Einwohner des Nordreichs gehandelt haben, die nach Juda geflüchtet waren oder deren Gebiet zu Juda geschlagen worden war. In Ägypten hatten sie militärische Schutzaufgaben, so in Elephantine die Aufgabe, die Südgrenze Ägyptens gegen Angriffe der Äthiopier zu schützen. Auch dort wirkte sich der Einfluß fremder Religionen aus; im Tempel von Elephantine ergab sich ein kanaanäisch beeinflußter Synkretismus.

2. *Amon.* Daß die Ansichten über die einzuschlagende Politik in Juda geteilt waren, zeigte sich bald nach dem Tode Manasses. Denn gegen seinen Nachfolger Amon richtete sich nach zweijähriger Regierung eine Verschwörung, der er zum Opfer fiel: „Die Minister Amons verschworen sich gegen ihn und töteten den König in seinem Palast. Der *ʿäm ha-ʾaräṣ* aber erschlug alle, die sich gegen den König Amon verschworen hatten; dann machten sie seinen Sohn Josia an seiner Statt zum König" (II Kön 21,23 f.). Dieser zweifache Umsturz beruhte auf dem Gegensatz zwischen den Ministern, d. h. den Ministern und den Hofbeamten einerseits, und dem *ʿäm ha-ʾaräṣ*, d. h. den freien und vollberechtigten Judäern auf dem Lande andererseits. Der *ʿäm ha-ʾaräṣ* vereitelte offenbar gewisse Pläne der Minister, als er Josia zum König einsetzte. Josia aber hat später eine neue nationale Politik eingeschlagen, und vom *ʿäm ha-ʾaräṣ* ist bekannt, daß er durchaus national dachte und der davidischen Dynastie treu ergeben war. Daraus lassen sich Rückschlüsse auf das Vorhaben der Minister ziehen. Sie mißtrauten Amon anscheinend und schätzten seine proassyrischen Neigungen nicht hoch ein. Daher beseitigten sie ihn in der Absicht, einen unbedingten Assyrerfreund an seine Stelle zu setzen. Vielleicht haben sie sogar an einen Ausländer gedacht und die davidische Dynastie ganz absetzen wollen; darauf läßt vielleicht die Bestimmung des deuteronomischen Gesetzes schließen, daß der König kein Ausländer sein solle (Dtn 17,14). Diese Bestimmung war nur sinnvoll, wenn bestimmte Kreise die Einsetzung eines Fremden geplant haben. Dies alles bedeutet: Während Ahas und Hiskia Juda erhalten haben, führte unter Manasse und Amon die volle äußere und innere Abhängigkeit von Assyrien Juda in die höchste Gefahr. Glaube und Dynastie waren aufs schwerste bedroht, als die Minister die letzte Folgerung aus der Vasallenstellung Judas ziehen wollten. Nur das Eingreifen des *ʿäm ha-ʾaräṣ* hat dies verhindert.

E. L. Ehrlich, Der Aufenthalt des Königs Manasse in Babylon, ThZ 21 (1965), 281–286. – E. Nielsen, Political Conditions and Cultural Developments in Israel and Judah during the Reign of Manasseh, in: Fourth World Congress of Jewish Studies, Papers, Vol. I, 1967.

7. Kapitel: Juda während des Niedergangs Assyriens und der Herrschaft Babyloniens

I. Überblick über den Zeitraum

Das erste für diesen Zeitraum der Geschichte Judas kennzeichnende Moment ist der zuerst langsame, dann immer schnellere Zerfall des assyrischen Reiches. Angesichts dieses Zerfalls konnte Josia sich mehr und mehr aus dem Vasallenverhältnis lösen und sogar assyrisches Gebiet in seiner Nachbarschaft annektieren. Es scheint, daß er das palästinische Großreich Davids in neuer Form wiederherstellen wollte. Er hat zunächst gute Fortschritte gemacht. Ein dauernder Erfolg hätte seinem Unternehmen aber nur beschieden sein können, wenn die entscheidende Voraussetzung für die politische Schöpfung Davids gegeben gewesen wäre: die Freiheit Palästinas von Einmischungen auswärtiger Mächte.

Dies war jedoch keineswegs der Fall, und daraus ergibt sich das zweite kennzeichnende Moment des Zeitraums. In Wirklichkeit wurde die assyrische Herrschaft lediglich durch eine andere abgelöst. Einer kurzzeitigen Oberhoheit der Ägypter über Syrien-Palästina folgte die stabile Herrschaft des neubabylonischen Reiches. Deswegen mußte Josia scheitern.

Der Staat Juda befand sich danach in erneuter Abhängigkeit, die er freilich nicht mehr unwidersprochen hinnahm. Alle Versuche jedoch, sich aus der Vasallität zu lösen und die Selbständigkeit wiederzuerlangen, verstrickten ihn in größeres Unheil. Den ersten Versuch dieser Art büßte Juda mit der Deportation von König und Oberschicht, den zweiten mit völliger Vernichtung und Umwandlung in eine babylonische Provinz. Damit erreichte die politische Geschichte Israels ihr vorläufiges Ende, auf das für seine Deportierten das babylonische Exil folgte. Unter der Perserherrschaft bestand Juda zwar weiterhin, allerdings im Rahmen des persischen Provinzsystems und nicht als ein selbständiges Staatswesen.

E. Vogt, Die neubabylonische Chronik über die Schlacht bei Karkemisch und die Einnahme von Jerusalem, in: VT Suppl. IV, 1956, 67–96. – D. J. Wiseman, Chronicles of Chaldaean Kings (626–556 B. C.) in the British Museum, 1956. – F. H. Horn, The Babylonian Chronicle and the Ancient Calendar of Judah, AUSS 5 (1967), 12–27. – A. Malamat, The Last Kings of Judah and the Fall of Jerusalem, IEJ 18 (1968), 137–156.

II. Die Zeit Josias (639–609)

1. Die Zeit bis zum Zerfall des assyrischen Reiches. Die Politik Josias und der völlige Umschwung, den sie herbeiführte, ist nur auf dem Hintergrund der gesamten Situation im Vorderen Orient zu verstehen. Sie ist dadurch gekennzeichnet, daß das assyrische Reich den Höhepunkt seiner Macht überschritten hatte und in verhältnismäßig kurzer Zeit völlig zerfiel. Dies begann noch während der Regierung Assurbanipals (668–626 v. Chr.).

Mehrere Gründe waren dafür maßgeblich: Die Assyrer hatten zur Eroberung und Verteidigung ihres Großreichs immer wieder alle Kräfte anspannen müssen. Sie waren dabei allmählich verbraucht worden; vor allem die mehrfachen Aufstände Babyloniens, zuletzt unter dem eigenen Bruder Assurbanipals, hatten sie verzehrt. Der Zeitpunkt war gekommen, in dem sie zur Erhaltung des Reiches nicht mehr genügten. – Von außen wurden immer neue Angriffe gegen Assyrien geführt – an verschiedenen Stellen und von verschiedenen Völkern. Die Abwehr konnte ihrer schließlich nicht mehr Herr werden. – Vielleicht hätte ein überragender Feldherr an der Spitze Assyriens das Verhängnis nochmals aufhalten können. Aber Assurbanipal war kein großer Krieger, sondern eher ein Gelehrter und Künstler. So hatte er Ägypten nicht beim assyrischen Reich halten können. Nachdem Psammetich I. dort die Gaufürsten im Schutz der Assyrer und sozusagen in ihrem Auftrag unterworfen hatte, mußte Assurbanipal hilflos zusehen, wie er das geeinte Ägypten wieder selbständig machte und als politische Macht auf die Bühne führte. Doch dies war erst das Vorspiel zu den mächtigen Völkerbewegungen, die in jenen Jahrzehnten den Vorderen Orient erschütterten und durch deren Gewalt Assyrien zusammenbrach.

Assurbanipal war bald genötigt, gegen Elam zu kämpfen, das Babylonien bedrohte. Bedenklicher war der schon erwähnte Aufstand Babyloniens unter der Führung von Assurbanipals Bruder Schamasch-schum-ukin. Diesem Aufstand schlossen sich andere Teile des Reiches an, so der Norden und vor allem der Westen; selbst Ägypten scheint hineingezogen worden zu sein. Der Aufstand wurde zwar im Jahre 648 blutig niedergeschlagen, aber der assyrische Sieger ging geschwächt aus dem Kampf hervor. Vor allem blieb überall der Eindruck haften, daß selbst gegen dieses Großreich ein erfolgreicher Aufstand möglich sein müsse. Was einmal mißlungen war, konnte ein anderes Mal Erfolg haben. Der erste schwere Schlag gegen Assyrien wurde dann von den Medern geführt. Sie fielen um die Mitte des 7. Jh. von Assyrien ab und begannen ein eigenes Reich zu gründen. Phraortes nahm bereits den Kampf gegen die assyrische Hauptstadt Ninive auf, fiel aber im Kampf um sie (625). Dadurch wurde ein endgültiger Erfolg hinausgeschoben. Außerdem überfluteten indogermanische Stämme von Norden her große Teile des Alten Orients und lockerten das Gefüge des assyrischen Reiches. Schon zur Zeit Asarhaddons waren sie in Bewegung geraten, von den Assyrern aber nach Osten abgedrängt worden. Dort vereinigten sie sich mit den Medern und trugen wesentlich zur Bildung des medischen Staates bei. Unter Assurbanipal machten den Assyrern vor allem die Kimmerer und Skythen zu schaffen. Letztere sollen nach den Angaben Herodots sogar 28 Jahre über Asien geherrscht haben; damit kann höchstens Kleinasien mitsamt dem angrenzenden Gebiet gemeint sein. Sie sollen danach sogar bis Ägypten vorgedrungen sein, doch darf man Berichte solcher Art nicht zu wörtlich nehmen. Immerhin haben auch sie zur Erschütterung der assyrischen Herrschaft beigetragen.

Derartige Erschütterungen Assyriens ließen allmählich erkennen, daß das Weltreich zu wanken begann. Die unterworfenen Völker begannen aufzuatmen. Sie hatten die Selbständigkeit verloren, mußten Tribut zahlen und Truppen stellen. Dahinter stand ständig die assyrische Drohung der Deportation und des Terrors. Fügte man sich, so hatte man zwar ein verhältnismäßig ruhiges Leben, aber infolge des starken assyrischen Einflusses auf alle Lebensgebiete wurden allmählich die nationale Kraft und das nationale Bewußtsein gebrochen. Daher hofften viele Völker auf ein baldiges Ende des assyrischen Reiches und auf eine Zeit neuer Selbständigkeit.

In dieser Zeit, etwa um 630, trat in Jerusalem der Prophet Zephanja auf, der auf die Befreiung Judas wartete. Noch wurden in Jerusalem fremde Götter verehrt. Aber Zephanja kündigte ihren Priestern und Verehrern das Unheil ebenso an wie den Angehörigen des Hofes, die die ausländische Mode mitmachten. Ein furchtbares Gericht sollte der Herrlichkeit Assyriens ein Ende bereiten; es würde zur Wüste und Einöde wie das philistäische Gebiet. Daher galt es, sich der alten Gebote Gottes zu erinnern, damit ein zwar geringes, aber demütiges und gläubiges Volk auf dem Zion wohnen könne und von den schrecklichen Stürmen der Ereignisse verschont bliebe.

Auch Jeremia scheint in diesen ersten Jahren seines Auftretens geahnt zu haben, daß ein großer Umschwung der Dinge in Gang war. Jedoch hatte er die schwersten Befürchtungen für Juda. Er erwartete, daß der Untergang Assyriens und das Aufkommen einer neuen Macht Juda in die größte Gefahr bringen werde. In Verbindung mit der sich anbahnenden weltgeschichtlichen Umwälzung schaute er das Strafgericht über Juda, das eine von Norden kommende Macht vollstrecken sollte. Er wußte noch nicht, wer diese Macht sein werde, aber er sah das Gericht durch einen furchtbaren Krieg vollstreckt. Davor könnte nur die sofortige und radikale Umkehr bewahren. Aber Jeremia kam nach einigen Jahren zu der Erkenntnis, daß alles Mahnen vergeblich war; daher legte er seinen prophetischen Auftrag in die Hände Jhwhs zurück und trat lange Jahre nicht mehr an die Öffentlichkeit (Jer 6,10–11.27–29).

Ebenso waren die beiden Propheten Nahum und Habakuk, die wahrscheinlich am Tempel in Jerusalem tätig waren, von der Ahnung der bevorstehenden welterschütternden Ereignisse und des Untergangs des assyrischen Reiches erfüllt. Die Verkündigung Nahums ist in starkem Maße durch national-religiöse Züge gekennzeichnet und hat offensichtlich die schon in Gang befindliche Loslösung Judas von Assyrien fördern wollen, indem sie den Untergang Ninives als festen und unumstößlichen Beschluß Jhwhs verhieß. So gehörte Nahum zu den nationalen Kreisen, die die politischen und kultischen Maßnahmen Josias gefördert haben. Für Habakuk dagegen war nicht das nationale Element entscheidend; grundlegend für ihn war vielmehr die innere Qual über das ethische Unrecht, das die assyrische Weltmacht anscheinend ungestraft beging, und die daraus folgende Frage nach der Gerechtigkeit Gottes im Weltgeschehen. Doch war er mit Nahum darin einig, daß das Ende Assyriens bevorstand. Ja, er konnte bereits erkennen, daß es durch die Babylonier herbeigeführt werden würde.

2. *Die Reform Josias.* Die Voraussetzungen für die Durchführung und den zeitweiligen Erfolg der als „Reform Josias" bezeichneten Maßnahmen sind in den politischen Verhältnissen jener Jahre begründet. Nach dem Tode Assurbanipals löste sich das assyrische Reich schnell auf. Man erfährt kaum noch etwas von den beiden letzten Königen Ninives, seinen Söhnen Assur-etil-ilani und Sin-schar-iskun. Die bei einem Thronwechsel üblichen Revolten entwickelten sich zu Katastrophen. Der damalige Herrscher der Chaldäer machte sich selbständig und wurde als Nabopolassar der Begründer des neubabylonischen Reiches (626–605). Genauso wie er assyrisches Gebiet an sich zu reißen suchte, meldeten sich die beiden anderen Großmächte Medien und Ägypten. Es galt, eine reiche Erbschaft zu verteilen. Psammetich eignete sich zunächst einen Teil der philistäischen Küstenebene an und erhob damit wieder den alten ägyptischen Anspruch auf Syrien-Palästina.

Der assyrische Druck war von den Kleinstaaten im Westen genommen. Angesichts der Schwäche Assyriens waren sie zeitweilig praktisch ohne Oberherrn; dies galt auch für Juda. So war es verständlich, daß diejenigen Jerusalemer Politiker, die zu Assyrien oder Ägypten neigten, beiseite gedrängt wurden. Es setzten sich die politischen und religiösen Kräfte durch, die als eine Art nationale Freiheitspartei Juda von der Fremdherrschaft befreien wollten; dazu gehörte die Säuberung des Lebens und des Kultus vom fremden Wesen.

Der junge König Josia wurde dafür gewonnen und sagte sich um 622 von Assyrien los – von der assyrischen Herrschaft und der assyrischen Religion, da das erste das zweite einschloß und das zweite ohne das erste nicht denkbar war. Ungeachtet dessen ist es wahrscheinlich, daß die Reform stufenweise in mehreren Jahren durchgeführt worden ist. Zwar handelte es sich um einen einzigen, zusammenhängenden Prozeß, aber er vollzog sich in mehreren Etappen, wobei die Vorlage und Annahme des deuteronomischen Gesetzes den Höhepunkt bildete. Die Reform war insgesamt ein politisches und religiöses Unternehmen. Sie beseitigte im Kultus alles, was sich nicht mit dem Jhwh-Glauben vereinbaren ließ; sie war ferner ein Bekenntnis des Staates zu Jhwh, der allein über sein Volk herrschen sollte. Sie war ihrer Tendenz nach also kultisch und national und in erster Linie antiassyrisch.

Den Höhepunkt der Maßnahmen Josias leitete ein Gesetzbuch ein, das dem König vorgelegt wurde und das im jetzigen Buch Deuteronomium in bearbeiteter Form enthalten ist. Dieses Gesetz, das man als Urdeuteronomium bezeichnet und das wahrscheinlich als Rechtsbuch in Nordisrael entstanden ist, scheint von einer Bewegung bearbeitet und befürwortet worden zu sein, die hauptsächlich von levitischen Landpriestern und prophetischen Kreisen ausging; auch der *'ăm ha-'ǎräṣ* kann in mancher Hinsicht beteiligt gewesen sein.

Der priesterliche Einfluß ist klar, da den Kern des Gesetzes die Regelung des Kultus bildet. Es wird gefordert, daß nur noch ein einziges Heiligtum bestehen soll; dies ist in der judäischen Situation der Tempel in Jerusalem. Ferner sollte der Kultus von allem fremden Wesen gereinigt werden. Es ging also um die Zentralisation und die Reinigung des Kultus. Die erste Forderung der Kultuszentralisation ergab sich aus den Traditionen der Mosezeit, die nur eine Kultstätte kannte, und aus dem Bestreben, den Kultus den unkontrollierbaren Einflüssen auf dem Lande zu entziehen. Daß die Jerusalemer Priester daran nicht beteiligt waren, ergibt sich aus der Erlaubnis, daß die Landpriester nach der Aufhebung ihrer Heiligtümer zum Altardienst in Jerusalem zugelassen werden sollten, während die Jerusalemer Priester dadurch ihre Vorrangstellung und ihr Einkommen gefährdet sahen. Sie haben diese jedoch – wenn auch nur mit Mühe – behaupten können, und die Landpriester wurden entgegen der Bestimmung des Gesetzes in Jerusalem nicht zum Altardienst zugelassen, sondern gewissermaßen degradiert. Nur die niederen Tempeldienste, die bis dahin teilweise sogar von Fremden versehen worden waren, wurden ihnen zugewiesen. Seitdem begann man zwischen Priestern und Leviten stärker zu unterscheiden. Ez 44 erkannte dies einige Jahrzehnte später als richtig und angemessen an und begründete es; noch später führte die Priesterschrift den Unterschied schon auf die Mosezeit zurück.

Neben den Landpriestern sind prophetische Kreise an der Bearbeitung und Durchsetzung des deuteronomischen Gesetzes beteiligt gewesen. Was sie stets gefordert hatten – die Anerkennung der Einzigkeit Jhwhs und die Erfüllung seines Willens –, das wurde in greifbare Sätze und einzelne Bestimmungen gefaßt. Sie sollten zeigen, wie Juda leben müsse, um den göttlichen Willen gehorsam zu befolgen. Der prophetischen Forderung der Gerechtigkeit dienten viele ethische und soziale Vorschriften.

Die Darstellung in II Reg 22–23, die sich weitgehend auf die amtlichen Mitteilungen zu stützen scheint, berichtet über die Auffindung des Gesetzes und die Maßnahmen Josias. Er wendete sich an die Prophetin Hulda, um Jhwh zu befragen, was geschehen solle. Ferner beriet der Kronrat der Ältesten von Juda und Jerusalem, denn durch die Annahme wurde das Gesetzbuch zum Staatsgesetz. Schließlich wurde die Volksversammlung einberufen, die das Gesetz annahm, so daß es Gültigkeit erlangte. Danach wurde zunächst der Tempel in Jerusalem gesäubert. Entfernt oder zerstört wurden die Gegenstände und Geräte assyrischer Kulte, ferner das Höhenheiligtum der Bocksgeister und die Altäre der Gestirngötter auf den Hausdächern. Dann wurden sämtliche Heiligtümer im Lande für unrein erklärt und alle Jhwh-Priester nach Jerusalem befohlen.

Das neue Gesetz, das nach vorheriger Beratung im Kronrat zusammen mit der Volksversammlung zum Staatsgesetz erhoben worden war, behandelte außer Kultuszentralisation, Kultusreinigung und Priesterrecht zahlreiche andere Fragen: Sozialgesetzgebung, Einführung neuer Beamter, Rechte des Königs, Aufstellung des Heeres im Kriegsfall, Behandlung der Feinde, allgemeine Gebote über ethisches Verhalten. Es ist daher zu Recht als die josianische Staatsverfassung bezeichnet worden.

Bezeichnend ist vor allem das Königsrecht. Es setzte fast nur fest, was der König nicht sein und nicht tun sollte: Er sollte kein Ausländer sein, keine vielen Pferde haben, keine Untertanen gegen Pferde nach Ägypten verkaufen, keine vielen Frauen und keine großen Schätze besitzen. Während die erste Bestimmung die Erhaltung der davidischen Dynastie bezweckte, richteten sich die folgenden Bestimmungen gegen eine absolutistische Politik: Verhinderung von Angriffskriegen durch Einschränkung der Reiterei und der Kriegswagen; Verhinderung fremder Einflüsse auf die Politik durch Verschwägerung mit anderen Staaten, daher Einschränkung des ausländischen Harems; Senkung der Steuern durch Einschränkung des Luxus. In der Einschränkung des stehenden Heeres lag dabei kein Pazifismus vor, da demgegenüber das Volksheer betont wurde. In dieser Hinsicht hat sich anscheinend der *ʿam ha-ʾaräs* gegenüber der Hofpolitik durchgesetzt. Insgesamt bedeuteten diese Bestimmungen: Der König des josianischen Gesetzes war nicht der absolute

Herrscher, sondern der an eine Verfassung gebundene Volkskönig. So führte das Königtum von Salomo zu Josia – vom Absolutismus zur konstitutionellen Monarchie. War Israel zuerst dem Glanz orientalischen Königtums erlegen, so hatte sich schon bald die Opposition geregt – teils im Namen der nomadischen Freiheit, teils im Namen des prophetischen Glaubens. Schließlich ist im deuteronomischen Gesetz die Verfassung gegeben und das Königtum durch sie begrenzt worden. Die Goteswirklichkeit war nicht wie sonst mit dem Königtum identisch, sie erschloß sich vielmehr, unabhängig vom Staat, auf der Grundlage lebendigen Glaubens. Daraus folgte, daß alle Israeliten „Brüder" waren; diese Bezeichnung des Deuteronomiums ist bezeichnend. Aus den „Brüdern" stammte der König wie der Bauer und der Prophet, ja auch der judäische Sklave war der „Bruder" seines Herrn. Darin wurde ein Staatsethos spürbar, das wesentlich aus prophetischem Geist genährt war.

3. Erfolg und Ende Josias. Die josianische Reform wurde ein voller Erfolg, und die Jahre nach 622 v. Chr. brachten noch einmal eine glanzvolle Zeit für Juda. Die politische Lage begünstigte dies. Von der drückenden Fremdherrschaft der Assyrer war kaum mehr etwas zu spüren; Juda konnte in Ruhe leben und sich auf allen Lebensgebieten entfalten. Sogar der Traum eines neuen Großreichs schien feste Gestalt anzunehmen. Josia hat es verstanden, sein kleines Reich zunächst im Norden zu erweitern und seinem Staat größere Teile des früheren Nordreichs einzuverleiben. So ist mit der Annexion der Provinz Samaria (des Gebirges Ephraim) und der Jesreelebene zu rechnen. Lediglich in der Stadt Samaria scheint sich die von den Assyrern eingesetzte Oberschicht gegen ihn behauptet zu haben. Weiterer Gebietszuwachs ergibt sich aus den Listen in Jos 15; 18 und 19 über die Gaueinteilung Judas. Für den Süden werden die 12 Bezirke Judas in einer Aufzählung ihrer Ortschaften angeführt. Dazu zählten der unter Hiskia abgetrennte und unter Manasse zurückgewonnene Süden des Landes, der erst später endgültig verlorenging; nördlich von Jerusalem die Orte Betel, Ophra und Jericho, die ursprünglich dem Nordreich Israel angehört hatten und Juda noch vor der Annexion der Provinz Samaria einverleibt worden waren. Im Westen und Nordwesten dehnte sich das Reich Josias bis in das Gebiet des philistäischen Staates Ekron und weiter bis ans Mittelmeer aus. Dazu tritt eine entsprechende Liste für den Norden Palästinas, die anscheinend nur bruchstückhaft erhalten ist, aber doch erkennen läßt, daß Josia sogar nach Galiläa übergreifen und zumindest einzelne Teile der dortigen früheren Stammesgebiete an sich ziehen konnte.

Insgesamt hat Josia im Westjordanland den größten Teil der Landschaften, die einstmals zum Großreich Davids und Salomos gehört hatten, unter seiner Herrschaft vereinigen können. Von kleineren Teilen abgesehen (Stadt Samaria), fehlten eigentlich nur die meisten Philisterstädte. Offensichtlich bestand das letzte Ziel Josias darin, über das Westjordanland hinauszugreifen und beim Zerfall des assyrischen Reiches das davidische Großreich in vollem Umfang wiederherzustellen.

Weitere Maßnahmen Josias hat man aus anderen Listen zu erschließen gesucht, doch läßt sich wirkliche Sicherheit dabei nicht gewinnen.

a) In Jos 21,8–42 liegt eine Liste von Orten mit Leviten als Einwohnern vor, die den Süden des judäischen Gebirges besonders stark berücksichtigt, dagegen weder Nordjuda und den Negeb noch das samarische Gebirge mit der Küstenebene. Diese Lücken zeigen Störungen in der Verteilung der Leviten über das Land, die mit der Reform Josias zusammenhängen können. Denn die Lücken stimmen weitgehend mit dem Geltungsbereich der Maßnahmen überein, die Josia gegenüber dem Kultuspersonal der von ihm beseitigten Heiligtümer außerhalb Jerusalems traf. Die Liste kann also zeigen, daß jene Maßnahmen nicht beendet wurden und ihre Ausführung ins Stocken geriet, bevor das Ziel erreicht war. Die Liste südjudäischer Orte gäbe damit ein Restgebiet an, aus dem die Umsiedlung der Leviten nach Jerusalem nicht mehr gelang.

b) Was mit den anderen Orten Judas, die von Leviten bewohnt gewesen waren, nach deren Umsiedlung geschah, könnte ein Verzeichnis von Festungen in II Chr 11,6–10 zeigen, falls es wirklich aus der Zeit Josias stammt. Jene Ortschaften blieben nicht leer, sondern wurden meist zu Festungen ausgebaut. Josia war nach der langen Abhängigkeit von Assyrien ja genötigt, das gesamte Heerwesen seines Reiches auf- und auszubauen. Dazu gehörte auch die Anlage von Festungen, wobei Josia sich zunächst auf den zentralen Raum des Gebirges Juda beschränkte. Dort setzte er in Ausnutzung der Gegebenheiten nach der Umsiedlung der Leviten an die Stelle des sakralen Rechts ihrer bisherigen Ortschaften das profane Recht seiner Festungen.

Inzwischen trieb das assyrische Reich schnell seinem Ende entgegen, wie die babylonische Chronik über das 10.–17. Regierungsjahr Nabopolassars erkennen läßt. Danach hatte sich Assyrien im Jahre 616 mit Psammetich I. von Ägypten verbündet, um sich der Babylonier erwehren zu können. Dem Pharao wurde dafür offenbar Syrien-Palästina zugesprochen. Doch auch ein assyrisch-ägyptisches Heer vermochte gegen die Babylonier nichts auszurichten. In den Jahren 615 und 614 erfolgten sogar zwei Angriffe der Babylonier und Meder gegen die assyrische Hauptstadt Ninive, jedoch noch ohne Erfolg. Erst im Jahre 612 stürzte das assyrische Reich unter dem vereinten Ansturm der Angreifer zusammen und wurde Ninive erobert. Als Folge dessen schien die völlige Freiheit Judas nur mehr eine Zeitfrage zu sein. Da aber erfolgte die vernichtende Wende, die statt dessen seinen Untergang einleitete.

Bei der Eroberung Ninives war der Assyrer Assuruballit durchgebrochen, hielt sich als neuer assyrischer Herrscher kurze Zeit in Harran, wurde aber im Jahre 610 von dort vertrieben. Daraufhin erneuerte er 609 das Bündnis mit Ägypten, wo Necho II. auf dem Thron saß (609–595). Necho war zur Hilfe bereit, da er im Zusammenhang damit die alten ägyptischen Ansprüche auf Syrien-Palästina geltend machen wollte. Durch den Rest Assyriens konnten sie nicht bedroht werden, wohl aber durch die aufblühenden Reiche der Babylonier und Meder. So galt es für Necho, das Gleichgewicht der Mächte im Norden zu erhalten und dort nicht wieder ein neues Weltreich entstehen zu lassen. Daher griff er ein, um den Rest Assyriens zu unterstützen und ein Übergewicht der neuen Mächte zu verhindern. Dies ist der Zweck seines für Juda folgenschweren Feldzugs von 609. Dieser richtete sich nicht gegen Assyrien, sondern gegen Babylonien und Medien.

Necho zog durch das philistäische Küstengebiet und schwenkte, der alten Heerstraße folgend, bei Megiddo, das vielleicht schon seit Jahren in ägyptischer Hand war und für den Pharao einen wichtigen Stützpunkt bildete, in die Jesreelebene ein, um den kürzesten Weg über den Jordangraben nach Osten zu nehmen. Dort trat Josia ihm mit seinem Heer entgegen. Er unternahm den Versuch, die errungene Freiheit zu behaupten und nicht einfach die assyrische Herrschaft gegen die ägyptische einzutauschen. Dahinter stand die Gewißheit, daß Jhwh nach Josias Reform mit Juda sein werde und daß man seiner Hilfe als Lohn für die Hinwendung zu ihm gewiß sein dürfe. Doch Josias Heer wurde von den Ägyptern geradezu überrannt, er selbst tödlich verwundet: „Er (Necho) tötete ihn bei Megiddo, als er ihn sah" (II Reg 23,29). In Juda herrschte tiefe Trauer. Josia ist ehrlich und aufrichtig beweint worden. Vielleicht spürten viele auch, daß mit seinem Tode eine Epoche des Glücks und Friedens unwiederbringlich dahin war.

A. Bentzen, Die josianische Reform und ihre Voraussetzungen, 1926. – J. Boehmer, König Josias Tod, AR 30 (1933), 199–203. – B. Alfrinc, Die Schlacht bei Megiddo und der Tod des Josia (609), Bibl 15 (1934), 173–184. – R. Borger, Der Aufstieg des neubabylonischen Reiches, JCS 19 (1965), 59–78. – St. B. Frost, The Death of Josiah: A Conspiracy of Silence, JBL 87 (1968), 369–382. – G. Pfeifer, Die Begegnung zwischen Pharao Necho und König Josia bei Megiddo, MIO 15 (1969), 297–307. – L. Rost, Zur Vorgeschichte der Kultusreform des Josia, VT 19 (1969), 113–120. – E. Würthwein, Die Josianische Reform und das

Deuteronomium, ZThK 73 (1976), 395–423. – M. Rose, Bemerkungen zum historischen Fundament des Josia-Bildes in II Reg 22 f., ZAW 89 (1977), 50–63.

III. Die Zeit bis zum Untergang Judas (608–587)

1. Joahas. Während Necho zum Euphrat weitermarschierte, kürte man in Juda einen neuen König. Die freien und vollberechtigten Judäer erhoben Sallum, den jüngsten Sohn Josias, auf den Thron; als König nannte er sich Joahas. Den älteren Sohn Eljakim überging man, wahrscheinlich weil er proägyptisch war. Offenbar hoffte man, die Politik Josias fortsetzen zu können. Aber Necho reagierte schnell. Er belegte Juda mit einer Geldbuße, betrachtete sich also als seinen Oberherrn, ließ Joahas in sein Hauptquartier holen, setzte ihn ab und verbannte ihn nach Ägypten, wo er auch gestorben ist.

2. Jojakim. Anstelle des Joahas setzte Necho den vorher übergangenen Eljakim ein, der sich als König den Namen Jojakim beilegte. Von vornherein war er ein Herrscher von Ägyptens Gnaden, den der Pharao als Vasallen betrachtete. Jojakim hatte sofort einen hohen Tribut zu entrichten, den er durch eine Vermögenssteuer zusammenbrachte. Dafür durfte er wahrscheinlich das ganze Herrschaftsgebiet Josias behalten.

Nunmehr trat der frühere Zustand wieder ein, daß mit der Oberherrschaft eines anderen Staates von neuem fremdes Wesen und fremde Kulte in Jerusalem und Juda ihren Einzug hielten. Dies scheint Jojakim jedoch nicht bedrückt zu haben. Er muß ein brutaler, auf eigene Bereicherung bedachter Herrscher gewesen sein, der vor keinem Mittel zurückschreckte, um seine Ziele zu erreichen. Es war selbstverständlich, daß er eine andere Politik als Josia verfolgen mußte; dazu war er von den Ägyptern ausgewählt worden, so daß man ihm daraus keinen Vorwurf machen kann. Wohl aber kann man ihm die Art vorwerfen, in der er diese Politik verfolgt hat.

Es war klar, daß das deuteronomische Gesetz nicht mehr beachtet wurde, da es dem Geist der neuen Politik widersprach, die durch die Vasallenschaft bestimmt war. Und mit ihr war notwendigerweise die Einführung fremder Kulte und Götter verbunden. Es ist nur nicht ersichtlich, auf welche Weise das deuteronomische Gesetz beiseitegeschoben wurde, ob stillschweigend oder durch förmliche Außerkraftsetzung. Das Volk spaltete sich im Zusammenhang damit in zwei Lager.

Für die einen war die Reform Josias durch den unglücklichen Ausgang der Schlacht von Megiddo zu einem sündhaften Werk gestempelt. Nicht die Kulte Manasses oder Jojakims erschienen als gottlose Neuerung, sondern die Reform Josias. Demgegenüber stützten sich die anderen erst recht auf den Tempel als das einzige, was noch geblieben war. Jerusalem und der Tempel waren ja wieder unversehrt geblieben wie zur Zeit Hiskias; also hatte Jhwh sich nicht von Juda abgewendet, sondern nur ein vorübergehendes Leid zur Prüfung verhängt. Darum durfte man jetzt nicht müde werden, sondern mußte sich erst recht um den Tempel sammeln und den Kultus eifrig ausüben; dann würde Jhwh das Geschick wenden und eine neue Zeit des Heils anbrechen lassen.

Damals fühlte sich auch Jeremia zu neuer Wirksamkeit berufen, da er wieder gegen fremde Kulte samt allem, was in Leben und Politik mit ihnen zusammenhing, zu kämpfen hatte. Noch mehr richtete er sich gegen die leichtfertige Sicherheit, mit der man auf den Tempel Jhwhs baute und darüber das rechte Leben aus dem Glauben vergaß. Dadurch geriet er in schwere Konflikte; vor allem die Priester haben ihn mit ihrem Haß verfolgt, seiner Verkündigung handfeste Prügel entgegengesetzt und ihm schließlich das Betreten des Tempelbezirks verboten.

Inzwischen war die Weltgeschichte im Vorderen Orient weitergegangen. Als Jojakim den Thron bestiegen hatte, stand Necho tief in Syrien, um die Reste der Assyrer zu unterstützen und zugleich seine Ansprüche auf Syrien-Palästina zu verwirklichen. Jedoch beides mißlang ihm. Denn die Babylonier und Meder hatten sich bereits in das Erbe geteilt. Der Meder Kyaxares erhielt Assyrien und den an Kleinasien angrenzenden Norden, der Babylonier Nabopolassar den übrigen mesopotamischen und den syrisch-palästinischen Teil des Assyrerreichs. Diesen mußte er Necho abjagen. Daher kam es notwendig zur Auseinandersetzung zwischen beiden. Dabei zeigte sich bald, daß die schnelle Eroberung Syriens durch die Ägypter und ihre Stellung dort weniger auf ihrer Stärke beruhten als vielmehr auf der Existenz eines assyrischen Reststaates. Dessen Beseitigung hatte die Kräfte der Babylonier und Meder noch beansprucht. Danach konnten die babylonischen Ansprüche auf Syrien-Palästina gegen die Ägypter schnell in die Tat umgesetzt werden.

Schon im Jahre 609 scheint der Feldzug Nechos bei Karkemisch am Euphrat fehlgeschlagen zu sein. Im Jahre 605 folgte seine endgültige Niederlage. Damals siegte Nebukadnezar, der Sohn des erkrankten Nabopolassar.

Im 21. Jahre (= 605) blieb der König von Akkad in seinem Land. Sein ältester Sohn Nebukadnezar, der Kronprinz, bot die Truppen von Akkad auf. Er trat an die Spitze seiner Truppen und zog nach Karkemisch am Ufer des Euphrat. Er überquerte den Fluß, (um) gegen die ägyptischen Truppen, die in Karkemisch lagen, (zu kämpfen). [In einer Feldschlacht] kämpften sie miteinander, und die ägyptischen Truppen zogen sich vor ihm zurück. Er brachte ihnen eine Niederlage bei und vernichtete sie. Die Reste der ägyptischen Truppen, die der Niederlage entronnen waren, so daß keine Waffe sie (mehr) erreichte, holten die Truppen von Akkad im Gebiet von Hamat ein und brachten ihnen eine Niederlage bei; kein einziger Mann [kehrte] in sein Land [zurück]. Damals eroberte Nebukadnezar das ganze Land Chatti.

Damit war Syrien-Palästina für Ägypten endgültig verloren. Necho hat nichts mehr unternommen, um das Gebiet wieder an sich zu reißen. Freilich hat Nebukadnezar seinen Sieg nicht voll ausnutzen können, weil er bald darauf nach Babylonien zurückkehren mußte. Sein Vater war gestorben, und Nebukadnezar mußte sich den Thron sichern (604–562). Für Juda wird durch das Gewicht der neuen babylonischen Macht eine Art formloser Vasallität bestanden haben, die erst später zu einer ausdrücklichen wurde. Vorläufig waren keine tiefgehenden Änderungen nötig.

Diese Lage konnte angesichts der Persönlichkeit Nebukadnezars nur eine Atempause sein, bis er seinen Thron gesichert hatte. Sobald es ihm möglich war, suchte er sich die südlichen Teile seines Reiches, die an Ägypten grenzten, wirklich zu unterwerfen. So unternahm er im Jahre 604 einen Feldzug gegen Askalon und im Jahre 601 einen Feldzug gegen Ägypten.

Im 1. Jahre (= 604), im Monat Siwan, bot Nebukadnezar seine Truppen auf und zog nach dem Lande Chatti. Bis zum Monat Kislew marschierte er als Herrscher durch das Land Chatti. Alle Könige des Landes Chatti erschienen vor ihm, und er nahm ihren schweren Tribut in Empfang. Er zog nach Askalon und eroberte es im Monat Kislew. Seinen König nahm er gefangen, er plünderte und beraubte es und machte die Stadt zu einem Ruinenhügel und zu Ödland. Im Monat Schebat kehrte er nach Babel zurück.

Im 4. Jahre (= 601) bot der König von Akkad seine Truppen auf und zog nach dem Lande Chatti. Durch das Land Chatti marschierte er als Herrscher. Im Monat Kislew trat er an die Spitze seiner Truppen und zog nach Ägypten. Als der König von Ägypten das hörte, bot er seine Truppen auf. In einer Feldschlacht griffen sie einander an und brachten einander eine große Niederlage bei. Der König von Akkad führte seine Truppen nach Babel zurück.

Während eines der Feldzüge kam Nebukadnezar auch nach Jerusalem und forderte von Jojakim den Vasalleneid. Damit war Juda den Babyloniern in aller Form unterworfen wie vorher den Assyrern und Ägyptern. Es handelte sich dabei um das alte Gebiet von Juda und

Jerusalem, während die Landschaft Samaria abgetrennt und eine babylonische Provinz wurde. Aber Jojakim, der den Ägyptern seinen Thron verdankte, neigte mehr zu ihnen hin und fiel nach dreijähriger Vasallenschaft von Nebukadnezar ab. Dieser war zunächst verhindert, den Abtrünnigen sofort zu unterwerfen. Erst im Jahre 598 rückte er mit einem Heer in Palästina ein und zog unter der üblichen Verwüstung des Landes gegen Jerusalem. Noch bevor er es erreichte, starb Jojakim und entging auf diese Weise der Strafe, die ihm sonst gedroht hätte.

3. Jojachin. Ihm folgte sein 18jähriger Sohn, der nur 3 Monate regiert hat. Er glaubte wohl, den Widerstand seines Vaters fortsetzen zu müssen. Darum begann Nebukadnezar mit der Belagerung Jerusalems, zuerst durch seine Heerführer, sodann persönlich. Bevor es zum Sturmangriff kam, ergab sich Jojachin, um das Schlimmste zu verhüten. Jojachin mußte sich als Gefangener Nebukadnezars mit der Königsmutter und dem Hof zum Gegner begeben und wurde nach Babylonien deportiert. Dort hat er in späterer Zeit in der Südburg der Stadt gelebt.

Außer König und Hof wurde im Jahre 597 ein großer Teil der führenden Schicht deportiert, natürlich mitsamt den Familien. Es waren Priester und Propheten, Hofbeamte und Handwerker. Die Zahlen sind allerdings unsicher und lassen sich nicht mehr feststellen. Angesichts der späteren Ereignisse wird man sie nicht zu hoch ansetzen dürfen. Es war Nebukadnezar nicht daran gelegen, das Grenzland nach Ägypten hin zu entvölkern. Er wollte lediglich die Schicht herausholen, die antibabylonisch war, so daß diejenigen übrigblieben, auf die er sich verlassen konnte. Immerhin durften von den führenden Familien nur die wenigen in Jerusalem bleiben, die sich der babylonischen Herrschaft gefügt hatten. Die erste Deportation sollte also vor einem erneuten Abfall abschrecken und die Kraft dazu nehmen.

Im 7. Jahre (= 598), im Monat Kislew, bot der König von Akkad seine Truppen auf und zog nach dem Lande Chatti. Er belagerte die Stadt Judas, eroberte am 2. Adar die Stadt und nahm den König gefangen. Einen König nach seinem Herzen setzte er über sie ein, nahm ihren schweren Tribut mit und brachte ihn nach Babylon.

Man hat Lebensmittellisten eines babylonischen Magazins gefunden, aus dem monatlich Öl und Getreide ausgegeben wurden. Unter den Empfängern wird auch Jojachin genannt. Nach der Menge der zugeteilten Lebensmittel zu urteilen, hat er seine Familie und ein kleines Gefolge bei sich gehabt. Außer ihm werden fünf königliche Prinzen und andere Judäer genannt, die eigene Haushalte führten; es waren durchweg Leute von höherem Rang oder von besonderen

Fertigkeiten. Diese Listen stammen freilich erst aus der Zeit, als Jojachin unter Nebukadnezars Nachfolger Amel Marduk ein besseres Los hatte. Zwei von ihnen lauten:

1 Sutu für [J]a'ukin, König von Ja[chudu], 2¹/₂ Qa für die fünf [Söhn]e des Königs von Ja[chudu], 4 Qa für 8 Judäer.

...

1 Sutu für Jakukinu, den Sohn des Königs von Jakudu,
2¹/₂ Qa für die fünf Söhne des Königs von Jakudu, zu Händen des Qana'a[ma].

4. Zedekia. Der neue König von Nebukadnezars Gnaden war Zedekia, 21 Jahre alt, noch ein Sohn Josias. Er war kein Gewaltmensch und Tyrann wie Jojakim, besaß aber auch nicht genug Kraft und Geschick, um die schwierige Lage zu meistern. Jeremia machte ihm zweifellos Eindruck; Zedekia war guten Willens, mit ihm zusammen das Volk zu führen, doch er war zu schwach. So ließ er sich allmählich in das Lager der nationalen Freiheitsrichtung hinüberziehen und führte sein Volk vollends in den Abgrund. Unheilvoller als die Unfähigkeit der neuen leitenden Beamten, auf die Zedekia angewiesen war, wirkte sich die Tätigkeit der Heilspropheten aus. Sie glaubten, daß Jhwhs Rache an Nebukadnezar nicht lange auf sich warten lassen werde. Dann würden die Deportierten im Triumph zurückkehren, Babylonien aber zugrunde gehen.

Letztlich wollte niemand darauf verzichten, daß Juda wieder selbständig wurde und eine eigene Rolle spielte. Die einen glaubten, daß der Staat dieses Ziel mit Jhwhs Hilfe selbst erreichen könne, die anderen wollten es mit der Hilfe Ägyptens versuchen, das in Palästina gern wieder Einfluß gewonnen hätte und mit Versprechen nicht sparte. Niemand dachte an die nächstliegende Aufgabe: unter babylonischer Herrschaft innere Ordnung zu schaffen und neue Kraft zu gewinnen. Nur Jeremia suchte König und Volk unermüdlich dazu zu bewegen, sich dem Gericht zu beugen und sich unter Verzicht auf nationale Eitelkeit den Babyloniern zu unterstellen.

Inzwischen hatte in Ägypten Psammetich II., den wieder der Besitz Palästinas lockte, den Thron bestiegen (594–589 v. Chr.). Sicherlich hat er nicht mit Hilfeversprechen an die babylonischen Vasallen gespart, und deren Freiheitsgelüste taten ein übriges. Im Jahre 594 griff im südwestlichen Teil des babylonischen Reiches der Versuch einer Aufstandsbewegung um sich, die als Ziel das Abwerfen der babylonischen Herrschaft proklamierte. Nebukadnezars Sieg von 605 und Judas Niederlage von 597 waren ebenso vergessen wie die Rivalitäten der syrischpalästinischen Kleinstaaten untereinander. In Jerusalem kamen die Gesandten aus Edom, Moab, Ammon, Tyrus und Sidon zusammen. Sie wollten den zögernden Zedekia für ihren Plan gewinnen, das Bündnis schließen und den Aufstandsplan festlegen. Anscheinend ist jedoch aus dem allen nichts geworden, da Zedekia sich offensichtlich nicht zur Beteiligung entschließen konnte. Dies dürfte vielleicht teilweise auf das Einwirken Jeremias zurückzuführen sein, der lange Zeit mit einem Joch um den Hals umherging und dazu mahnte: Tut eure Hälse unter das Joch des Königs von Babel, dann werdet ihr am Leben bleiben (Jer 27)!

Zedekia beeilte sich, eine Gesandtschaft nach Babylon zu senden, die Nebukadnezar unterrichten und ihn selbst entlasten sollte. Sie sollte über die Vorgänge in Jerusalem berichten und Nebukadnezar der Treue Zedekias versichern. Jeremia wurde es gestattet, der Gesandtschaft einen Brief an die Deportierten mitzugeben. Auch zu ihnen war die Nachricht von dem geplanten Aufstand gedrungen, auch dort waren nationale Heilspropheten am Werk. Jeremia dagegen forderte sie auf: Baut Häuser, legt Gärten an und gründet Familien, d. h. richtet euch auf einen langen Aufenthalt in Babylonien ein und gebt die Hoffnung auf baldige Heimkehr auf.

In der Folgezeit verstärkte sich der Druck Ägyptens auf Jerusalem, Psammetich II. unternahm im Jahre 591 sogar einen Feldzug nach Palästina – wohl um seinen Anspruch darauf zu erneuern. Dieser Druck und die nationale Leidenschaft der Heilspropheten waren auf die Dauer stärker als der Einfluß Jeremias. Der schwache und nachgiebige Zedekia ließ sich von ihnen und den Ereignissen treiben.

Die entscheidende Phase begann, als in Ägypten Hophra (Apries) zur Regierung kam (589–568). In einem großen Unternehmen suchte er Nebukadnezar den Westen seines Reiches zu entreißen. Die phönizischen Städte scheint er durch einen Feldzug zum Anschluß gezwungen zu haben. Daraufhin gab es in Jerusalem kein Halten mehr. Zedekia brach im Jahre 589 den Babyloniern den Treueid und schloß sich dem Pharao an; andere Kleinstaaten dürften dem gefolgt sein. Dies alles mußte Nebukadnezar zu schnellem Handeln veranlassen. Er konnte nicht warten und die Ägypter festen Fuß fassen lassen. So begann er noch im gleichen Jahre den Feldzug gegen Ägypten und die abtrünnigen Vasallen. Von Ribla aus sandte er eine Heeresgruppe gegen Tyrus, eine andere unter Nebusaradan gegen Jerusalem, das eingeschlossen wurde. Danach nahm Nebusaradan erst die kleinen judäischen Festungen ein und besetzte das Land. Vom Januar 589 bis zum August 587 wurde Jerusalem belagert, freilich mit einer Unterbrechung. Noch im Jahre 589 rückte ein ägyptisches Heer zum Entsatz Jerusalems an, so daß die

Belagerung zunächst aufgehoben werden mußte. Demnach schien sich die Meinung der Heilspropheten zu bestätigen: Jhwh ließ Jerusalem nicht im Stich! Desto furchtbarer wurde die Enttäuschung: Die Babylonier schlugen das ägyptische Heer, das sich schleunigst nach Ägypten zurückzog; ein zweites erschien nicht mehr. Danach begann die Belagerung Jerusalems von neuem. Nach längerer Belagerung wurde die erste Bresche in die Stadtmauer geschlagen und bald darauf die Stadt eingenommen. Nachdem sie wochenlang den plündernden Scharen der Soldaten preisgegeben worden war, wurde sie mit Palast und Tempel in Brand gesteckt, die Stadtmauer wurde geschleift. Was von den Tempelgeräten noch übrig war, wurde weggeschleppt. Der Rest der Oberschicht wurde zum größten Teil mit denjenigen, die vorher zu den Babyloniern übergelaufen waren, nach Babylonien deportiert. Nur einen Rest – vor allem die Unterschicht – ließen die Sieger zurück, damit das Land nicht verödete.

Zedekia hatte die Stadt im letzten Augenblick verlassen können, die Belagerungskette durchbrochen und die Flucht ins Ostjordanland begonnen. Bei Jericho wurde er eingefangen und in Ribla mit den Führern des Volkes abgeurteilt. Als letztes Bild mußte er sehen, wie seine Söhne hingerichtet wurden; dann wurde er geblendet und in Ketten nach Babylon geschleppt.

Jeremia erhielt auf Anordnung Nebukadnezars volle Freiheit. Der von ihm beauftragte Feldherr holte ihn selbst aus den Reihen der zur Deportation Bestimmten heraus, unter die er geraten war. Doch Jeremia hat alle Anerkennung ebenso wie eine gastliche Aufnahme in Babylonien abgelehnt. Er wollte im Lande bleiben, um mit den Zurückbleibenden das harte Los zu teilen, das ihnen in dem verwüsteten und unsicheren Lande bevorstand.

W. F. Albright, A Brief History of Judah from the Days of Josiah to Alexander the Great, BA 9 (1946), 1–16. – A. Malamat, The Last Wars of the Kingdom of Judah, JNES 9 (1950), 218–227. – Ders., A New Record of Nebuchadrezzar's Palestinian Campaigns, IEJ 6 (1956), 246–256. – Ders., The Last Kings of Judah and the Fall of Jerusalem, IEJ 18 (1968), 137–156. – J. P. Hyatt, New Light on Nebuchadnezzar and Judaean History, JBL 75 (1956), 277–284. – E. Vogt, Die neubabylonische Chronik über die Schlacht bei Karkemisch und die Einnahme von Jerusalem, in: VT Suppl. IV, 1957, 67–97. – E. Kutsch, Zur Chronologie der letzten judäischen Könige, ZAW 71 (1959), 270–274. – Ders., Das Jahr der Katastrophe: 587, Bibl 55 (1974), 520–545. – M. Noth, Die Katastrophe von Jerusalem im Jahre 587 v. Chr., in: Ders., Gesammelte Studien zum Alten Testament, 1960², 346–371. – Ders., Die Einnahme von Jerusalem im Jahre 597 v. Chr., in: Ders., Aufsätze zur biblischen Landes- und Altertumskunde, I 1971,

111–132. – E. Lipiński, The Egyptian-Babylonian War of the Winter 601–600 B. C., AION NS 22 (1972), 235–241.

IV. Die Zeit unmittelbar nach dem Untergang Judas

1. Die Statthalterschaft Gedaljas. Juda war im Kampf zwischen Babylonien und Ägypten wie zwischen zwei Mühlsteinen zerrieben worden. Im Machtbereich dieser Großstaaten waren die Kleinstaaten nicht mehr lebensfähig. Sie mußten nach und nach in dem Provinzialsystem einer Großmacht aufgehen und beschleunigten diesen Prozeß meist selbst durch eine unrealistische Politik, die an den Tatsachen scheitern mußte.

Die Babylonier haben gewisse territoriale Änderungen in Juda vorgenommen. Sie hatten schon nach dem ersten Eingriff den südlichen Teil Judas bis nördlich von Hebron abgetrennt und den Edomitern überlassen. Nun war ihnen auch der Rest Judas zugefallen, von dem sie vielleicht nochmals den Südteil abgetrennt haben, so daß wie im Jahre 701 nur das Gebiet des Stadtstaats Jerusalem mit Umgebung übrigblieb. Das vorgelagerte Hügelland wurde zur Provinz Asdod geschlagen.

Welche politische Regelung die Babylonier für den Rest von Juda mit und um Jerusalem getroffen haben, ist nicht klar ersichtlich. Oft nimmt man an, daß sie aus diesem Gebiet keine eigene Provinz gemacht und es auch nicht einer anderen Provinz zugeteilt, sondern es statt dessen dem Statthalter der Nachbarprovinz Samaria als ein besonderes Gebiet unterstellt und es durch einen „Kommissar" hätten verwalten lassen. Diese provisorische Regelung hätten später die Perser übernommen, bis Artaxerxes I. Juda zu einer Provinz erhoben und Nehemia als ersten Statthalter nach Jerusalem entsandt hätte. Doch ist die Beurteilung der persischen Zeit durch neue Funde in Frage gestellt worden, die auf Statthalter einer Provinz Juda schon in der Zeit vor Nehemia schließen lassen. Wenn es sich aber so verhält, dann fragt es sich, ob denn die Perser nach ihrem Sieg über die Babylonier erst eine Provinz Juda eingerichtet und sie nicht vielmehr von den Babyloniern übernommen haben, wie es mit den übrigen Provinzen der Fall war. Dann ist für die Zeit nach dem Untergang des babylonischen Vasallenstaates Juda mit der Errichtung einer Provinz Juda mit einem eigenen Statthalter zu rechnen. Nur in einer Hinsicht sind die Babylonier anders als sonst verfahren: Sie haben in dieser Provinz anscheinend keine neue landfremde Oberschicht eingesetzt.

Zum Statthalter der Provinz Juda mit weitreichenden Vollmachten zur Befriedung der zurückgelassenen Bevölkerung wurde Gedalja bestimmt, der seinen Amtssitz in Mizpa nahm. Mizpa sollte die Keimzelle einer neuen Ordnung für den „Rest Judas" werden. Die erste wichtige Maßnahme Gedaljas war eine Amnestie für die noch im Lande umherstreifenden Trupps judäischer Soldaten. Sie sollten sich im Lande ansiedeln und die Ernte einbringen. Die meisten folgten dem Aufruf. So begann sich bald wieder ein geordnetes Gemeinwesen zu bilden, das eine Anziehungskraft auf alle ausübte, die durch den Krieg aus der Bahn geworfen waren.

Diese friedliche Entwicklung wurde jedoch jäh unterbrochen. Der König der Ammoniter hatte mit dem nur schwach besiedelten Juda seine eigenen Pläne, und die Bildung eines neuen Gemeinwesens störte sie erheblich. Er fand in Ismael, der wohl einer Nebenlinie der davidischen Dynastie angehörte, ein williges Werkzeug und erreichte, daß er Gedalja während eines Gastmahls in Mizpa ermordete. Anschließend machte Ismael sich auf die Flucht nach Ammon, verfolgt von den durch Gedalja angesiedelten Truppenführern mit ihren Leuten. Diese wußten, was für sie auf dem Spiele stand. Es gelang ihnen aber lediglich, Ismael seine Beute abzujagen, er selbst entkam.

2. Die Auswanderung nach Ägypten. Die Verwirrung und das Entsetzen nach diesem Schlag waren groß. Man befürchtete, daß die Babylonier die Judäer für die Ermordung Gedaljas zur Rechenschaft ziehen würden. In Panikstimmung faßten die Truppenführer mit ihren Leuten darum den Beschluß, nach Ägypten zu fliehen, und zogen gleich bis in die Nähe von Betlehem, der damaligen Landesgrenze. Zunächst wurden die meisten zwischen der Furcht vor den Babyloniern und der Liebe zur Heimat hin- und hergerissen. In dieser Lage entschloß man sich, durch Jeremia ein Orakel einzuholen. Aber als Jeremia dieses 10 Tage später verkündigte, war die Sache schon entschieden. Die Angst vor den Babyloniern und die Propaganda für die Auswanderung hatten ihre Wirkung getan. Die Warnung Jeremias vor der Auswanderung nützte nichts mehr, der Entschluß zur Flucht war gefaßt. Jeremia und Baruch mußten mitziehen.

3. Die Situation. Nach dem Ende des Nordreiches Israel war im Jahre 587 das Ende des Staates Juda eingetreten. Doch wenn auch der Staat untergegangen war, das Volk hat ihn überlebt, zunächst sogar auf nichtpalästinischem Boden. Der Grund dafür, die erhaltende Kraft und das einigende Band für dieses Volk, war der Jhwh-Glaube. Die verschiedenen Ausprägungen, die er erhalten hatte und im Laufe der Zeit noch erhalten wird, bedeuteten seither nicht mehr zugleich tiefe religiöse Spannungen, sondern nur mehr verschiedene Akzentsetzungen. Jedenfalls bedeutet das Jahr 587 v. Chr. den tiefsten Einschnitt im Leben Israels. Was darauf folgt, ist in einem anderen Sinn als zuvor „Geschichte Israels", nämlich die Geschichte eines Volkes mit starker religiöser Grundlage unter fremder Herrschaft.

V. Die exilische Zeit

1. Die Verhältnisse in Palästina. Über die politische Lage und Entwicklung in Palästina nach 587/86 v. Chr. ist wenig Sicheres bekannt. Immerhin läßt sich soviel sagen, daß das Land nach der Flucht der Judäer nach Ägypten längst nicht entvölkert war. Jedoch ist die Zahl der Zurückgebliebenen so gut wie gar nicht zu schätzen; selbst für ungefähre Angaben sind die zur Verfügung stehenden Unterlagen und Zahlenangaben zu spärlich und ungenau. Zu gering darf man die Zahl freilich nicht ansetzen, sonst hätte Ezechiel ihnen nicht das Wort in den Mund legen können: „Wir sind viele, uns ist das Land zum Besitz gegeben" (Ez 33, 24). Dies besagt zumindest, daß sie zahlenmäßig stärker als die Deportierten waren.

Zu den zurückgebliebenen Judäern drängten volks- und landfremde Elemente in das judäische Gebiet hinein, um das herrenlos gewordene Acker- und Weideland in Besitz zu nehmen. Dies war dadurch ermöglicht, daß Nebukadnezar keine neue Oberschicht angesiedelt hatte, wie es sonst üblich war. Im Süden hatten die Edomiter schon 597 einen Teil Judas erhalten, der später die Bezeichnung Idumäa erhielt; in der Folgezeit unternahmen sie Raub- und Beutezüge bis nach Jerusalem. Auch die Ammoniter suchten sich im judäischen Gebiet festzusetzen; auf ihre Versprechungen hin hatte Ismael schon Gedalja ermordet. Für die nächsten Jahrzehnte ist daher mit ammonitischer Einwanderung und Siedlung im Westjordanland zu rechnen. Ihre eigentlichen Ziele konnten die Ammoniter allerdings wegen der babylonischen Herrschaft nicht erreichen. Keine Einwanderung, jedenfalls nicht in nennenswertem Umfang, ist aus der Provinz Samaria und der Küstenebene erfolgt; dort reichte der Platz aus, und die Lebensverhältnisse waren besser als in Juda.

Die Grenzen Judas lassen sich einigermaßen sicher feststellen. Im Osten blieb es bei der durch den Jordan und das Tote Meer gegebenen natürlichen Grenze; auch Jericho blieb bei Juda. Im Süden hatten die Edomiter einen Teil des Landes erhalten; vielleicht wurde auch das Stammland Juda abgetrennt. Im Westen wurde der Rand des Berglandes wieder zur Grenze, so daß Gebietsteile im Süden und Norden der Küstenebene verloren gingen. Auch gegenüber der Provinz Samaria wurde wahrscheinlich die alte südliche Grenze wiederhergestellt, da Betel später als selbständige Gemeinde gegenüber Jerusalem auftritt und die Residenz eines hohen Verwaltungsbeamten ist.

Hinsichtlich der Lebensverhältnisse in Palästina spricht der archäologische Befund für eine ausgedehnte Verwüstung Judas bei der babylonischen Eroberung. Die Zerstörung der Ortschaften ist sehr gründlich erfolgt, und der Neuaufbau ging langsam und schleppend vor sich. Archäologische Überreste aus exilischer Zeit sind kaum bekannt; für diese Zeit ist Juda archäologisch eine tabula rasa.

Das städtische Leben hatte ebenso aufgehört wie Großgrundbesitz und Handel. Das Land beherbergte hauptsächlich Kleinbauern und Viehzüchter. Die Erträge, soweit sie nicht für den eigenen Lebensunterhalt notwendig waren, mußten an die Babylonier abgeführt werden. Die Bauern hausten kümmerlich in den niedergebrannten und entvölkerten Landstädten und Dörfern, in denen sie sich notdürftig einrichteten. Auch in Jerusalem lebten noch Menschen. Der Palast- und Tempelkomplex sowie die großen Häuser waren zerstört, die Mauern weitgehend geschleift. Nur in kleinen Hütten und Häuschen, die man nicht der Vernichtung für wert befunden hatte oder die die Leute notdürftig wiederhergestellt hatten, konnten sich Menschen niederlassen. Daß nach Jer 41 80 Männer aus Sichem, Silo und Samaria in Trauergewändern mit Opfergaben nach Jerusalem ziehen wollten, zeigt, daß ein Altar vorhanden war, auf dem man Opfer darbringen konnte. Ebenso ergibt sich aus dem Buch der Klagelieder, daß dort gottesdienstliche Zusammenkünfte stattfanden. Einige Priester und andere Bewohner waren also sicher vorhanden.

Wie die Wohnmöglichkeiten waren die gesamten Lebensverhältnisse schlecht und schwer. Viele Äcker waren verwüstet, der Viehbestand war fast völlig vernichtet, ein großer Teil des Baumbestandes abgehauen. Dazu kam ein drückendes Steuersystem, durch das anscheinend sogar die Benutzung von Brunnen und Zisternen besteuert wurde, sowie ein harter Frondienst, von dem niemand verschont blieb. Dabei fehlte es jedoch an Schutz seitens der Eroberer, so daß das Land Raubüberfällen wehrlos preisgegeben war. Nicht einmal in den Ortschaften konnte man sich verteidigen, da meist die Stadtmauern fehlten. Das einzig Günstige war, daß das Land für ein halbes Jahrhundert von jedem wirklichen Krieg verschont blieb. Als Folge dessen hat sich gegen Ende des Exils trotz der babylonischen Ausbeutung und der räuberischen Einfälle an manchen Stellen wahrscheinlich wieder ein bescheidener Wohlstand gebildet. Allerdings konnte er mit dem Reichtum eines Teils der Deportierten kaum konkurrieren. Man kann daher mit Recht fragen, ob die Lebensverhältnisse der Deportierten aufs Ganze gesehen nicht doch besser waren als diejenigen der Zurückgebliebenen.

Es kann kein Zweifel daran bestehen, daß unter den zurückgebliebenen Judäern mancherlei fremde Kulte verbreitet waren, erst recht natürlich bei den eingewanderten Ausländern. Durch die Katastrophe des Untergangs von Juda und Jerusalem waren die schützenden Dämme um den Jhwh-Glauben durchbrochen worden, so daß von allen Seiten her fremde Religionen ins Land strömen konnten. Die Mehrzahl der Einwohner Judas huldigte zweifellos einer Mischreligion. Der Jhwh-Glaube wurde nicht aufgegeben, Jhwh blieb der Landesgott; aber er war doch nur ein Gott neben anderen, die ebenfalls verehrt wurden.

Am nächstliegenden war das Aufleben der früheren Lokalkulte, die durch den Jerusalemer Tempel in den Hintergrund gedrängt worden waren. So setzte sich die frühere Volksreligion wieder durch, die mehr kanaanäische als israelitische Züge trug. Dazu traten magische Praktiken und niedere Winkelkulte. Verstärkt wurde das durch den Einfluß der in Samarien schon bestehenden Mischreligion, die gleichfalls durch das Kanaanäertum bestimmt war, ferner durch das Eindringen der ostjordanischen Kulte, die wenig anderes als lokale Umgestaltungen kanaanäischer Kulte darstellten. Der Jhwh von Juda hat sich in dieser Zeit wohl nur wenig von dem Jhwh von Samaria, von dem Kamosch der Moabiter und dem Milkom der Ammoniter unterschieden. Daneben wurden babylonische Kulte ausgeübt. Der Gestirndienst, der Kult des Himmelsheers, war schon nach dem Ende Josias wieder in Juda aufgenommen worden. Die nach Ägypten ausgewanderten Frauen rühmten gegenüber Jeremia, daß nur der Kultus der Himmelskönigin, d. h. der Göttin Ischtar, sie vor Hunger und Verderben bewahrt habe. Solche Kulte des Siegerstaates haben nach 587/86 erst recht unter der Bevölkerung Judas Anhänger gefunden. Gleiches gilt für die Verehrung des Tammuz, des babylonischen Vegetationsgottes, den Ez 8 ausdrücklich nennt.

Trotz dieser Mischreligion scheint der reine Jhwh-Glaube nicht ausgestorben zu sein, wenn er wohl auch auf einen kleinen Kreis beschränkt war. So kommt in Klgl 1 und 5 nicht nur der Schmerz über den

Untergang Judas zum Ausdruck, sondern auch die klare Erkenntnis über die Ursache der Katastrophe; es zeigen sich eine Einsicht in die eigene Schuld und eine Reue, die dem alten Jhwh-Glauben entsprechen: Jerusalem ist zum Gespött geworden, weil es gesündigt hat. Jhwh ist nicht ungerecht gewesen, denn es hat ihm getrotzt, obwohl er es gewarnt hat. Daneben steht psalmartig die Bitte, Jhwh möge sie, die so schwer Gestraften, nicht ganz vergessen, sondern sie zu sich umkehren lassen und ihnen ein neues Dasein schenken. Demnach zeigt sich in Palästina wie bei den Deportierten, daß der Jhwh-Glaube in Juda so fest verwurzelt war, daß selbst eine Katastrophe wie der Untergang von Juda und Jerusalem ihn nicht ausrotten konnte.

2. Die Lage der Deportierten. Zweimal war ein beachtlicher Teil der Judäer, insbesondere die ältere und die neuere Oberschicht, nach Babylonien deportiert worden und lebte dort im Exil. Dies bedeutete freilich nicht, daß die Deportierten gefangen oder eingekerkert gewesen wären oder daß sie schwere Sklavenarbeit hätten verrichten müssen und daher in wenigen Ruhestunden weinend und klagend an den Kanälen Babyloniens gesessen hätten (Ps 137). Gewiß hat es manche gegeben, die eingekerkert wurden – aber nicht als Deportierte, sondern wegen antibabylonischer Umtriebe. Es hat auch andere gegeben, die Sklavenarbeit verrichtet haben – dies jedoch nur, weil sie nicht in der Lage waren, sich ihren Lebensunterhalt zu verdienen. Der Mehrzahl der Deportierten ging es nicht schlecht; denn eine Deportation bezweckte die Umsiedlung einer Oberschicht in eine andere Provinz des Großreichs, damit ein zum Aufruhr neigendes Volk durch die Entfernung seiner Oberschicht und gegebenenfalls ihre Ersetzung durch eine neue unter die Kontrolle der Zentralregierung kam und möglichst im Völkergemisch des Großreichs aufging.

Die judäischen Deportierten befanden sich dabei in einer besonderen Lage. Sie wurden nicht, wie sonst üblich, als neue Oberschicht in eine andere Provinz des Reiches versetzt, die ebenfalls vor kurzem erobert und ihrer eigenen Oberschicht beraubt gewesen wäre. Vielmehr wurden die Judäer in Babylonien selbst geschlossen an Orten angesiedelt, die Neugründungen und nicht Mittelpunkte größerer Bezirke waren. Es handelt sich in ihrem Fall eigentlich um eine Internierung außerhalb der Heimat und in der Nähe der Zentralregierung.

Die Lage der Judäer war unter den einzelnen babylonischen Herrschern verschieden. Nebukadnezar hatte eine feste Hand und verfolgte die Ziele seiner Politik gleichmäßig und stetig. Sein Nachfolger Amel

Marduk (561–559 v. Chr.) war judäerfreundlich; er schenkte Jojachin nach langer Haft die Freiheit. Die Folge war eine größere Bewegungsfreiheit für die Deportierten und eine größere Rücksichtnahme seitens der babylonischen Behörden. Ihr früherer König hatte ja einen Ehrenplatz an der Tafel des babylonischen Königs erhalten. Demgegenüber folgte Neriglissar (Nergalsarezer, 559–555 v. Chr.) wieder der Politik Nebukadnezars; dies zog für die Deportierten eine gewisse Verschlechterung ihrer Lage nach sich, wenn auch Jojachin seine Freiheit behielt. In dieser Zeit begann die Schwächung des babylonischen Reiches – im Inneren durch Spannungen und Spaltungen, durch steigenden Luxus und Nachlassen der kriegerischen Haltung, von außen durch die Meder, die sich allmählich zu Feinden Babyloniens entwickelten. Nach der kurzen Regierung des Labaschi Marduk folgte der letzte babylonische König Nabonid (555–539 v. Chr.), unter dessen unbeständiger und schwankender Regierung die Krise wuchs. Er begünstigte zunächst den Perser Kyros, um sich der Meder zu erwehren. Als Kyros dann die Meder niedergeworfen und ein eigenes Reich gegründet hatte, suchte er Unterstützung bei dem lydischen König Krösos. Aber Krösos erreichte nur eine unentschiedene Schlacht und zog sich wieder zurück. Da wagte Kyros den Zug nach Kleinasien, schlug die Lyder und nahm Krösos gefangen. Ein neues Zeitalter kündigte sich damit an. Angesichts dieser Lage ist mit kleineren Aufständen und lokalen Revolten der deportierten Gruppen innerhalb des babylonischen Reiches zu rechnen, auf die natürlich babylonische Gegenmaßnahmen folgten. Im einzelnen lassen sich gewisse Unterschiede im Schicksal der Deportierten unter den verschiedenen babylonischen Herrschern annehmen. Aufs Ganze gesehen lassen sich die Lebensverhältnisse als konstant betrachten und in ihren Grundlinien erkennen.

Die judäischen Deportierten waren in mehreren Ortschaften angesiedelt. Eine von ihnen trug den Namen Tel Abib, herzuleiten vom babylonischen *til abûbu* „Fluthügel"; es handelt sich also um eine verlassene Ortschaft, die nach allgemeinem Glauben durch die große Flut zerstört worden war. Sie erwachte zu neuem Leben, zumal Wasser in der Nähe war: ein vom Euphrat abzweigender Kanal, der *nar kabari* (Ezechiel: Kebar). So ist die hebräische Umbenennung des Ortes in „Ährenhügel" verständlich. Andere Siedlungsorte waren Tel Melach „Salzhügel" und Tel Harscha „Pflughügel". Es hat sich wahrscheinlich stets um Ortschaften gehandelt, um die herum Ackerland gewonnen bzw. wiedergewonnen werden sollte.

Eine nicht unwesentliche Rolle haben in diesen Ortschaften die Ältesten gespielt. Daß sie maßgebende Träger der Selbstverwaltung der Deportierten gewesen seien, ist freilich nicht beweisbar. Denn selbstverständlich gab es in den Ortschaften babylonische Kommissare und galt die babylonische Gerichtsbarkeit. Ob sich die Babylonier auch um die inneren Angelegenheiten der Deportierten gekümmert haben, ist nicht ersichtlich; auf jeden Fall haben die bisherigen führenden Schichten nicht wieder neue Macht und neuen Einfluß gewinnen sollen. Daher griff man auf die Ältesten der früheren Sippenordnung zurück; sie haben vor allem religiöse und soziale Funktionen besessen, in kleinerem Umfang auch juristische und politische. An sie richtete Jeremia seinen Brief, in dem er eine veränderte Einstellung zu den Fragen des täglichen Lebens und zu den Babyloniern empfahl (Jer 29). Sie haben Ezechiel aufgesucht, um ihn über ihr Schicksal und die Möglichkeit der Jhwh-Verehrung zu befragen (Ez 14, 1–11; 20, 1–32).

Es ist ferner wichtig, daß zwischen Einheimischen und Deportierten kein rechtlicher Unterschied gemacht wurde. Die Abgaben, die die Deportierten zu entrichten hatten, und der Frondienst, zu dem sie herangezogen wurden, lasteten auf allen Untertanen des Reiches. Die Deportierten konnten sich Häuser bauen, Handel treiben und sogar einen anderen Wohnsitz suchen, dies natürlich mit behördlicher Genehmigung. Seit der Regierung des Amel Marduk konnten sie vielfach zu Wohlstand und Reichtum gelangen – insbesondere der Teil der Oberschicht, der schon in Jerusalem Handel und Kaufwesen getrieben hatte und dies in Babylonien wieder aufnahm. Vor allem diese Deportierten zogen es nach dem Sieg der Perser vor, in Babylonien zu bleiben und nicht nach Jerusalem zurückzukehren. Nur etwa die Hälfte der Deportierten scheint von diesem Angebot Gebrauch gemacht zu haben. Für den Wohlstand, der bestand, spricht auch die große Geldsumme, die damals für die Wiedererrichtung des Jerusalemer Tempels gespendet wurde.

Für das Bestehen des Jhwh-Glaubens bedeutete die Deportation der Judäer in ein fernes und fremdes Land mit einer überlegenen Kultur eine schwere Krise. Nicht nur war nach antiker Vorstellung die Verehrung einer Gottheit durchweg an ihr jeweiliges Land gebunden, so daß ihr Kultus im Ausland als unmöglich erschien. Vor allem war Babyloniens Gott Marduk offensichtlich stärker und mächtiger als Jhwh, da er durch die Babylonier Juda besiegt hatte; und es war natürlich zweckmäßiger, den siegreichen Gott zu verehren. Schließlich war die Verehrung babylonischer Götter überhaupt dazu geeignet, sich bei den neuen Herren in das rechte Licht zu rücken und die eigene Lage besser zu gestalten.

Daher sind sicher manche Deportierte ihrem alten Glauben untreu geworden, ohne daß ihre Zahl sich auch nur annähernd schätzen ließe. Des weiteren zeigt Ez 14, 1–11, daß manche Deportierte daran dachten, die babylonischen Götter neben Jhwh zu verehren und ihre Bilder bei sich aufzustellen. Sie wollten nicht mit Jhwh brechen, daneben jedoch den fremden Kultus ausüben.

Trotzdem hat sich der reine Jhwh-Glaube gehalten, ja ist während des Exils noch fester eingewurzelt. Dadurch wieder haben sich in Wechselwirkung die Deportierten in ihrer Eigenart erhalten können und sind nicht wie die Mehrzahl der Nordisraeliten in ihrer neuen Umgebung aufgegangen. Dazu trug der äußere Umstand bei, daß die Babylonier milde und tolerant die religiöse Ausübung des Jhwh-Kultus in keiner Weise behindert haben. Ferner war selbst der volkstümliche Jhwh-Glaube der babylonischen Religion überlegen, nicht zuletzt infolge der prophetischen Einflüsse. Endlich erinnerten sich viele daran, daß die Propheten solches Unheil wie den Untergang von Juda und Jerusalem und das Exil als Jhwhs Strafe für ihre Schuld angekündigt hatten, daß sie also unter seinem Gericht standen, auf das vielleicht eine neue Zeit des Heils folgen könnte.

Freilich war die Lage für die Deportierten schwierig. Am schlimmsten traf sie die Unmöglichkeit, Jhwh kultisch zu verehren. Aus Ez 20 scheint hervorzugehen, daß sie Ersatz für den früheren Jerusalemer Tempelkultus suchten und ihn in anderer Weise fortsetzen wollten: Ein Gottesbild „aus Holz und Stein" sollte errichtet werden, wahrscheinlich in Anlehnung an babylonische Vorbilder. Jedoch auf den Einspruch Ezechiels hin unterließ man dies. Statt dessen bildeten sich andere Ersatzformen des Kultus heraus. An die Stelle des Tempels trat im Exil die religiöse Schule, die Synagoge, in der eine einfache gottesdienstliche Versammlung mit Gebet, Gesang und Vortrag stattfand. Im Zusammenhang damit trat der Stand der Toralehrer in den Vordergrund und gewann gegenüber dem Priestertum an Bedeutung. Ebenso erhielt der Sabbat ein erhöhtes Gewicht, zumal an ihm die gottesdienstlichen Versammlungen stattfanden. Ferner wurde die Beschneidung im Gegensatz zu den Babyloniern, die sie nicht ausübten, betont. Man konnte auch eine Art negativen Kultus ausüben, indem man zu Ehren Jhwhs fastete, sich also des Essens und Trinkens enthielt. Schließlich konnte man durch sorgsame Beobachtung der Speise- und Reinheitsvorschriften äußerlich zeigen, daß man sich in dem fremden und unreinen Lande nicht zu Hause fühlte und einem anderen Gott angehörte als seine Bewohner.

Gerade das Exil hat durch die kultischen Ersatzformen dazu beigetragen, den Kern der Deportierten eng an den Jhwh-Glauben zu binden und ihn zu festigen. Dieser Glaube besaß zweifellos eine starke Kraft. Ja, so merkwürdig es klingt, Angehörige anderer Völker und Religionen haben sich ihm damals angeschlossen. Am ehesten hat es sich um Deportierte anderer Völker gehandelt, die in der Nachbarschaft judäischer Kolonien angesiedelt waren oder die den Jhwh-Glauben auf andere Weise kennenlernten. Später sind sie teilweise ebenfalls nach Palästina gezogen. So zeigte sich gerade im Exil, in der völligen Abhängigkeit von fremder Macht, die sieghafte Kraft des Jhwh-Glaubens; ja, damals wurde der Gedanke einer Sendung Israels an alle Völker geboren.

Der exilische Ersatz des Opferkultus weist deutlich einen Zug zur Tora auf, wie er schon im deuteronomischen Gesetz zur Zeit Josias zum Durchbruch gekommen war. Die Tora wurde für das Dasein der Deportierten von entscheidender Bedeutung. Angesichts der Bedrohung durch ihre neue Umwelt suchten sie etwas, woran sie sich halten konnten; etwas, das ihnen Sicherheit auf diesem schwankenden Boden gab, etwas, wodurch sie sich vor ihrer Bedrohung wie in einer Burg schützen konnten. Dazu haben sowohl jene unbekannten Geschichtsschreiber und Toralehrer beigetragen, die die deuteronomistische Schule bildeten, als auch das in Lev 17–26 enthaltene und damals endgültig kodifizierte Heiligkeitsgesetz.

Dagegen bedeutete das Exil das Ende der großen vorexilischen Einzelpropheten; Ezechiel war ihr letzter Vertreter. Nach ihm hat es nur mehr Epigonen gegeben, wenn auch manche unter ihnen überragende, epochemachende Gestalten waren. Aber sie entfernten sich doch in vieler Hinsicht von der Grundlinie der prophetischen Botschaft und fanden auf die Fragen ihrer Zeit nicht mehr deren klassische Antworten. Der erste Vertreter der neuen eschatologischen Prophetie war Deuterojesaja, der gegen Ende des Exils aufgetreten ist (Jes 40–55). Er verkündigte nichts als neues Heil, das Jhwh Israel schenken wird. Er war dabei ein konsequenter Vertreter des Monotheismus, den er ausführlich und ausdrücklich begründete, wie es sowohl gegenüber der babylonischen Religion als auch gegenüber dem persischen Dualismus erforderlich war. Er hat ferner einen reinen Erlösungsglauben verkündet, nach dem Jhwh das endzeitliche Heil von sich aus völlig schenkt. Allerdings lassen sich auch Züge nationalen Heilsglaubens bei ihm nicht übersehen.

Mit der Torafrömmigkeit und der eschatologischen Erwartung, aus der später die Apokalyptik hervorgegangen ist, sind bei den Deportierten in den wenigen Jahrzehnten des Exils die beiden Richtungen entstanden, die die religiöse und theologische Geschichte für mehr als ein halbes Jahrtausend entscheidend geprägt und bestimmt haben.

E. Klamroth, Die jüdischen Exulanten in Babylonien, 1912. – J. Janssen, Juda in der Exilszeit, 1956. – C. F. Whitley, The Exilic Age, 1957. – C. F. Pfeiffer, Exile and Return, 1962. – P. R. Ackroyd, Exile and Restoration, 1968. – Ders., Israel under Babylon and Persia, 1970.

8. Kapitel: Von der persischen bis zur römischen Herrschaft

I. Juda im Perserreich

1. Heimkehr und Neuansiedlung der Deportierten. Das nachexilische Juda hat keinen selbständigen Staat mehr gebildet; die einzige Ausnahme war die kurze Episode der Hasmonäerherrschaft. Sonst ist es stets von anderen Mächten völlig abhängig gewesen – nicht mehr nur als Vasall, sondern als eine Provinz oder ein Teil dieser Reiche. Politisch läßt sich daher nur mehr das Geschick dieser judäischen Provinz, über das nicht viel überliefert ist, und das der Diaspora verfolgen. Viel wichtiger ist dagegen die geistige und religiöse Geschichte, über die die Nachwelt fast ausschließlich unterrichtet worden ist.

Das babylonische Reich ging unter der unbeständigen und schwankenden Regierung Nabonids seinem Ende entgegen. Entscheidend wurde der Übertritt der babylonischen Nordprovinz Gutium zu Kyros, deren Statthalter schließlich kampflos in die babylonische Hauptstadt einziehen und Nabonid gefangennehmen konnte. Über den Fall Babylons heißt es:

Im Monat Tischri hat Kyros, nachdem er bei Opis am Tigris den Truppen von Akkad eine Schlacht geliefert hatte, . . ., Beute gemacht und Leute getötet. Am 14. fiel Sippar ohne Kampf. Nabonid flüchtete. Am 16. zogen Ugbaru, der Statthalter von Gutium, und die Truppen des Kyros ohne Kampf in Babylon ein. Später wurde Nabonid, nachdem er zurückgekehrt war, in Babylon gefangengenommen. Bis zum Ende des Monats umgaben (?) Schilder (?) des Landes Gutium die Tore von Esangila. Keinerlei Unterbrechung trat in Esangila und den (anderen) Tempeln ein, kein Termin wurde verpaßt. Am 3. Marcheschwan hielt Kyros in Babylon Einzug. . . . wurden vor ihm ausgebreitet (?). Die Stadt bekam Frieden, Kyros verkündete (?) ganz Babylon Frieden. Sein Statthalter Gubaru setzte Statthalter in Babylon ein. Vom Monat Kislew bis zum Monat Adar kehrten die Götter von Akkad, die Nabonid hinab nach Babylon gebracht hatte, in ihre Kultstätten zurück.

Dies wurde durch die Haltung der babylonischen Priesterschaft begünstigt. Ihr war Nabonid verhaßt, so daß sie nach Kräften dazu beigetragen hat, ihn zu stürzen. Es gibt ein Schmähgedicht auf Nabonid, das dies sehr deutlich erkennen läßt. Es ist von einem babylonischen Priester verfaßt, der Nabonid vornehmlich kultische Freveltaten vorwirft, die das Ende seiner Herrschaft herbeigeführt haben sollen; Kyros dagegen wird als der gottgesandte Weltkönig anerkannt. Darin heißt es:

Er bringt die Kultbräuche durcheinander, verwirrt die Befehle.
In bezug auf die erhabenen Kultgeräte spricht er: „Hinaus damit!"
Den Plan von Esangila, die Pläne, die Ea Mummu gemacht hat:
er schaut die Pläne an, er spricht Lästerung.
Die Mondsichel von Esangila erblickte er, er raubt sie mit seinen Händen.
Er versammelt die Fachleute, er spricht mit ihnen:
Für wen ist das Haus gemacht, dessen Wappen hier vorliegt?
Gehörte es dem Gotte Bel, so müßte es mit dem Spatenwappen gezeichnet sein,
(aber) der Gott Sin hat mit seinem Mondsichelwappen sein Haus gezeichnet.
Zeria, der Verwalter, kniete vor ihm,
Rimut, der Beamte, stand bei ihm.
Sie bestätigten den Ausspruch des Königs, bekräftigten seine Worte.
Sie entblößten ihre Häupter, schwuren einen Eid:
„Was der König gesagt hat, wissen wir noch."

Kyros ist im Jahre 539 v. Chr. als Triumphator in Babylon eingezogen:

Ich Kyros, König des Weltreichs, großer und mächtiger König, König von
Babylon, König von Sumer und Akkad, König der vier Weltufer, Sohn des
Kambyses, des großen Königs, des Königs von Ansan, Enkel des Kyros, des
großen Königs, des Königs von Ansan, Nachkomme des Sispis (Teispes), des
großen Königs, des Königs von Ansan, ewiger Same des Königtums, dessen
Regierung Bel und Nabu liebgewannen und dessen Königtum sie zur Erfreuung
ihrer Herzen wünschten, als ich friedlich in Babylon eingezogen war, schlug ich
unter Jubel und Freude im Palast des Fürsten den Herrschersitz auf. Marduk, der
große Herr, . . . mir das weite Herz der Einwohner von Babylon und (?) . . ., und
ich war Tag für Tag auf seinen Dienst bedacht, indem meine zahlreichen Truppen
friedlich in Babylon umherzogen. Ich veranlaßte, daß in ganz Sumer und Akkad
kein Störenfried aufkam. In Babylon und allen seinen Kultstätten (?) hütete ich in
Frieden die Einwohner von Babylon, deren Wohnsitz (?) gegen den Willen der
Götter ein ihnen nicht ziemendes Joch hatte schleppen müssen (?). Ich ließ sie
ausruhen, ich löste ihren . . . Über meine guten Werke freute sich Marduk, der
große Herr. Mich, Kyros, seinen Verehrer, und Kambyses, meinen leiblichen
Sohn, sowie alle meine Truppen segnete er gnädig, und wir wandelten in Frieden
freudig vor ihm. Auf seinen erhabenen Befehl brachten alle Könige, die auf
Thronen sitzen, von allen Weltufern, vom Oberen bis zum Unteren Meer,
welche . . . bewohnen, die Könige von Amurru, welche in Zelten wohnen, alle
zusammen, ihren schweren Tribut, und sie küßten in Babylon meine Füße. Von
. . . bis nach Assur und Susa, Akkade, Esnunak, Zamban, Meturnu, Der, bis zum
Gebiet des Landes Gutium, die Städte jenseits des Tigris, deren Wohnsitze von
altersher (?) verfallen waren – (überall) brachte ich die dort wohnenden Götter an
ihren Ort zurück und ließ sie eine ewige Wohnung beziehen. Alle ihre Leute
versammelte ich und brachte sie zurück zu ihrem Wohnsitz. Und die Götter von
Sumer und Akkad, die Nabonid zum Zorn des Herrn der Götter nach Babylon

hineingebracht hatte, ließ ich auf Befehl Marduks, des großen Herrn, in Frieden in ihren Heiligtümern eine Wohung der Herzensfreude beziehen. Alle Götter, die ich in ihre Städte hineingebracht habe, mögen täglich vor Bel und Nabu über Verlängerung meiner Lebenszeit sprechen, ein gnädiges Wort für mich einlegen und zu meinem Herrn Marduk sprechen: „Für Kyros, den König, der dich verehrt, und seinen Sohn Kambyses ..." ...

Kyros war nunmehr der Beherrscher eines riesigen Reiches (539–529). Er hatte bestimmte politische Pläne, die er sofort zu verwirklichen begann. Die Mittel der assyrischen und babylonischen Politik waren Erniedrigung und Zerstörung gewesen. Dazu gehörten kleinere und umfangreichere Deportationen, die Absetzung der einheimischen Herrscherhäuser und häufig die Auflösung der nationalen Religionen, da man gerade in ihnen nicht zu Unrecht einen Sammelpunkt für alle Widerstandskräfte erblickte, die das Aufgehen der deportierten Völkerschaften in ihrer neuen Umgebung verhinderten. Kyros änderte dies völlig. Er ging vielmehr von dem Grundsatz aus: je glücklicher das Los der unterworfenen Völker, desto größer ihre Zufriedenheit mit ihrem Schicksal; nichts weckt den Widerstand mehr als Unterdrückung, nichts beseitigt ihn mehr als Milde. Daraus ergab sich das Vorgehen des Kyros. Er wollte den Provinzen, die durch Deportationen entvölkert waren, ihre früheren Bevölkerungen wieder zuführen und die Deportierten heimsenden. Er wollte ihre Götter und Kultgeräte zurückschikken, ihre Tempel und Städte wieder aufbauen. Dadurch wurden diese Provinzen eng an ihn und seine Dynastie gebunden. Das war ein neues Moment in der Geschichte des Alten Orients, so daß mit der Perserzeit eine einschneidende Veränderung begann. Das assyrische und das babylonische Reich waren politisch-militärische Verbände unterjochter Nationen mit einem Herrschervolk gewesen. Unter der persischen Herrschaft begann aus diesem Verband ein wirklich durchgebildeter Staat zu werden.

Es lag in der Linie dieser Politik, daß auch die deportierten Judäer nach Palästina zurückkehren durften. Im Buch Esra wird erzählt, daß Kyros durch ein Edikt den Deportierten die Heimkehr und die Mitnahme der Tempelgeräte erlaubt und den Befehl zum Wiederaufbau des Jerusalemer Tempels gegeben habe. Ein Teil des Edikts ist vielleicht noch in seiner aramäischen Urform in Esr 6, 3–5 erhalten, allerdings nur der auf den Tempel und die Tempelgeräte bezügliche Teil:

Edikt. Im 1. Jahr des Königs Kyros ordnete König Kyros an: In Sachen des Gotteshauses in Jerusalem: Das Haus ist als eine Stätte, an der man Opfer darbringt, wieder aufzubauen. 'Seine Maße sind zu bemessen': '30' Ellen hoch,

60 'Ellen lang', '20' Ellen breit, drei Schichten behauene Steine und 'eine' Schicht Holz. Die Kosten sollen vom Königshaus bezahlt werden. Außerdem sind die goldenen und silbernen Geräte des Gotteshauses zurückzugeben, die Nebukadnezar aus dem Tempel in Jerusalem weggenommen und nach Babylon gebracht hat, so daß 'alles' in dem Tempel zu Jerusalem an seinen Platz kommt und man es im Gotteshaus niederlege.

Nach längeren Vorbereitungen machte sich im Jahre 537 eine Heimkehrerkarawane nach Palästina auf. Eine Liste der Heimkehrer liegt in doppelter Rezension in Esr 2 und Neh 7 vor. Ihre Zahl ist auf rund 42000 berechnet. Weitere kleinere Karawanen sind in den nächsten Jahren gefolgt. Doch blieben auch Tausende in Babylonien zurück, vielleicht ebensoviele, wie heimgekehrt sind. Sie hatten dort Fuß gefaßt und sich ein gutes Auskommen erworben; daher dachten sie nicht daran, alles preiszugeben und aufs Geratewohl nach Palästina zu ziehen, wo sie von neuem hätten anfangen müssen. Seit dieser Zeit gab es eine größere Diaspora in Mesopotamien, die in späterer Zeit von erheblicher Bedeutung geworden ist.

Mit der Rückführung der Deportierten und der Bildung der neuen Gemeinde wurde der Davidide Scheschbazzar betraut. Er sollte als persischer Statthalter die Tempelgeräte zurückbringen und den Neubau des Tempels einleiten. Volle Sicherheit ist über seine Person nicht zu erreichen; am wahrscheinlichsten bleibt, daß er ein Sohn Jojachins gewesen ist und mit Schenazzar in I Chr 3,18 gleichgesetzt werden kann. Es entsprach der persischen Politik, bei der Wiederansiedlung deportierter Völker und der Eingliederung ihrer Länder in den Organismus des Reiches möglichst die früheren Fürstenhäuser mit kleineren Aufgaben zu betrauen.

Die verbreitete Annahme, der nach den Gebietsabtrennungen verbliebene Rest Judas sei von den Babyloniern der Provinz Samaria als ein Sondergebiet lose angegliedert und dem Statthalter der Provinz unterstellt worden und dieser Zustand sei unter persischer Herrschaft bis zur Einsetzung Nehemias beibehalten worden, so daß Scheschbazzar und später Serubbabel lediglich als für besondere und befristete Aufgaben eingesetzte Beauftragte oder Kommissare gewesen seien, läßt sich nicht aufrechterhalten. Nicht nur werden Scheschbazzar und Serubbabel ausdrücklich wie Nehemia als *pähā* „Statthalter" bezeichnet, vielmehr sind inzwischen drei weitere Männer für die Zeit vor Nehemia als solche Statthalter bekannt. Da kaum anzunehmen ist, daß von 538 bis zum frühen 5. Jh. nicht weniger als fünf Beauftragte oder Kommissare für begrenzte Aufgaben in Juda ernannt worden sind, und da alle den gleichen Titel tragen wie Nehemia und seine Nachfolger, liegt die Annahme am nächsten, daß das Restgebiet des früheren Staates Juda von Anfang an eine eigene Provinz des Perserreiches mit einem Statthalter an der Spitze gebildet hat. Bisher sind folgende Statthalter dieser Provinz bekannt:

1. Scheschbazzar   538 ff. (*phh* in Esr 5, 14)
2. Serubbabel   520 ff. (*pht jhwdh* in Hag 1, 1.14)
3. Elnatan   Ende des 6. Jh. (*phw'* auf Bulle und Siegel)
4. Jeho'ezer   frühes 5. Jh. (*phw'* auf Krugabdruck)
5. Ahzai   frühes 5. Jh. (*phw'* auf Krugabdruck)
6. Nehemia   445 ff. (*hphh* in Neh 5, 14; 12, 26)
7. Bagoas (Bagohi)   408/07 (*pht jhwd* auf Elephantine-Papyrus)
8. Jechezqija   um 330 (*hphh* auf Münzen).

Bald nach der Ankunft der Heimkehrerkarawane in Jerusalem, die den ersten Auftrag Scheschbazzars gebildet hatte, ging der Statthalter an die Verwirklichung des zweiten Auftrags: Er legte beim Herbstfest des Jahres 537 den Grundstein des neuen Tempels und stiftete ebenso wie die übrigen Heimkehrer Geld und Weihegaben für die Errichtung des Tempels und für seinen Kultus. Auch die in Babylonien Zurückgebliebenen haben dazu beigesteuert. Dies ist ein bemerkenswerter Vorgang. Der vorexilische Tempel war ein königlicher Tempel gewesen, der vom Herrscher gebaut worden war und der Dynastie gehörte. Das Volk hatte höchstens Steuern zu seiner Erhaltung gezahlt, über deren Verwendung wieder der König verfügte. Der neue Tempel wurde vom ganzen Volk finanziert. Er sollte nicht wieder einem einzelnen oder einer Familie gehören, sondern allen Angehörigen des Volkes.

Nach der Grundsteinlegung löste sich die Karawane auf, da es nun um die dritte Aufgabe Scheschbazzars ging: die Neubesiedlung des Landes. Da es sich um mehr als 40 000 Menschen handelte, mußte dies schnell und summarisch geschehen. Die neuen Einwohner Jerusalems wurden durch das Los bestimmt. Es handelte sich um ein Zehntel der Heimkehrer, zu denen noch die mit Regierungsfunktionen Beauftragten, die Ältesten, die Priester und Leviten hinzutraten. Von den letzteren Gruppen haben freilich viele ihre Wohnsitze auf dem Lande gesucht; sie waren nur für die Zeit des Tempeldienstes in Jerusalem anwesend. Natürlich brachte die Methode der Auswahl für diejenigen Heimkehrer Schwierigkeiten mit sich, die an den Ackerbau gewöhnt waren und sich nunmehr den Lebensunterhalt in der Stadt verdienen sollten.

Die übrigen suchten sich im Lande möglichst wieder ihre früheren Wohnsitze. Dabei schieden allerdings sogleich alle Ortschaften und Gegenden aus, die von Juda abgetrennt worden waren, z. B. der an Edom gefallene Süden und die zur Provinz Samaria gehörige Gegend um Betel und Ai im Norden. Doch auch in dem Rest Judas stieß die Neuansiedlung auf die größten Schwierigkeiten. Während des Exils hatte sich überall eine andere Bevölkerung festgesetzt, die aus den zurückgebliebenen Judäern und allerlei Ausländern bestand. Selbstverständlich dachte niemand daran, den Neuankömmlingen Platz zu machen und ihnen die Höfe und Felder ihrer Ahnen zurückzugeben. So begann ein Krieg aller gegen alle; zumindest wurden unzählige Prozesse geführt, wahrscheinlich gab es auch blutige Zusammenstöße. Darüber trat jeder Gedanke an die Fortsetzung des Tempelbaues in den Hintergrund. Man mußte jahrelang darum kämpfen, selbst ein Haus zu haben und leben zu können. Selbstverständlich dachten auch die Eingesessenen nicht daran, die Heimkehrer allein den Tempel bauen und in Besitz nehmen zu lassen. Die bisherigen Priester, die am Altar in Jerusalem amtiert hatten, dachten nicht daran, den zurückgekehrten Priestern zu weichen und ihre Einkünfte mit ihnen zu teilen. Umgekehrt dachten die Heimkehrer, die in Babylonien am Jhwh-Glauben festgehalten hatten, nicht daran, mit solchen „Unreinen" zusammenzuarbeiten, wie sie sie im Lande antrafen.

Die Fronten überschnitten sich insofern, als es auch in Palästina einen kleinen Kreis treuer Jhwh-Verehrer gab, der mit den Heimkehrern sympathisierte. Umgekehrt haben die Enttäuschungen der ersten Jahre auch manchen Heimkehrer innerlich der Landesbevölkerung nähergebracht. Doch dies änderte nichts daran, daß Scheschbazzar nur teilweise Erfolg hatte und haben konnte. Seine dritte Aufgabe, die Wiederansiedlung, war überhaupt nur teilweise zu lösen, die zweite Aufgabe, der Tempelbau, blieb nach der Grundsteinlegung ganz liegen. So stellt sich die Lage während der Regierung des Kyros und seines Nachfolgers Kambyses (529–522) dar.

2. Tempelbau und Bildung der neuen Gemeinde. Im Jahre 520 v. Chr. setzte in Juda und Jerusalem ein großer Umschwung ein: Die Heimkehrer gewannen nach einem fast 20jährigen Ringen die Oberhand. Es setzte sich eine Richtung durch, die den Tempelbau endlich ausführen wollte. Trotz mehrerer Krisen führte sie endlich zum Ziel. Drei Gründe sind für den Umschwung maßgebend:

a) Die internationale Lage war erregend und verheißend. Alles schien auf eine Krise hinzudrängen, und dies rief in Juda die Erwartung eines Umschwungs aller Dinge wach. Ein Neues schien im Kommen begriffen. Kambyses hatte einen Feldzug nach Ägypten unternommen, da es die Konsolidierung seines Reiches verhinderte, aber nach ersten Erfolgen nur Mißgeschick erlebt. Als dazu noch ungünstige Nachrichten über einen Aufstand der Meder kamen, mußte er umkehren. Auf dem Rückweg starb er in Syrien. Ihm folgte Darius I. (522–485), der im Verlauf eines Jahres den medischen Aufstand niederwerfen konnte. Jedoch die Ordnung des Reiches war gelockert, und als Folge dessen erhoben sich in Persien, Babylonien und Medien neue Thronanwärter. Erst in schweren Kämpfen konnte Darius sie niederwerfen, zuerst die Babylonier. Aber während er in Persien und Medien weilte, fielen die Babylonier zum zweitenmal von ihm ab. Dies war gerade im Herbst des Jahres 520; erst 519 dürfte es Darius gelungen sein, aller Aufstände Herr zu werden. Seitdem hatte er die Macht fest in Händen. Aber die Erschütterung des Reiches in den vorangegangenen Jahren hatte in Jerusalem doch gewirkt.

b) Ferner hatte Juda in dieser Zeit einen neuen Statthalter erhalten. Wie lange Scheschbazzar geblieben war, ist unbekannt. Es ist möglich, daß er abgerufen wurde, nachdem er seine ihm übertragenen Aufgaben gelöst oder teilweise als unlösbar erkannt hatte. Jedenfalls war an seine Stelle als neuer Statthalter ein Mann der Tat getreten, der freilich zugleich wieder größere Pläne hatte: Serubbabel, der Neffe Scheschbazzars und ein Enkel Jojachins. Damals hatte Darius die Verwaltung des persischen Reiches neu geordnet und es in Satrapien eingeteilt. Ganz Palästina bildete zusammen mit Syrien eine solche Satrapie, mit einem Satrapen an der Spitze, der auch beim Tempelbau eine Rolle spielte; die Satrapie war wiederum in Provinzen untergliedert. Syrien-Palästina bildete die 5. Satrapie, die in der aramäischen Amtssprache des persischen Reiches die Bezeichnung ʿabar nahara „Jenseits des Stromes" (des Euphrats) trug. Im Akkadischen hieß sie „Ebir-nari", während persische und elamische Texte dafür „Assyrien" einsetzten und also die ursprüngliche Bedeutung dieses Ausdrucks verschoben. Jedenfalls bildete diese Bezeichnung die Grundlage für den griechischen Namen Syrien.

c) Schließlich fand Serubbabel geeignete Mitarbeiter: zunächst den Hohenpriester Josua, der ebenfalls aus dem Exil zurückgekehrt war, ferner zwei prophetische Gestalten, Haggai und Sacharja. Beide Propheten erwarteten die eschatologische Heilszeit, für deren Anbruch nur noch eine Bedingung erfüllt werden mußte: die Wiedererrichtung des Tempels.

Es gab demnach starke politische und religiöse Antriebe für die Wiederaufnahme des Tempelbaus, die denn tatsächlich auch erfolgte. Freilich ging er nicht glatt vonstatten, sondern war mit Schwierigkeiten und Krisen verknüpft. Zunächst bestand die Sorge, ob und wie man den Tempel würdig ausstatten könne. Angesichts der schlechten wirtschaftlichen Lage war die Stimmung in Jerusalem niedergeschlagen. Doch die Welt war noch vom Aufstand gegen Darius erschüttert, und gerade im Jahre 520 hatte sich Babylonien zum zweitenmal erhoben. Da erfüllten Haggai große Hoffnungen (Hag 2, 6–8): Die Folge der Erschütterung der Welt würde darin bestehen, daß alle Völker binnen kurzem ihre Schätze als schuldigen Tribut an Jhwh, den Herrn der Welt, ablieferten. Dadurch würde eine glänzende Ausstattung des Tempels gewährleistet sein, der in märchenhaftem Glanz erstrahlte.

Von besonderer Bedeutung wurde eine andere Krise und die Entscheidung Haggais in ihr. Von Anfang an waren die Heimkehrer die eigentlichen Träger des Tempelbaus. Aber die anderen Judäer in Palästina und wohl auch die am Tempel Interessierten in der Provinz Samaria waren nicht ausgeschlossen worden; praktisch hatte man sich an das ganze Volk gewendet. Dann aber sprach Haggai am 24. des 9. Monats 520 ein folgenschweres Wort. Er suchte den Priestern und den Jerusalemern durch zwei Beispiele aus dem Ritualgesetz klarzumachen, daß kultische Heiligkeit nicht übertragbar ist, umgekehrt aber kultische Unreinheit ansteckt. Daraus folgerte er:

Genauso steht's mit diesen Leuten
und diesem Volk vor mir,
spricht Jhwh,
und mit ihrer Hände Arbeit.
Und was sie dort (als Opfer) darbringen,
ist unrein. (Hag 2, 10–14)

Das bedeutete, daß Jhwh die Unreinen, die alteingesessene Bevölkerung in Juda und Samaria, zugunsten der treugebliebenen Heimkehrer vom Bau ausgeschlossen sehen wolle, nachdem man sie zunächst hatte bauen lassen. Der Tempel würde unrein, niemals würde Jhwh in ihm wohnen können, wenn die unreinen Hände derer an ihm mitarbeiteten, die neben Jhwh andere Götter verehrten. Daher verlangte Haggai den Ausschluß dieser Leute von der Arbeit.

Es ist verständlich, daß diese die Entscheidung nicht ruhig hinnahmen, sondern eine neue Krise herbeiführten. Wenn sie nicht mitbauen durften, dann sollte der Bau überhaupt unmöglich gemacht werden. Sie scheinen sich mit schwerwiegenden Verdächtigungen an den persischen Satrapen gewandt zu haben, und die Worte Haggais und Sacharjas mit ihren kühnen Hoffnungen auf eine politische Umwälzung gaben ihnen trotz aller Verschleierungen Anlaß genug. Im Jahre 519 oder 518 erschien der Satrap Tatnai von Syrien zu einer Inspektion in Jerusalem (Esr 5, 1–6, 14). Dabei legte er den Judäern die Frage nach der Berechtigung zum Tempelbau vor. Sie konnten ihm nur mündlich darüber berichten, so daß Tatnai beim Königshof anfragte. Da der Bau inzwischen weitergeführt werden durfte, scheint er sich durch diese Anfrage nur den Rücken haben decken wollen. Bald traf die Antwort vom Hofe ein: Die Genehmigung zum Tempelbau war im Archiv von Ekbatana gefunden worden. Damit war auch diese Krise überwunden, die immerhin zur Folge gehabt zu haben scheint, daß die Bauarbeiten verlangsamt wurden.

Danach aber sind sie ungestört weitergegangen. Im Jahre 515 war der Tempel vollendet und konnte mit einem großen Fest eingeweiht werden. Ob Serubbabel dies noch erlebt hat, ist fraglich. Er scheint in den letzten Jahren des Tempelbaus oder bald nach seiner Fertigstellung abgesetzt worden zu sein. Zwar hatte er den Bau in Angriff genommen und einen Teil der Bevölkerung auf Haggais Drängen ausgeschlossen; aber er hat darüber hinaus als Abkömmling der davidischen Dynastie weitreichende politische Pläne gehabt. Er wollte für die neue Gemeinde auch irdische Macht und Kraft und als letztes Ziel die politische Selbständigkeit des Landes. Vielleicht durch einen eigenen unvorsichtigen Schritt, durch die Rivalität des Hohenpriesters oder durch neue Verdächtigungen von anderer Seite dürfte er daran gescheitert sein. Wahrscheinlich ist er von seinem Posten in Jerusalem abberufen und nach Babylon zurückbeordert worden. Dafür spricht auch, daß später mit Esra ein Urenkel Serubbabels von Babylonien nach Jerusalem gekommen ist. Mit dieser Abberufung Serubbabels verflog der Traum von dem unmittelbar bevorstehenden Beginn der Heilszeit unter der Regierung eines messianischen Königs vor der rauhen Wirklichkeit. Wenn man ihn weiterhin hegen wollte, war dies nur möglich, wenn man vor der Wirklichkeit die Augen verschloß und sich in eschatologische oder apokalyptische Vorstellungen flüchtete.

Nach der Abberufung Serubbabels verlagerte sich in Jerusalem die Macht auf den Rivalen des Statthalters: den Hohenpriester. Sacharja hatte ein Reich mit zwei Männern an der Spitze der Regierung erwartet. Offenbar versuchte er damit, zwei verschiedene Richtungen seiner Zeit miteinander zu vereinigen. Neben dem Statthalter sollte als zweiter Machthaber der Oberpriester Josua stehen, dessen Amt nunmehr als das des Hohenpriesters erscheint. Nachdem dann die prophetisch-nationale Richtung in Serubbabel gescheitert war, erhielt mit Josua die hierarchisch-klerikale Richtung die Macht. Der Hohepriester wurde das eigentliche Haupt der neuen Gemeinde. Die Davididen waren nicht mehr anwesend, der Hohepriester dagegen war der Stellvertreter Jhwhs. Die alten Traditionen des Tempels konnten wieder lebendig werden; mit ihm konnte sich kein anderes Heiligtum des Landes messen. Um den Tempel und um Jerusalem gruppierte sich die neue nachexilische Gemeinde. Zugleich bedeutete dies – ganz im Interesse der Priesterschaft –, daß Josua gegenüber der Landesbevölkerung andere Wege einschlug. Sie wurde fester an den Tempel gebunden und das Tor für den Eintritt in die Gemeinde weit offen gehalten.

So gingen die Wege der beiden Richtungen – der national-eschatologischen und der klerikal-kultischen – weit auseinander. Hier die Exklusivität gegenüber den Unreinen, glühende Hoffnungen und Wünsche, die angesichts des äußeren Elends sehr materieller Art waren, Hoffnung auf das baldige Kommen Jhwhs und den Anschluß der Völker, daneben aber und bis dahin Härte und Intoleranz gegen die Umgebung. Dort keinerlei eschatologische Hoffnungen, sondern ein Sichhalten an die gegebene Wirklichkeit. Die Herrschaft Jhwhs, so dachte man, verwirklichte sich mit dem Erfüllen der Tora. Darum konnte die Gemeinde nicht groß genug, der Raum nicht weit genug sein. Wer nur Jhwh opferte, war willkommen; er trug zum Herannahen des Heils bei. Dadurch nahm die Gemeinde mit der Herrschaft dieser Richtung einen guten äußeren Aufschwung, geriet aber bald in eine Krise, die erst Esra und Nehemia behoben haben.

Von den weiteren Ereignissen der großen Politik blieb die Gemeinde in Palästina unter Darius und nach ihm unter Xerxes I. völlig unberührt. Nichts weist darauf hin, daß sie auch nur Interesse erweckt hätten. Während die Gemeinde sich noch um den Tempel als ihren Mittelpunkt bildete, suchte Darius seinen neuen Plan zu verwirklichen, nach der Eroberung Kleinasiens mit seinen griechischen Küstenstädten und Inseln auch die Festlandsgriechen seinem Reiche einzuverleiben. Aber nach anfänglichen Erfolgen, die er gegen Griechenland errang, scheiterte er durch die Niederlage in der Schlacht bei Marathon (490). Inmitten neuer, großer und weit gespannter Rüstungen für einen zweiten Vorstoß ist er gestorben.

3. Die Krise der neuen Gemeinde. Als Xerxes I., der Nachfolger des Darius, mit den bei einem Thronwechsel üblichen Unruhen und Aufständen fertiggeworden war, begann er mit einem großangelegten Angriff auf Griechenland mit Heer und Flotte. Aber nach der Zerstörung Athens wurde seine Flotte bei Salamis vernichtet (480 v. Chr.), im folgenden Jahr sein Heer bei Plataiai und eine neue Flotte bei Mykale geschlagen. Während die Perser daraufhin auf jeden weiteren Angriff verzichteten, gingen die Griechen zum Angriff über und brachten den Persern weitere Niederlagen bei. Daraufhin wurde Xerxes ermordet (485–465).

Von alledem wurde die Jerusalemer Gemeinde nicht berührt; sie hatte andere Probleme. Das Werk des Hohenpriesters Josua befand sich in einer schweren Krise. Dies läßt das Buch Maleachi erkennen, das aus diesen Jahrzehnten stammt. Es setzt sowohl den Tempelkult als in Gang befindlich voraus, als auch die Mißstände, gegen die dann Esra und Nehemia vorgegangen sind. Es handelte sich einmal um die Unpünktlichkeit in der Erfüllung der kultischen Pflichten: Blindes, Lahmes und Krankes wurde auf den Altar gebracht und vom Zehnten möglichst viel zurückbehalten. Weiter handelte es sich um das Problem der Mischehen. Aus Babylonien waren fast dreimal soviel Männer wie Frauen zurückgekehrt; um dem Frauenmangel abzuhelfen, hatten die Männer Frauen der eingesessenen Landesbevölkerung geheiratet, ganz gleich, ob sie israelitischer Herkunft waren oder nicht. Im Anschluß an den Befehl zum Ausschluß der Unreinen durch Haggai scheinen mit einigem Erfolg Bestrebungen im Gange gewesen zu sein, diese Frauen wieder zurückzuschicken. Dagegen wandte sich Maleachi, der eine grundlegend andere Auffassung der Ehe vertrat.

Es zeigte sich, daß die Grundlage morsch war, auf der die Gemeinde lebte. Der Kultus war als ausschlaggebend proklamiert worden, eine Priesterherrschaft im Kommen. Jedoch die Hierarchie war niemals das Ideal des israelitischen Volkes. So war von dort aus keine Besserung der Lage möglich. Der Kultus wurde immer äußerlicher betrieben, die Priester erblickten in ihm nur mehr eine Einnahmequelle, das Volk dagegen suchte so wenig wie möglich zu opfern.

Zu solchen inneren Schäden, die teilweise im System selbst begründet waren, traten zwei Einflüsse von außen her, die zersetzend wirkten. Der erste Einfluß war die anscheinend unausrottbare kanaanäische Volksreligion bzw. der kanaanisierte Jhwh-Glaube. Ihr Fortleben ergab sich aus den Mischehen, aus dem Leben im alten Raum dieser Religion und aus der Tradition der früheren Heiligtümer. Der zweite und gefährlichere Einfluß kam von der persischen Religion. Es handelt sich um die prophetische Religion Zarathustras mit ihrem scharfen Dualismus zwischen dem guten Gott Ahura Mazda und dem Bösen, mit ihrem Nachdruck auf dem ethischen Handeln und der Verwerfung des blutigen Opfers, mit dem Gericht über jeden einzelnen Menschen nach seinem

Tode auf der Richterbrücke und der Verklärung der Welt zu einem Reiche Gottes. In einigen Punkten berührte diese Religion sich mit dem prophetischen Glauben des Alten Testaments, wenn sie auch seine Höhe nicht erreichte. Aber der Glaube der Jerusalemer Gemeinde dieser Zeit war noch viel weiter davon entfernt und in mancher Hinsicht der persischen Religion unterlegen. Jedem, der offene Augen und Ohren hatte, mußte dies klar werden und den eigenen Glauben erschüttern.

Daneben aber konnte die persische Religion auch manchen wachrütteln und zur Weiterführung der prophetischen Ansätze veranlassen. Dann mußte er wie Maleachi aufgrund solchen prophetischen Glaubens an den Grundlagen der Jerusalemer Gemeinde rütteln. Gegenüber dem Tieropfer seiner Zeit fordert dieser andere, unblutige Opfergaben für den in aller Welt verehrten Gott:

Vom Aufgang bis zum Untergang der Sonne
ist mein Name groß unter den Völkern.
An allen Stätten wird meinem Namen Rauchopfer
und reine Gabe dargebracht. (Mal 1, 11)

Und gegen die Bestrebungen, die fremden Frauen zu entlassen, führt er unter Aufhebung jeder nationalen Glaubensschranke an:

Haben wir alle nicht einen Vater,
hat nicht ein Gott uns erschaffen? (Mal 2, 10)

Freilich war Maleachi zu tief im Glauben seiner Zeit verwurzelt, um die letzten Folgerungen daraus zu ziehen. Es waren prophetische Ansätze und Nachwirkungen, die nicht zur Entfaltung gelangten.

4. Die Reform der Gemeinde (Nehemia und Esra). Es war das Verdienst der babylonischen Diaspora, daß die neue Gemeinde in Palästina nicht zerfiel, sondern die Krise überstand. Daß diese Hilfe aus Babylon wirksam werden konnte, ist merkwürdigerweise wieder durch die große Politik der Zeit bedingt. Nach der Ermordung des Xerxes bestieg sein jüngerer Sohn Artaxerxes I. den Thron (465–425 v. Chr.). Durch die unglücklichen und verlustreichen Griechenkämpfe war aber das Ansehen der Perserherrschaft schwer erschüttert worden. Was den Griechen gelungen war – die Perser zu besiegen –, erschien auch anderen möglich. So versuchte Ägypten, von der persischen Herrschaft frei zu werden. Unterstützt von Athen, begann ein erfolgreicher Aufstand (460), wobei ein Libyer sich zum König von Ägypten ausrufen ließ. Erst nach sechsjährigem Kampf konnte er besiegt und der Aufstand unterdrückt werden. Damit war der Krieg in Ägypten jedoch nicht zu Ende, denn ein neuer Kronprätendent stand auf.

Diese Ereignisse, in denen die Perser den Ägyptern und Athenern gegenüberstanden, veranlaßten Artaxerxes, sein Augenmerk auf Palästina zu richten. Ihm mußte daran liegen, daß in den Grenzprovinzen Ruhe und Ordnung herrschten und daß das Land nicht vom Aufruhr angesteckt wurde. Dies galt auch für Juda. Man mußte seiner sicher sein können und in Jerusalem einen festen Platz haben, der infolge seiner günstigen Lage leicht zu verteidigen war. Über Jerusalem aber konnte man auf die israelitischen Militärkolonien in Ägypten einwirken, damit sie nicht in den Aufruhr hineingerieten. Es ist verständlich, daß Vorschläge, die dies gewährleisten konnten, an den persischen Hof gelangten und beim König Zustimmung fanden.

Die weiteren Ereignisse begünstigten dies. Die Perser erlitten eine neue Niederlage durch die Griechen bei Cypern. Vor allem empörte sich bald nach 450 der bedeutendste persische Feldherr, Megabyzos, gegen seinen König, schlug das königliche Heer zweimal, unterwarf sich schließlich aber freiwillig. Diese neue Krise mußte es dem Hofe wieder klarmachen, wie wichtig es war, im Südwesten des Reiches einen zuverlässigen Stützpunkt zu besitzen.

Vorerst war Jerusalem jedoch alles andere als ein solcher Stützpunkt. Vielmehr ist immer wieder von der ständigen Bedrohung der Stadt durch ihre Nachbarn die Rede; sie machten sich ihre völlige Schutzlosigkeit zunutze und beraubten sie, wann sie wollten. Denn Häuser und Tempel waren zwar wieder errichtet, aber die Stadtmauer lag im wesentlichen noch so da, wie die Babylonier sie nach der Zerstörung hinterlassen hatten. Wohl hatten die Jerusalemer anscheinend einige Versuche gemacht, sie auszubessern, um sich in einer befestigten Stadt sicher fühlen zu können, aber alle Versuche waren gescheitert. Erst unter Artaxerxes I. kam es zu einer Änderung.

Es ist freilich schwer zu klären, wie die folgenden Ereignisse sich abgespielt haben. Aus den Büchern Esra und Nehemia geht klar nur eines hervor: daß Esra und Nehemia zu verschiedener Zeit und getrennt voneinander in Jerusalem tätig waren und eine entscheidende Rolle gespielt haben, die für das weitere Geschick des werdenden Judentums von großer Bedeutung wurde. Fraglich ist, in welcher Reihenfolge die beiden Männer gewirkt haben. Dies ist vor allem durch den Zustand bedingt, in dem sich die Überlieferung über sie befindet. Die Bücher Esra-Nehemia sind kein Werk aus einem Guß; hebräische Abschnitte wechseln mit aramäischen, Stil und Ausdrucksweise sind vielfach verschieden, vor allem ist der Aufriß der Darstellung verwirrt, unklar und widerspruchsvoll. Aufgrund dieser und anderer Schwierigkeiten gehen die Meinungen über Person, Werk und Zeit Esras weit auseinander. Folgende Anschauungen scheinen am wichtigsten zu sein:

a) Esra und Nehemia haben zur Zeit des Artaxerxes I. gewirkt, und zwar zuerst Esra, danach Nehemia, wie es die grundsätzlichen Reihenfolge der beiden Bücher entspricht. Neh 8–10, in denen von Esra die Rede ist, gehören eigentlich zum Esrabuch. Demnach ist zuerst die innere Reform der Gemeinde vorgenommen worden, darauf folgten die äußeren Maßnahmen durch Nehemia.

b) Esra und Nehemia haben zur Zeit des Artaxerxes I. gewirkt, jedoch in anderer Reihenfolge. Zuerst sind Nehemias Mauerbau und Statthalterschaft anzusetzen, danach trat er die Rückreise an, weil er erkannte, daß die Verhältnisse in Jerusalem einer inneren Reform bedurften. Der Mann dieser Reform war Esra. Er führte das mitgebrachte Gesetz ein, scheiterte jedoch, weil er die Auflösung der ungesetzlichen Mischehen erzwang und dadurch Unruhe ins Land brachte. Er wurde abberufen, und unbestimmte Zeit später kehrte Nehemia nach Jerusalem zurück und verschaffte dem Gesetz Esras Achtung.

c) Geschichtlich ist nur die Gestalt Nehemias, der unter Artaxerxes I. gewirkt hat; auf ihn gehen der Mauerbau, die Förderung der von den babylonischen Judäern geforderten gesetzlichen Reform, die Verbannung der Nichtjudäer und die Bekämpfung der Mischehen zurück. Dagegen ist die Gestalt Esras ein legendarischer Ersatz für Nehemia, wie er einer späteren Zeit entsprach.

d) Nehemia hat zuerst in Jerusalem gewirkt, und zwar unter Artaxerxes I. Esra dagegen ist später anzusetzen; er hat unter Artaxerxes II. gewirkt; dies geht daraus hervor, daß der Name des persischen Königs etwas anders überliefert ist, der Brief an Esra in Esr 7, 12 ff. von Artaxerxes II. stammt usw. Im folgenden wird diese Auffassung als zutreffend angenommen und ihr gefolgt.

a) Nehemia (unter Artaxerxes I., von 445 v. Chr. an). Im Jahre 445 griff Nehemia auf Bitten der Jerusalemer ein. Als Mundschenk des Königs hatte er unmittelbare persönliche Berührung mit dem Herrscher. Er erhielt die Vollmacht, Jerusalem zu einer befestigten Stadt auszubauen und wurde zum dortigen Statthalter ernannt. Unter dem Schutz einer persischen Reitertruppe trat er die Reise an.

Im Sommer des Jahres 444 v. Chr. ist Nehemia in Jerusalem eingetroffen. Nach einer nächtlichen Inspektion der Stadtmauer berief er eine Ratsversammlung ein und setzte durch, daß die Mauer wiederhergestellt werden sollte. Sie wurde hierzu in 42 Teile von unterschiedlichem Umfang eingeteilt. Einzelne Familien hatten nur das Stück der Mauer auszubessern, das ihrem Haus gegenüber lag. Andere dagegen hatten wesentlich größere Aufgaben, so einige Zünfte, große Sippen, die Bezirksobersten und die Männer einzelner judäischer Ortschaften. Nach 52 Tagen war die Arbeit bereits beendet. Dies beruhte einmal darauf, daß die Mauerfundamente noch bestanden und außer der Wiederherstellung der Tore und Türme hauptsächlich die Breschen durch Geröllsteine und Lehm verstopft werden mußten. Ferner hat Nehemia die Arbeiter scharf angetrieben und ihre letzte Kraft beansprucht, so daß es fast zu einer Empörung gekommen wäre.

Freilich ging es nicht ohne Störungen von außen ab. Unter den Gegnern nennt Nehemia zuerst Sanballat, durch die Papyri von Elephantine und Josephus als persischer Statthalter der Provinz Samaria bekannt. Der nächste Gegner war Tobia, wohl der oberste persische Beamte im Gebiet der Ammoniter, also im östlichen Nachbarterritorium der Provinz Juda, das damals bis nach Jericho reichte und an Juda unmittelbar angrenzte. Ferner nennt Nehemia die Asdoditer, d. h. ursprünglich die Einwohner von Asdod, damals aber die Einwohner der nach Asdod benannten Provinz und damit des ganzen philistäischen Gebietes; schon die Assyrer hatten im Jahre 711 diese Provinz gebildet, die unter den Persern weiterbestand und der unmittelbar angrenzende westliche Nachbar Judas war. Schließlich werden als Gegner Nehemias die „Araber" unter der Führung des Geschem genannt; sie waren die Nachbarn Judas im Süden, wobei an das Gebiet des sogenannten Idumäa zu denken ist (südlichster Teil Judas), in dem unter persischer Oberhoheit tatsächlich Edomiter lebten, während die Provinz offiziell als Arabien bezeichnet wurde. Insgesamt bedeutet dies, daß sich alle vier persischen Nachbarprovinzen gegen die Verfügungen der Zentralregierung wendeten und die weitere Konsolidierung der Provinz Juda durch den Ausbau Jerusalems zu verhindern suchten. Sie reagierten zunächst mit Ärger und Spott, woraufhin Nehemia sie Jerusalem nicht mehr betreten ließ. Daraufhin rückten sie bewaffnet heran, so daß Nehemia jedem Bauarbeiter eine Waffe in die Hand geben mußte. Schließlich verlegten sie sich auf Einschüchterungsversuche; vielleicht wurden auch Attentate auf Nehemia unternommen. Dieser jedoch war von erstaunlicher Energie und ließ sich auf nichts ein. So konnte er bald die Türflügel der Tore einsetzen und die Stadtmauer mit einem feierlichen Umgang einweihen.

Auf diese grundlegende Tätigkeit folgten weitere politisch-soziale Maßnahmen. So hat Nehemia dafür gesorgt, daß die Bevölkerungszahl Jerusalems sich hob. In der Vergangenheit waren angesichts der schlechten Lage der Stadt viele Einwohner aufs Land abgewandert; sogar die Priester lebten vorwiegend auf ihren Landgütern. Nehemia erreichte, daß zahlreiche Judäer sich freiwillig entschlossen, nach Jerusalem zu ziehen, vor allem wegen des nunmehr gesicherten Lebens hinter der neuen Stadtmauer.

Im Zusammenhang damit wurde die Frage des Unterhalts der Priester und Leviten wach. Es ging um die Sicherung des Eingangs der kultischen Abgaben. Nehemia ordnete an, daß der Zehnte wieder an den Tempel geliefert wurde.

Auch in sozialer Hinsicht waren die Zustände schwierig; die Abgaben waren groß, der Mauerbau hatte dazu noch beigetragen. Fast drohte eine soziale Revolution. Nehemia erreichte, daß ein allgemeiner Schuldenerlaß die Verhältnisse besserte. Da er selbst mit gutem Beispiel voranging und seine Vergütung als Statthalter nicht in Anspruch nahm, zumal er anscheinend über ausreichendes Vermögen verfügte, und da er ferner in mancherlei Weise half, konnte er erträgliche soziale Zustände herstellen.

Nehemia hat also wesentlich auf politischem und sozialem Gebiet gearbeitet – anders als später Esra; neue religiöse Gedanken hat er nicht gebracht, sondern an das Bestehende angeknüpft. Doch eben in seiner politischen und der damit verknüpften sozialen Wirksamkeit liegt die Bedeutung Nehemias. Er hat die Bedingungen für die äußere Sicherung und Festigung der Gemeinde in Juda und Jerusalem geschaffen. Unter ihm entstanden die praktischen und äußeren Voraussetzungen dafür. Indem er die unhaltbaren politischen und sozialen Zustände besserte, hat er dafür gesorgt, daß die geistig-religiöse Eigenart Israels nicht unterzugehen brauchte. Er hatte auch Erfolg, weil er sich selbstlos und mit eiserner Energie für sein Ziel einsetzte. Freilich änderten sich dadurch die unbefriedigenden religiösen und kultischen Verhältnisse in Jerusalem nicht. Sie bedurften dringend einer Reform, die Nehemia als Laie jedoch nicht in die Wege leiten konnte. Dies geschah erst durch Esra.

b) Esra (unter Artaxerxes II., etwa 397 v. Chr.). Über das Geschick Palästinas während der auf Nehemia folgenden fünf Jahrzehnte ist nichts bekannt. Die persischen Könige jener Zeit waren:

Xerxes II. (424), der nur wenige Monate nach Antritt seiner Regierung von seinem Nachfolger ermordet wurde;

Darius II. (423–405), in dessen Regierungszeit mehrere Aufstände stattfanden und Selbständigkeitsbestrebungen Ägyptens eine Rolle spielten;

Artaxerxes II. (404–359).

In seinem 7. Regierungsjahr (397) verlieh Artaxerxes II. dem aus priesterlichem Geschlecht stammenden Esra weitgehende Vollmachten für Jerusalem, beauftragte ihn, die Verhältnisse der dortigen Gemeinde nach einem in Esras Hand befindlichen Gesetzbuch zu ordnen, gewährte ihm allerlei Vergünstigungen für den Tempelkultus und gestattete, daß jeder Judäer aus Babylonien mit ihm nach Jerusalem ziehen dürfe, wenn er wolle. Etwa 6000 Judäer, darunter auch Priester und Leviten, sind daraufhin mit Esra nach Jerusalem zurückgekehrt. Sie haben dem israelitischen Element in Palästina frische Kräfte zugeführt und vor allem den Geist verstärkt und durchgesetzt, den die ersten Heimkehrer mitgebracht hatten. Ihre Rückkehr bedeutete noch einmal das Einströmen eines streng religiösen Geistes gegenüber der lauen palästinischen Art.

Wie notwendig eine religiöse Reform war, zeigt ein Vorfall, der sich ein Jahrzehnt vor der Beauftragung Esras abgespielt hat. Im Jahre 407 richteten die Juden der Nilinsel Elephantine an den Statthalter in Jerusalem ein Gesuch um Wiederaufbau ihres Tempels in Ägypten. Und die Statthalter von Juda und von Samaria fanden nichts dabei, neben dem Tempel in Jerusalem einen weiteren in Elephantine bestehen zu lassen, und befürworteten den Wiederaufbau; sie machten nur eine Einschränkung, indem sie lediglich Speise- und Weihrauchopfer, nicht aber die ebenfalls gewünschten Tieropfer erwähnten. Das Gesuch der Juden von Elephantine an Bagoas lautet:

An unseren Herrn Bagohi, den Statthalter von Juda, deine Knechte Jedonja und seine Genossen, die Priester in der Festung Jeb: Um das Wohlergehen unseres Herrn kümmere sich ganz besonders der Gott des Himmels zu jeder Zeit und er gewähre dir Gunst vor dem König Darius und den Söhnen des (Königs-)-Hauses noch tausendmal mehr als schon jetzt! Und langes Leben gebe er dir und sei du zu jeder Zeit fröhlich und glücklich!

Nun sagen dein Knecht Jedonja und seine Genossen also: Im Monat Tammuz, im 14. Jahre des Königs Darius, als Arscham abgereist und zum König gegangen war, machten die Priester des Gottes Chnum in der Festung Jeb ein Komplott mit Widrang, der hier Gouverneur war: „Den Tempel Jahus, des Gottes in der Festung Jeb, soll man von dort verschwinden machen!" Darauf schickte jener Widrang, der Schuft (?), einen Brief an seinen Sohn Nephajan, der in der Festung Syene Oberst war, also: „Den Tempel in der Festung Jeb soll man zerstören!" Darauf führte Nephajan die Ägypter mit anderen Truppen heran. Als sie mit ihren Waffen zur Festung Jeb gekommen waren, drangen sie in jenen Tempel ein, zerstörten ihn bis auf den Grund und zerbrachen die steinernen Säulen, die dort waren. Außerdem: fünf Steintore – aus Quadersteinen erbaut – in jenem Tempel zerstörten sie, aber deren Türflügel ließen sie (unbeschädigt) und ebenso die Angeln jener Türflügel aus Bronze. Und das Dach aus Zedernholz, das alles zusammen mit dem Rest der Holzverkleidung und (allem) anderen, was sonst noch dort war, das alles verbrannten sie mit Feuer. Die Schalen aber aus Gold und Silber und alles, was sonst in jenem Tempel war, das alles haben sie genommen und sich angeeignet. Und (?) bereits in den Tagen 'der Könige' Ägyptens haben unsere Väter jenen Tempel in der Festung Jeb erbaut, und als Kambyses nach Ägypten kam, fand er jenen Tempel erbaut vor. Die Tempel der Götter Ägyptens riß man ohne Ausnahme nieder, aber keiner tat jenem Tempel einen Schaden an.

Und als dies geschehen war, legten wir mit unseren Frauen und Kindern Trauergewänder an, fasteten und beteten zu Jahu, dem Herrn des Himmels, der uns sehen ließ (unsere Lust) an jenem hündischen Widrang. Man entfernte die Fessel von seinen Füßen, und alle Reichtümer, die er (sich) erworben hatte, gingen (ihm) verloren. Alle Menschen, die Böses gegen jenen Tempel geplant hatten, wurden alle getötet, und wir haben (unsere Lust) an ihnen gesehen.

Schon vor diesem, damals als uns dies Böse zugefügt wurde, haben wir zu unserem Herrn und an den Hohenpriester Jehochanan und seine Genossen, die Priester in Jerusalem, und an Ostanes, den Bruder des Anani, und an die Vornehmen der Juden einen Brief geschickt. Einen (Antwort-)Brief sandte man uns nicht. Auch haben wir seit dem Monat Tammuz des 14. Jahres des Königs Darius bis heute Trauerkleider angelegt und fasten. Unsere Frauen wurden gleich einer Witwe; wir salben uns nicht mit Öl und Wein trinken wir nicht. Auch sind seitdem bis zum (heutigen) Tage des 17. Jahres des Königs Darius weder Speiseopfer noch Weihrauchopfer noch Brandopfer in jenem Tempel dargebracht worden.

Nun sagen deine Knechte Jedonja und seine Genossen und die Juden, alle Bürger von Jeb, also: Wenn es unserem Herrn genehm ist, trage Sorge für jenen Tempel, daß er gebaut werde, da sie uns nicht erlauben, ihn zu bauen! Schaue auf die hier in Ägypten, die ein Anrecht haben auf deine Güte und deine Freundlichkeit! Veranlasse, daß ein Brief von dir an sie geschickt wird, betreffend den Tempel des Gottes Jahu, daß er in der Festung Jeb erbaut werde genau, wie er früher gebaut war. Und Speiseopfer, Weihrauchopfer und Brandopfer wird man auf dem Altar des Gottes Jahu darbringen in deinem Namen, und wir werden beten für dich zu jeder Zeit, wir, unsere Frauen und Kinder und die Juden – alle die hier sind, wenn es dahin kommt, daß jener Tempel gebaut wird. Und es wird ein Lohn für dich sein vor Jahu, dem Gott des Himmels, mehr als einem Menschen, der ihm Brandopfer und Schlachtopfer entsprechend dem Wert von 1000 Talenten darbringt. Und Gold betreffend, so haben wir darüber geschickt (und) Anweisung gegeben.

Und wir haben die ganze Angelegenheit in einem Briefe in unserem Namen dem Delaja und Schelemja, den Söhnen des Sinuballit, des Statthalters von Samarien, dargelegt. Auch ist Arscham von alledem, was uns angetan wurde, ohne Kenntnis gewesen.

Das Schreiben der beiden Statthalter lautete:
Memorandum dessen, was Bagohi und Delaja zu mir sagten. – Memorandum also lautend: Du sollst in Ägypten sagen vor Arscham betreffend das Altarhaus des Gottes des Himmels, das in der Festung Jeb erbaut war, lange vor Kambyses, das Widrang, jener Schuft (?), zerstört hat im 14. Jahr des Königs Darius: daß man es wieder aufbaue an seiner Stätte, wie es früher war, und daß man Speiseopfer und Weihrauchopfer darbringen darf auf jenem Altar, genau wie es früher zu geschehen pflegte.

Zwei Maßnahmen waren es, die Esra in Jerusalem und Juda nacheinander in Angriff nahm und die ihn als religiösen Reformator und eigentlichen Begründer des Judentums zeigen.

Als erstes verlas er vor dem Volk die aus Babylonien mitgebrachte Tora. Dies geschah am Neumondfest am ersten Tag des 7. Monats und an dem vom 15. Tage an folgenden Laubhütten- oder Herbstfest. Der Eindruck war so groß und nachhaltig, daß sich die ganze Gemeinde auf die Tora verpflichtete. Es kann sich dabei nur um die priesterschriftliche Quellenschicht des Pentateuchs oder um den ganzen Pentateuch mit der bereits eingearbeiteten Priesterschrift gehandelt haben. Wahrscheinlich dürfte die letztere Annahme zutreffen, so daß man wahrscheinlich in Babylonien aus den älteren Quellenschichten und der Priesterschrift den Pentateuch hergestellt hat. In ihm waren zwar die vorexilischen Quellenschichten verarbeitet, neu aber ist ihre Zusammenfassung mit den umfangreichen Gesetzessammlungen, die in der Priesterschrift aufgegangen waren, neu war der einheitliche Grundgedanke, der das Ganze beherrscht. Charakteristisch ist der Aufbau einer geschlossenen priesterlichen Hierarchie aus dem Hause Arons, mit dem Hohenpriester an der Spitze, der praktisch die Stellung eines Herrschers einnimmt. Neben den auch priesterlich gefärbten Mose wurde überall der Priester Aron gesetzt. Die Zukunft des Volkes wurde nicht den Nachkommen des Propheten Mose anvertraut, sondern den Nachkommen des Priesters Aron. Dieses Volk sollte in Zukunft eine heilige, von allem Profanen abgesonderte Gottesgemeinde sein. Der Versuch, der nach der Heimkehr aus dem Exil gescheitert war, sollte mit neuen Mitteln verwirklicht werden – mit Hilfe der Tora, auf die sich das Volk verpflichtet hatte.

Das Zweite, das Esra unternahm, war die rigorose Anwendung der Bestimmungen der Tora auf den schwierigsten Fall seiner Zeit: auf die Frage der Mischehen. Nach dem neuen Gesetz gab es nur eine Regelung: Scheidung der zwischen Judäern und Nichtjudäern geschlossenen Ehen. Esra hatte das Volk schnell zur Zustimmung bereit; nur eine Minderheit protestierte.

Bald war alles geregelt und die Ehescheidungen vollzogen; dabei wurden die besonders gelagerten Fälle von einem Ausschuß überprüft und entschieden. Damit war in der Frage der Eheschließung die Absonderung der Judäer praktisch erprobt und zur Grundlage der Gemeinde gemacht worden.

Freilich hatte diese Maßnahme unliebsame Folgen. Die inzwischen alteingesessene Landesbevölkerung war darüber empört, daß ihre Töchter als Verstoßene zurückkehrten und sie alle in Jerusalem als

Unreine galten, von denen man sich absonderte. Am stärksten war der Haß in Samaria, dessen Jhwh-Kultus praktisch als heidnisch hingestellt wurde. An diesen Folgen ist Esra wahrscheinlich gescheitert. Seine Maßnahme brachte schwere Unruhe ins Land, und das war gerade das Gegenteil dessen, was die Perser in Palästina erreichen wollten. Daher ist Esra wohl zur Verantwortung an den Hof beordert worden und von dort nicht mehr zurückgekehrt.

Trotzdem ist Esras Werk für das Judentum von ungeheurer Bedeutung geworden. Man hat ihn später häufig mit Mose gleichgesetzt und als Fortführer und Vollender seines Werkes bezeichnet. Tatsächlich hat er auch das eigentliche Judentum begründet und seinem Glauben mit Geschichte und Tora eine Grundlage gegeben.

In vorexilischer Zeit wurden die Angehörigen des Stammes Juda bzw. die Bewohner der Landschaft Juda als Judäer bezeichnet; die von den Babyloniern deportierten Jerusalemer hat man darin einbezogen. Auch in nachexilischer Zeit blieb die Bezeichnung erhalten, auch wenn zeitweilig eine Trennung zwischen den nicht deportierten Altjudäern und den aus dem Exil heimgekehrten wirklichen „Judäern" eintrat. Auf dem Wege über das Griechische wurde die Bezeichnung später auf die Israeliten in der Diaspora ausgedehnt. Man nannte sie Ioudaioi „Judäer"; daraus ist im Deutschen das Wort Jude geworden.

An dieser Verwendung der Bezeichnung ist zutreffend, daß in der Tat die Nachkommen der anderen israelitischen Stämme weitgehend untergegangen sind und daß das nachexilische Israel und Judäer- bzw. Judentum überwiegend aus Abkömmlingen des Stammes Juda und in ihn integrierter anderer Volksgruppen sowie aus Abkömmlingen eines Teils des Stammes Benjamin bestand. Gewiß hat auch die von den Assyrern nicht deportierte israelitische Mittel- und Unterschicht in Samarien und Galiläa zum Bestand des Judärtums im Süden des Landes und in der Diaspora beigesteuert, bis sich in Samarien die samaritanische Gemeinde bildete. Doch sehr groß ist die Zahl sicher nicht gewesen.

Dies bedeutet, daß vorwiegend das Judäertum mitsamt der gleichfalls weitgehend von ihm abstammenden Diaspora in Babylonien und Ägypten das volkliche Substrat des späteren Judentums gebildet hat, also das Volkstum eines einzigen Stammes nebst den in ihm aufgegangenen Kanaanäern und weiteren Volksgruppen, außerdem ein Teil der Benjaminiten. Abkömmlinge der anderen israelitischen Stämme waren im Judentum nur geringfügig vertreten. Dies macht allein für die Volkszahl einen ungeheuren Verlust aus; der geistige und religiöse Verlust läßt sich überhaupt nicht erahnen.

Es bleibt die Frage, warum man zwischen Israeliten und Judäern einerseits und Juden andererseits unterscheidet. Diese Unterscheidung ist religionsgeschichtlich bedingt und durch die Verpflichtung der Jerusalemer und Judäer auf die Tora durch Esra zeitlich festzulegen. Bis zu Esra redet man gewöhnlich von Israeliten und Judäern, danach von Juden, da dieser Zeitpunkt am besten geeignet erscheint, um die Bezeichnung „Juden" einzuführen.

5. Die Gemeinde in den letzten Jahrzehnten der persischen Herrschaft.

Die Tätigkeit Nehemias und Esras hatte die jüdische Gemeinde davor bewahrt, in ihrer Umgebung aufzugehen. Sie konnte ihre volksmäßige und geistig-religiöse Eigenart erhalten. Die Perserkönige, die sie förderten, haben dabei vor allem die Interessen ihres Reiches im Auge gehabt. Es war selbstverständliche Voraussetzung, daß die Gemeinde die persische Oberhoheit anerkannte. So lebte sie während der letzten Jahrzehnte des persischen Reiches in den von Nehemia und Esra vorgezeichneten Bahnen, ohne daß Wesentliches über ihr Ergehen berichtet wird. Die persischen Könige jener Zeit sind:

Artaxerxes III. (358–338 v. Chr.), in dessen Zeit Aufstände im Osten und im westlichen Asien, die neue Eroberung Ägyptens und eine Krisenstimmung in Kleinasien fielen;

Darius III. (338–331), unter dem es zum entscheidenden Zusammenstoß mit Alexander dem Großen kam.

Während all dieser Jahrzehnte war die Lage in Juda mit einer Ausnahme so, wie die persischen Könige es beabsichtigt hatten: Es war eine loyale Provinz, die zuverlässig ohne eigene politische Bedeutung und Absichten war; eine Bevölkerung, die sich wesentlich als religiöse Gemeinde verstand und durch ihre Absonderung von den „Völkern des Landes" ein Moment der Ruhe darstellte.

Für die jüdische Selbstverwaltung unter persischer Oberhoheit ergibt sich, daß neben dem Hohenpriester und der Priesterschaft die innere Verwaltung auch einem Ausschuß von Laien unterstand, den „Edlen der Juden". Es waren die Häupter der Vornehmen und Reichen. Ihr Führer scheint ein Abkömmling des davidischen Hauses gewesen zu sein, das das vornehmste Laiengeschlecht bildete.

Nur einmal scheint Palästina unter Artaxerxes III. aus seiner Ruhe gerissen worden zu sein. Den Anstoß dazu gab Ägypten, das von den Persern nur unter den größten Schwierigkeiten in Schach gehalten werden konnte, wie es schon unter der assyrischen und babylonischen Herrschaft gewesen war. Wenn aber Ägypten nicht unterworfen war, war auch Palästina nicht gesichert, da die Ägypter dort immer wieder nach der Oberherrschaft strebten. Unter Artaxerxes II. war Ägypten wieder verlorengegangen, es hatte sogar den Süden Palästinas erobern können (361). Artaxerxes III. suchte es zurückzudrängen, erlitt jedoch einen Fehlschlag, der im Jahre 351 Aufstände im Westen des Reiches verursachte. Drei Jahre brauchte er, um ihrer Herr zu werden und die frühere Lage in Palästina wiederherzustellen, zwei weitere Jahre, um Ägypten erneut zu unterwerfen. Wahrscheinlich haben Juden an den

Aufständen teilgenommen oder sie wenigstens begünstigt, ohne daß darüber unmittelbare Nachrichten vorliegen. Nur Josephus berichtet nach Hekatäus von Abdera (306–283), daß 10000 Juden deportiert worden seien, teils nach Babylonien, teils nach der Provinz Hyrcania südlich des Kaspischen Meers.

Mehr läßt sich in bezug auf die geistige und religiöse Situation in dieser Zeit erkennen. Zweifellos war das Leben weitgehend durch die Tora bestimmt, die Esra eingeführt hatte. Diese Torafrömmigkeit, die mit der kultisch-rituellen Haltung verbunden war, wurde allmählich zur herrschenden Richtung, nachdem sie sich vom Exil an immer mehr durchgesetzt hatte. Daneben gab es andere Formen des Glaubens, von denen eine in dem großen Geschichtswerk des Chronisten zutage tritt, das wahrscheinlich aus dem Ende der Perserzeit stammt. Es ist zur Verherrlichung Davids und der Leviten geschrieben worden, so daß in ihm ein neues Geschichtsbild neben die der Quellenschichten des Pentateuchs getreten ist. Im Mittelpunkt steht nicht die Torafrömmigkeit, sondern Glauben und Vertrauen als die wichtigste Forderung Gottes; im Kultus gelten Lobgesang und Danksagung als wichtiger denn Opfer und Sühnemittel. Auch in einer Reihe von Psalmen, die wahrscheinlich in der nachexilischen Zeit entstanden sein dürften, begegnet eine tiefe Frömmigkeit, die zwar mit dem Tempel verbunden ist, die Opfer jedoch als nebensächlich betrachtet; statt dessen stehen wie im chronistischen Geschichtswerk Lob und Dank im Mittelpunkt.

Auch prophetische Gestalten und Gedanken begegnen. Im Tempel traten wieder Kultpropheten auf, die aus den Kreisen der Leviten und Tempelsänger hervorgingen und die von eschatologischen Erwartungen erfüllt waren. Zu diesen Propheten gehört auch der Verfasser des Buches Joel.

Schließlich scheint die Weisheitslehre lebendig gewesen zu sein, die in dieser Zeit zu einer umfassenden Weisheitstheologie entwickelt wurde und auf der Grundlage der Vergeltungslehre aufbaute. Vor allem gegen diese wendeten sich die Verfasser der Bücher Hiob und Kohelet.

E. Sellin, Studien zur Entstehungsgeschichte der jüdischen Gemeinde nach dem babylonischen Exil, 1900/01. – H. H. Schaeder, Esra der Schreiber, 1930. – K. Galling, Syrien in der Politik der Achämeniden bis 448 v. Chr., 1937. – Ders., Studien zur Geschichte Israels im persischen Zeitalter, 1964. – E. G. Kraeling, The Brooklyn Museum Aramaic Papyri, New Documents of the Fifth Century B. C. from the Jewish Colony at Elephantine, 1953. – L. Rost, Erwägungen zum Kyroserlaß, in: Festschrift W. Rudolph, 1961, 301–307. – S. Mowinckel, Studien zu dem Buche Ezra-Nehemia, 3 Bde., 1964/65. – A. Dietrich – G. Widengren –

F. M. Heichelheim, Orientalische Geschichte von Kyros bis Mohammed, 1966. – H. C. M. Vogt, Studie zur nachexilischen Gemeinde in Esra-Nehemia, 1966. – U. Kellermann, Nehemia, 1967. – Ders., Erwägungen zum Problem der Esradatierung, ZAW 80 (1968), 55–87. – Ders., Erwägungen zum Esragesetz, ebd., 373–385. – K. Jaritz, Der Untergang des babylonischen Reiches, Saeculum 19 (1968), 143–155. – R. Mayer, Das achämenidische Weltreich und seine Bedeutung in der politischen und religiösen Geschichte des antiken Orients, BZ NF 12 (1968), 1–16. – B. Porter, Archives from Elephantine, 1968. – S. S. Weinberg, Postexilic Palestine, An Archaeological Report, 1969. – R. S. Foster, The Restauration of Israel, 1970. – A. T. Olmstead, History of the Persian Empire, 1970[6]. – K.-M. Beyse, Serubbabel und die Königserwartungen der Propheten Haggai und Sacharja, 1972. – W. Th. In der Smitten, Esra, 1972. - Ders., Gottesherrschaft und Gemeinde, 1974. – F. M. Cross, Jr., A Reconstruction of the Judean Restoration, Interpretation 29 (1975), 187–201. – N. Avigad, Bullae and Seals from a Post-Exilic Archive, 1976. – W. Kornfeld, Unbekanntes Diasporajudentum in Oberägypten im 5./4. Jh. v. Chr., Kairos NF 18 (1976), 55–59. – H. Schmid, Die „Juden" im Alten Testament, in: Festschrift E. L. Rapp, 1976, 17–29.

II. Die hellenistische Zeit

1. Alexander der Große und die Diadochenstaaten. Als Alexander seine Herrschaft in Makedonien und Griechenland gefestigt hatte, ging er bereits im zweiten Jahr seiner Regierung daran, den großen Plan seines Vaters zu verwirklichen: die Eroberung des persischen Reiches. Der schnelle Siegeszug, der ihn in kurzer Zeit zum Herrn des Vorderen Orients bis nach Indien hinein machte, ist bekannt. Nach den Siegen am Granikos (334 v. Chr.) und bei Issos (333), die ihm Kleinasien und seine Nachbargebiete sicherten, zog er nach Süden. Syrien und Palästina fielen fast ohne Kampf an ihn. Nur die Inselstadt Tyrus leistete längeren Widerstand, wurde aber belagert, erobert und zerstört. Auch Ägypten fiel Alexander ohne Kampf zu. Gerade dort zeigte es sich, daß er die Eigenart der Bevölkerung der eroberten Länder schonen wollte. Nur sollten die Griechen die Möglichkeit erhalten, das Land friedlich zu durchdringen. Letzten Endes liefen die Pläne also auf eine allmähliche und friedliche Verschmelzung der verschiedenen Kulturen zu einer internationalen Einheitskultur hinaus. Diese bildete sich dann im Hellenismus auch heraus. Es war lediglich die Frage, in welchem Ausmaß jeweils der griechische und der orientalische Geist daran beteiligt sein würden – der griechische mit seinem Individualismus und der grundsätzlichen Voraussetzungslosigkeit seines Denkens und der orientalische mit seinem strengen Festhalten an der Überlieferung und der

Unterordnung des einzelnen unter die Gesamtheit. Darum ging das geistige Ringen in den folgenden Jahrhunderten.

Mit dem plötzlichen Tode Alexanders (323) zerfiel das kaum gegründete Weltreich. Die Versuche, es in vollem Umfang zu erhalten, scheiterten in den heftigen Diadochenkämpfen. Aus ihnen gingen mehrere kleinere Staaten und drei Großmächte hervor. Dieser verwickelte Prozeß vollzog sich in mehreren Stadien, deren Ablauf für die Geschichte Israels belanglos ist. Nur das Ergebnis ist wichtig: Im Jahre 272 bestanden drei Reiche, von denen jedes mächtig genug war, um sich gegen jedes der beiden anderen und sogar gegen beide zugleich zu wehren und zu behaupten. Es waren 1. das Reich der Seleukiden mit Babylonien, Syrien und Kleinasien, das von 311–83 bestand; 2. das Reich der Ptolemäer mit Ägypten und Palästina, das von 323–30 bestand; 3. das Reich der Antigoniden in Europa.

2. Die Herrschaft der Ptolemäer. Palästina ist in den Wirren nach dem Tode Alexanders nach mehrfach wechselnden Kämpfen zwischen Ptolemäern und Seleukiden für die Zeit von 301–198 v. Chr. an die Ptolemäer gefallen. Die Gemeinde in Jerusalem und Juda hat ihre Oberherrschaft zunächst im allgemeinen willig ertragen, weil die Ptolemäer in religiöser Hinsicht tolerant waren und praktisch die volle Religionsfreiheit gewährten. Die Ländereien der Krone in Palästina unterstanden unmittelbar der ptolemäischen Verwaltung, während die mehr oder weniger autonomen Gebiete von den jeweiligen örtlichen Autoritäten und Körperschaften verwaltet wurden, die auch für das Steueraufkommen und die Stellung von Hilfstruppen zu sorgen hatten. Der Tempelstaat Jerusalem-Juda gehörte zu den Gemeinwesen mit weitgehender Autonomie.

Aufzeichnungen eines ptolemäischen Finanzkommissars aus dem Jahre 259 v. Chr., die Zenon-Papyri, geben einen gewissen Einblick in die verwickelten und spannungsgeladenen Verhältnisse in Palästina. In den sozial schwächeren Volksschichten, vor allem in den Gebieten unter unmittelbarer ptolemäischer Verwaltung, herrschte eine weitverbreitete Unzufriedenheit; aber auch Juda hat die harte Steuerlast zu spüren bekommen. Offiziell war sie zwar dem Hohenpriester auferlegt, tatsächlich aber traf sie alle. Dadurch gerieten der Hohepriester und die Oberschicht in den Augen des Volkes in zunehmendem Maße in ein ungünstiges Licht. Dies gefährdete ihr Ansehen und ihre Autorität, weckte Hoffnungen auf eine Besserung der Lage durch einen Wechsel unter die Herrschaft der Seleukiden oder schürte eschatologische Erwartungen eines von Gott zu wirkenden Umsturzes aller Dinge. Solche Erwägungen sowie persönliche, wirtschaftliche und politische Zwistigkeiten spalteten sogar die Oberschicht selbst, von der ein Teil den von Nehemia und Esra eingeschlagenen Kurs beibehielt, während ein anderer Teil bald wieder enge Beziehungen zu politisch und wirtschaftlich einflußreichen Gruppen der näheren und weiteren Umgebung knüpfte und damit die schon von Haggai geforderte Trennung von der heidnischen Umwelt aufgab.

Sogar die Nachkommen des im Ostjordanland beheimateten Tobia, der als höchster persischer Beamter im ammonitischen Gebiet zu den Hauptgegnern Nehemias gehört hatte, konnten in Jerusalem Fuß fassen und bestimmten in der zweiten Hälfte des 3. Jh. v. Chr. weitgehend die politischen Verhältnisse in Juda. Damals kam es zu neuen Kämpfen zwischen Ptolemäern und Seleukiden, und da die letzteren zunächst beträchtliche Erfolge erzielten, setzte der greise Hohepriester Onias II. auf ihren Endsieg, entrichtete den jährlichen Tribut an die Ptolemäer nicht mehr und kündigte damit die Anerkennung ihrer Herrschaft auf. Diese drohten daraufhin mit der Umwandlung Jerusalems in eine Kleruchie, die den Verlust der Autonomie und die Verteilung des Haus- und Grundbesitzes an Militärkolonisten nach sich gezogen hätte. Infolgedessen bildete sich eine starke Opposition gegen Onias. Sie wurde von dem mit der hohepriesterlichen Familie durch Heirat verbundenen Tobiaden Joseph angeführt, der einen sofortigen Ausgleich mit der ptolemäischen Regierung forderte. Onias fügte sich dem. Er blieb Hoherpriester, mußte jedoch auf Beschluß einer Volksversammlung die politische Vertretung des Volkes an Joseph abtreten, der den gütlichen Ausgleich mit der ptolemäischen Regierung versprach und auch bald erreichte. Darüber hinaus erlangte er von dieser für sich persönlich die vereinheitlichte Steuerverwaltung in Palästina, die er mit Brutalität und Grausamkeit ausübte – zum Abscheu nicht nur der ärmeren, sondern auch der traditionsbewußten Kreise der Mittel- und Oberschicht in Juda.

Bereits während der Zeit der Ptolemäerherrschaft bildeten sich zunehmende Spannungen sowohl zwischen der von der hellenistischen Zivilisation geprägten Umwelt und dem werdenden Judentum als auch innerhalb dessen heraus. Für den vom Hellenismus bestimmten Menschen, der im Rahmen einer großräumigen Kultursynthese dachte und lebte, erschien die praktische jüdische Frömmigkeit mit dem Gehorsam gegenüber der Tora und der strengen Trennung von allem Heidnischen als Menschen- und Fremdenfeindschaft und als Widerspruch zu den positiv beurteilten Seiten des Monotheismus, der Bildlosigkeit des Kultus und der Betonung der ethischen Werte der Religion. So erblickte man einen Zwiespalt zwischen Theorie und Praxis, der vor allem bei engerem Zusammenleben in der Diaspora, aber auch bei Maßnahmen, die Jerusalem oder Juda betrafen, Folgen für das politische Verhalten nach sich ziehen mußte. Innerhalb des Judentums erkannten die Kreise, die aus wirtschaftlichen oder politischen Gründen den Verkehr mit der nichtjüdischen Umwelt, insbesondere mit den Vertretern der Staatsregierung, nicht vermeiden konnten oder sogar suchen mußten, diese Schwierigkeiten. Sie empfanden die Praxis der Frömmigkeit als hinderlich oder gefährlich und suchten darum die Integration in die hellenistische Zivilisation und die sich daraus ergebende Assimilation. Dies wiederum erregte das Mißtrauen, die Ablehnung und den Widerstand traditionsbewußter Kreise, die das Verhalten gegenüber den fremden Regierungen und Staaten und die außenpolitischen Hoffnungen und Erwartungen beeinflußten. Auf diese Weise entstand allmählich ein Zwiespalt innerhalb des Judentums, der durch die Bildung einer ptolemäer- und einer seleukidenfreundlichen Richtung in Jerusalem und Juda verschärft wurde. Damit waren die Voraussetzungen für die Krise unter der späteren Seleukidenherrschaft gegeben.

3. Die Gemeinde der Samaritaner. Anscheinend fällt in diese frühe hellenistische Zeit ein wichtiges Ereignis: die Lostrennung der Samaritaner von Jerusalem und der Bau ihres Tempels auf dem Berge Garizim in der Nähe der Stadt Sichem im Herzen des Gebirges Ephraim bzw. Samarien. Vielleicht ist die Lostrennung schon zu Lebzeiten Alexanders erfolgt; jedenfalls hat die Provinz Samaria eine Gelegenheit benutzt, eine eigene Gemeinde zu gründen und ein eigenes Heiligtum zu errichten. Zu dieser Gemeinde gehörten vor allem die Nachkommen der früheren Nordisraeliten, die durchaus am Jhwh-Glauben festhielten, aber eine von Jerusalem und vom dortigen Tempel unabhängige Gemeinde mit eigener Kultstätte bilden wollten.

Der Grund dafür liegt nicht darin, daß sie eine synkretistische Religion gewollt hätten. Sie waren insofern konservativer als die Jerusalemer, als die Grundlage ihres Glaubens nur der Pentateuch war, den sie von Mose oder aus der Zeit Moses herleiteten, und keine andere heilige Schrift darüber hinaus. Weitherziger waren sie in der Ehefrage und der Zulassung zum Kultus, d. h. sie teilten die Absonderungstendenz der Jerusalemer Gemeinde nicht.

Der wahre Grund für die Lostrennung der Samaritaner von Jerusalem war der alte Gegensatz zwischen Nord und Süd, der schon zur Entstehung der beiden Staaten Juda und Israel geführt hatte. Er wiederholte sich in der hellenistischen Zeit auf geistig-religiöser und organisatorischer Ebene. Mit dem Gegensatz gegen Jerusalem verband sich für die Samaritaner derjenige gegen die davidische Dynastie. Deswegen verwarfen sie auch die religiösen Schriften außerhalb des Pentateuchs. Denn in ihnen stießen sie auf Texte, in denen Jerusalem und die davidische Dynastie verherrlicht oder ein Messias aus dem Hause Davids angekündigt wurde. Ursache der Lostrennung der Samaritaner war letztlich der Gegensatz zum Führungsanspruch Jerusalems in politischer und religiöser Hinsicht, zu David als dem nationalen und religiösen Helden und zum priesterlich-levitisch ausgestalteten Kultus. Seitdem gab es neben der weitverbreiteten Hauptgemeinde des Judentums in Juda und Jerusalem sowie in der Diaspora – vor allem in Babylonien und Ägypten – die kleine Gemeinde der Samaritaner, die ihre eigenen Traditionen gebildet und überliefert hat.

4. Die Herrschaft der Seleukiden. Der alte Machtkampf um Palästina zwischen Ägypten einerseits und Kleinasien und Mesopotamien andererseits wiederholte sich in der hellenistischen Zeit zwischen den Ptolemäern und den Seleukiden. Das Kriegsglück war schwankend, lange Zeit konnte keiner der Gegner einen entscheidenden Sieg erringen. Schließlich gelang es dem syrischen König Antiochus III. im Jahre 198 v. Chr., Palästina in seine Gewalt zu bringen. Damit fielen auch Juda und Jerusalem an ihn, den die seleukidenfreundliche Richtung in großartiger Weise empfing und dem sie sogar bei der Einnahme der Stadtfestung, der Akra, half, in der sich eine ptolemäische Besatzung befand. Umgekehrt bestätigte Antiochus den politischen Status Judas, versprach eine Reihe von Privilegien, eine Geldhilfe für die Behebung der Kriegsschäden in Jerusalem und weitere Mittel für den Kultus und den Ausbau des Tempelbezirks. Ferner wurden die Bewohner Jerusalems für drei Jahre von Steuern befreit und der Erlaß eines Drittels des Tributs auch für die Zukunft zugesagt. Schließlich wurde angeordnet, die in der letzten Zeit versklavten oder deportierten Juden freizulassen. Zwei weitere Erlasse zeigen, daß der Wechsel der Herrschaft zunächst das religiöse Selbstbewußtsein stärkte: Der erste Erlaß verbot Nichtjuden bei Todesstrafe, den Tempelhof zu betreten, der zweite verbot die Einfuhr unreiner Tiere und Tierprodukte nach Juda und Jerusalem.

König Antiochus grüßt Ptolemaios! Da die Juden uns sogleich nach Betreten ihres Landes ihren rühmlichen Eifer bewiesen, uns bei unserer Ankunft in ihrer

Stadt glänzend empfingen und uns mit dem Senat an der Spitze entgegenkamen, auch dem Heere und den Elefanten reichlich Lebensmittel lieferten und bei der Gefangennahme der ägyptischen Besatzung auf der Burg mithalfen, halten wir es unsererseits für richtig, ihnen ihre Hilfe anzuerkennen, d. h. ihre durch die Kriegsereignisse zerstörte Stadt wiederherzustellen und den verstreuten Bewohnern das Zusammenwohnen in der Stadt zu ermöglichen.

Zunächst beschließen wir aus Frömmigkeit, ihnen für den Kultus einen Beitrag zu gewähren und zwar an Opfertieren, Wein, Öl und Weihrauch – 20000 Silber(-Drachmen) und an Feinmehl nach Landesbrauch heilige Artaben, d. h. an Weizen 1460 Medimnen und außerdem 375 Medimnen Salz. Ich selbst verordne, daß alles nach meinem Befehl durchgeführt wird, und auch, daß die Arbeiten am Tempel bis zu Ende gebracht werden, d. h. an den Säulenhallen und was sonst noch erneuerungsbedürftig ist. Das nötige Material an Holz soll aus Judäa selbst, aus (dem Land) anderer Völker und aus dem Libanon geliefert werden, ohne daß dafür eine Abgabe erhoben wird.

Das gilt auch für alle übrigen Materialien, die zur Verschönerung des Tempels erforderlich erscheinen.

Alle Angehörigen des Volkes sollen nach den väterlichen Gesetzen leben. Der Senat, die Priester, die Tempelschreiber und die Tempelsänger sollen von dem, was sie an Kopfsteuer zu zahlen haben, und von der Kranz- und Salzsteuer befreit werden.

Damit sich aber die Stadt schneller bevölkert, gewähre ich den gegenwärtigen Bewohnern sowie allen denen, die bis zum Monat Hyperberetaios zurückkehren, für drei Jahre Steuerfreiheit. Aber auch für später erlassen wir ihnen ein Drittel des Tributes, um ihnen die Einbuße zu mindern. Und alle aus der Stadt in die Sklaverei Verschleppten samt ihren Nachkommen erklären wir für frei und befehlen, ihnen ihr Vermögen zurückzugeben.

Doch die neuen Vorrechte kamen letztlich nur einer kleinen Schicht zugute, während sich die Lage für den Großteil der sozial Schwachen, vor allem für die Landbevölkerung, nicht wesentlich änderte. Und die Kreise, die an den Wechsel der Herrschaft eschatologische Heilserwartungen geknüpft hatten, wurden bitter enttäuscht. Als Folge dessen wendeten sich die bislang ptolemäerfeindlichen Gefühle nicht nur gegen die Seleukiden, sondern sowohl gegen jede fremde Herrschaft überhaupt als auch gegen die privilegierten Kreise im eigenen Volk, die mit der Fremdmacht zusammenarbeiteten.

Weitere Ereignisse führten eine gefährliche Zuspitzung der Lage herbei. So kam es zu Auseinandersetzungen zwischen den Anhängern der nichtjüdischen Tobiaden und denen des von den Frommen geschätzten Hohenpriesters Onias III., die zu bürgerkriegsähnlichen Verhältnissen führten, bis die hellenismusfreundlichen Tobiaden sich durchsetzten. Den nächsten Anlaß bildete die von ihnen und dem auf ihr Betreiben eingesetzten neuen Hohenpriester gewünschte Umwandlung Jerusalems in eine hellenistische Stadt (Polis) mit Namen Antiochia und ihre Eingliederung in die Gemeinschaft dieser unter sich wie mit dem König besonders verbundenen Städte. Dies ließ sich beim König leicht erreichen, da er sein ganzes Reich gleichmäßig und in größtmöglichem Maße in die hellenistische Weltkultur einbeziehen wollte. Die bisherige Gerusie Jerusalems wurde in einen hellenistischen Stadtrat umgewandelt und eine Liste der Polisbürger angelegt, von der wahrscheinlich mißliebige Andersdenkende ausgeschlossen wurden, so daß sie kein Bürger- und Stimmrecht besaßen. Da zudem die Umgebung einer Polis als ihr Eigentum galt, wurde ein Teil der Jerusalemer und der Landbevölkerung entrechtet. Vor allem aber war die Tora als Verfassungsgrundlage für Juda und Jerusalem aufgehoben und dadurch in ihrer Bedeutung erheblich eingeschränkt. Dies bedeutete einen Eingriff in den bisherigen Status, den weite Kreise natürlich nicht ohne Widerstand hinzunehmen gedachten.

Dies alles führt in die Regierungszeit des Antiochus IV. Epiphanes (175–164), unter dem der entscheidende Umschwung stattfand. In Juda und Jerusalem verfolgte nur eine zahlenmäßig kleine Schicht hellenismusfreundliche Pläne, die der Politik des Königs entsprachen. Bei der Masse des Volkes verband sich der Gegensatz gegen diese Bestrebungen innerhalb der eigenen Reihen und gegen die Politik des Antiochus weithin mit der politischen Abneigung gegen ihn und der Hinneigung zu den Ptolemäern, die die Religionsfreiheit gewährleistet hatten. Die Krise kam zum Ausbruch, als Antiochus im Jahre 169 auf der Rückkehr von einem Feldzug gegen Ägypten auch nach Jerusalem kam und zur Aufbesserung der zerrütteten Staatsfinanzen einen Teil des Tempelschatzes an sich riß. Dieser Übergriff rüttelte die traditionsbewußten Juden auf; sie griffen nach dem Abzug des Königs zu den Waffen und wendeten sich gegen die hellenismusfreundliche herrschende Schicht. Sie waren nunmehr weder seleukiden- noch ptolemäerfreundlich, sondern entwickelten sich zu einer eigenen politischen Bewegung. Dies veranlaßte wiederum Antiochus, der den Aufstand als Empörung gegen die seleukidische Herrschaft auffaßte, in den beiden folgenden Jahren zu scharfen Maßnahmen. Der Widerstand wurde blutig unterdrückt, in die Akra eine syrische Besatzung gelegt und der Jerusalemer Tempel in eine Kultstätte des mit dem Zeus Olympios gleichgesetzten Baal Schamem (Himmelsbaal) umgewandelt. Mit der Todesstrafe belegt wurden die Beobachtung des Sabbats, des Fastens und der Feste, die Ausübung der Beschneidung, sogar der Besitz von Torarollen. Überall im Lande wurden heidnische Altäre errichtet; die Syrer suchten die Juden zu überreden oder zu zwingen, auf ihnen zu opfern. Es war eine Bedrohung des Jhwh-Glaubens, wie man sie bis dahin nicht erlebt hatte. Doch bald zeigte sich, daß Antiochus den Bogen überspannt hatte und das Gegenteil dessen erreichte, was er wollte.

U. Kahrstedt, Syrische Territorien in hellenistischer Zeit, 1926. – E. R. Goodenough, Jewish Symbols in the Greco-Roman Period, 13 Bde., 1953/68. – V. A. Tcherikover, Hellenistic Civilisation and the Jews, 1961[2]. – S. Zeitlin, The Rise and Fall of the Judaean State, 2 Bde., 1962/67. – D. S. Russell, The Jews from Alexander to Herod, 1967. – W. O. E. Oesterley, Jews and Judaism in the Greek Period, 1970[2]. – H. G. Kippenberg, Garizim und Synagoge, 1971. – R. Hanhart, Zum Wesen der makedonisch-hellenistischen Zeit Israels, in: Festschrift J. Ziegler, 1972, I 49–58. – O. Kaiser, Zwischen den Fronten, Palästina in den Auseinandersetzungen zwischen Perserreich und Ägypten in der ersten Hälfte des 4. Jahrhunderts, ebd. II 197–206. – M. Hengel, Judentum und Hellenismus, 1973[2]. – Ders., Juden, Griechen und Barbaren, 1976. – R. J. Coggins, Samaritans and Jews, 1975.

III. Makkabäer und Hasmonäerreich

1. Der Kampf um die Freiheit der Religion. Die Maßnahmen des Antiochus führten nach kurzer Zeit erneut zum bewaffneten Widerstand, der sich gegen die Hellenisierungsbestrebungen richtete. Das Zeichen dazu gab der Priester Mattatias aus der Sippe der Hasmonäer bei dem Versuch, die Leute und ihn selber zum Opfern zu zwingen. Eine zunächst kleine Gruppe von Widerstandskämpfern scharte sich um ihn und seine Söhne, vor allem die Chasidim, die „Frommen", mit einem fanatischen Eifer für die Tora. Sie wurden bald das Rückgrat des Kampfes für die religiöse Freiheit, um die es zunächst ging. Nach dem Tode des Mattatias übernahm sein Sohn Judas Makkabäus („der Hammer") die Führung des Widerstandes. Nach ihm bezeichnet man die Zeit als diejenige der Makkabäerkämpfe. Schon im Jahre 164 v. Chr. konnte Judas den Jerusalemer Tempel besetzen, ihn wieder in einen Jhwh-Tempel umwandeln und dem jüdischen Kultus übergeben, während die syrische Besatzung noch in Jerusalem blieb.

2. Der Kampf um die politische Freiheit. Danach zogen die Chasidim sich von Opposition und Widerstand zurück. Für sie war das eigentliche Ziel, die Religionsfreiheit, erreicht. Judas Makkabäus und seine Anhänger dachten jedoch nicht daran, die Waffen niederzulegen. Für sie erstand ein neues Ziel: die politische Freiheit. Dies führte zu langen, wechselvollen Kämpfen. Schließlich wurde der letzte der Söhne des Mattatias, Simon, im Jahre 142 v. Chr. von den Syrern als Hoherpriester und selbständiger Herrscher anerkannt; er erzwang im folgenden Jahr auch die Räumung Jerusalems von der syrischen Besatzung. Als Dank für seine Erfolge übertrug ihm das Volk die erblichen Würden des Fürsten, Heerführers und Hohenpriesters. Damit hatten die Makkabäer im Jahre 140 ihr zweites Ziel, die politische Unabhängigkeit erreicht.

3. Das Hasmonäerreich. Der dritte Sohn Simons, Johannes Hyrkan (135–105 v. Chr.), befand sich allerdings zeitweilig in einer schwierigen Lage und mußte sich den Syrern als Vasall unterstellen; doch gewann er im Jahre 129 die Unabhängigkeit zurück und vergrößerte das jüdische Gebiet im Süden um Idumäa, im Norden um Samarien, wobei er den samaritanischen Tempel auf dem Garizim zerstörte. Ihm folgte sein Sohn Aristobul I. (104), der zu den Eroberungen seines Vaters Galiläa hinzufügte, sodann Alexander Jannäus (103–77), der offiziell den Königstitel annahm. Er dehnte sein Reich durch weitere Eroberungen im West- und Ostjordanland aus und erreichte nahezu die Grenzen des salomonischen Reiches. Jedoch die Lage im Inneren entsprach diesen Erfolgen nicht. Der wachsende Haß gegen die Hasmonäer, vor allem seitens der Pharisäer, führte schließlich zu einem mehrjährigen Aufstand gegen Alexander. Nach seinem Sieg ließ er nach der Überlieferung mehrere hundert Aufständische kreuzigen, während er selbst mit seinen Dirnen tafelte und das Schauspiel genoß. Es ist verständlich, daß manche Juden lieber einen fremden Oberherrn als einen derartigen König und Hohenpriester anerkennen wollten.

Zunächst folgte auf Alexander seine Witwe Alexandra (77–67). Als Hoherpriester amtierte ihr ältester Sohn Hyrkan. Nach ihrem Tode stritten er und Aristobul (II.) um die Nachfolge und riefen die Römer als Schiedsrichter an. Als sie im Jahre 63 dem Pompejus in Damaskus ihre Sache vortrugen, erschienen Abgesandte des Volkes und baten, der hasmonäischen Königsherrschaft müde, um die Wiederherstellung der Priesterherrschaft, d. h. um die Beschränkung der eigenen Vollmachten auf den religiösen und kultischen Bereich und die Abtretung der politischen Herrschaft an eine andere Macht, an die Römer. Die Anhänger Hyrkans stimmten dem zu und übergaben Jerusalem dem Pompejus. Aristobul verschanzte sich auf dem Tempelberg, der nach dreimonatiger Belagerung genommen wurde. Damit war nach fast einem Jahrhundert des Kampfes, der zeitweiligen politischen Freiheit und eines jüdi-

schen Staates die makkabäische Bewegung an der Willkür der aus ihren
Reihen stammenden hasmonäischen Herrscher gescheitert.

E. Bickermann, Die Makkabäer, 1935. – Ders., Der Gott der Makkabäer, 1937.
– W. R. Farmer, Maccabees, Zealots and Josephus, 1956. – B. Mazar, The
Tobiads, IEJ 7 (1957), 137–145. 225–238. – S. Zeitlin, The Rise and Fall of the
Judean State, 2 Bde., 1962/67. – R. Hanhart, Kriterien geschichtlicher Wahrheit
in der Makkabäerzeit, in: Fourth World Congress of Jewish Studies, Papers,
Vol. I. 1967, 81–85. – W. Wirgin, Judah Maccabee's Embassy to Rome and the
Jewish Roman Treaty, PEQ 101 (1969), 15–20. – Th. Fischer, Untersuchungen
zum Partherkrieg Antiochos' VII. im Rahmen der Seleukidengeschichte, 1970. –
Ders., Zu den Beziehungen zwischen Rom und den Juden im 2. Jh. v. Chr.,
ZAW 86 (1974), 90–93. – O. Plöger, Aus der Spätzeit des Alten Testaments,
1971.

IV. Römer und Herodianer

1. Streitigkeiten zwischen Hasmonäern und Idumäern. Pompejus verkleinerte das bisherige hasmonäische Gebiet und übergab es dem von
ihm wieder als Hoherpriester eingesetzten Hyrkan. Dagegen wurden
Aristobul und seine Söhne Alexander und Aristobul als Gefangene nach
Rom gebracht. Sie entflohen und versuchten wiederholt, die Herrschaft
mit Waffengewalt zurückzugewinnen, aber ihre Erfolge waren nur von
kurzer Dauer.

Der Vertraute des schwachen Hohenpriesters Hyrkan wurde Antipater, ein nichtjüdischer Idumäer, d. h. ein Abkömmling der früheren
Edomiter, die längst den Süden der Landschaft Juda annektiert hatten.
Er hat sich die Gunst des Pompejus zu erhalten gewußt und auch
diejenige Caesars gewonnen, nachdem dieser im Jahre 48 v. Chr. der
Herr des Orients geworden war. Caesar suchte anscheinend die Juden
mit Rom auszusöhnen und die Macht Antipaters zu stärken, in dem er
den Garanten von Ruhe und Ordnung in Palästina erblickte. Er betrachtete die Juden als ein in sich geschlossenes Volk mit eigenem
Herrscher, das Rom nur tributpflichtig war. Er setzte ihre Steuern herab
und gab ihnen eigene Gerichte, die für alle Vergehen außer denjenigen
zuständig waren, die sich gegen die römische Oberherrschaft richteten.
Er ließ die Juden nicht mehr zum römischen Militärdienst ausheben und
zog die römischen Legionen aus Judäa zurück.

Wenige Jahre nach dem Tode Caesars wurde Antipater vergiftet,
seine beiden Söhne Phasael und Herodes aber fanden die Anerkennung
durch Antonius, nachdem er mit Octavian die Mörder Caesars besiegt

hatte und im Osten regierte. Hyrkan blieb weiterhin Hoherpriester, Phasael und Herodes wurden als Tetrarchen für die Verwaltung des Landes eingesetzt. Als dann die in Syrien eingefallenen Parther Antigonus, den Sohn Aristobuls, zum jüdischen König erhoben, fielen Hyrkan und Phasael in dessen Hände. Hyrkan wurde nach Babylon deportiert. Phasael tötete sich selbst. Herodes jedoch entkam nach Rom, wurde dort im Jahre 40 zum König ernannt, konnte drei Jahre später Jerusalem mit römischer Hilfe erobern, Antigonus beseitigen und seine Herrschaft antreten.

2. *Die Herodianer.* Der Regierung des Herodes (37–4 v. Chr.) hat es an Erfolgen und an Glanz nicht gefehlt. Dennoch war er bei den Juden unbeliebt oder sogar verhaßt; daran änderte auch der Prachtbau des Tempels in Jerusalem nichts – des dritten Tempels nach dem salomonischen und dem nachexilischen Heiligtum. Herodes galt als Herrscher von römischen Gnaden und als nichtjüdischer Herkunft. Seine Verschwägerung mit der hasmonäischen Familie, die sein Ansehen heben sollte, besserte nichts, sondern wurde die Quelle ständiger Familienstreitigkeiten, die Herodes durch zahlreiche Hinrichtungen zu erledigen suchte. Dieser blutige Ausgang vertiefte lediglich die Kluft, die zwischen Herodes und der jüdischen Oberschicht bestand, bis er als ein verbitterter, mordlustiger alter Mann starb.

Nach seinem Tode wurde seine Herrschaft auf seine Söhne aufgeteilt: Archelaus regierte Judäa und Samarien, bis er im Jahre 6 n. Chr. von Augustus abgesetzt und sein Gebiet einem römischen Prokurator unterstellt wurde, der in Caesarea residierte. Antipas erhielt Galiläa und Peräa (das Ostjordanland vom mittleren Jordan bis zur Mitte des Toten Meeres); er fiel 40 n. Chr. bei Caligula in Ungnade und wurde abgesetzt. Philippus, der 37 n. Chr. kinderlos starb, verwaltete bis dahin Batanäa (das frühere Basan, östlich und nordöstlich des Tiberiassees).

Nach seinen Söhnen kam noch ein Enkel des Herodes zu Würden: Agrippa I. erhielt von Caligula nach dem Tode des Philippus dessen Gebiet und den Königstitel, drei Jahre später auch das Gebiet des in Ungnade gefallenen Antipas, im folgenden Jahr außerdem Judäa und Samarien. So hat er bis zu seinem Tode im Jahre 44 für wenige Jahre das gesamte frühere Reich des Herodes beherrscht. Danach wurde Palästina in das System der römischen Provinzen eingegliedert, die im Inneren nach Städtegebieten, Kolonien, Domänenbezirken, Legionsländereien usw. gegliedert waren.

228

3. Die Herrschaft römischer Prokuratoren und der erste Aufstand. Das ganze Gebiet wurde einem Prokurator unterstellt, doch führte diese unmittelbare römische Herrschaft zu wachsenden Spannungen, die sich im ersten Aufstand gegen die Römer entluden. Nach anfänglichen Erfolgen gegen den syrischen Statthalter Cestius, der mit einem Heer gegen Jerusalem zog, erlagen die jüdischen Aufständischen – allerdings erst im Verlauf von mehreren Jahren – Vespasian und Titus, denen Galiläa im Jahre 67 und Jerusalem im Jahre 70 n. Chr. in die Hände fielen, wobei der Tempel während des Endkampfes in Flammen aufging. Nach den Angaben bei Josephus und Tacitus kostete der Aufstand mehr als 600 000 Tote, d. h. etwa ein Viertel der jüdischen Bevölkerung Palästinas.

Noch während der Belagerung Jerusalems hatte ein gemäßigter Flügel der Pharisäer, der sich nur zögernd dem Aufstand angeschlossen hatte, einen entscheidenden Schritt getan: Jochanan ben Zakkai ließ sich aus der Stadt bringen, stellte sich den Römern und suchte unter ihrer Herrschaft das jüdische Leben weiterzuführen. Und da die Römer nur den jüdischen Widerstand brechen, nicht aber das Judentum selbst vernichten wollten, durfte Jochanan in Jabne in der Küstenebene ein Lehrhaus eröffnen. Infolge seiner Autorität erlangte es in der Folgezeit überregionale Bedeutung und bildete die Grundlage für eine neue zentrale Gerichtsinstanz. Als Jochanan sich zurückzog, übernahm das Haupt des Hauses Hillel, das eine führende Rolle im Aufstand gespielt hatte, die Führung in Jabne: Rabban Gamaliel. Von da an repräsentierte (außer während des zweiten Aufstandes) das jeweilige Haupt dieses Hauses als *naśî'* das Judentum im römischen Reich. Dadurch wiederum festigte sich das jüdische Selbstbewußtsein und seine rechtlich-politische Lage. Zugleich entwickelte sich die pharisäische Haltung zu einer Art von normativem Judentum mit dem Schwerpunkt auf der Schule Hillels.

4. Palästina als kaiserliche Provinz und der zweite Aufstand. Nach der Niederwerfung des ersten Aufstandes wurde das Gebiet zur kaiserlichen Provinz erklärt, der Kultus in Jerusalem eingestellt und die bisherige Tempelsteuer für den Tempel des kapitolinischen Jupiter in Rom bestimmt. Trotzdem war die Kraft des jüdischen Volkes ungebrochen. Als Hadrian im Jahre 132 n. Chr. die Beschneidung verbot und Jerusalem als römische Kolonie wiedererrichten wollte, erhob es sich zum zweiten Aufstand, angeführt von Simon bar Kochba (ursprünglich bar Kosiba), dem „Sternensohn", d. h. dem Messias. Es war ein furchtbarer

Vgl. Heuss, Röm. Gesch. 390: Seit ~ 115 fürchten d. Juden einen Vernichtungskrieg gegen d. Heidentum.

Kampf, in dem rund 50 Festungen und 1000 befestigte Ortschaften erobert werden mußten und in dem 850000 Menschen umgekommen sein sollen. In seinen Briefen an den Senat verwendete Hadrian die übliche Formel „Mir und dem Heer geht es gut" in dieser Zeit nicht. Der Krieg endete mit der Eroberung der Bergfestung Betar unweit von Jerusalem (135), wobei wahrscheinlich auch Simon ums Leben kam. Die Folgen des Aufstandes waren verheerend: schlimmste Zerstörung im Lande, Ausrottung oder Versklavung der jüdischen Bevölkerung, Verbot des Betretens von Jerusalem und seiner Umgebung, Verbot der Beschneidung, des Feierns der jüdischen Feste und des Besitzes von Torarollen. Zwar nahm Antoninus drei Jahre später die meisten dieser Anordnungen zurück und suchte eine Verständigung mit gemäßigten Kräften des Judentums. Jerusalem aber wurde als römische Kolonie mit dem Namen Aelia Capitolina aufgebaut, an die Stelle des früheren Tempels trat ein Heiligtum des kapitolinischen Jupiter. Dennoch war dies nicht das endgültige Ende Jerusalems als der heiligen Stadt Israels.

W. D. Gray, The Founding of Aelia Capitolina and the Chronology of the Jewish War under Hadrian, AJSL 39 (1923), 248–256. – F. O. Busch, The Five Herods, 1958. – M. Hengel, Die Zeloten, 1961. – Ders., Zeloten und Sikarier, in: Festschrift O. Michel, 1974, 175–196. – V. A. Tcherikover, The Jews in the Graeco-Roman World, 1961. – F. F. Bruce, Herod Antipas, Tetrach of Galilee and Peraea, ALOS 5 (1963/65), 6–23. – J. Jeremias, Jerusalem zur Zeit Jesu, 2 Bde., 1963[3]. – E. Schürer, Geschichte des jüdischen Volkes im Zeitalter Jesu Christi, 3 Bde., Nachdruck 1963. – B. Reicke, Neutestamentliche Zeitgeschichte, 1964. – G. Baumbach, Zeloten und Sikarier, ThLZ 90 (1965), 727–740. – M. Aberbach, The Roman-Jewish War (66–70 A. D.), 1966. – W. E. Filmer, The Chronology of the Reign of Herod the Great, JThSt NS 17 (1966), 283–298. – A. H. M. Jones, Herods of Judaea, 1967[2]. – H. Mantel, The Causes of the Bar Kohba Revolt, JQR 58 (1968), 224–242. 274–296. – S. Sandmel, Herodes, 1968. – P. Prigent, La fin de Jérusalem, 1969. – A. Schalit, König Herodes, 1969. – Y. Yadin, Masada, 1969[3]. – Ders., Bar Kochba, 1971. – H. Kreissig, Die sozialen Zusammenhänge des jüdischen Krieges, 1970. – M. Grant, Herod the Great, 1971. – W. W. Buehler, The Pre-Herodian Civil War and Social Debate, 1974. – Compendia Rerum Iudaicarum ad Novum Testamentum, Section One: The Jewish People in the First Century, 2 Bde., 1974/76. – D. M. Rhoads, Israel in Revolution: 6–74 C. E., 1976. – E. M. Smallwood, The Jews under Roman Rule, 1976.

V. Die jüdische Diaspora

1. Allgemeines. Schon in der israelitischen Königszeit hatte es in der Gestalt von Militärkolonien in Ägypten eine, wenn auch kleine Diaspora gegeben; Jer 44 nennt als Orte Migdol, Tachpanches und Noph, dazu Oberägypten. Ebenso entstand durch die Deportationen von Israeliten durch Assyrer und Babylonier eine östliche Diaspora; freilich scheinen von den nordisraelitischen Deportierten sich nur wenige in ihrer Eigenart erhalten zu haben, während aus denjenigen judäischen Deportierten, die in der Perserzeit nicht heimkehrten, die sehr bedeutende babylonische Diaspora hervorgegangen ist. Vor allem seit Alexander dem Großen haben sich während der hellenistischen Zeit in zunehmendem Maße Juden außerhalb von Juda und Jerusalem in anderen Ländern niedergelassen. Sie kamen nicht nur als Deportierte, Kriegsgefangene und Militärkolonisten dorthin, sondern auch als Auswanderer, die in der Fremde ein besseres Auskommen suchten. Wenn man für die Zeit vor dem ersten Aufstand gegen Rom (66–70) eine Zahl von etwa 7 Millionen Juden annimmt, so verteilten diese sich so, daß rund 2½ Millionen in Palästina und 4½ Millionen in anderen Ländern lebten.

Die meisten Juden in der Diaspora waren in ihrem Volkstum und Glauben verwurzelt. Sie waren in religiöser und nationaler Hinsicht überwiegend nach Jerusalem orientiert und blieben mit der ursprünglichen Heimat verbunden. Praktisch zeigte sich dies daran, daß sie eine jährliche Tempelsteuer entrichteten und nach Jerusalem bringen ließen. Ungeachtet des Einflusses der hellenistischen Kultur, der naturgemäß nicht ausbleiben konnte, schlossen sie sich, wo es möglich war, zu Gemeinden zusammen, die ihre Angelegenheiten selbst regeln durften, da sie das Privileg einer religio licita und einer nationalen Minderheit genossen. Mit dem strengen Monotheismus und der Bindung an die rituellen Ordnungen der Tora waren weitere Privilegien verbunden, so die Befreiung vom Militärdienst und die Erlaubnis zur Entrichtung der Tempelsteuer für Jerusalem. Freilich ergaben sich daraus und aus der Tendenz der Absonderung von der heidnischen Umwelt auch Spannungen zur einheimischen Bevölkerung mit all den Gefahren, die daraus folgten. Zum Schutze davor wiederum suchten die jüdischen Gemeinden immer ein gutes Verhältnis zu den herrschenden Gewalten herzustellen, um in Notfällen Hilfe zu finden.

2. Die babylonische Diaspora. Von dieser Diaspora ist nicht viel bekannt. Sie lebte überwiegend in dörflichen Siedlungen herkömmlicher Art wie ihre Umgebung. Da diese in völkischer Hinsicht sehr uneinheitlich war, konnten die Juden sich weitgehend in sie eingliedern, ohne ihre Eigenart dadurch zu verlieren oder preiszugeben. Sie sprachen einen aramäischen Dialekt, der sowohl in ihrer Umgebung als auch in Palästina verstanden oder gebraucht wurde. Zudem wurden sie von der hellenistischen und später der parthischen Regierung anerkannt oder sogar gefördert, wie diese es überhaupt mit verstreuten Minderheiten gegenüber größeren nationalen Gruppen in mehr oder weniger geschlossenen Territorien zu halten pflegten.

Nach dem Verfall des Seleukidenreiches lebte der größte Teil der babylonischen Diaspora unter der Herrschaft der Parther. Und diese wurden von den eschatologischen oder apokalyptischen Kreisen als diejenige Macht betrachtet, deren Feldzüge gegen das Römische Reich den Untergang dieser letzten Weltmacht herbeiführen würden, so daß sie dann durch die messianische Herrschaft der Endzeit abgelöst werden könnte. Doch scheinen manche Kreise auch konkrete politische Bestrebungen verfolgt zu haben: die Vereinigung der syrisch-babylonischen Diaspora mit der palästinischen Heimat in einem großen politischen Verband. Agrippa I. scheint derartige Pläne gehegt zu haben; vielleicht gehörte auch die pharisäische Missionstätigkeit in diesen Rahmen.

3. Die westliche Diaspora. Im Westen lebten anders als im Osten die meisten Juden in den Städten und bildeten in ihnen eigene Gemeinden. Sie übten vorwiegend städtische Berufe wie Handel und Handwerk aus und übernahmen die griechische Umgangssprache, die das Hebräische und Aramäische immer mehr zurückdrängte. Zu den Gemeinden stieß eine mehr oder weniger starke Schicht von interessierten Nichtjuden, die vor allem der Monotheismus anzog. Außer den nicht wenigen Vollproselyten entstand eine große Gruppe von Halbproselyten, die nicht den vollen Inhalt und die ganze Praxis der jüdischen Religion übernahmen, sondern eine Auswahl trafen, die ihnen jeweils zusagte.

Am meisten ist über die Verhältnisse in Ägypten und dort besonders in Alexandrien bekannt, das einen großartigen Mittelpunkt jüdisch-hellenistischer Großstadtkultur bildete. Ein Teil der starken jüdischen Minderheit in Ägypten lebte auf dem Lande als Pächter oder Landarbeiter, Handwerker oder Militärkolonisten – gewöhnlich in kleinen Verhältnissen, während es in Alexandrien eine stärkere Oberschicht reicher Juden gab. In dieser Stadt bewohnten Juden mehr als zwei der fünf Stadtbezirke. Sie bildeten nicht wie sonst eine religiöse Gemeinde oder mehrere Gemeinden nebeneinander, wie in Rom, sondern eine große Organisation, ein Politeuma, an dessen Spitze zeitweilig ein Ethnarch, zeitweilig eine Gerusie stand.

Natürlich blieben Schwierigkeiten teils infolge des Verhaltens von allzu assimilationsbereiten Juden, die zu ihren Privilegien noch die

Rechte von Polisbürgern hinzugewinnen wollten, teils von daraufhin erfolgenden heftigen antijüdischen Reaktionen gerade in Alexandrien nicht aus. Hinzu kam, daß beim Thronwechsel in Rom im Jahre 37/38 der römische Statthalter die jüdische Ergebenheitsadresse an den neuen Kaiser zurückhielt und dessen Forderung nach Ausübung des Kaiserkultus noch verschärfte, indem er in den Synagogen von Alexandrien Statuen des Caligula aufstellen ließ. Ja, die Juden büßten ihren bisherigen Status ein und wurden als „Fremde" in ein einziges Stadtviertel zusammengepreßt; dabei erfolgten erhebliche Übergriffe gegen Leben und Besitz der Bedrängten. Eine Gesandtschaft nach Rom erreichte am Kaiserhof nichts. Erst der nächste Kaiser Claudius stellte die Ordnung wieder her, ohne allerdings die jüdischen Wünsche nach Erlangen des römischen Bürgerrechts zu erfüllen.

Der erste jüdische Aufstand gegen Rom hatte die westliche Diaspora nicht erfaßt; es ereigneten sich nur vereinzelte örtliche Unruhen, z. B. in Alexandrien. Doch die jüdische Niederlage rief an vielen Orten – besonders in Antiochien – antijüdische Ausschreitungen hervor und verschärfte überall die Gegensätze zwischen den Juden und ihrer Umwelt. Zugleich wurde die Diaspora durch die zahlreichen Kriegsgefangenen vergrößert, die überall im Römischen Reich als Sklaven angeboten wurden und die die jüdischen Gemeinden loskauften, wo sie nur konnten. Sie brachten die negative Beurteilung des Römischen Reiches als der bösen Weltmacht mit, deren Sturz nach apokalyptischer Auffassung bevorstand.

So verbreiteten sich diese apokalyptischen Vorstellungen in der Diaspora und führten schließlich in den Aufständen der Jahre 115–117 auch in ihr zur Katastrophe. Die ersten jüdischen Angriffe erfolgten anscheinend in der Cyrenaika und griffen bald auf ganz Ägypten über; auch auf Cypern begann der Aufstand. Es waren auf beiden Seiten grausame Vernichtungskämpfe, die den östlichen Mittelmeerraum erschütterten und das Römische Reich in erhebliche Bedrängnis brachten, da damals gleichzeitig die römisch-parthischen Kämpfe wieder begannen. Den Römern gelang es nur mit Mühe, sich gegenüber den Aufständen durchzusetzen. Für das Judentum waren die Folgen verheerend: In der Cyrenaika und in Ägypten wurde es bis zur Bedeutungslosigkeit ausgelöscht, Cypern war den Juden für lange Zeit verboten. Dadurch blieben die Kultur und Literatur des hellenistischen Judentums für die weitere jüdische Geschichte so gut wie ohne Nachwirkung.

J. N. Sevenster, The Roots of Pagan Anti-Semitism in the Ancient World, 1975.

VI. Zur geistigen und religiösen Geschichte

1. Auseinandersetzung mit dem Zeitgeist. In der Zeit der persischen und hellenistischen Oberherrschaft sind erneut fremde Elemente ins Judentum eingedrungen – zunächst persische, dann hellenistische –, obwohl das Bestreben nach Absonderung von den anderen Völkern sich verstärkt hatte. Die jüdische Religion war von der Angleichung an den orientalisch-hellenistischen Synkretismus bedroht; doch trat dieser Gefahr der Hellenisierungsversuch zur Zeit der Seleukiden entgegen, der die heftige Reaktion der Makkabäerkämpfe hervorrief. Dadurch ist sich das Judentum seiner Sonderart in derartigem Maße bewußt geworden, daß es sich auch solche fremden Elemente einzugliedern wußte, die nicht mehr abgestreift werden konnten.

Immerhin ergab sich zumindest für einen größeren Teil des Judentums eine neue religiöse Lage. Diese Welt und das, was vor Augen liegt, erschienen nicht mehr als letzte und einzige Wirklichkeit, sondern erhielten einen verborgenen Hintergrund. Der Jude begann an ein jenseitiges Reich Gottes zu glauben und daran, daß der Mensch an diesem Reich sogar durch den Tod hindurch Anteil erhalten könne. Der Mensch steht außerdem nicht allein, vielmehr ringen um ihn und um seine Seele Gott und der Satan. Letzterer ist derjenige, der grundsätzlich gegen Gott kämpft und die Menschen seinem Willen untertan machen will. Ihn unterstützt dabei ein Heer von bösen Engeln, von Dämonen, denen die guten Engel Gottes gegenüberstehen. Auch die Weltgeschichte erhielt einen unsichtbaren Hintergrund und ein übersinnliches Ziel. Das Weltgeschehen wurde zum Spiegelbild eines unsichtbaren Kampfes von Geistermächten, ja eines Kampfes zwischen Gott und der gottfeindlichen Macht. Und wie das Leben des einzelnen sollte auch dieser Machtkampf in eine jenseitige Daseinsform münden: in ein überirdisches Reich Gottes. Durch diese neuen Vorstellungen vollzog sich als ein folgenschwerer Schritt die Umwandlung des früheren Diesseitsglaubens in einen Jenseitsglauben.

2. Die Torafrömmigkeit. Die Torafrömmigkeit rückte vor allem seit Esra gewichtig in den Vordergrund und gewann gegenüber der nachexilischen Zeit noch an Bedeutung. Tempel und Kultus waren zwar bis zum Jahre 70 n. Chr. noch da, aber sie bildeten nicht mehr den Mittelpunkt des religiösen Lebens. Der Kultus geschah einfach, weil er in der Tora angeordnet war. Denn die Tora stand nunmehr im Mittelpunkt des jüdischen Denkens und Glaubens. Daher wurde der Tempel zunehmend durch die Synagoge verdrängt, in deren Gottesdienst die Tora gelehrt wurde. Diese Gottesdienste fanden am Vor- und Nachmittag des Sabbats sowie am zweiten und fünften Wochentag statt. Sie umfaßten im wesentlichen drei Teile: Gebet mit Bekenntnis, Schriftverlesung und Ansprache. In der Schriftverlesung stand ein Abschnitt der Tora im Vordergrund, ergänzt durch einen Abschnitt aus anderen alttestamentlichen Büchern. Die Ansprache erläuterte den verlesenen Abschnitt, hob einzelne Gedanken hervor und erläuterte und belegte sie durch biblische Beispiele.

Die Zahl der Einzelvorschriften wuchs; man zählte einmal 613 – 365 Verbote und 248 Gebote. Sie wurden weiterhin vermehrt, denn die Losung lautete: „Macht einen Zaun um die Tora!" Man verglich also die Tora mit einem Blumenbeet, das nicht betreten werden durfte. Um dies zu verhindern, wurde in einem gewissen Abstand um das Beet ein Zaun gezogen. Wer diesen Zaun überschritt, hatte noch nicht das Blumenbeet selbst betreten. So wurden um die Tora herum viele andere Bestimmungen gelegt; wenn eine von ihnen übertreten wurde, war damit die Tora selbst noch nicht verletzt.

Jedoch konnte man die alte Tora verschieden auslegen, daher gab es mehrere Richtungen, vor allem die Sadduzäer und Pharisäer. Die Sadduzäer waren konservativ; sie ließen lediglich die im Pentateuch enthaltene Tora gelten und lehnten die schriftgelehrte Tradition ebenso ab wie neue Lehren. Durch die Beschränkung auf den Pentateuch waren sie aber in der Praxis sehr lax; denn es gab viele Fragen, auf die die alte Tora nicht antwortete und in denen man also beliebig handeln konnte. Die Pharisäer waren moderner; sie milderten die Härte der alten Tora durch ihre Deutung und Auslegung und erkannten auch die mündliche Tradition als maßgebend an. Durch ihre Auslegung aber banden sie das ganze Leben in viel umfassenderer Weise an die Tora als die Sadduzäer, so daß sie in ihrer praktischen Haltung strenger und rigoroser als jene waren.

3. Die Apokalyptik. Das apokalyptische Daseinsverständnis knüpfte an die eschatologische Erwartung an. Diese, die eindeutig eine Naherwartung war, scheiterte in der späten nachexilischen Zeit, weil trotz aller Vertröstungen und Erklärungsversuche der eschatologischen Propheten die große Wende nicht eintrat und die ewige Heilszeit nicht begann. Nachdem sich weite Kreise der Gemeinde von der Eschatologie abgewendet hatten, entwickelte sich diese weiter und nahm dabei Vorstellungen der Weisheitstheologie und Elemente des iranischen dualistischen Weltbildes auf. Aus alledem ist die Apokalyptik entstanden.

Die Apokalyptik wollte die Geheimnisse der Endzeit entschleiern und bot Enthüllungen über das Werden und Vergehen der Weltzeitalter an. Von da aus suchte sie sowohl den Zeitpunkt des Endes aller Geschichte als auch den Standort der eigenen Gegenwart zu bestimmen. In dualistischer Weise wurden die Weltgeschichte als ganze auf der einen Seite und das nach dem erwarteten künftigen Endgericht beginnende Gottesreich auf der anderen Seite einander gegenübergestellt. Da die Weltgeschichte eines Tages aufhören und durch das Gottesreich abgelöst werden würde, verband sich die dualistische Auffassung mit der Vorstellung von der Aufhebung der bestehenden Welt durch eine Neuschöpfung mit einer Theokratie. Dieser Theokratie sollten die in der apokalyptischen Erwartung lebenden Menschen angehören – entweder unmittelbar, sofern das Gottesreich zu ihren Lebzeiten anbrach, oder nach ihrer Auferstehung, falls sie schon gestorben sein sollten.

Das einzige apokalyptische Buch des Alten Testaments ist das Buch Daniel, das in den Jahren 167–164 geschaffen und vor Mitte Dezember 164 abgeschlossen worden ist, da sein Verfasser den Tod des Königs Antiochus noch nicht gekannt hat.

Es ist aus der Konfliktsituation erwachsen, die durch den Hellenisierungsversuch des Antiochus, den Widerstand frommer Kreise dagegen, die Glaubensverfolgung und die beginnenden Makkabäerkämpfe gekennzeichnet ist. In dieser Lage sollte das Buch den frommen Israeliten, die unter der Verfolgung litten, Geduld und Mut stärken, ihnen neue Hoffnung geben und sie ermahnen, wie Daniel und seine Freunde dem Glauben bis zum Martyrium treu zu bleiben. Es wollte sie dessen gewiß machen, daß die Zeit des Leidens bald abgelaufen war, weil der Tag nahte, an dem Gott der Weltgeschichte und allen Mächten der Welt ein Ende bereitete und seine ewige Herrschaft antrat.

Im Zusammenhang damit beantwortete das Buch auch die Frage, ob die im Kampf für den Glauben Gefallenen und die Märtyrer am endzeitlichen Heil teilhaben könnten und ob die Frevler zur Rechenschaft gezogen würden. Die Antwort war die Ankündigung der Auferstehung – der einen zu ewigem Leben, der anderen zu ewiger Schmach (Dan 12, 2). Dabei sind die Frommen, die zu ewigem Leben auferstehen, anscheinend diejenigen, die sich den Anschauungen des Buches Daniel angeschlossen haben und seiner apokalyptischen Richtung gefolgt sind. So steht im Hintergrund des Buches eine konventikelartige Gemeinschaft, die sich selbst als das wahre Israel verstand und der Auferstehung entgegensah, um dann als „Menschensohn" mit Gott und seinen Engeln zu herrschen.

Abgesehen vom Buche Daniel hat die Apokalyptik ihren Niederschlag in Schriften gefunden, die nicht in den Kanon des Alten Testaments aufgenommen worden sind, sondern zu den sog. Pseudepigraphen gehören. Die wichtigsten dieser nichtkanonischen Bücher sind IV Esra, die syrische und die griechische Baruch-Apokalypse, das äthiopische und slawische Henochbuch, die Himmelfahrt Moses und die Sibyllinischen Orakel.

4. Die Qumran-Gemeinde und die Essener. Die Handschriftenfunde von Qumran – denen eine ähnliche Entdeckung gegen Ende des 8. Jh. vorangegangen ist, die damals offenbar die Richtung der Karäer beeinflußt hat – haben gezeigt, daß das Judentum weitaus vielgestaltiger gewesen ist, als die Überlieferungen über die unterschiedliche Auslegung der Tora, über die Apokalyptik und über mehr politisch orientierte Radikale wie die Zeloten annehmen ließen. Die Qumran-Gemeinde war ursprünglich eine Gruppe von eschatologischen Radikalen, die die Ankunft des Messias erwarteten und den Zeitpunkt dafür aus der in Ez 4,4 f. angeblich angekündigten Gerichtszeit für Israel von 390 Jahren nach der Zerstörung Jerusalems durch die Babylonier errechneten. Nach ihrer Annahme mußte also zu Beginn des 2. Jh. v. Chr. die große Wende im Geschick Israels eintreten. Als diese Zeit verging, ohne daß sich dergleichen ereignete, waren die Gründer der Gruppe ratlos. Sie waren wie blinde Männer, die im Dunkeln tappten – so erläutert die Damaskusschrift, von der Fragmente aus dem Mittelalter und nunmehr auch aus Qumran bekannt sind. In dieser Lage trat unter ihnen der „Lehrer der Gerechtigkeit" auf, eine moseähnliche Gestalt und ein inspirierter Bibelausleger, der die utopische Heilserwartung der Gruppe in ein lebensfähiges religiöses und soziales System umwandelte. Die Gruppe, die sich ursprünglich gegen die bestehende Ordnung aufgelehnt hatte, schuf jetzt eine eigene, wesentlich strengere Ordnung und übertraf bald alle anderen in ihrer Treue zur Tora.

Die Gemeinde, die wahrscheinlich mit den Essenern identisch ist oder einen Zweig von ihnen darstellte, bildete eine hierarchische Gesellschaftsordnung aus, die bei allen Gelegenheiten – auch bei den gemeinsamen Mahlzeiten – genau eingehalten wurde. Dem dienten sowohl eine ständige Kontrolle durch die Gleichrangigen und die Ranghöheren als auch eine Reihe von Strafen bei Verstößen, z. B. teilweiser Entzug der Nahrungsmittel oder zeitweilige Verbannung aus der Gemeinde in die Wüste. Die Männer der Gemeinde lebten in einem zeitweiligen Zölibat, einige von ihnen, die für führende Stellungen ausersehen waren, sogar in einem lebenslangen. Sie alle bildeten eine einheitliche Gemeinde, die „Einung" genannt wurde und in einer gemeinsamen Siedlung mit gemeinsamem Besitz und mit einem einheitlichen Verständnis der Tora lebte. Sie verstanden sich als die Gemeinde der aus dem babylonischen Exil in ihr Land zurückgekehrten Israeliten und lebten in der Wüste am Toten Meer, um in einer Wiederholung der alten Geschichte des Volkes – Exodus, Wüstenwanderung, Eroberung Kanaans – die Zeit vom Exil nach der Zerstörung Jerusalems bis zu seiner Wiedereroberung nach der eschatologischen Wende zu überbrücken. Denn die gottfeindlichen Kräfte, die sich der Verwirklichung des messianischen Reiches entgegenstellten – und seien es die jerusalemischen Priester und die hasmonäischen Herrscher – mußten im Endkampf ausgeschaltet werden. Und die „Söhne der Finsternis" würden den „Söhnen des Lichts" nicht widerstehen können, so daß letztere Jerusalem erobern und den Tempel erneuern würden, in dem sodann die von ihnen anerkannten Priester aus dem Hause Zadok den Opferkultus in Übereinstimmung mit dem Sonnenkalender von Qumran (im Unterschied zu dem sonst im Judentum gültigen Mondkalender) ausübten. Für die messianische Zeit aber erwarteten sie außer einem königlichen Messias aus dem Davidshaus einen priesterlichen Messias aus dem Hause Aron (vorgebildet in Sach 1–9).

5. Das hellenistische Judentum. Die hellenistischen Juden behielten überwiegend ihre volkliche und religiöse Eigenart bei und pflegten den Zusammenhang mit Jerusalem, zu dem sie Wallfahrten unternahmen und für das sie die Tempelsteuer entrichteten. Jedoch noch stärker und ausschließlicher als in Palästina stand die Synagoge im Mittelpunkt ihres Lebens, das durch besondere rituelle Vorschriften sich von demjenigen ihrer Umgebung unterschied. Die Juden sonderten sich vor allem durch die Sabbatheiligung, die Beschneidung und mancherlei Reinheitsvorschriften ab.

Da sie die griechische Umgangssprache verwendeten und die Kenntnis des Hebräischen und Aramäischen schnell verlorenging, mußten die heiligen Schriften ins Griechische übersetzt werden, damit sie noch verstanden wurden. So entstand im 3. und 2. Jh. v. Chr. die erste griechische Übersetzung des Alten Testaments, die sog. Septuaginta. Freilich ging sie später völlig auf die christliche Kirche über, da das Judentum sie wegen der kirchlichen Verwendung in zunehmendem Maße ablehnte und zudem die Bedeutung des hellenistischen Judentums fast völlig erlosch. Daneben entstand eine recht umfangreiche jüdische Literatur, auch wenn sie nur teilweise überliefert und zu einem erheblichen Teil verlorengegangen ist. Aus Ägypten sind das II und IV Makkabäerbuch, die Weisheit Salomos, das slawische Henochbuch, die Sibyllinischen Orakel und der Aristeasbrief zu nennen. Dabei wurden sowohl griechische Literaturformen übernommen als auch die eigene Gedankenwelt vom Hellenismus mehr oder weniger stark beeinflußt. In diesen Zusammenhang gehört auch der jüdische Philosoph Philon von Alexandrien. Seine Bedeutung – freilich weniger für das Judentum als für das werdende Christentum – bestand darin, daß er die biblische Tradition mit den Grundzügen des Mittleren Platonismus und mit stoischen und pythagoreischen Elementen zu einer umfassenden Religionsphilosophie verknüpfte.

J. Wellhausen, Die Pharisäer und die Sadducäer, 1864 (Nachdruck 1967[3]). – P. Volz, Die Eschatologie der jüdischen Gemeinde im neutestamentlichen Zeitalter, 1934[2] (Nachdruck 1966). – H. Fuchs, Der geistige Widerstand gegen Rom, 1938. – H. H. Rowley, The Relevance of Apocalyptic, 1950[3]. – H. Bardtke, Die Handschriftenfunde am Toten Meer, 1953[2]. – Ders., Die Sekte von Qumran, 1958. – H. Kosmala, Hebräer, Essener, Christen, 1959. – Chr. Burchard, Bibliographie zu den Handschriften vom Toten Meer, 2 Bde., 1959/65. – J. Maier, Die Texte vom Toten Meer, 2 Bde., 1960. – L. Finkelstein, The Pharisees, 1962[3]. – J. Heinemann, Philons griechische und jüdische Bildung, 1962[2]. – Ders., Philo von Alexandrien, Die Werke in deutscher Übersetzung, 6 Bde., 1962/64[2], 7. Bd. 1964. – B. Lohse, Die Texte aus Qumran, Hebräisch und deutsch, 1964. – G. Delling, Bibliographie zur jüdisch-hellenistischen und intertestamentarischen Literatur, 1900–1965, 1969. – P. van der Osten-Sacken, Die Apokalyptik in ihrem Verhältnis zur Prophetie und Weisheit, 1969. – J. M. Schmidt, Die jüdische Apokalyptik, 1969. – J. Schreiner, Alttestamentlich-jüdische Apokalyptik, 1969. – A. Guttmann, Rabbinic Judaism in the Making, 1970. – K. Schubert, Die jüdischen Religionsparteien im neutestamentlichen Zeitalter, 1970. – L. Rost, Einleitung in die alttestamentlichen Apokryphen und Pseudepigraphen, 1971. – J. Maier – K. Schubert, Die Qumran-Essener, 1973. – J. Maier – J. Schreiner, Literatur und Religion des Frühjudentums, 1973. – W. Schmithals, Die Apokalyptik, 1973. – W. G. Kümmel (hrsg.), Jüdische Schriften aus hellenistisch-römischer Zeit, 5 Bde., 1973 ff.

9. Kapitel: Die weitere Geschichte des Judentums

M. Güdemann, Geschichte des Erziehungswesens und der Cultur der abendländischen Juden, 3 Bde., 1880/88. – L. Herzfeld, Handelsgeschichte der Juden des Altertums, 1894². – J. Winter – A. Wünsche, Die jüdische Literatur seit Abschluß des Kanons, 3 Bde., 1894/96 (Nachdruck 1964). – M. Lazarus, Die Ethik des Judentums, 2 Bde., 1898/1911. – M. Grünwald, Juden als Reeder und Seefahrer, 1902. – M. Steinschneider, Die arabische Literatur der Juden, 1902 (Nachdruck 1964). – Ders., Die Geschichtsliteratur der Juden, 1905. – Ders., Jüdisch-Deutsche Literatur, 1961². – W. Sombart, Die Juden und das Wirtschaftsleben, 1911. – G. Karpeles, Geschichte der jüdischen Literatur, 2 Bde., 1920/22³ (Nachdruck 1963). – J. Meisl, Geschichte der Juden in Polen und Rußland, 3 Bde., 1921/25. – A. Sackheim, Das jüdische Element in der Weltliteratur, 1924. – J. Guttmann, Die Philosophie des Judentums, 1933. – J. Schirmann, Anthologie der hebräischen Dichtung in Italien, 1934. – I. Elbogen, Geschichte der Juden in Deutschland, 1935 (Nachdruck 1966). – H. Bach, Jüdische Memoiren aus drei Jahrtausenden, 1936. – M. Friedländer, Die jüdische Religion, 1936³ (Nachdruck 1971). – H.-J. Schoeps, Jüdisch-christliches Religionsgespräch in 19 Jahrhunderten, 1937. – M. U. Schappes, A Documentary History of the Jews in the United States, 1950. – A. M. Rothmüller, Die Musik der Juden, 1951. – H. Köhler, Die Wirkung des Judentums auf das abendländische Geistesleben, 1952. – N. Glazer, American Judaism, 1957. – G. Scholem, Die jüdische Mystik in ihren Hauptströmungen, 1957/1967. – E. L. Ehrlich, Kleine Geschichte der Juden in Deutschland, 1960³. – S. Katznelson, Juden im deutschen Kulturbereich, 1962³. – C. Roth, Die Kunst der Juden, 2 Bde., 1963/64. – Monumenta Judaica, hrsg. K. Schilling, 3 Bde., 1964³. – R. Straus, Die Juden in Wirtschaft und Gesellschaft, 1964. – M. Klesse, Vom alten zum neuen Israel, 1965. – R. Krüger, Die Kunst der Synagoge, 1968². – K. H. Rengstorf – S. v. Kortzfleisch, Kirche und Synagoge, 2 Bde., 1968/70

I. Bis zum Ende der Antike

1. Palästina und Oströmisches (Byzantinisches) Reich. Der Neuaufbau der jüdischen Selbstverwaltung in Palästina nach 135 n. Chr. erfolgte schneller als nach dem ersten Aufstand, da man an die damals geschaffenen Voraussetzungen anknüpfen konnte, die Römer den hillelitischen *naśî'* als Repräsentanten des Judentums im gesamten Römischen Reich anerkannten und die Zahlung einer Steuer an den *naśî'* anstelle der früheren Tempelsteuer duldeten. Außerdem hatte dieser den Vorsitz im Sanhedrin, dem 70 weitere Rabbinen angehörten und der die gesetzgebende Körperschaft und den obersten Gerichtshof bildete. Seine Autorität wurde in der ganzen römischen Diaspora anerkannt, sogar die mesopotamischen Juden nahmen seine religiös wichtige Kalenderregelung an.

Obwohl der *naśi'* zur Loyalität gegenüber der römischen Macht verpflichtet war und um ein gutes Einvernehmen mit ihr bemüht sein mußte, blieb das abwertende Urteil über Rom bestehen: Es war das vierte gottfeindliche Weltreich, nach dessen Untergang das messianische Reich beginnen konnte. Nach wie vor erblickte man in den Parthern die Macht, die den Zusammenbruch herbeiführen würde, so daß ihre Feldzüge gegen Rom manchmal kleinere Unruhen, vor allem aber apokalyptisch-messianische Erwartungen hervorriefen.

In Palästina ging der Anteil der Landwirtschaft am Wirtschaftsleben etwas zurück. Große Bedeutung gewannen Seidenhandel und -verarbeitung. Dies ergab sich dadurch, daß die Parther die Seide aus Ostasien geradezu monopolartig nach dem Westen lieferten und den Juden im Partherreich einerseits und in Syrien-Palästina andererseits eine händlerische Mittlerrolle zufiel. Doch dann traf die römische Wirtschaftskrise des 3. Jh. auch den Handel hart, und zugleich setzte die Steuer- und Abgabenlast – Kopfsteuer, Grundsteuer, Zoll, Fronarbeit, militärische Einquartierung, Lebensmittelrequirierung – auch reichen Händlern schwer zu. Erst im 4. Jh. verbesserte sich die wirtschaftliche Lage wieder; auch Palästina erhielt seinen Anteil daran – nicht zuletzt deswegen, weil nach der Erhebung des Christentums zur Staatsreligion das Interesse an den heiligen Stätten zahlreiche Pilger in das Land führte. Gleichzeitig aber wurden durch den Anschluß der nichtjüdischen Bevölkerung an das Christentum die Juden in ihrem eigenen Land zu einer Minderheit.

Am folgenschwersten wirkte sich die Beurteilung des Judentums durch die Kirche aus. Schon zu Beginn der christlichen Mission hatten sich Spannungen ergeben, da die jüdischen Gemeinden die Ansatz- und Ausgangspunkte der Mission bildeten und dadurch der römischen Verwaltung verdächtig wurden, obwohl sie aufs Ganze gesehen das Christentum als häretische Richtung betrachteten, die ihre eigene rechtliche und religiöse Lage gefährdete. Umgekehrt erblickte das Christentum in den Juden das Volk, das in erster Linie zur Annahme der christlichen Heilsbotschaft bestimmt war, dies aber unerschütterlich ablehnte und also offensichtlich böswillig und verstockt war.

Nachdem das Christentum zur Staatsreligion erhoben worden war, ging man im Oströmischen Reich nach und nach dazu über, die Rechtsgrundlagen für die Existenz des Judentums, ja den Anspruch auf

Rechtsschutz überhaupt in Frage zu stellen – am schärfsten in den Gegenden mit monophysitischer Christologie. Aus der Überzeugung von der zur Heilsgeschichte gehörigen Verwerfung des „Israel nach dem Fleisch" folgerte man, daß den Juden demgemäß nur noch jene Rechte gelassen werden durften, die ihrer Unheilssituation entsprachen. So wurde ihnen das Halten nichtjüdischer Sklaven verboten – in der damaligen Zeit nahezu ein wirtschaftliches Todesurteil – sowie ein Proselyten- und ein Mischehenverbot erlassen. Nicht selten kam es zu Übergriffen des christlichen Pöbels, gegen die die Juden so gut wie schutzlos waren, da die Kirche immer häufiger die staatlichen Maßnahmen gegen derartige Vorfälle verurteilte und der Staat sich dem fügte. Ja, mit der zunehmenden Polemik der Kirchenväter gegen das Judentum wurden die gewalttätigen Übergriffe immer häufiger. Im Jahre 415 wurden die Juden aus Alexandrien durch eine vom Patriarchen Cyrill aufgehetzte Menge vertrieben. Ebenso wendeten sich einflußreiche Christen – so Bischof Ambrosius aus Mailand und der Säulenheilige Simeon – gegen den Wiederaufbau zerstörter syrischer Synagogen; unter Theodosius wurden neue Synagogenbauten überhaupt verboten und die Wiederherstellung älterer Synagogen nur mit Einschränkungen gestattet. Schließlich erfolgten sogar Eingriffe in die jüdische Religion durch Beschränkungen für den Gottesdienst. Alle Maßnahmen wurden unter Justinian in das Corpus iuris civilis aufgenommen und damit festgeschrieben.

Angesichts dessen ist es nicht verwunderlich, daß die Juden die Sassaniden unterstützten, als ein großer Vorstoß sie zu Beginn des 7. Jh. nach Westen führte und sie sogar nach Palästina brachte. Damals fiel Jerusalem für die Jahre 613–617 nochmals in jüdische Hand. Doch dann glichen sich die Sassaniden mit der christlichen Einwohnermehrheit aus, und etwa ein Jahrzehnt später eroberte Herakleios die verlorenen Gebiete für das Byzantinische Reich zurück und übte Rache an den Juden.

2. *Weströmisches Reich.* Von Konstantin dem Großen an begann auch im Westen die Einschränkung der jüdischen Rechte als Folge christlicher Herrschaft. Jedoch erreichte sie wegen der germanischen Wanderung nicht das Ausmaß der Eingriffe wie im Byzantinischen Reich. Denn die germanischen Herrscher, die zuerst das arianische Christentum annahmen, führten keine weiteren Änderungen ein, sondern beließen es bei der Lage, die sie vorfanden; sie erkannten demgemäß auch das Judentum aufgrund des noch nicht aufgehobenen Status einer religio licita an.

3. Parther- und Sassanidenreiche. Unter der Herrschaft der Arsakiden erkannten die Parther die bestehende Rechtslage an, standen in einem positiven Verhältnis zu den babylonischen Juden und ermöglichten ihnen im Rahmen ihrer feudalistischen Herrschaftsstruktur die Festigung ihrer Eigenart. Unter den seit 224 regierenden Sassaniden änderte sich die Lage; sie nahmen mit Unterbrechungen immer wieder eine intolerante Haltung gegenüber den religiösen Minderheiten ein und suchten die allgemeine Anerkennung der persischen Religion durchzusetzen. Im 5. Jh. kam es zeitweilig zu regelrechten Verfolgungen der Juden; erst gegen Ende des 6. Jh. besserten sich die Verhältnisse wieder, so daß auch die Juden im Osten das Vordringen der Sassaniden bis Jerusalem begrüßten.

An der Spitze der jüdischen Selbstverwaltung stand der Exilarch, der die im Partherreich lebenden Juden am Königshof vertrat; dieses Amt hat von 140 an bis in das 13. Jh. hinein bestanden. Seine Inhaber waren Feudalherren und Politiker, die über die jüdische Bevölkerung herrschten und sich dabei auf eine eigene Exekutive stützen konnten. So fanden später die arabischen Eroberer eine intakte jüdische Selbstverwaltung vor. Infolge der öfters intoleranten sassanidischen Religionspolitik stießen einige Exilarchen mit der staatlichen Macht zusammen. Von ihnen wurde Huna V. hingerichtet (470); Mar Zutra II. versuchte, sich mit Waffengewalt von der sassanidischen Herrschaft zu lösen, unterlag jedoch nach jahrelangem Widerstand (520).

Die wirtschaftliche Lage der babylonischen Juden war durchweg günstig; die wichtigsten Erwerbszweige waren Landwirtschaft, Handwerk und Handel (insbesondere der Seidenhandel). Da das ausgedehnte Bewässerungssystem noch voll funktionsfähig war, bot das fruchtbare babylonische Land die besten Voraussetzungen für eine blühende Landwirtschaft, in der die Mehrheit der Juden tätig war; und sie wiederum schuf günstige Bedingungen für Handwerk und Handel.

4. Die weitere östliche Diaspora. Jüdische Gemeinden oder Niederlassungen gab es in Armenien, von wo der sassanidische Herrscher Schapur I. eine größere Zahl deportiert haben soll (360/370), wohl auch schon nördlich des Kaukasus, wo dann das Chazarenreich entstand, dessen Oberschicht um die Mitte des 8. Jh. zum Judentum übertrat. Eine nicht geringe jüdische Minderheit lebte ferner im südlichen und im nördlichen Persien; von dort aus folgten weitere Niederlassungen den Handelswegen – nach Süden den Persischen Golf entlang, nach Norden in das mittelasiatische Gebiet und nach Osten über Indien bis China.

Jüdische Niederlassungen in größerer Zahl gab es auf der arabischen Halbinsel. In ihrem nördlichen Teil war das Judentum im 4. Jh. so stark, daß es auf Südarabien Einfluß nehmen konnte; und zur Zeit Mohammeds spielten jüdische Stämme und befestigte jüdische Siedlungen eine wichtige Rolle. Auch für Südarabien ist spätestens für das 3./4. Jh. eine starke jüdische Bevölkerung anzunehmen. Von zwei Herrschern aus dem 5. und 6. Jh. weiß man, daß sie sich zum Judentum bekannt haben. Lange Zeit standen jüdische und christliche Mission dort in einem scharfen Wettbewerb, bis das Aufkommen des Islam die Gegensätze wesenlos machte; er hat die religiösen Minderheiten mit mehr oder weniger Gewaltanwendung in wenigen Jahren weitgehend zu sich bekehrt bzw. jüdische Stämme wegen ihrer Gegnerschaft gegen Mohammed fast völlig vernichtet.

5. Das rabbinisch-talmudische Judentum. Nach dem Jahre 135 setzte sich die Torafrömmigkeit endgültig als herrschende und normative Richtung durch, auch wenn im Untergrund weiterhin apokalyptisch-messianische Erwartungen schwelten und in Krisensituationen wieder an die Oberfläche durchbrachen. Dabei siegte die pharisäische Ausprägung der Torafrömmigkeit, so daß neben der schriftlichen noch die „mündliche Tora" galt: die Überlieferungen über die Auslegung der schriftlichen Tora mit den zahlreichen Meinungsäußerungen der Rabbinen zu deren Geboten und Verboten.

Die mündliche Überlieferung durch die Tannaiten „Überlieferer" genannten Toralehrer wurde wenigstens bis um 200 gepflegt, wobei schließlich der jeweils einzelne einen bestimmten Überlieferungskomplex auswendig lernte und ihn bei Bedarf wie ein lebendes Buch zitieren konnte. Dann wurde eine offizielle Auswahl der „mündlichen Tora" in der Mischna schriftlich niedergelegt, um als Grundlage für die weitere Diskussion der Rabbinen zu dienen. Die Mischna ist in sechs große Ordnungen gegliedert, von denen jede eine Reihe von Traktaten enthält. Eine parallele Sammlung ist die Tosefta. Andere Traditionen haben sich in den Midraschim, Kommentaren zu biblischen Büchern, und in den Targumen, den umschreibenden Übertragungen der biblischen Bücher ins Aramäische, niedergeschlagen.

Dies erfolgte getrennt sowohl in den palästinischen als auch in den babylonischen Schulen. Auf der so geschaffenen Grundlage wurden sodann weiterhin die unterschiedlichen Lehrmeinungen vorgetragen und diskutiert, um eine verbindliche Lösung zu finden. Die dadurch entstehende ergänzende Überlieferung zur „mündlichen Tora" der Tannaiten wurde Gemara „Ergänzung" genannt. Sie betraf nicht die gesamte Mischna, sondern nur diejenigen Teile, die weiterer Erörterungen bedurften; so gibt es zu manchen Traktaten der Mischna keine Gemara.

In Palästina haben schließlich die „Amoräer" – die Rabbinen der Zeit der Gemara aus Tiberias, Caesarea und Sepphoris – diese Gemara geordnet und schriftlich niedergelegt, um die mündliche Überlieferung zu erhalten und den Schulbetrieb ordnungsgemäß weiterführen zu können. Daraus entstand der „Talmud des Landes Israel", auch palästinischer Talmud oder „Talmud jeruschalmi" genannt. Er ist wahrscheinlich im 5. Jh. abgeschlossen, jedoch nicht durchgehend bearbeitet oder in sich ausgeglichen worden; vielmehr hat man die Überlieferungen und Meinungen der verschiedenen Schulen zusammen- und nebeneinandergestellt, so daß oft ganz unterschiedliche und widersprüchliche Aussagen festzustellen sind. Nach der arabischen Eroberung wurde die weitere Arbeit an diesem Talmud, in dem manche Traktate noch gar nicht erfaßt waren, wegen des Übergewichts der babylonischen Schulen eingestellt.

In Babylonien haben die „Saboräer", die Talmudgelehrten des 6. Jh., den babylonischen Talmud bearbeitet und herausgegeben, der sich gegenüber dem palästinischen Talmud allgemein durchgesetzt hat. Er ist umfangreicher als dieser, da er auch eine Fülle erzählenden Stoffs enthält, dafür wiederum recht unübersichtlich und alles andere als eine handliche Zusammenfassung der verbindlichen Torainterpretation.

Das babylonische Judentum hat aufgrund seiner günstigen wirtschaftlichen Lage und seiner geordneten Selbstverwaltung auch eine Reihe von rabbinischen Schulen hervorgebracht, die die palästinischen übertrafen. Die erste große Schule entstand zu Beginn des 3. Jh. in Sura in Südbabylonien; sie hat im Laufe ihrer Geschichte mehrere große Höhepunkte erlebt, zuletzt in islamischer Zeit. Eine zweite Schule wurde in Nehardea am Euphrat südwestlich von Bagdad, dem Sitz des Exilarchen, gegründet, nach wenigen Jahrzehnten durch die Palmyrener zerstört und nach Pumbedita am Euphrat nordwestlich von Nehardea verlegt; dort stellte sie für mehr als ein Jahrhundert die maßgebende Schule dar. Aus der Bedeutung der Schulen und der allgemeinen Anerkennung der babylonischen Talmud wird die große Rolle dieser Diaspora ersichtlich.

Eine weitere Aufgabe der Rabbinen und rabbinischen Schulen war die Überlieferung und Pflege des Bibeltextes. Aus den durch die Aufstände hindurchgeretteten Handschriften wurde nunmehr ein konsonantischer Standardtext hergestellt, der allgemeine Gültigkeit erlangen sollte und erlangte. Da er zugleich für die liturgische Verlesung im Gottesdienst bestimmt war, mußten Zeichen für die Art des Vortrags hinzugefügt werden. Allmählich begann man auch die Aussprache des biblischen Hebräisch festzulegen, da die Gefahr bestand, daß sie an das durch den Einfluß des Aramäischen veränderte Hebräisch der Mischna und des Talmud angeglichen wurde. Dazu wurde der Konsonantentext mit Vokalzeichen versehen, für die man in Palästina und in Babylonien jeweils mehrere Systeme entwickelte, von denen sich schließlich im frühen Mittelalter das System von Tiberias durchgesetzt hat.

Vor allem für die Zeit zwischen dem 3. und 7. Jh. ist aus Palästina eine große Zahl von Resten von Synagogen bekannt, die von einer großen Bautätigkeit zeugt. Grundlegend ist der Basilika-Typ, ein dreischiffiger Raum mit zwei Säulenreihen. Man kann zwei Bauperioden unterscheiden, die sich durch die unterschiedliche Lage des Toraschreins voneinander abheben. Aus der ersten Periode stammen z. B. die galiläischen Synagogen von Bir'am, Chorazin und Kapernaum, aus der zweiten Periode z. B. diejenigen von Bet Alfa, Bet Schean und Gaza. Aus dem Bereich des babylonischen Judentums, von dem kaum bauliche Reste gefunden worden sind, ist immerhin die Synagoge von Dura Europos am Euphrat zu nennen, deren Innenwände mit einer Fülle von guterhaltenen Fresken bedeckt waren; meist handelt es sich um Darstellungen biblischer Themen, doch auch bekannte nichtjüdische Symbole und heidnische Mythenmotive finden sich.

Auffällig für die antike Periode ist schließlich die Herrichtung von größeren Anlagen für die Bestattung der Toten – Nekropolen und Katakomben – und die Verwendung von oft reichverzierten Steinsarkophagen und Ossuarien. Während jüdische Katakomben aus Italien bekannt sind, ist Bet Schearim in der Jesreelebene das beste Beispiel für eine Nekropole; dort fanden sich auch Gräber von Diasporajuden, vor allem aus dem syrisch-arabischen Raum, deren Gebeine in Bet Schearim beigesetzt wurden, damit sie im Heiligen Lande zeitlich als erste oder überhaupt auferstehen würden.

S. Kraus, Talmudische Archaeologie, 3 Bde., 1910/12 (Nachdruck 1966). – Die Mischna, 1912 ff., 1960 ff. – R. Kohl – W. Watzinger, Antike Synagogen in Galiläa, 1916 (Nachdruck 1968). – L. Goldschmidt, Der Babylonische Talmud, 12 Bde., 1929/36 (Nachdruck 1970). – H. L. Strack, Einleitung in Talmud und Midrasch, 1930[5] (Nachdruck 1960). – N. N. Glatzer, Geschichte der talmudischen Zeit, 1937. – J. E. Seaver, Persecutions of the Jews in the Roman Empire, 1952. – S. Liebermann, Tosefta', 1955 ff. – Ders., Die Tosefta, 1956 ff. – J. Newman, The Agricultural Life of the Jews in Babylonia, 1957. – Ders., The Commercial Life of the Jews in Babylonia, 1957. – B. Mazar, Beth Shearim I, 1957[2]. – Talmud J[e]rušalmi, 8 Bde., 1960. – H. Mantel, Studies in the History of the Sanhedrin, 1961. – R. Stewart, Rabbinic Theology, 1961. – M. Avi-Yonah, Geschichte der Juden im Zeitalter des Talmuds, 1962. – Ch. Z. Hirsch, The Student's Guide through the Talmud, 1962[2]. – M. S. Zuckermandel, Tosephta, 1963[3]. – I. Unterman, The Talmud, 1965. – J. Neusner, A History of the Jews in Babylonia, 5 Bde., 1965/70. – M. Schwab – B. Lifshitz, Beth Shearim II, 1967. – B. J. Bamberger, Proselytism in the Talmudic Period, 1968[2]. – M. Mielziner, Introduction to the Talmud, 1968[4]. – J. Bowker, The Targum and Rabbinic Literature, 1969. – S. J. Saller, A Revised Catalogue of the Ancient Synagogues in the Holy Land, 1969. – J. Neusner (ed.), The Formation of the Babylonian Talmud, 1970. – Ch. Albeck, Einführung in die Mischna, 1971. – N. Avigad, Beth Shearim III, 1971. – B. Großfeld, A Bibliography of Targum Literature,

1971. – K. Hruby, Die Synagoge, 1971. – G. F. Moore, Judaism in the First Centuries of the Christian Era, 3 Bde., 1971[3]. – K. L. Noethlichs, Die gesetzgeberischen Maßnahmen der christlichen Kaiser des 4. Jahrhunderts gegen Häretiker, Heiden und Juden, 1971. – Ch. Horowitz, Der Jerusalemer Talmud in deutscher Übersetzung, I. Berakhoth, 1975.

II. Zur allgemeinen Lage des Judentums im Mittelalter

1. Jüdisches Welt- und Selbstverständnis. Die Wende von der Antike zum Mittelalter schien den Juden zu bringen, was sie lange herbeigesehnt hatten: den Untergang des vierten Weltreichs – im Westen infolge der germanischen Wanderungen, im Osten wenigstens teilweise infolge der arabischen Eroberungen. Doch nach einiger Zeit mußte man feststellen, daß sich die Lage in Wirklichkeit gar nicht grundlegend geändert hatte. Im Osten blieb das Byzantinische Reich in Kleinasien in zunächst noch beachtlicher Stärke bestehen, im Westen erneuerte Karl der Große das Römische Reich, so daß das vierte Weltreich letzten Endes bestehen geblieben war.

Anders verhielt es sich mit den von den Arabern eroberten Gebieten. Auch wenn manche Juden mit den Eroberern als erfolgreichen Gegnern der bisherigen Weltmacht sympathisierten, mußte man allmählich erkennen, daß eine neue Weltmacht entstanden war, die den ganzen Orient, das südliche Mittelmeergebiet und sogar einen Teil der iberischen Halbinsel umfaßte. Sie wurde bald von manchen Juden als das vierte Weltreich betrachtet, wozu man Änderungen in der Zählung der früheren Reiche vornahm.

Das Geschichts- und Selbstverständnis des Judentums in dieser Lage wurde von zwei unterschiedlichen Auffassungen beherrscht. Eine dritte, die wie in der Makkabäerzeit mit den Waffen für die volle Freiheit der Religion und für die volle politische Freiheit und Selbständigkeit zu kämpfen bereit war, gab es praktisch nicht. Statt dessen flackerte einerseits immer wieder die messianische Erlösungshoffnung auf, die sich in enthusiastischen, abenteuerlichen, manchmal – wie im islamischen Gebiet – kriegerischen Bewegungen entlud und nur zu leicht in Konflikt mit der Staatsgewalt geriet. Andererseits war man sich dessen bewußt, in der *golā*, im Exil, zu leben, und nahm dies auf sich, um sich in dieser Gerichts- und Bußsituation zu bewähren. Man betrachtete die eigene Geschichte als Geschichte des jüdischen Leidesweges, auf dem das Martyrium, die „Heiligung des Namens (Gottes)", dem Bekenntnis zu Gott und seiner Heiligung, der Buße für die Sünden der Väter und damit als ein Beitrag zur erhofften Wende zum endzeitlichen Heil diente. Solchem Geschichts- und Selbstverständnis entsprach die Einführung einer eigenen Zeitrechnung, die im 9. Jh. in Europa begann. Man zählte die Jahre in Fortführung der biblischen Chronologie von der Schöpfung der Welt an und setzte seit dem 12. Jh. das Jahr 3761 v. Chr. als Schöpfungsjahr fest.

2. Beginnende Teilung des Judentums. Obwohl der babylonische Talmud sich im gesamten Judentum durchsetzte und als der Talmud schlechthin galt, wurde die sonstige babylonische Tradition nur im islamischen Bereich als gültig angenommen, während die jüdischen Gemeinden in christlichen Ländern weiterhin durch die palästinische Tradition bestimmt waren. Damit begann die Teilung des Judentums in zwei Zweige, die später als sefardisches und als aschkenasisches Judentum bezeichnet wurden – abgeleitet von Sefarad „Spanien" wegen der Bedeutung des dortigen Judentums im islamischen Bereich und von Aschkenasien, das in erster Linie Mitteleuropa, manchmal auch Osteuropa bezeichnete. Der Teilung entsprach eine unterschiedliche Aussprache des Hebräischen. Die Juden im islamischen Bereich blieben unter dem Einfluß des Arabischen bei einer Aussprache, die einer semitischen Sprache angemessen ist, während die Juden in christlichen Ländern davon mehr oder weniger stark abweichende Formen der Aussprache entwickelten.

Die Entwicklung der beiden Zweige des Judentums war unterschiedlich. Während das sefardische Judentum während des Mittelalters noch die Mehrheit bildete, nahm es im 18. Jh. gegenüber dem aschkenasischen Judentum an Zahl und Bedeutung immer mehr ab. Im 20. Jh. stellt das sefardische Judentum nur noch zehn Prozent des gesamten Judentums.

3. Auseinandersetzung mit Islam und Christentum. Nachdem der größte Teil der bekannten Menschheit christlich oder islamisch geworden war, sah sich das Judentum nicht mehr dem orientalischen und griechisch-römischen Heidentum, sondern zwei gleichfalls in ihrer Art monotheistischen Religionen gegenüber. Diese betrachteten zudem das Judentum als eine jeweils durch sie überholte Offenbarungsstufe und erhoben jede für sich einen Absolutheitsanspruch. Dadurch war das Judentum nicht nur in die Verteidigung gedrängt und in immer stärkerem Maße als zuvor von der Toleranz der Umwelt abhängig; vielmehr war die Geltung der Tora und damit die Grundlage jüdischer Existenz in Frage gestellt. So stellte sich das Problem des christlichen und islamischen Anspruchs.

Die Auseinandersetzung darum begann im islamischen Bereich schon früh und wurde als Diskussion mit dem im Islam und im Judentum wirkenden philosophischen Denken und nur selten als unmittelbare Bestreitung des islamischen Anspruchs geführt. Dagegen setzte die Auseinandersetzung mit der christlichen Theologie erst im 12. Jh. richtig ein und war vorwiegend theologisch und apologetisch bestimmt. Auch in dieser Hinsicht bestanden demnach Unterschiede zwischen den zwei sich bildenden Zweigen des Judentums.

R. Marcus, The Jew in the Medieval World, A Source Book, 1938 (Nachdruck 1960).

III. Im islamischen Mittelalter

1. Allgemeine Lage. Der Islam erkannte Judentum und Christentum als Offenbarungsreligionen und ihre Anhänger als „Leute des Buches" an und gestand ihnen einen rechtlich verbürgten Schutz durch den Staat zu. Allerdings galten beide Religionen als durch Mohammed überholte Offenbarungsstufen; darum konnten sie nur beschränkte Duldung und begrenzten Schutz erhalten. Die Grundlinien wurden in den „Gesetzen Omars" im 7. oder 8. Jh. n. Chr. festgelegt. Danach durften die Andersgläubigen natürlich den Islam und seine Propheten nicht verspotten und den Übertritt nicht behindern. Sie selbst durften keine neuen Gotteshäuser errichten und sollten ihre Religion nur unauffällig ausüben. Sie durften Moslems nicht als Sklaven halten und nicht in den Staatsdienst treten, nicht auf Pferden reiten wie stolze Beduinen und ihre Häuser nicht höher bauen als ihre islamischen Nachbarn. Sie mußten eine bestimmte Kleidung tragen, um sich von den Moslems zu unterscheiden, und hatten Sondersteuern zu entrichten.

Trotz dieser Einschränkungen waren gewisse Rechte zugesichert. Freilich war deren Ausübung und die Schutzzusage von der jeweiligen politischen Lage und von der Stärke der Regierung abhängig. Örtliche Machthaber und fanatische islamische Bewegungen setzten sich nur zu leicht über das Schutzversprechen hinweg. Doch wurden auch nicht alle Einschränkungen ständig praktiziert. Viele islamische Herrscher setzten Angehörige der religiösen Minderheiten in hohe staatliche Ämter ein, da sie von ihnen in ihrer besonderen Lage ein höheres Maß an Treue und Ergebenheit als von ehrgeizigen Moslems erwarten konnten.

In Babylonien blieb die jüdische Selbstverwaltung unter der Führung des Exilarchen bestehen und wurde die jüdische Autonomie gestärkt. Auch in Ägypten und in Spanien vertrat zeitweilig ein Nagid oder ein „Haupt der Juden" diese gegenüber der Regierung. In Babylonien erhielten auch die Leiter der beiden Schulen in Sura und Pumbedita Steuer- und Gerichtsprivilegien und führten den Titel Gaon „Exzellenz". Ihre Aufgaben umfaßten die Verwaltung, Gerichtsbarkeit, Leitung des Unterrichtswesens und Erteilung von Gutachten zur Regelung von Recht und Sitte. Infolge des Niedergangs des Kalifats von Bagdad und der Einfälle der Seldschuken büßte das babylonische Judentum schließlich vom 11. Jh. an seine herausragende Stellung ein.

Unter dem Kalifat vollzog sich ein großer sozialer Wandel: Die Städte rückten in den Mittelpunkt und wuchsen teilweise schnell zu Großstädten heran. Dem entsprach eine starke Landflucht, vor allem seitens der religiösen Minderheiten, denen eine Grundsteuer auferlegt war. Waren die Juden im islamischen Bereich vorher großenteils in der Landwirtschaft tätig gewesen, so konzentrierten sie sich nunmehr viel stärker auf Handwerk und Handel in den Städten. Hinzu kam, daß die islamische Herrschaft über ganz Nordafrika und die iberische Halbinsel den jüdischen Kaufleuten neue Handelswege erschloß und daß sie auch jenseits der Grenzen der islamischen Macht in der jüdischen Diaspora mit zuverlässigen Geschäftspartnern rechnen konnten. Der politische Verfall der islamischen Macht und der damit verbundene wirtschaftliche Niedergang im 13. und 14. Jh. setzte allerdings solcher Blüte ein Ende und lieferte die religiösen Minderheiten einer zunehmenden Rechtsunsicherheit und der Gefährdung durch die unzufriedene islamische Mehrheit aus. Erst die ottomanische Herrschaft führte im 15. Jh. zu einer Besserung der Lage, so daß viele aus christlichen Ländern geflohene oder vertriebene Juden im Orient Zuflucht suchten.

2. Palästina. Wegen seiner Bedeutung für das Judentum ist Palästina besonders ins Auge zu fassen. Dort wurde nach der Bedrängnis im Byzantinischen Reich die arabische Eroberung geradezu als Befreiung begrüßt. Die nächsten Jahrzehnte brachten eine neue Blütezeit; auch in dem im Jahre 638 eroberten Jerusalem siedelten Juden sich wieder an. Geistiger Mittelpunkt blieb freilich Tiberias, dessen Gelehrtenschule das System für die endgültige Vokalisation des Bibeltextes lieferte, sonst aber hinter dem Übergewicht der babylonischen Schulen zurückstand.

Der Verfall des Kalifats führte in Palästina besonders schnell zu politischer Unsicherheit und wirtschaftlicher Not. Wie seit jeher stritten sich verfeindete Machthaber um das Land; auch als sich schließlich die Ägypter durchsetzten, wurde es ständig von räuberischen Nomadenüberfällen heimgesucht. Während der Kreuzzüge sank der jüdische Anteil der Bevölkerung bis auf einen kläglichen Rest; zahlreiche Juden beteiligten sich an der Verteidigung der Städte gegen die Kreuzfahrer und fanden bei der Eroberung den Tod, andere flohen in benachbarte Gebiete. Nur wenige Gemeinden blieben bestehen, vor allem in Akko und Tyrus. Die erneute arabische Eroberung durch Saladin (687) zog zwar eine weitere jüdische Einwanderung nach sich, die auch von der zweiten Hälfte des 13. Jh. an anhielt – vor allem aus Nordafrika und Spanien. Aber die wirtschaftliche Lage blieb schlecht, und die Gemeinden bedurften immer wieder der Unterstützung durch die Diaspora. Dies zeigt nebenbei, daß dem Judentum in der Diaspora die Bedeutung des Landes und Jerusalems stets bewußt war – unabhängig von Zahl, Größe und Gewichtigkeit der jüdischen Gemeinden in Palästina.

3. Das maurische Spanien. Auf der iberischen Halbinsel hatten die nicht sehr zahlreichen Juden unter den Verfolgungen durch die Westgoten gelitten. Die islamische Eroberung (von 711 an) setzte dem ein Ende; die zwangsweise Getauften konnten zu ihrem alten Glauben zurückkehren. Die Zusammenarbeit mit den islamischen Eroberern schuf für die Juden günstige Lebensbedingungen, so daß bald zahlreiche Einwanderer aus dem Osten ins Land kamen und während des Kalifats von Cordoba (755–1013) die kulturell fruchtbarste Gruppe des Diasporajudentums erwuchs. Zumindest ihre Oberschicht hatte vollen Anteil am wirtschaftlichen, politischen und kulturellen Leben und stand mit dem Kalifenhof und seinen Nachfolgern in Verbindung. Ihre Vertreter repräsentierten offiziell das Judentum des Landes und hielten selbst Hof, indem sie nach dem Vorbild der islamischen Oberschicht Gelehrte und Dichter um sich sammelten und sie förderten. Ihr jüdisches Selbstbewußtsein blieb ihnen erhalten, ja ihre Beteiligung am arabisch-islamischen Kulturwesen wirkte sich für das jüdische kulturelle Leben vorteilhaft aus. Außer der rabbinischen Gelehrsamkeit pflegte man eine nach arabischem Vorbild entstehende hebräische Sprachwissenschaft und eine reiche, vielfältige Dichtkunst in hebräischer Sprache, außerdem Naturwissenschaft und Philosophie, deren Werke durchweg in arabischer Sprache verfaßt wurden.

Diese kulturelle Blüte hatte bedeutsame Nachwirkungen für das Judentum und das christliche Europa. Denn in Südfrankreich und im christlichen Spanien wurden solche Werke aus dem Arabischen ins

Hebräische übersetzt, so daß das Judentum in den christlichen Ländern im 12.–13. Jh. mannigfache neue Eindrücke erhielt; eine weitere Bereicherung ergab sich aus entsprechenden Übersetzungen aus dem Lateinischen ins Hebräische. Doch wurde auch aus dem Hebräischen ins Lateinische übersetzt, vor allem in Italien; dadurch sind auf dem Wege über jüdische Übersetzungen aus dem Arabischen viele antike Autoren vom christlichen Europa ganz oder teilweise wiederentdeckt worden.

Gegen Ende des 11. Jh. ging für das Judentum im maurischen Spanien die glückliche Zeit vorüber, als die fanatischen Berber, die man gegen die christliche Wiedereroberung zu Hilfe gerufen hatte, eine wachsende Rolle spielten. In den folgenden Jahrzehnten nahmen Verfolgungen und Zwangsübertritte zum Islam in solchem Maße zu, daß eine starke Flucht von Juden in den Orient und das christliche Europa einsetzte. Dies bedeutete das Ende der islamisch-jüdischen Kulturblüte.

J. Mann, The Jews in Egypt and in Palestine under the Fatimid Caliphs, 2 Bde., 1920/22 (Nachdruck 1969). – W. J. Fischel, Jews in the Economic and Political Life of Mediaeval Islam, 1937 (Nachdruck 1968). – F. Burckhardt, Die maurische Kultur in Spanien, 1970. – Y. R. Ebied, Bibliography of Mediaeval Arabic and Jewish Medicine and Related Sciences, 1971.

IV. Im christlichen Mittelalter

1. Allgemeine Lage. Die Situation der Juden im christlichen Bereich war von vornherein ungünstiger als im islamischen. Sie wurden im Grunde als religiöse Minderheit gerade eben noch geduldet und sahen sich zugleich andauernden und heftigen religiösen und theologischen Angriffen ausgesetzt. Es bestand für sie auch – anders als im islamischen Bereich – zunächst keine allgemeingültige Rechtsgrundlage für Minderheiten. Im Byzantinischen Reich war für sie zwar allmählich eine gültige Regelung getroffen worden und im Corpus iuris civilis enthalten; aber aufgrund der judenfeindlichen Haltung der Kirche handelte es sich eher um eine weitgehende Entrechtung als um einen Rechtsschutz.

Im Westen erstrebte vor allem die Kirche eine allgemeinverbindliche Regelung des Status der Juden, die sie auf einer überholten Offenbarungsstufe, in einem Zustand der Verwerfung und Verstocktheit und als Nichterlöste in der Knechtschaft der Sünde erblickte. Daraus ergab sich nach einer Auffassung die Forderung, auch den rechtlichen und sozialen Status der Juden im Sinne der Knechtschaft festzulegen; sie sollten – so das Vierte Laterankonzil (1215) – als Knechte das Eigentum der christlichen Herrscher sein. Nach einer anderen theologischen Auffassung sollten die Juden in ihrem minderen rechtlich-sozialen Status, der ihrer religiösen „Verknechtung" entsprach, als „negative Zeugen" der christlichen Wahrheit dienen; und eine weitere Auffassung führte als Gründe für eine begrenzte Duldung des Judentums die positive Bedeutung des sog. Alten Bundes und die Verheißung einer endzeitlichen Bekehrung der „Synagoge" an. Vor allem Papst Gregor I. griff dies auf und legte um 600 allgemeine Richtlinien fest: keine Gewaltanwendung und Zwangsbekehrung, wohl aber Bekehrung durch gütliche Überredung oder durch Einräumen materieller Vorteile. Darauf beruhten die von den Päpsten verliehenen Schutzbriefe, die den Juden Glaubensfreiheit, Sicherheit des Lebens, des Eigentums und des Rechtsstandes zusagten.

Die erstgenannte Auffassung, daß die Juden als Knechte das Eigentum der christlichen Herrscher seien, machten sich diese nur zu gern zu eigen, begründeten sie jedoch nicht im kirchlichen Sinn, sondern geschichtlich: Infolge ihrer Niederlage im ersten Aufstand gegen Rom (66–70) seien alle Juden Sklaven der römischen Kaiser geworden. Und da die Herrscher des Heiligen Römischen Reiches sich als deren Nachfolger verstanden, betrachteten sie auch die Nachkommen der angeblichen jüdischen Sklaven der Antike als ihre Knechte. Diese Auffassung bildete den Ansatzpunkt für die im Jahre 1237 verordnete „Kammerknechtschaft". Dies bedeutete, daß die Juden ihren Rechtsstand unmittelbar am kaiserlichen Gericht hatten und ihre Steuern unmittelbar an die kaiserliche Kammer abliefern sollten. Dieser Status brachte zunächst manche Vorteile mit sich, z. B. Zoll- und Marktfreiheit im ganzen Reich. Später jedoch betonte man stärker das Element der Knechtschaft. Die Juden galten als mit Gut und Blut dem Herrscher verfallen, der eigenmächtig über ihr Leben und Eigentum verfügen konnte.

In einer weiteren Hinsicht waren die jüdischen Gemeinden im christlichen Bereich schlechter gestellt als die Gemeinden im islamischen Bereich: Sie lebten im allgemeinen autonom nebeneinander ohne zentrale Repräsentanten und übergreifende Selbstverwaltung. Etwaige Vertreter bei der staatlichen Macht besaßen keine rechte Legitimation und waren praktisch ohne innerjüdischen Rückhalt. So übten fast nur jüdische Privatpersonen, die an den Höfen vor allem infolge ihrer Geldgeschäfte Einfluß besaßen, eine inoffizielle Repräsentation aus – mit allen Nachteilen, die eine Verquickung von öffentlichen und persönlichen Interessen in sich birgt.

Die wirtschaftliche Lage der Juden im christlichen Bereich entwickelte sich unterschiedlich. Zunächst füllte der jüdische Fernhandel eine

Lücke im Mittelmeerhandel, die durch den Ausfall der christlichen Syrer nach der arabischen Eroberung entstanden war. Eine Zeitlang gab es fast ein jüdisches Handelsmonopol, das manche Herrscher wie die Karolinger wohl zu schätzen wußten. Dann aber übernahmen italienische Städte den Handel mit der islamischen Welt, und den Juden blieb nur mehr der innereuropäische und osteuropäische Fernhandel, bis auch aus diesem verdrängt wurden. Sie waren in den christlichen Ländern des weiteren ursprünglich auch im städtischen und ländlichen Grundbesitz sowie im Handwerk vertreten; doch dieses Recht nahm man ihnen. Schließlich blieb ihnen das Finanzgeschäft, das ihnen zufiel, weil die Kirche ihren Mitgliedern das Zinsnehmen verboten hatte (1100–1500). Es war der einzige Ausweg, der ihnen offenstand. Gewiß brachte ihnen dies wirtschaftliche Vorteile und politische Rechte ein; mancher hat diese Lage sicher auch ausgenutzt und seine Vorrechte mißbraucht. Insgesamt wirkte sich jedoch das Zins- und Pfandgeschäft sehr ungünstig aus, da Adel, Bürger und Handwerker es als drückende Last empfanden und da es den Haß der Menge erregte. Es kam nicht selten zu Raub und Mord, mit denen man sich der verachteten und verhaßten Gläubiger zu entledigen suchte.

Als diskriminierend, da von der gewöhnlichen Standes- und Berufskleidung wegführend, erwiesen sich die Kleidervorschriften. Das Vierte Laterankonzil hatte die Provinzsynoden aufgefordert, für eindeutige Unterscheidungsmerkmale zwischen Christen, Juden und Mauren Sorge zu tragen. Da die Synoden jeweils für ihren Bereich Beschlüsse trafen, waren die Vorschriften regional verschieden. In Mitteleuropa war bis gegen 1500 der „Judenhut" neben dem langen Mantel die vorwiegende jüdische Kleidung. Anderswo führte man nach islamischem Vorbild den (meist gelben) Fleck ein – in England in Form der beiden Dekalogtafeln, in anderen Ländern als Ring (meist an der Brust zu tragen), in Portugal als roten Stern. Für Frauen wurden gewöhnlich lange Kleider und Schleier (mit zwei blauen Streifen) verordnet. Aufgrund von derartigen Vorschriften auf christlicher Seite und teilweise auch infolge des absichtlichen Festhaltens an älteren Kleidungsformen entwickelten sich vom 13. Jh. an regional unterschiedliche Judentrachten.

Auch sonst machte man den Juden das Leben immer wieder durch einschränkende Gesetze schwer. Sie mußten in den Straßen oder Stadtvierteln wohnen bleiben, in die sie sich einmal zurückgezogen hatten, ohne daß auf ihre Vermehrung Rücksicht genommen wurde; dadurch entstanden nur zu oft ungeheuerliche Wohnverhältnisse. Die Juden unterlagen auch Ehebeschränkungen. Die Familienzahl wurde behördlich festgelegt, so daß viele erst dann heiraten konnten, wenn ein Familienvater gestorben war. Und zudem mußten sie häufig für die christliche Obrigkeit beten oder sich während der Passionszeit in den Kirchen antijüdische Predigten anhören. So hat Theodor Herzl den Nagel auf den Kopf getroffen, als er schrieb: „Wir sind, wozu man uns in den Ghetti gemacht hat."

2. Die Wende zur Verfolgung der Juden. Die Kreuzzüge leiteten in fast ganz Europa eine furchtbare Wende im Geschick des Judentums ein; seitdem ist seine Geschichte im christlichen Mittelalter mit Blut geschrieben. Sowohl die Gerüchte über die gute Zusammenarbeit zwischen Moslems und Juden im islamischen Bereich als auch die negative Beurteilung des Judentums durch Theologie und Kirche hatten allmählich eine gereizte Stimmung geschaffen. Die Emotionen, geschürt durch fanatische Kreuzzugsprediger, entluden sich gegen die jüdischen Gemeinden, die am Wege der Kreuzfahrerheere lagen; die Beutegier vieler Kreuzfahrer tat ein Übriges. Die grausigen Berichte aus jener Zeit umfassen ein ungeheueres Maß von Leid und – von Schuld.

Im ersten Kreuzzug (1095–1099) mußten nach Übergriffen in Frankreich vor allem die rheinischen Gemeinden Köln, Mainz, Worms und Speyer Schreckliches erleiden, danach Regensburg und weitere Gemeinden bis nach Böhmen und Ungarn, wo schließlich die übelste Horde der Kreuzfahrer von den Ungarn vernichtend geschlagen wurde. Doch noch bei der Eroberung Jerusalems richteten die Kreuzfahrer ein grausiges Blutbad unter den dortigen Juden an, weil sie sich an der Verteidigung der Stadt beteiligt hatten. Wirtschaftlich traf dieser Kreuzzug das ganze europäische Judentum, weil seine bisherige Stellung im Fernhandel verlorenging.

Der zweite Kreuzzug (1146/47) stand von Anfang an im Zeichen von judenfeindlichen Versprechen: Sofern die Teilnehmer jüdischen Geldverleihern etwas schuldeten, wurde ihnen Zahlungsaufschub oder Schuldenerlaß zugesichert. Wieder kam es trotz der Warnungen des Bernhard von Clairvaux zu Übergriffen, gegen die diesmal allerdings die örtlichen Behörden oder regionalen Gewalten energischer als während des ersten Kreuzzugs vorgingen und oft auch das Schlimmste verhüteten. Allerdings mußten die jüdischen Gemeinden ihren „Beschützern" wie Gangsterbanden erhebliche Geldbeträge entrichten.

Der dritte Kreuzzug (1190) brachte für viele jüdische Gemeinden in England die Vernichtung. Auch bei späteren Kreuzzügen ereigneten sich Untaten, so 1236 und 1320 in Frankreich.

Nach den Kreuzzügen hatte die Pestepidemie, die 1348–1350 etwa ein Drittel der europäischen Bevölkerung das Leben kostete, für die Juden besonders schlimme Folgen. Denn unter der christlichen Bevölkerung bewirkte die Epidemie eine religiöse Fanatisierung und eine entsprechend feindselige Haltung gegenüber der jüdischen Minderheit, die man überdies beschuldigte, die Seuche durch Vergiftung von Brunnen herbeigeführt zu haben – eine ebenso unsinnige, ja verbrecherische Anklage wie die Vorwürfe des Ritualmordes und der Hostienschändung, die gleichfalls unzählige unschuldige Opfer gekostet haben. Fast überall brachen Verfolgungen der Juden aus, ohne daß die staatlichen und kirchlichen Behörden wirkungsvoll dagegen vorgehen konnten – und es auch vielfach nicht wollten, sondern die Gelegenheit zur Beschlagnahme jüdischen Eigentums benutzten.

3. Die Vertreibungen. Zu den Verfolgungen traten die Vertreibungen von Juden. Schon 1290 wurden sie aus England vertrieben, sodann 1306/11 und nochmals 1394 aus Frankreich, im 14. Jh. aus den deutschen Gebieten und Ende des 15. Jh. aus dem russischen Litauen. Für die spanischen Juden brach nach dem Ende der arabischen Herrschaft (1391) der Sturm los. Das Zeichen dazu gab ein Pogrom, durch den die 30000 Menschen umfassende Gemeinde von Sevilla vernichtet wurde. Manche Juden ließen sich in höchster Gefahr taufen; aber diese „Marranen" wurden ebenso überwacht, wie man die ungetauften Juden auszurotten suchte. Die in den Händen der Dominikaner liegende spätere Inquisition feierte Triumphe; allein im Jahre 1482 wurden 2000 Ketzer, d. h. vor allem Juden, verbrannt. Als alles nichts nutzte, wurden im Jahre 1492 die Reste ausgewiesen und verstreuten sich von Portugal bis nach Kleinasien. Aber sie wurden im Osten als Sklaven verkauft, in Portugal wurden ihre Frauen und Mädchen mit Christen zwangsverheiratet. Schließlich forderte Spanien von Portugal die Ausweisung. Sie erfolgte im Jahre 1497; ausgenommen wurden die Vier- bis Zwanzigjährigen, die zwangsgetauft wurden. Die anderen wanderten weiter, vor allem nach Holland und Deutschland.

4. Beurteilung. Niemals sonst in seiner Geschichte hat sich das christliche Abendland in einem derartigen Maße versündigt und besudelt wie in jenen Jahrhunderten. Daß man entschuldigend auf den jüdischen „Wucher" hinwies, war nichts als Lug und Trug. Denn nur die von christlicher Seite verfügten Berufsbeschränkungen und das von der Kirche erlassene Verbot des Zinsnehmens durch Christen hatten einer-

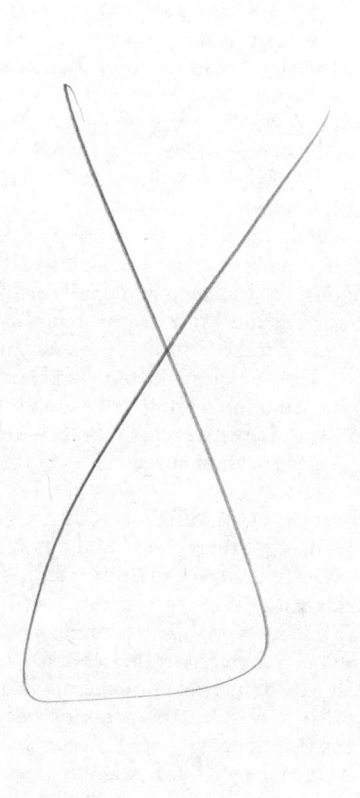

setzt und allgemeine Verbindlichkeit erlangt. Sie behielt diese Verbindlichkeit auch während der folgenden Jahrhunderte, ungeachtet der Aufteilung des Judentums in den sefardischen und den aschkenasischen Zweig und der regionalen Unterschiede. Dazu trugen nicht zuletzt die Bedrohung durch die islamische und die christliche Umwelt, die Auseinandersetzung mit ihr und der Drang zur Selbsterhaltung in der Zerstreuung bei. Zahlreiche Bräuche und Lebensregeln, z. B. die Sabbatheiligung, die Beschneidung und die Speisevorschriften, erhielten wie schon während des babylonischen Exils eine Bekenntnisbedeutung und dienten zusammen mit dem übrigen Brauchtum der Abgrenzung von der nichtjüdischen Umwelt, die sich ihrerseits von den Andersgläubigen abgrenzte. Nur geschah dies auf der jüdischen Seite viel entschiedener, zumal die Tora als göttliches Weltgesetz und als alleingültige Lebensordnung betrachtet wurde.

Gewiß konnte dort, wo Juden wie im maurischen Spanien in das soziale Gefüge und die Kultur eines Landes hineinwuchsen, die Befolgung jener Lebensordnung zurücktreten und das Brauchtum an Bedeutung verlieren. Aber sowohl die Proteste der religiös maßgebenden Kreise, die für schärfere Maßstäbe eintraten, als auch Abwehrreaktionen der nichtjüdischen Umwelt gegenüber den „Fremden" führten regelmäßig zu stärkeren Bemühungen um Selbsterhaltung und verliehen dem Brauchtum und den Lebensregeln größeres Gewicht als zuvor. So sind diese bis in die Gegenwart hinein weithin maßgebend geblieben.

2. *Literatur und Buchwesen.* Das jüdische Schrifttum des Mittelalters war außerordentlich vielfältig, umfangreich und zahlreich; trotz aller Verluste, die im Laufe der Zeit eingetreten sind, stellt es eine stattliche Bibliothek dar, so daß man mit Recht sagen konnte, daß aus der Buchreligion eine Religion der Bücher wurde. Das Schreiben und Lesen wurde wie das ständige Lernen eine bezeichnende Lebensäußerung der jüdischen Religion, und die Herstellung von Büchern wie der Handel mit ihnen spielten im jüdischen Wirtschaftsleben eine beachtliche Rolle. Bezeichnend dafür war die Entdeckung der Kairoer Geniza (um 1900), in der die Schriften, die man wegen der Erwähnung des Gottesnamens weder wegwerfen noch vernichten wollte, gesammelt wurden, bis man sie rituell bestattete. In der Geniza einer Synagoge in Altkairo und auf einem nahegelegenen Friedhof hat man etwa 200 000 Handschriften und Handschriftenfragmente vor allem aus der Zeit zwischen dem 10. und 13. Jh. gefunden, da die Geniza infolge von Umbauten offenbar in Vergessenheit geriet. Es handelt sich um Texte aller möglichen Litera-

turarten; besonders die geschichtlichen und rechtlichen Texte gewähren einen guten Einblick in die sozialen, wirtschaftlichen und rechtlichen Verhältnisse des damaligen ägyptischen Judentums.

Der größte Teil des mittelalterlichen jüdischen Schrifttums ist Auslegung oder auslegende Anwendung der Tradition. Wichtige Kommentarwerke, die danach ihrerseits wieder in Superkommentaren interpretiert wurden, stammen von Moses Maimonides, Salomo ben Isaak (Raschi), Abraham ibn Esra, Mose ben Nachman und David Kimchi. In diesen Zusammenhang gehören auch die Antworten von rabbinischen Schulhäuptern oder Autoritäten auf konkrete Anfragen, die manchmal den Umfang von Büchern erhalten haben.

Ferner suchte man übersichtliche Zusammenfassungen der gültigen talmudischen Ordnungen und Regeln herzustellen, da der maßgebend gewordene babylonische Talmud in dieser Hinsicht unbefriedigend war. So schufen Isaak Alfasi in Nordafrika, Moses Maimonides in Ägypten und Jakob ben Ascher in Toledo solche Werke, von denen das des letzteren beispielhaft gewirkt hat.

Maßgebend wurde freilich der von Josef Karo in Safed verfaßte und 1564/65 erstmalig in Venedig erschienene Schulchan Aruch „Gedeckter Tisch", der für 1. die täglichen Pflichten, die Sabbat- und Festtagsbestimmungen, 2. das Ritualgesetz, 3. das Eherecht und 4. das Zivilrecht die jeweils gültigen Bestimmungen oder den verbindlichen Brauch zusammenstellte. In den Entscheidungen folgte er Alfasi, Maimonides und Ascher ben Jechiel, in der Anordnung Jakob ben Ascher. Kennzeichnend ist die thematische Gruppierung (im Unterschied zu Alfasi und Ascher), die Beschränkung auf Bestimmungen, die auch nach der Zerstörung des Tempels gelten sollten (im Unterschied zu Maimonides) und die stilistische Neufassung des Ganzen (im Unterschied zu Jakob ben Ascher). Der Schulchan Aruch wurde durch das kommentierende Werk Mappa „Tischtuch" des Mose Isserles um das aschkenasische Brauchtum ergänzt (1578) und in dieser Form im Laufe des 17. Jh. zum autoritativen Kodex für das orthodoxe Judentum. Volkstümlich wurde ein Kompendium von Salomo Ganzfried: Kizzur („Auszug") Schulchan Aruch (1864).

Außerordentlich umfangreich war die jüdische Dichtung, deren Bedeutung nur mit derjenigen des evangelischen Kirchenliedes verglichen werden kann. Vor vier Jahrzehnten hatte man für die Zeit bis zur Aufklärung mehr als 36 000 Gedichte und Lieder erfaßt; seitdem sind wahrscheinlich noch einmal soviel bekanntgeworden. Diese religiöse Lyrik verbreitete sich zunächst von Palästina aus. In der ersten Hälfte des 10. Jh. begründete Saadja in Babylonien eine neue Dichterschule, und eine spanische Schule schloß sich an die arabischen Poesiegattungen und ihre Metrik an. Daneben gab es eine profane Dichtung mit Naturschilderungen, Liebes- und Weinliedern.

Von den Reiseberichten sind aus dem 12. Jh. diejenigen des Kaufmanns Benjamin von Tudela in Spanien über seine Reise nach Palästina und weiter bis an den Persischen Golf und des Petachja von Regensburg über das babylonische Judentum und die heiligen Stätten in Babylonien und Palästina zu nennen.

Seit den Kreuzzügen gab es die Memorbücher jüdischer Gemeinden, die nach

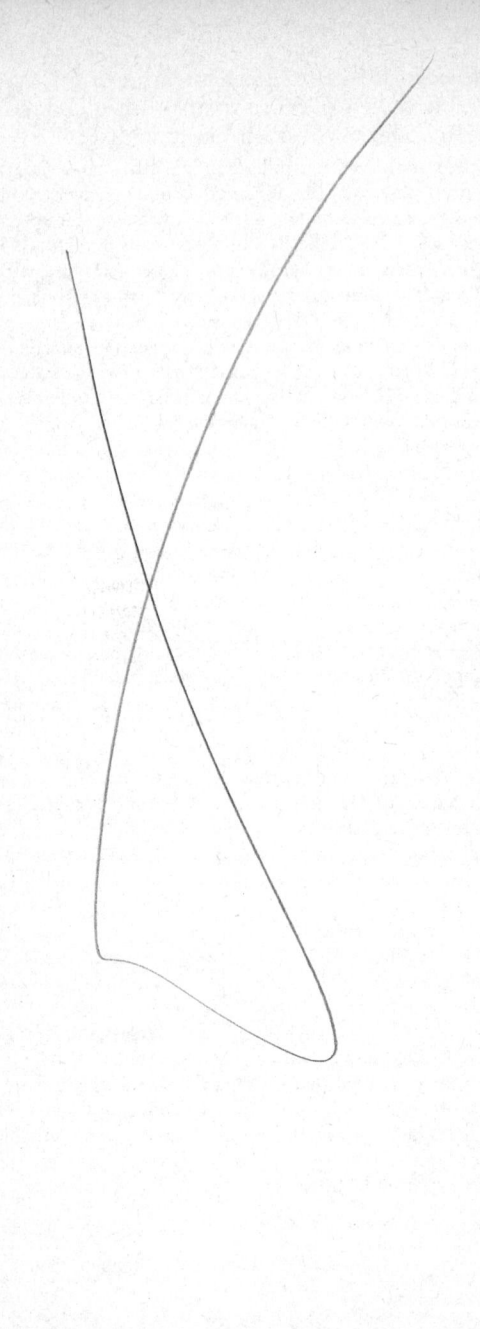

Kräfte das ebenfalls unpersönliche göttliche Eine ansah. Nunmehr bemühte man sich um eine Synthese. Maimonides ging davon aus, daß die Annahme der Weltschöpfung zwar nicht demonstrativ beweisbar sei, aber doch wahrscheinlicher als die der aristotelischen Weltewigkeit. Er gelangte so zu einem voluntaristisch-theistischen Aristotelismus. Er gestaltete die Lehre vom Verhältnis Gottes zur Welt um, indem er das göttliche Wissen nicht mehr auf den allgemeinen gesetzlichen Zusammenhang der Welt beschränkte und für das Verhältnis Gottes zum Menschen auch den Gedanken der individuellen Vorsehung hinzunahm. So erhielt er eine Religion der Kontemplation von stark intellektueller Färbung. Die höchste menschliche Vollkommenheit liegt danach in der Erkenntnis als Band zwischen Gott und Mensch. Levi ben Gerson ging in seinen Konzessionen an den Aristotelismus wesentlich weiter. Er lehnte zwar auch die Lehre von der Weltewigkeit ab, nahm aber doch eine unerschaffene Materie an und führte auf Gott als das oberste Formprinzip nur die Formen zurück, die diese Materie gestalten. Demgemäß beschränkt sich auch das Wissen Gottes auf die von ihm ausgehende allgemeine Formgesetzlichkeit und begreift das einzelne nur als deren Glied.

Die ganze philosophische Interpretation des Judentums stieß in orthodoxen Kreisen auf erheblichen Widerstand; besonders in Nordspanien und in der Provence kam es zu erbitterten Auseinandersetzungen. Trotzdem wurde diese Philosophie weiterhin gepflegt – nach der Vertreibung der Juden aus Spanien in Italien. Jedoch von der dortigen Erneuerung der Philosophie in der Zeit der Renaissance und des Humanismus blieb sie fast unberührt und pflegte lediglich ihre bisherigen Traditionen. Dennoch hat sie nachgewirkt; noch die Weltansicht Baruch Spinozas ist dem arabisch-jüdischen Aristotelismus in entscheidenden Elementen eng verwandt.

4. Die mystisch-magische Lehre der Kabbala. Die spekulative Lehre der Kabbala „Tradition", die in Spanien und in der Provence entstand, bildete eine Reaktion auf den Rationalismus der Philosophie. Bei ihren Anhängern galt sie als der eigentliche Inhalt der jüdischen Tradition. Sie beruhte auf alten Vorstellungen von der himmlischen Welt und der Erscheinung des thronenden Gottes, auf kosmologischen Ideen und der Wertung des Hebräischen als der Sprache der Schöpfung. Dies wurde in ein neuplatonisch gefärbtes Weltbild hineingenommen und mit theosophischen Einschlägen versehen. Man erblickte alles im Rahmen eines gewaltigen irdisch-überirdischen Vorgangs und Verlaufs, wobei das irdische Geschehen wie der Inhalt der Bibel als den menschlichen Sinnen zugängliche Erscheinung von Vorgängen galt, die sich in der Welt der zehn göttlichen Kräfte abspielten und die eine gegenseitige

Abhängigkeit zwischen dem „Oberen" und dem „Unteren" einschließen. Für das tägliche Leben hatte dies zur Folge, daß jede einzelne religiöse Vorschrift genauestens zu beobachten war, da im Gesamtprozeß alles und jedes seine Aufgabe und seine Folge hat.

Die aus Spanien vertriebenen Juden verbreiteten die Kabbala in der ganzen Diaspora, wo sie im 16. Jh. zur herrschenden jüdischen Richtung wurde. Ihren Mittelpunkt fand sie im galiläischen Safed. Isaak Lurja spitzte sie auf einen Wunder- und Erlösungsglauben zu und fand begeisterte Anhänger; überall gab man sich den geforderten Übungen zur Herbeiführung der messianischen Zeit hin. Anderswo verirrte man sich in magische Vorstellungen und Gebräuche, so in der Verwendung des Tetragramms als Zauberformel durch Abraham Abulafia aus Saragossa oder der Gematrie, die von dem Zahlenwert der Buchstaben des hebräischen Alphabets ausgeht.

Im 17. Jh. vereinigten sich die messianischen Erwartungen auf Sabbetaj Zbi, der sich in Palästina als Messias ausgab und das Jahr 1666 als Jahr der Erlösung ankündigte, jedoch nach seiner Verhaftung durch die Türken auf dem Weg nach Konstantinopel zum Islam übertrat. Seine an ihm festhaltenden Anhänger bildeten die Sekte der Sabbatianer. Eine osteuropäische Gruppe unter der Führung von Jakob Frank warb eine Zeitlang im Judentum offen für sie, ohne freilich viel Erfolg zu finden. Frank trat mit seinem Gefolge schließlich zur römisch-katholischen Kirche über, hielt aber heimlich an seinem phantastischen Sektenglauben fest. Insgesamt hat nach dem kabbalistisch-sabbatianischen Enthusiasmus die darauf folgende Ernüchterung und Enttäuschung das ganze Judentum in eine schwere innere Krise gestürzt. Zwar hat in Osteuropa der Chasidismus die an der Kabbala Irregewordenen aufgefangen und ihrer Frömmigkeit andere Impulse gegeben, aber anderwärts entstand nach dem Wegfall der kabbalistischen Begründung der Frömmigkeitspraxis und bei dem Beharren der Rabbinen auf ihrer korrekten Ausübung weithin eine nur formalistische Praxis ohne Sinnbezug.

5. Die Karäer. Die oppositionelle Bewegung der Karäer im Orient war in sich sehr uneinheitlich. Sie umfaßte apokalyptische Gruppen, sehr streng an der Torapraxis orientierte Gruppen und philosophisch Gebildete. Zusammengehalten wurden sie durch ihre ablehnende Haltung gegenüber der „mündlichen Tora" der Rabbinen, gegen deren Regime sie sich auflehnten. Sie stützten sich als „Biblizisten" (Karäer) auf die „schriftliche Tora" und ließen spätere Überlieferungen nur gelten, sofern sie sich nach bestimmten hermeneutischen Regeln oder nach dem

Grundsatz der Analogie aus der Bibel ableiten ließen. Zwischen dem 9. und 12. Jh. besaßen sie großen Einfluß im Orient, konnten das dortige Judentum großenteils für sich gewinnen, besonders in Palästina, gründeten Gemeinden in fast allen Städten und wurden vom Staat sogar als eigene Minderheit anerkannt. Nach der Vernichtung ihrer palästinischen Gemeinden während des ersten Kreuzzugs und während des folgenden allgemeinen Niedergangs im Orient verloren sie fast jede Bedeutung. Nur im 13./14. Jh. erlebte die Bewegung im christlichen Gebiet Kleinasiens und des Küstenlandes um Konstantinopel nochmals eine gewisse Blüte auf literarischem Gebiet. Immerhin hat sie dem rabbinischen Judentum Anstöße zur Pflege und Auslegung des Bibeltextes, zur philosophischen Untermauerung der Theologie und zu einer neuen eindringenden Beschäftigung mit der Tradition vermittelt.

M. Steinschneider, Die hebräischen Übersetzungen des Mittelalters und die Juden als Dolmetscher, 1893 (Nachdruck 1956). – Ders., Allgemeine Einleitung in die jüdische Literatur des Mittelalters, 1964³. – L. Grünhut, Die Rundreise des R. Petachjah, 1904/05 (Nachdruck 1966/67). – K. Albrecht, Die neuhebräische Dichterschule der spanisch-arabischen Epoche, 1905. – M. N. Adler, The Itinerary of Benjamin of Tudela, 1907. – M. Güdemann, Jüdische Kulturgeschichte im Mittelalter, 1922. – L. Gershenfeld, The Jew in Science, 1934. – S. Müller, Von jüdischen Bräuchen und jüdischem Gottesdienst, 1934². – Z. Cahn, The Rise of the Karaite Sect, 1937. – M. Weinberg, Die Memorbücher der jüdischen Gemeinden in Bayern, 1937/38. – S. M. Lehrman, Jewish Customs and Folklore, 1949. – Z. Ankori, Karaites in Byzantium, 1959. – B. M. Caspar, An Introduction to Jewish Bible Commentaries, 1961. – N. Glatzer, Faith and Knowledge, The Jew in the Medieval World, 1963. – S. Shaked, A Tentative Bibliography of Geniza Documents, 1964. – M. Zulay, The Liturgical Poetry of Saʿadya Gaon and his School, 1964. – Th. Birnbaum (ed.), Karaite Studies, 1971.

VI. Bis ins 17. Jahrhundert

Die Verfolgungen und Vertreibungen der Juden im Mittelalter hatten Wander- und Fluchtbewegungen ausgelöst, durch die sich in der Diaspora die Schwerpunkte der Ansiedlung verlagerten. Die sefardischen Juden haben sich zu einem kleineren Teil in Westeuropa und in Übersee niedergelassen, der größere Teil zog nach Osten und trug zum Aufschwung der jüdischen Bevölkerung im türkischen Reich bei. Das stärkste jüdische Ballungsgebiet bildeten die aschkenasischen Juden in Osteuropa. Zugleich begann die jüdische Bevölkerung allgemein zuzunehmen. In Europa kann man um 1500 mit etwa 600 000 Juden rechnen.

Diese Zahl stieg bis 1820 auf etwa 2 700 000 an. Obwohl für den Orient zuverlässige Unterlagen für eine Schätzung fehlen, kann man für das außereuropäische Judentum weitere 600 000 annehmen.

Während der Zeit vom Ausgang des Mittelalters bis zum Beginn der Aufklärung war das Geschick der Juden in den einzelnen Ländern recht unterschiedlich. In Mitteleuropa änderte es sich mitsamt der Rechtslage in dem Maße, wie die Staaten im Heiligen Römischen Reich sich politisch verselbständigten und eigene Regelungen trafen. Weiterhin kam es zu Vertreibungen und Wiederzulassungen, wobei man oft nur einer begrenzten Zahl von „Schutzjuden" die Niederlassung gestattete. Im allgemeinen war die rechtliche, soziale und innere Situation der Gemeinden höchst unbefriedigend, zumal nach 1648, als aus dem Osten arme Juden in wachsender Zahl in den Westen zurückwanderten und großenteils in den Dörfern mühsam ihren Lebensunterhalt erwarben. Es gab nur wenige große städtische Gemeinden (so in Hamburg bzw. Altona, Frankfurt a. M., Prag und Metz).

Zahlreiche Marranen aus Spanien und Portugal hatten in den Niederlanden Zuflucht gefunden. Sie konnten sich vom Beginn des 17. Jh. an allmählich wieder offen zu ihrem jüdischen Glauben bekennen. Auch weiterhin wanderten sefardische und aschkenasische Juden ein; um 1820 betrug die Gesamtzahl rund 40 000, von denen der größte Teil in Amsterdam lebte. Dabei spielten die sefardischen Juden, die sich am Überseehandel und an der Verarbeitung der Handelsgüter stark beteiligten, in wirtschaftlicher und kultureller Hinsicht eine tonangebende Rolle.

In England, wo man nach der Vertreibung nur eine kleine Zahl von Juden geduldet hatte, änderte sich die Einstellung zu ihnen um die Mitte des 17. Jh. unter puritanischem Einfluß. Oliver Cromwell gestattete schließlich ihre Niederlassung. Man achtete sie als das Volk des von den Puritanern hochgeschätzten Alten Testaments und brauchte sie im Kampf gegen die spanisch-niederländische Handelskonkurrenz; manche fühlten sich ihnen auch in der merkwürdigen Annahme verwandt, die Briten seien die verlorenen zehn Stämme des Nordreiches Israel. Gegen Ende des 17. Jh. waren endlich die rechtlichen Grundlagen so weit gesichert, daß die Gemeinden sich entfalten konnten.

In Italien waren die Juden in den nichtpäpstlichen Gebieten gewöhnlich geduldet, während sich im Kirchenstaat im Zusammenhang mit den Auseinandersetzungen in Reformation und Gegenreformation die ablehnende Haltung gegenüber religiösen Minderheiten verschärfte. Ja, um die Mitte des 16. Jh. nahmen einige Päpste eine ausgesprochen judenfeindliche Haltung ein; sie siedelten sie in bestimmten Wohnvierteln an (Ghetto) und schränkten ihre Berufsmöglichkeiten ein.

In den polnisch-litauischen Gebieten entstand durch Zuwanderung und hohe Geburtenzahlen bald die stärkste jüdische Diaspora, deren Gemeinden in weitgehender Eigenständigkeit lebten und sich von der Umwelt getrennt entwickelten und in denen das aus dem mitgebrachten Jüdisch-Deutschen entstehende Jiddisch gesprochen wurde. Von der Mitte des 16. Jh. bis zur Auflösung im Jahre 1764 besaßen sie zentrale Selbstverwaltungen im „Vierländerausschuß" für die vier polnischen Provinzen und im „Ausschuß des Landes Litauen" für das litauische Großherzogtum. Diese Ausschüsse legten die pauschal verordneten Steuerbeträge auf die Gemeinden um und amtierten als oberste jüdische Gerichtshöfe.

Die Juden nahmen eine Mittelstellung zwischen dem katholischen polnischen Adel und seinen orthodoxen ukrainischen Pächtern ein. Als letztere sich mit den Kosaken gegen die polnische Herrschaft verbündeten, wurden die Juden, die als Agenten der polnischen Herren galten, in den 1648 beginnenden Aufstand hineingerissen. Wer nicht rechtzeitig flüchtete, wurde erbarmungslos niedergemacht oder über die Tatarengebiete in die Sklaverei verkauft. Nach jüdischen Angaben sind über dreihundert Gemeinden verwüstet und fast 100 000 Juden getötet worden. Dieses Massaker wurde zusammen mit dem Flüchtlingsstrom zum Wendepunkt in der Geschichte des osteuropäischen Judentums. Denn auch in der Folgezeit litten die Gemeinden unter den zahlreichen Kriegen zwischen Russen, Polen und Schweden und verarmten immer mehr. Parallel zur Rückwanderung nach Mittel- und Westeuropa erfolgte eine Abwanderung aus den Elendsvierteln der großstädtischen Gemeinden in kleinstädtische und dörfliche Siedlungen.

Dagegen hatten die Osmanen im Türkischen Reich von Anfang an ein gutes Verhältnis zur jüdischen Minderheit. Abgesehen von der Kopfsteuer und von zeitweiligen Kleidervorschriften gab es keine wesentlichen Einschränkungen. Darum wanderten im 15. und 16. Jh. zahlreiche Juden in das türkische Reich ein und gründeten neue Gemeinden. Es handelte sich vor allem um sefardische Juden, die als tüchtige Kaufleute und Handwerker geschätzt waren, aber auch um Juden aus dem aschkenasischen Bereich. Große Gemeinden entstanden in Konstantinopel, Adrianopel und Saloniki, viele weitere, teilweise ebenfalls große Gemeinden im ganzen ägäischen Küsten- und Inselgebiet, ferner in den palästinischen Küstenstädten, in Jerusalem, Hebron und Safed, das im 16. Jh. als Hauptort der Kabbala zum theologischen Mittelpunkt des

Judentums wurde. Außer Handel und Handwerk bildete bis zum 17. Jh. die Textilindustrie einen wichtigen jüdischen Wirtschaftszweig. Nach ihrem Niedergang im 17. Jh. und der weiteren Einwanderung von Juden aus Osteuropa nach 1648, die teils wegen der dortigen Verfolgung, teils aufgrund kabbalistisch-messianischer Überzeugung erfolgte, waren die palästinischen Gemeinden in noch stärkerem Maße als zuvor auf Unterstützung durch die Diaspora angewiesen.

VII. Die Aufklärung und ihre Folgen

1. Das Ringen um Freiheit und Gleichberechtigung. Mit dem Zeitalter der Aufklärung im 18. Jh. begann wieder einmal eine einschneidende Änderung in der äußeren und inneren Geschichte des Judentums. Sie war bereits durch den Individualismus und die Lebensbejahung in Renaissance und Humanismus sowie durch die Glaubensspaltung der europäischen Christenheit in der Reformation angebahnt worden. Bald wurde überall die Forderung nach Gewissensfreiheit laut. Der Toleranzgedanke wurde durch die Erwägung gefordert, daß viele Christen unter türkischer Herrschaft ebenfalls Duldung beanspruchten.

Dem folgte als nächster Schritt das Ringen um die politische und gesellschaftliche Gleichberechtigung der Juden. Dieser lange und schwere Kampf wurde von verschiedenen Seiten geführt – zunächst im Rahmen der Aufklärung im Namen von Vernunft und Menschlichkeit. Denn erst, als das geschlossene Gefüge der mittelalterlichen Gesellschaft durch die Aufklärung gelockert war, konnten die Juden daran denken, innerhalb der Gemeinschaft von Staat und Bildung ihren Platz zu erhalten. Von der französischen Revolution wurde der Kampf unter dem Motto von Freiheit, Gleichheit und Brüderlichkeit auf dem Felde der Politik ausgetragen und gewaltsam fortgeführt. Im Jahre 1791 erhielt jeder Jude das Bürgerrecht, der den Bürgereid leistete. Schon vorher waren den Juden in den USA grundsätzlich Freiheit und Gleichheit gewährt worden, wenn auch die praktische Durchführung sich bis in die Gegenwart als recht schwierig erwiesen hat. Der neue Geist griff ferner zeitweilig auf Preußen über: Im Jahre 1808 wurden die Juden durch die Städteordnung zu städtischen Bürgern, 1812 zu preußischen Staatsbürgern. Aber Friedrich Wilhelm IV. verweigerte ihnen die Zuerkennung der vollen politischen Rechte seiner christlichen Untertanen. Ebensowenig führte die Revolution von 1848 eine grundlegende Änderung herbei; bis 1918 waren ungetaufte Juden von hohen Beamtenstellen und von der Offizierslaufbahn ausgeschlossen. Erst die Weimarer Verfassung brachte ihnen volle Gleichberechtigung. Im zaristischen Rußland waren die Beschränkungen zeitweilig noch schlimmer: Die zahlreichen Juden wurden in den Städten einiger Gouverments zusammengedrängt und großenteils proletarisiert; die Intelligenz wurde künstlich gehemmt und dadurch revolutionären Richtungen zugetrieben.

2. *Die Lage des orthodoxen Judentums.* Die rabbinisch-talmudische Torafrömmigkeit hatte das Leben des Judentums mehr als 1500 Jahre weithin beherrscht und dadurch seine Züge entscheidend geprägt. Vielleicht war es allein diese Haltung, die das Judentum in den Jahrhunderten schwerer Bedrückung und Verfolgung vor dem Untergang gerettet hat. Die Änderung der äußeren Lage und der geistigen Situation der Juden in Europa konnte jedoch für ihr Glauben und Denken nicht ohne Folgen bleiben. Der Auszug aus der alten Zeit und aus dem Ghetto mit seiner Lebensform bedeutete zugleich einen Auszug aus alten Gedankenkreisen. Die allgemeine Bildung unter den Juden nahm zu, sie waren am kulturellen Leben ihrer Umgebung beteiligt. Der Ring, den die einseitige talmudische Bildung um sie geschmiedet hatte, wurde gesprengt. In Polen und Deutschland schuf man für das Lese- und Bildungsbedürfnis eine umfangreiche Unterhaltungs- und Belehrungslektüre in der jiddischen Sprache. Dadurch wurden Vorstellungen verbreitet, die über den begrenzten Horizont des Ghettos hinausführten und sich von denjenigen der rabbinischen Führer wesentlich unterschieden.

Die orthodoxe Torafrömmigkeit der Rabbinen wurde also durch den Wandel der Verhältnisse zunächst aus ihrer beherrschenden Stellung verdrängt, dann mehr und mehr ihrer Auflösung zugetrieben. Um 1800 gab es in Westeuropa kaum mehr angesehene Talmudschulen, selbst in Osteuropa konnte diese Gelehrsamkeit in ihrer alten Form nicht gerettet werden. Mit der Aufklärung schlug die Sterbestunde des orthodoxen Torajudentums; infolge der Berührung mit der Umwelt und mit den Bildungsmitteln Europas schien ein anderer Weg gefordert.

3. *Der Chasidismus.* Noch von anderer Seite wurde die rabbinisch-talmudische Torafrömmigkeit in Frage gestellt. In Osteuropa, vor allem in Polen, protestierte das Volk gegen die dürre und trockene Lehrhaftigkeit, die das Gemüt nicht befriedigte. Parallel zum Pietismus der Reformationskirchen entstand eine jüdische Erweckungsbewegung, die den Namen Chasidismus „Frömmigkeit" führte. Sie wollte die Tora von

innen her verstehen und geistlich halten lehren und brachte ähnlich der Kabbala einen mystischen Zug in das Judentum. Durch Gebet und Tanz suchte man sich für den Empfang des göttlichen Geistes als einer Gnadengabe zu öffnen und erzeugte auf solche Weise die menschliche Empfangsbereitschaft dafür. Bald teilte sich die Bewegung in zwei Richtungen: eine mehr beschaulich-mystische und eine volkstümliche, in der Wunderrabbinen mit großem Einfluß im Mittelpunkt standen.

4. *Reformjudentum und Orthodoxie.* Nachdem das Judentum die äußere Gleichberechtigung gewonnen hatte, zog es daraus Folgerungen für sein Selbstverständnis. Ihr entsprachen innerhalb des Judentums die Emanzipation, d. h. das Abwerfen alter Bindungen, und die Assimilation, d. h. die Anpassung an die Umwelt. Auf religiösem Gebiet ergab sich daraus das Reformjudentum, das seine Theologie wesentlich durch Abraham Geiger erhalten hat. Er wollte die Entwicklung im Judentum aufweisen, die immer erneute Offenbarung und dadurch das Recht neuer Erfordernisse. Mittelpunkt wurde die „Hochschule für die Wissenschaft des Judentums" in Berlin. Daneben bestand die Orthodoxie weiter; ihre Lehrstätte war das „Rabbinerseminar für das orthodoxe Judentum". Eine Vermittlungstheologie wurde vor allem durch Zacharias Frankel vertreten; er erkannte den Entwicklungsgedanken an, faßte ihn aber konservativ im Sinne einer strengen geschichtlichen Kontinuität. Mittelpunkt dieser Richtung war das „Jüdisch-Theologische Seminar" in Breslau.

Das Reformjudentum ging ganz von der neuen Lage des Judentums aus. Die Gleichberechtigung hatte die unerbittliche Forderung mit sich gebracht, daß das Judentum sich nicht mehr als Volk, sondern lediglich als Konfession verstehen sollte. Nunmehr wurde nicht nur der Lebensstil an die Umgebung angeglichen, sondern auch der Versuch gemacht, die Konfession zu reformieren. Die neue Zeit hatte die Juden wieder in einen großen Lebenszusammenhang eingefügt, die Tora dagegen verlangte Abgrenzung. Daher kam es zu wachsender Gleichgültigkeit, ja zum Gegensatz gegen die Tora. Der synagogale Gottesdienst des Reformjudentums wurde dem protestantischen möglichst angeglichen. Aus den Gebeten wurde entfernt, was mit der nationalen und messianischen Erwartung zusammenhing. Ein neues Gesangbuch wurde geschaffen, für das man sogar christliche Lieder übertrug. Auch die Orgel wurde eingeführt und zeitweilig zu einem gewichtigen Streitpunkt mit der Orthodoxie. Die Praxis der Sabbatheiligung wurde gemildert und die Beschneidung als nicht mehr erforderlich betrachtet. Aufs Ganze gesehen, handelte es sich um einen Abbau, ohne daß Neues an die Stelle des Beseitigten getreten wäre. Das eigentlich Jüdische wurde zugunsten der politisch-rechtlichen Sicherung verneint. Erst die Greuel des neuen Antisemitismus führten in weiten Kreisen des überlebenden Judentums zum neuen Erwachen eines wirklich jüdischen Selbstverständnisses, das auf der Dreieinheit von Volk, Glaube und Land beruhte.

Während in Europa nur vereinzelt Gemeinden des Reformjudentums entstanden sind, bildete es in den USA einen organisierten Zweig des Judentums. Man verstand dieses als universalistische Weltreligion mit rationalistisch-humanistischer Grundhaltung, dessen Brauchtum und Lebensregeln nur soweit beibehalten werden sollten, als sie der Wahrung und Förderung jüdischer Grundsätze dienten, wobei die Auswahl dem einzelnen überlassen blieb. Der Rabbinerausbildung diente das 1875 gegründete „Hebrew Union College" in Cincinnati; die „Central Conference of American Rabbis" wurde 1889 eingerichtet. Schließlich wurde das ganze Reformjudentum im Jahre 1926 als „World Union for Progressive Judaism" zusammengefaßt. Allerdings nahmen der emanzipatorisch-assimilatorische Optimismus der Bewegung und die negative Einstellung zur Tradition bald ab. Dazu trugen die Judenverfolgungen in Europa, die Entwicklung in Palästina und die sehr schnelle Assimilation mit zahlreichen Übertritten zum Christentum, vielen Mischehen und wachsender religiöser Gleichgültigkeit bei.

Im Jahre 1885 löste sich in den USA eine konservative Gruppe von den Reformern und bildet seither eine eigene Richtung der „Conservatives"; für ihre Rabbiner schuf man eine Ausbildungsstätte im „Jewish Theological Seminary" in New York. Grundlegend war das Bestreben, einen möglichst großen Teil auch der äußeren Regeln von Brauchtum und Lebensweise beizubehalten und sich dadurch demonstrativ von den Reformern zu unterscheiden.

Die Aufspaltung in Orthodoxe, „Reformed" und „Conservatives" ließ Mordecai M. Kaplan im Jahre 1922 zu der Sammelbewegung des „Reconstructionism" aufrufen. Als gemeinsame Grundlage für die drei Richtungen betrachtete er die „Jewish Civilisation", in der die Religion zwar als ein wesentliches, nicht aber als das allein maßgebende Element galt. Vielmehr soll sie eine Lebensäußerung des Volkes und ein Mittel zur Erhaltung des Volkstums sein. Gemeinsam mit der Religion begründen auch die eigene Geschichte, die hebräische Sprache und Literatur, die jüdischen sozialen Ordnungen und Einrichtungen die „Jewish Civilisation". Auf diese Weise sollte den in mehrere Richtungen aufgesplitterten und den assimilierten Juden ihre Eigenart wieder zum Bewußtsein gebracht und die Abgrenzung von der Umwelt wiederhergestellt werden. Jedoch wurde trotz der unzweifelhaften kulturpolitischen Erfolge die zusammenführende Wirkung auf religiösem Gebiet nicht erreicht; vielmehr bildeten sich sogar eigene Reconstructionists-Gemeinden in den USA und damit die Anfänge einer vierten religiösen Richtung.

M. Wiener, Jüdische Religion im Zeitalter der Emanzipation, 1933. – P. H. Seraphim, Das Judentum im osteuropäischen Raum, 1938. – V. D. Lipman,

Social History of the Jews in England 1850–1950, 1954. – H. H. Sachar, The Course of Modern Jewish History, 1958. – H. G. Adler, Die Juden in Deutschland, 1960. – A. Kopp, Der preußische Staat und die Juden, 4 Bde., 1962. – K. J. Ball-Kaduri, Das Leben der Juden in Deutschland im Jahre 1933, 1963. – L. Greenberg, The Jews in Russia, 1965². – H. M. Rabinowicz, The Legacy of Polish Jewry; a History of Polish Jews in the Inter-War Years, 1965. – H. Z. Rudy, Die Juden in der Sowjetunion, 1966. – J. Toury, Die politischen Orientierungen der Juden von Deutschland von Jena bis Weimar, 1966. – E. Wiesel, Die Juden in Rußland, 1967. – H. Fischer, Judentum, Staat und Heer in Preußen im frühen 19. Jahrhundert, 1968. – E. Hamburger, Juden im öffentlichen Leben Deutschlands, 1968. – A. Hertzberg, The French Enlightenment and the Jews, 1968. – Ch. Bermant, Troubled Eden, An Anatomy of British Jewry, 1969. – H. M. Graupe, Die Entstehung des modernen Judentums, 1969. – E. Sterling, Kulturelle Entwicklung im Judentum von der Aufklärung bis zur Gegenwart, 1969. – A. Ayes, French Enlightenment and Rabbinic Judaism, 1970. – R. Attal, Les Juifs d'Afrique du Nord, 1973. – H. J. Cohen – Z. Yehuda, Asian and African Jews in the Middle East 1860–1971, 1976.

VIII. Antisemitismus und Zionismus

1. Der neue Antisemitismus. Als die Juden in Mittel- und Westeuropa ihre Gleichberechtigung endlich weitgehend oder völlig errungen hatten und als sie weithin bereit und im Gange waren, sich völlig in ihre Umgebung einzufügen, traf sie der Rückschlag eines neuen Antisemitismus, der unter der Gewaltherrschaft des Nationalsozialismus schließlich zu einer mörderischen Katastrophe ohnegleichen geführt hat. Die inneren Zusammenhänge hat J. Maier in seinem Buch „Das Judentum. Von der biblischen Zeit bis zur Moderne" (1973) so vortrefflich dargestellt (S. 712–714), daß diese Ausführungen zitiert werden sollen:

Nachdem begreiflicherweise liberale, demokratische Bewegungen das Anliegen der assimilations- und emanzipationswilligen Juden jeweils mit vertraten, konnte jede Krise des demokratischen Systems auch eine Gefährdung der Gleichberechtigung nach sich ziehen.

Nun richtete sich eine solche Gegenbewegung selten bloß gegen jene innerjüdische Gruppe, die tatsächlich auf der politischen Gegenseite stand, sondern zumeist gegen „die Juden" insgesamt. Jede der vielen innerjüdischen Strömungen stieß in irgendwelchen Belangen auch auf Widerstände und Interessen in der Umwelt, die ihrerseits unterschiedlich motiviert waren, von alten religiösen Vorurteilen über konkrete soziale Interessen bis zu abstrusen Blut- und Rassenspekulationen.

Für alles und jedes konnte so ein jüdischer Sündenbock gefunden werden, und Probleme und Konflikte gab es ja tatsächlich zur Genüge, vor allem in

Osteuropa. Aber sie wurden nicht in ihren Bedingungen und Ursachen erforscht und durchschaut; nur die Symptome wurden eifrig und übertrieben registriert und mit emotional grell gefärbten Aussagen „den Juden" allgemein angelastet, wobei das ganze Arsenal der traditionellen antijüdischen Polemik zum Zug kam.

Einzelbeobachtungen wurden auf die selbstverständlichste Weise verallgemeinert, wobei die wenigsten merkten, wie unsinnig es war, dem Judentum schlechthin zugleich die widersprüchlichsten Dinge vorzuwerfen: den hartnäckigen Traditionalismus der streng orthodoxen Juden und die aufklärerisch-liberale Haltung des Reformjudentums, die Unwissenschaftlichkeit der Traditionalisten und die kritische Behandlung jüdischer und christlicher Überlieferungen durch moderne jüdische Forscher, die Beteiligung von Juden an bürgerlichen, demokratisch-liberalen Bewegungen, an radikalen politischen Gruppierungen, und beides zugleich mit dem Vorwurf gegen die Orthodoxie, weiterhin einen „Staat im Staate" bilden zu wollen; den Reichtum erfolgreicher jüdischer Unternehmer und zugleich die Armut der ostjüdischen Massen, Kapitalismus und Bolschewismus, Nationalismus und Internationalismus; paradox war es auch, die angebliche Unfähigkeit zu manchen Berufszweigen zu behaupten und gleichzeitig jüdische Leistungen auf jedem Gebiet zu beneiden.

Aber da man nun einmal gewohnt war, vom heilsgeschichtlichen Denken des Christentums her das Judentum als verworfenes Gottesvolk zu betrachten und alles Unglück, das den Juden begegnete, als wohlverdiente göttliche Züchtigung zu verstehen, fehlte den meisten Nichtjuden jedes Gefühl dafür, mit solchen Urteilen etwas Verrücktes oder gar Verbrecherisches zu vollziehen. Es war nicht zuletzt dieser moralische Freiraum im christlichen Gewissen, der die verhängnisvolle Wirkung des modernen Antisemitismus ermöglichen sollte, denn die jüdische Minderheit bot sich als ein Sündenbock an, den man ohne Gewissensbisse für alles und jedes verantwortlich machen konnte.

Seit den 80iger Jahren des vorigen Jahrhunderts wurde die Wirksamkeit dieses Umstandes für politische Propaganda und für innenpolitische Ablenkungsmanöver immer häufiger wahrgenommen und ausgenützt und damit eine Atmosphäre geschaffen, die einen grundlegenden Wandel innerhalb des Judentums einleitete. Dieser konnte allerdings nicht mehr verhindern, daß etwa ein Drittel der Juden während der nationalsozialistischen Herrschaft zugrunde ging.

Der moderne Antisemitismus hat demnach auch die demographische Situation des Judentums entscheidend verändert, teils durch die ausgelösten Wanderbewegungen, teils durch geplante Ausrottung in ganzen Regionen.

Den Beginn bildeten die russischen Pogrome. Als sich nach der Ermordung des Zaren Alexander II. im Jahre 1881 das Gerücht verbreitete, daß es sich um einen jüdischen Anschlag gehandelt habe, und als die öffentliche Meinung die revolutionären Aktionen überhaupt „den Juden" zur Last legte, begingen judenfeindliche Massen an mehreren Orten ungehindert gewalttätige Ausschreitungen gegen Juden. Fast gleichzeitig suchte die Regierung die bisherige Assimilationspolitik rückgängig zu machen und den Juden die erlangten Rechte wieder zu entreißen. In den folgenden Jahrzehnten wiederholten sich die mörderischen Pogrome wellenweise, vor allem um 1905 und in den Revolutionsjahren 1917/21.

Auch in Frankreich machten sich während der antiliberalen Grundhaltung nach 1871 antisemitische Tendenzen bemerkbar. Griff man zunächst die Freimaurer wegen ihrer Verbindung zu angeblichen jüdischen Weltherrschaftsplänen an, so kam es im Jahre 1884 zum Vorgehen gegen eine einzelne Person, das weltweit Aufsehen erregte. Der jüdische Hauptmann Alfred Dreyfus wurde zu Unrecht der Spionage beschuldigt und verurteilt. Der Prozeß und das langwierige Ringen um die Rehabilitierung des Verurteilten brachten soviel judenfeindliche Vorurteile und Verhaltensweisen zutage, daß das gesamte Geschehen auf das jüdische Bewußtsein in ähnlicher Weise wirkte wie die Pogrome auf das russische Judentum. Damals faßte Theodor Herzl, der dem Prozeß als Berichterstatter beiwohnte, den Entschluß, sich für die Schaffung eines eigenen jüdischen Staates einzusetzen, und belebte damit in Westeuropa den nationaljüdischen Gedanken.

Im Deutschen Reich entstanden mit der Wirtschaftskrise der siebziger Jahre und in Österreich-Ungarn mit dem Nationalitätenstreit politische Richtungen, die antisemitische Züge aufwiesen und ihren Anhängern zusagten, die Ergebnisse der Emanzipation und Assimilation wieder aufzuheben. Am gefährlichsten waren die ideologisch bestimmten Richtungen, die die Existenz einer „germanischen Nation" behaupteten, in der alle Juden, sogar die getauften, als rassische Fremdkörper galten. Politische Bedeutung erhielt diese „völkische" Ideologie durch den zuerst langsamen, während der Weltwirtschaftskrise schnellen Aufstieg der nationalsozialistischen Partei in Deutschland, die unter den 25 Punkten ihres Programmes allein drei enthielt, die sich ausdrücklich oder sinngemäß gegen Juden richteten.

Nach Hitlers Machtergreifung im Jahre 1933 begann sogleich eine politische „Gleichschaltung", wozu die „Arisierung" öffentlicher jüdischer Positionen gehörte; außerdem kam es zu zahlreichen Einzelübergriffen. Nach einer kurzen Zeit der Entspannung wurden 1935 durch die „Nürnberger Gesetze" die Juden als „Staatsangehörige" von den „Reichsbürgern" unterschieden und ihnen Eheschließungen und außerehelicher Verkehr mit Personen deutschen oder artverwandten Blutes verboten. Außer weiteren Einschränkungen wurden jüdische Zwangsabgaben infolge der willkürlichen Abwertung bei der „Arisierung" von Besitz, des Entzugs von Steuervorteilen (z. B. Kinderermäßigung), der Reichsfluchtsteuer und anderer Abgaben bei der Auswanderung sowie der Konfiskation des Vermögens ausgebürgerter Emigranten erhoben. Im Jahre 1938 wuchs der Terror, um die jüdische Auswanderung zu beschleunigen; der Kennkartenzwang und die Führung zusätzlicher Vornamen Israel und Sara wurden eingeführt. Die Massenausweisung von Juden polnischer Staatsangehörigkeit rief das Attentat des Sohnes eines ausgewiesenen Ehepaars auf einen deutschen Botschaftssekretär in Paris hervor. Daraufhin mußten die Juden „eine Sühneleistung" von 1 Milliarde RM aufbringen, und die lange vorbereiteten Verordnungen zur Ausschaltung der Juden aus dem deutschen Wirtschaftsleben wurden verkündet. Vor allem wurde die „Kristallnacht" vom 9./10. 11. 1938 als angeblich spontaner Racheakt inszeniert, in dessen Verlauf 119 Synagogen angezündet, weitere 76 vollständig verwüstet, 7500 jüdische Geschäfte zerstört und geplündert und mehr als 26 000 jüdische Männer in Konzentrationslager gebracht wurden. Das Ausland nahm all dies ohne wesentliche Proteste und Gemütsbewegungen hin und bestärkte die Machthaber in Deutschland in der Überzeugung, noch weiter gehen zu können.

Denn alles Bisherige war erst das Vorspiel zu einer der grauenvollsten Untaten in der Geschichte der Menschheit. Nachdem schon 1938/39 durch die Besetzung benachbarter Gebiete nochmals mehrere hunderttausend Juden unter nationalsozialistische Herrschaft geraten waren, traf dieses Geschick erneut Unzählige durch die militärischen Anfangserfolge der Wehrmacht im Zweiten Weltkrieg. Ihnen allen drohte, was Hitler im Jahre 1939 angekündigt hatte: Wenn „das internationale Finanzjudentum . . . die Völker noch einmal in einen Weltkrieg" hineintriebe, dann würde „das Ergebnis . . . die Vernichtung der jüdischen Rasse in Europa" sein. Tatsächlich wurde nach der Rekrutierung der tauglichen Juden für Kriegsarbeiten und ihrer Konzentration in bestimmten Gegenden sowie nach weiteren „Umsiedlungen" ihre Ausrottung im Jahre 1941 systematisch vorbereitet. Nachdem das Tragen des gelben Judensterns verfügt worden war, begann im Oktober 1941 der Abtransport nach Osten und wurde die wirksamste und billigste Mordmethode erprobt – Vergasung mit anschließender Verbrennung. Auf der sog. Wannseekonferenz im Januar 1942 wurde die „Endlösung" offiziell verkündet. In den Vernichtungslagern in Auschwitz, Treblinka, Belzec, Sobibor, Chelmno und Lublin auf polnischem Gebiet sowie in den von Rumänien jenseits des Dnjestr betriebenen Lagern wurden über drei Millionen Juden ermordet, weitere 1,4 Millionen in der Sowjetunion und im Baltikum durch die berüchtigten „Einsatztrup-

273

pen" erschossen; nochmals siebenhunderttausend Juden verloren ihr Leben in Konzentrationslagern und Ghetti, auf Transporten, durch brutale Behandlung, Erschöpfung und Erfrieren, „medizinische" Experimente, Selbstmord und auf andere Weise. Insgesamt waren es sechs Millionen Menschen, die meist auf furchtbare Weise umgebracht wurden – mehr als ein Drittel des 1939 lebenden Gesamtjudentums. Ein Teil der an diesem Massenmord Schuldigen – allerdings bei weitem nicht alle – ist nach dem Kriege dafür zur Rechenschaft gezogen worden.

Die ungeheuerlichen Vorgänge haben mehrere Folgen: Das deutsche Volk in seiner Gesamtheit hat sich – ungeachtet der lebensgefährlichen Hilfe einzelner zur Rettung von Juden und des Nichtwissens eines Teils der Bevölkerung – mit unauslöschlicher Schmach und Schande bedeckt. Dazu tritt die bittere Einsicht, die Leo Baeck schon im Jahre 1933 ausdrückte: „die tausendjährige Geschichte des deutschen Judentums ist zu Ende". Schließlich ist wieder einmal deutlich geworden, daß Antisemitismus und Judenfeindschaft nichts anderes als Aufforderung zu Raub und Mord bedeuten.

Die neuen Verfolgungen der Juden von den russischen Pogromen bis zur „Endlösung" führten im Judentum selbst dazu, daß viele die Assimilation nunmehr als unwürdige Selbstpreisgabe ablehnten, eine Rückbesinnung auf jüdische Eigenart forderten und ein neues politisches Selbstbewußtsein ausbildeten, das vor allem dem Zionismus und später dem Staate Israel zugute kam und den Unsinn des Schlagwortes vom feigen und arbeitsscheuen Juden erwies. Außerdem erstand erstmalig eine gesamtjüdische Vertretung, als im Jahre 1936 der erste „Jüdische Weltkongreß" mit 280 Delegierten der meisten bedeutenden jüdischen Organisationen aus 32 Ländern in Genf zusammentrat. Angesichts der beginnenden Katastrophe des Judentums im nationalsozialistischen Herrschaftsbereich erwuchsen ihm sogleich große Aufgaben: politische Interventionen und Koordinierung der Hilfsmaßnahmen, später Versorgung und Unterbringung der Überlebenden und die Vertretung der Rechtsansprüche der Opfer und der Geschädigten. Weitere Aufgaben stellten sich durch die Lage der Juden im kommunistisch beherrschten Osteuropa und durch den Konflikt in und um Palästina.

J. Parkes, The Emergence of the Jewish Problem 1878–1938, 1946. – R. F. Byrnes, Antisemitism in Modern France, 1950. – P. W. Massing, Vorgeschichte des politischen Antisemitismus, 1959. – J. Robinson – Ph. Friedman, Guide to Jewish History under Nazi Impact, 1960. – W. Scheffler, Judenverfolgungen im Dritten Reich, 1960. – J. Moser, Die Judenverfolgung in Österreich 1938–1945, 1966. – P. G. Pulzer, Die Entstehung des politischen Antisemitismus in Deutschland und Österreich 1867–1914, 1966. – K. J. Ball-Kaduri, Vor der Katastrophe, Juden in Deutschland 1934–1939, 1967. – A. Pauker, Der jüdische Abwehrkampf, 1968. – N. Cohn, Die Protokolle der Weisen von Zion, 1969. – J. W. Parkes, Antisemitismus, 1969[2]. – L. Poliakov, De l'antisionisme à l'antisémitisme, 1969. – B. Engelmann, Deutschland ohne Juden, 1970.

2. *Der Zionismus und der Staat Israel.* Für das Judentum haben Israel und Jerusalem ihre Bedeutung nie verloren. Es gab stets einen frommen Zionismus, ein Heimweh nach dem von Gott den Vätern geschenkten Lande. Immer sind fromme Juden im Alter nach Jerusalem ausgewandert, um dort ihr Leben in Gebeten an der Mauer des einstigen Tempels zu beenden. Sie starben in der Gewißheit ihrer künftigen Auferstehung, weil ihr Grab in der Erde des heiligen Landes liegen würde.

Der politische und nationale Zionismus ist das Werk Theodor Herzls, der seine entscheidenden Einsichten in dem aufwühlenden Erlebnis des Dreyfus-Prozesses erhielt. Er forderte als Grundlage ein politisches Recht des Judentums auf eine Heimstätte in Palästina, danach die Ansiedlung aufgrund dieses Rechtes – so im Gegensatz zur osteuropäischen Bewegung der Freunde Zions. In diesem politischen Plan erblickte er die Lösung der Judenfrage: „Ich halte die Judenfrage weder für eine soziale noch für eine religiöse Frage, wenn sie sich auch noch so und anders färbt. Sie ist eine nationale Frage, und um sie zu lösen, müssen wir sie vor allem zu einer politischen Weltfrage machen, die im Rate der Kulturvölker zu regeln sein wird. Wir sind ein Volk, ein Volk!"

Nach langem, teilweise heftigem Ringen innerhalb des Judentums begann im Ersten Weltkrieg in Verhandlungen Chaim Weizmanns und Nahum Sokolows mit der britischen Regierung die Frucht zu reifen. Am 2. 11. 1917 schrieb der britische Außenminister Arthur James Balfour an Lord Rothschild: „Sr. Majestät Regierung betrachtet mit Wohlwollen die Errichtung einer nationalen Heimstätte für das jüdische Volk in Palästina und wird die größten Anstrengungen machen, um die Erreichung dieses Zieles zu erleichtern, wobei selbstverständlich nichts unternommen werden soll, was den bürgerlichen und religiösen Rechten bestehender nichtjüdischer Gemeinschaften in Palästina oder der staatsrechtlichen Rechtsstellung der Juden in irgendeinem Lande Abbruch tun könnte."

Die Verwirklichung dieses Ziels konnte beginnen, als Großbritannien vom Völkerbund das Mandat über Palästina erhalten hatte (1922). Für Großbritannien als Vormacht des Orients waren dabei vor allem politische und wirtschaftliche Interessen maßgebend. Es suchte durch das Mandat seine Ölinteressen und Handelsmonopole im Orient sowie den See- und Luftweg nach dem Osten zu sichern und wollte dafür im Mandatsgebiet eine verläßliche Bevölkerung ansiedeln. Freilich geriet es dadurch in Konflikt mit den Arabern. Sie hatten für ihre Unterstützung Englands im Ersten Weltkrieg einen arabischen Großstaat erwartet und sahen sich nun „verraten". Die wirtschaftliche und kulturelle Überlegenheit der Juden, ihr politischer Einfluß bei den Großmächten und der umfangreiche Erwerb palästinischen Bodens erzeugten Angst und Haß. Es kam zu immer heftigerem arabischen Widerstand gegen die jüdische Einwanderung, schließlich zum Aufstand 1936/39 und zum drohenden Anschluß an die nationalsozialistisch-faschistischen Mächte. Dies veranlaßte die Briten, die Einwanderung und den Bodenerwerb der Juden erheblich einzuschränken. Dadurch wiederum wurde zahllosen Flüchtlingen vor der drohenden Ausrottung in Europa der Weg in ein sicheres Asyl versperrt.

Dadurch wurden die Juden nunmehr zu heftigen Gegnern Großbritanniens. Schon während des Zweiten Weltkrieges begannen Geheimverbände den Kampf gegen es, und nach seinem Ende tobte zwei Jahre lang – erbittert und unter großen Opfern – der Aufstand. Schließlich legte Großbritannien sein Mandat nieder, widersetzte sich aber dem Beschluß der UN, Palästina zu teilen und einen jüdischen Staat zu bilden; zuletzt suchte es sich wenigstens militärische Stützpunkte im Süden zu sichern.

Schließlich wurde nach dem Teilungsbeschluß der UN am 14. 5. 1948 der Staat Israel proklamiert.

Schon nach dem Ersten Weltkrieg hatten die Juden in Palästina beachtenswerte Erfolge erzielt. Neue Städte wuchsen aus dem Nichts hervor, eine hebräische Universität entstand, weite Gebiete des Landes wurden wieder urbar gemacht und landwirtschaftlich genutzt. Das inzwischen Erreichte ist bewundernswert – die Verschmelzung der kulturell verschiedenen Einwanderer zu einem gleichartigen jüdischen Volkstum, das Erziehungswesen vom Kindergarten bis zur Universität, die Arbeiterbewegung mit ihrer Gewerkschaft, die verschiedenen Arten der landwirtschaftlichen Siedlung vom eigenen Besitz über die Genossenschaften auf der Grundlage des Privatbesitzes bis zu den Gemeinschaftssiedlungen mit privater Besitzlosigkeit, aber gemeinschaftlichem Besitz ohne staatlichen Einfluß.

Jedoch ist die weitere Entwicklung noch nicht gesichert. Es fehlt an ausreichendem Kapital, vor allem für den Ausbau der Industrie, die Erschließung neuen Ackerlandes, den Wohnungsbau und den Ausgleich der passiven Handelsbilanz. Die benötigten Geldmittel kann allein das amerikanische Judentum aufbringen, das 5,8 Millionen Menschen zählt. Wird es dazu auf die Dauer willens sein? Es fehlt ebenso an Menschen, die das Bestehen des Staates sichern könnten. Die in Israel lebenden rund 2,8 Millionen Juden sind für das Land nicht ausreichend. Nachdem das Sammelbecken der dem Tode entronnenen Juden in Mittel- und Westeuropa ausgeschöpft ist, bleiben in erster Linie die osteuropäischen Juden, von denen 2,6 Millionen in der Sowjetunion leben. Bei ihnen war der Wille zur Auswanderung nach Palästina stets lebendig. Wird man sie weiterhin ziehen lassen, und werden sie wirklich nach Israel übersiedeln wollen? Schließlich war die außenpolitische Lage wegen der andauernden Feindschaft der arabischen Staaten von Anfang an schwierig und wird es lange bleiben. Wie zur Zeit des alten Israel bildet das Land im Orient einen Pufferstaat zwischen den großen Mächten. Damit ist eine Lage wiederhergestellt, in der das alte Israel einst zerrieben worden ist. Wie wird es dem neuen Israel ergehen? Erst die Zukunft wird all diese Fragen beantworten.

Einstweilen erweist sich der Zionismus als eine politisch-nationale Freiheitsbewegung des jüdischen Volkes, als Ausdruck seiner kulturellen und sozialen Eigenart, als Anspruch auf Gleichheit und Sicherheit, auf Schutz vor Benachteiligung, Verfolgung und Vernichtung. Und wie der Staat Israel – ungeachtet aller äußeren Bedrohung – die Erfüllung dieses Bestrebens darstellt, so ist der Zionismus in der jüdischen Diaspora das Bekenntnis zu diesem Staat und der Ausdruck des Heimatbewußtseins und des Hängens an und des Drängens nach Zion als der Quelle und Mündung des Stromes jüdischen Lebens.

Nur aus Unwissenheit oder aus Niedertracht kann man dem Zionismus bzw. dem Staat Israel rassistische oder imperialistische Grundlagen oder Ziele unterstellen. In Wirklichkeit stellt der Antizionismus lediglich einen Ersatz für die nach der Vernichtungsorgie der nationalsozialistischen Zeit in der Gegenwart nicht als opportun erscheinende Judenfeindschaft dar. Man greift nicht „die Juden", sondern „die Zionisten" an und stimmt damit – indem man die Existenzberechtigung des Staates Israel anzweifelt – unausgesprochen dem Schlagwort der Propagandahetze der arabischen Angreifer des Staates Israel zu, das Ziel der Angriffe bestehe darin, „die Juden ins Meer zu werfen". Tatsächlich können der Zionismus bzw. der Staat Israel nur antirassistisch sein, da das Judentum selbst das Opfer rassischer Verfolgung war und erst vor wenigen Jahrzehnten mehr als ein Drittel seines Bestandes durch Rassenwahn verloren hat. Ebenso waren und sind sie antiimperialistisch und antikolonialistisch, wie der Kampf gegen die palästinische Mandatsmacht Großbritannien, die Unterstützung durch die Sowjetunion in den Jahren 1947/48 und die langjährige Förderung junger afrikanischer Staaten bis zu dem von arabischer Seite erzwungenen Abbruch der Beziehungen zeigen. Auch wenn ein Teil der Welt dies nicht wahrhaben will, wird das Judentum auf den Zionismus und den Staat Israel keinesfalls verzichten; auf den Mord an Millionen Juden wird kein Selbstmord folgen.

Th. Herzl, Der Judenstaat, 1896. – A. Böhm, Die zionistische Bewegung, 2 Bde., 1935/37[2]. – J. Garcia-Granados, The Birth of Israel, 1948. – A. M. Hyamson, Palestina under the Mandate, 1950. – H. Agar, The Saving Remnant, An Account of Jewish Survival since 1914, 1960. – Y. Freudenheim, Die Staatsordnung Israels, 1963. – M. Pallmann, Der Kibbuz, 1966. – E. Meyer, Der Moschav, 1967. – H. Meier-Cronemeyer, Der Zionismus, 1967. – Ders., Kibbuzim, I 1969. – K. Sontheimer, Israel: Politik, Gesellschaft, Wirtschaft, 1969. – A. Neuberg, The State of Israel 1948–1968, 1970.

Allgemeines Literaturverzeichnis

1. Quellen und Atlanten

H. Greßmann (hrsg.), Altorientalische Texte zum Alten Testament, 1926[2]. – Ders., Altorientalische Bilder zum Alten Testament, 1927[2]. – J. Höxter, Quellenbuch zur jüdischen Geschichte und Literatur, 5 Bde., 1927/30. – H. Donner – W. Röllig, Kanaanäische und aramäische Inschriften, 3 Bde., 1962/64. – K. Galling, Textbuch zur Geschichte Israels, 1968[2]. – J. B. Pritchard (ed.), Ancient Near Eastern Texts Relating to the Old Testament, 1974[3]. – Ders., The Ancient Near East in Pictures Relating to the Old Testament, 1974[2]. – A. Jepsen (hrsg.), Von Sinuhe bis Nebukadnezar, 1975.

The Westminster Historical Atlas of the Bible, 1956[2]. – Y. Aharoni – M. Avi-Yonah, The Macmillan Bible Atlas, 1968. – J. H. Negenman, Großer Bildatlas zur Bibel, 1969. – Atlas of Jerusalem, 1973. – H. G. May, Oxford Bible Atlas, 1974[2].

2. Geschichte und Völker des Alten Orients

F. Bilabel, Geschichte Vorderasiens und Ägyptens, 1927. – A. Scharff – A. Moortgat, Ägypten und Vorderasien im Altertum, 1950. – H. Schmökel, Kulturgeschichte des Alten Orient, 1961. – S. Moscati, Die Kulturen des Alten Orients, 1962. – K.-H. Bernhardt, Die Umwelt des Alten Testaments, I. Die Quellen und ihre Erforschung, 1967.

Th. Bauer, Die Ostkanaanäer, Eine philologisch-historische Untersuchung über die Wanderschicht der sog. „Amoriter", 1926. – A. H. van Zyl, The Moabites, 1960. – B. Mazar, The Aramean Empire and its Relations with Israel, BA 25 (1962), 98–120. – K. M. Kenyon, Amorites and Canaanites, 1966. – A. Haldar, Who were the Amorites?, 1971. – M. Weippert, Edom, Diss. Tübingen 1971. – J. R. Bartlett, The Rise and Fall of the Kingdom of Edom, PEQ 104 (1972), 26–37. – D. J. Wiseman (ed.), Peoples of Old Testament Times, 1973.

3. Chronologie

F. Cornelius, Die Chronologie des Vorderen Orients im 2. Jahrtausend v. Chr., AfO 17 (1956), 294–310. – J. Finegan, Handbook of Biblical Chronology, 1964. – R. W. Ehrich, Chronologies in Old World Archaeology, 1965. – E. A. Samuel, Greek and Roman Chronology, 1972.

4. Geschichte Israels

J. Wellhausen, Geschichte Israels, Privatdruck 1880 (Nachdruck in: J. Wellhausen, Grundrisse zum Alten Testament, 1965, 13–64). – Ders., Israelitische und jüdische Geschichte, 1894. – H. Graetz, Geschichte der Juden von den ältesten Zeiten bis auf die Gegenwart, 11 Bde., 1902/09[5]. – I. Benzinger, Geschichte Israels bis auf die griechische Zeit, 1909[2]. – R. Kittel, Geschichte des Volkes

Israel, I 1923[5-6], II 1925[7], III 1 1927[1-2], III 2 1929[1-2]. – S. Dubnow, Weltgeschichte des jüdischen Volkes, 10 Bde., 1925/29. – E. Auerbach, Wüste und Gelobtes Land, Geschichte Israels von den Anfängen bis zum Tode Salomos, 1932. – E. Sellin, Geschichte des israelitisch-jüdischen Volkes, I 1935[2], II 1932. – A. Alt, Kleine Schriften zur Geschichte des Volkes Israel, 3 Bde., 1953/59. – E. L. Ehrlich, Geschichte Israels von den Anfängen bis zur Zerstörung des Tempels, 1958. – M. A. Beek, Geschichte Israels, Von Abraham bis Bar Kochba, 1961. – L. Finkelstein, The Jews, Their History, Culture, and Religion, 2 Bde., 1961[3] (4. Auflage in 3 Bdn. seit 1970). – G. Cornfeld, Von Adam bis Daniel, Das Alte Testament und sein historisch-archäologischer Hintergrund, 1962. –W. F. Albright, The Biblical Period from Abraham to Ezra, 1963. – J. Hempel, Geschichten und Geschichte im Alten Testament bis zur persischen Zeit, 1964. – G. W. Anderson, The History and Religion of Israel, 1966. – J. Bright, Geschichte Israels, 1966. – P. J. Cools (hrsg.), Geschichte und Religion des Alten Testaments, 1968. – M. Noth, Geschichte Israels, 1969[7]. – M. Metzger, Grundriß der Geschichte Israels, 1972[3]. – S. Herrmann, Geschichte Israels in alttestamentlicher Zeit, 1973. – A. H. J. Gunneweg, Geschichte Israels bis Barkochba, 1976[2].

5. Geschichte der israelitischen Religion

W. Bousset – H. Greßmann, Die Religion des Judentums im späthellenistischen Zeitalter, 1926[2] (Nachdruck 1966). – S. W. Baron, A Social and Religious History of the Jews, 1952 ff.[2]. – H. Ringgren, Israelitische Religion, 1963. – B. J. Bamberger, The Story of Judaism, 1964. – G. Fohrer, Geschichte der israelitischen Religion, 1969. – J. Maier, Geschichte der jüdischen Religion, 1972.

6. Archäologie, Geographie und Landeskunde

G. E. Wright, Biblical Archaeology, 1957. – W. F. Albright, Archäologie in Palästina, 1962. – J. Gray, Archaeology and the Old Testament World, 1962. – K. M. Kenyon, Archäologie im Heiligen Land, 1967. – D. W. Thomas (ed.), Archaeology and Old Testament Study, 1967. – H. Bardtke, Bibel, Spaten und Geschichte, 1969. – A. Jirku, Die Ausgrabungen in Palästina und Syrien, 1970[2]. – Sh. M. Paul – W. G. Dever, Biblical Archaeology, 1973.

D. Baly, The Geography of the Bible, 1957. – Ders., Geographical Companion to the Bible, 1963. – Ders., Geographisches Handbuch zur Bibel, 1973[3]. – M. Noth, Die Welt des Alten Testaments, 1962[4]. – Y. Aharoni, The Land of the Bible, A Historical Geography, 1966. – M. Avi-Yonah, The Holy Land from the Persian to the Arab Conquests (536 B. C. to A. D. 640), A Historical Geography, 1966. – Ders., Geschichte des Heiligen Landes, 1971. – H. Donner, Einführung in die biblische Landes- und Altertumskunde, 1974.

7. Israelitisches Königtum

K. Galling, Die israelitische Staatsverfassung in ihrer vorderorientalischen Umwelt, 1929. – K. H. Bernhardt, Das Problem der altorientalischen Königsideologie im Alten Testament, 1961. – A. R. Johnson, Sacral Kingship in Ancient Israel,

1967². – J. A. Soggin, Das Königtum in Israel, 1967. – H. Donner, Herrscherge-stalten in Israel, 1970. – T. N. D. Mettinger, King and Messiah, The Civil and Sacral Legitimation of the Israelite Kings, 1976. – T. Ishida, The Royal Dynasties in Ancient Israel, 1977.

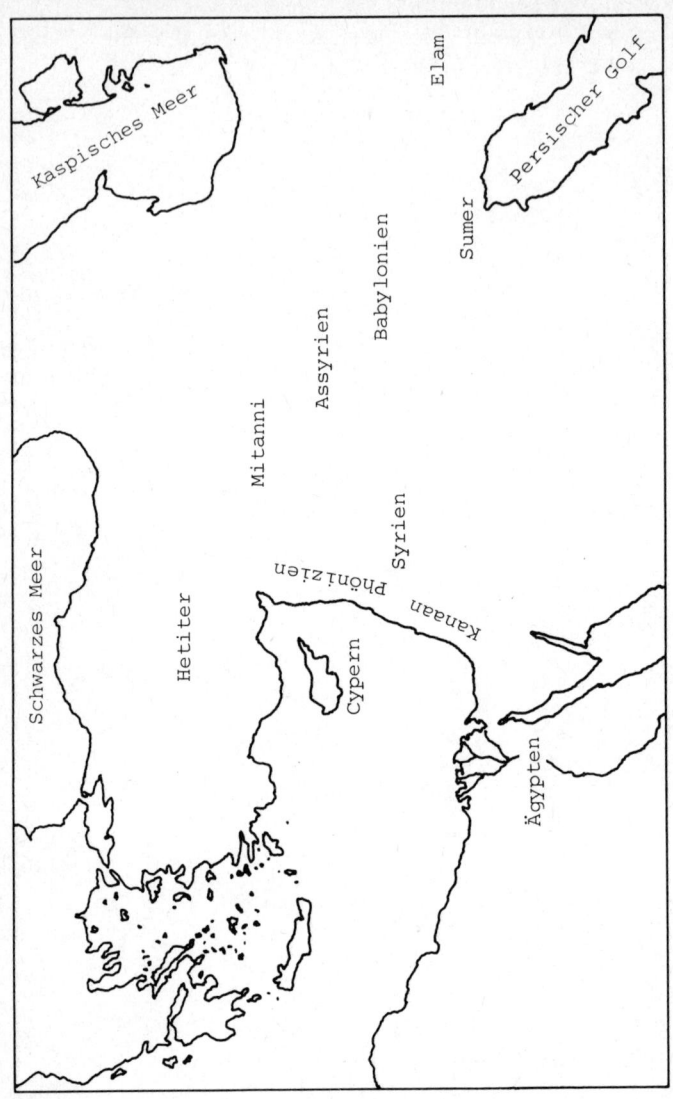

2. Einwanderung und palästinische Stammesgebiete Israels

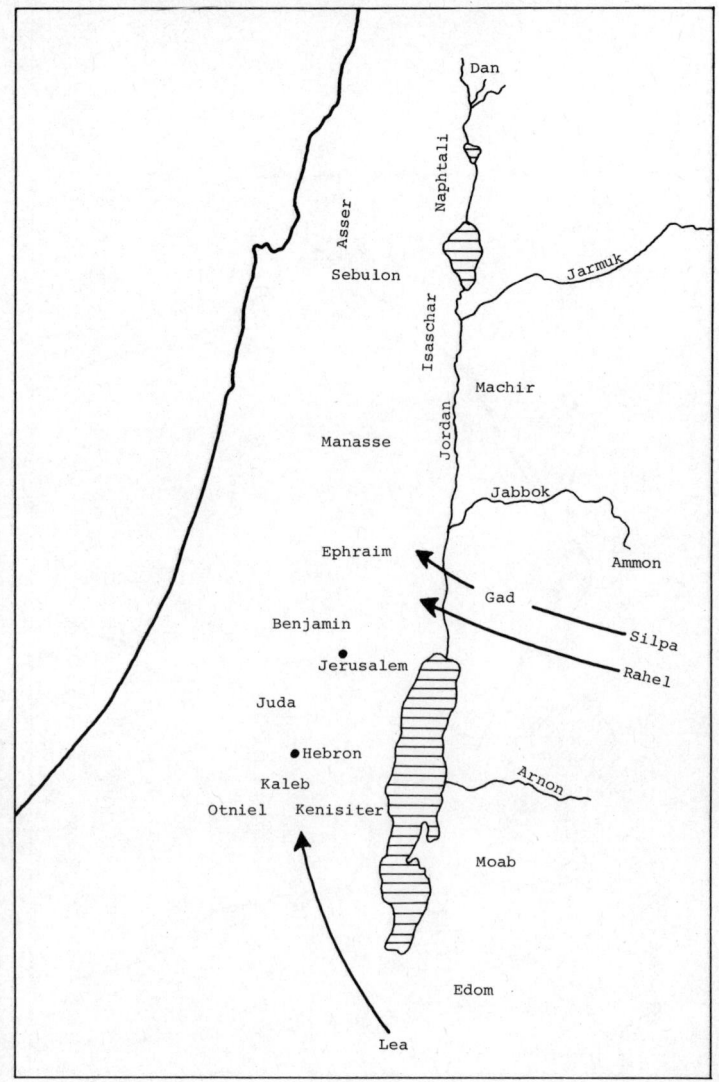

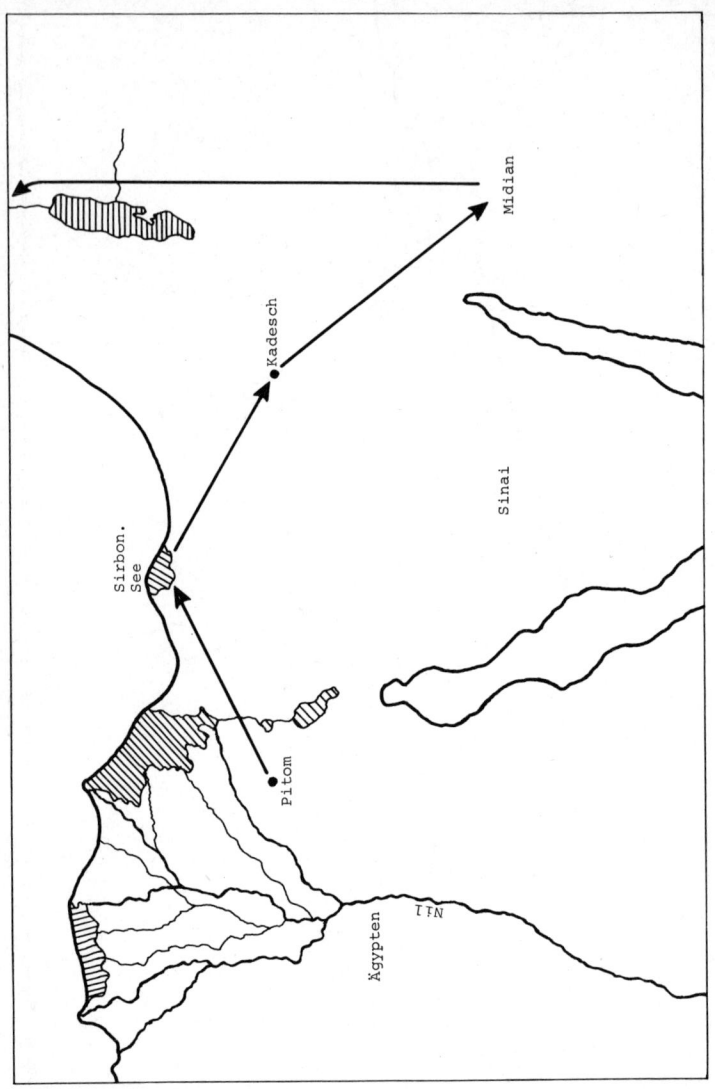

4. Das Großreich Davids

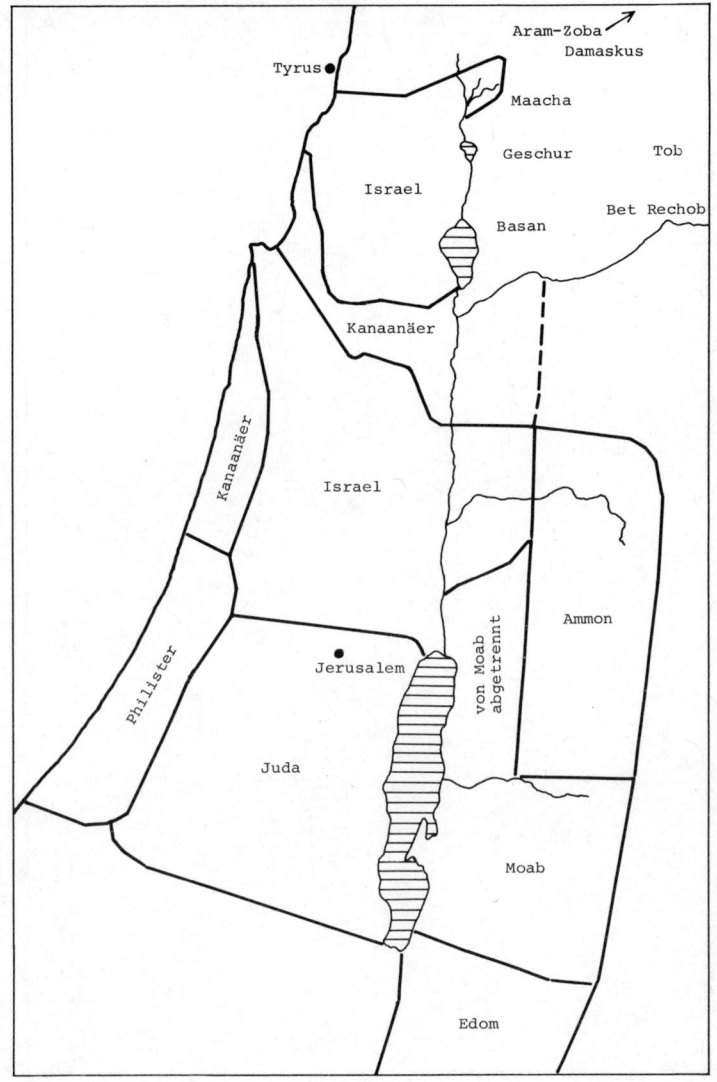

5. Die salomonischen Verwaltungsbezirke Israels

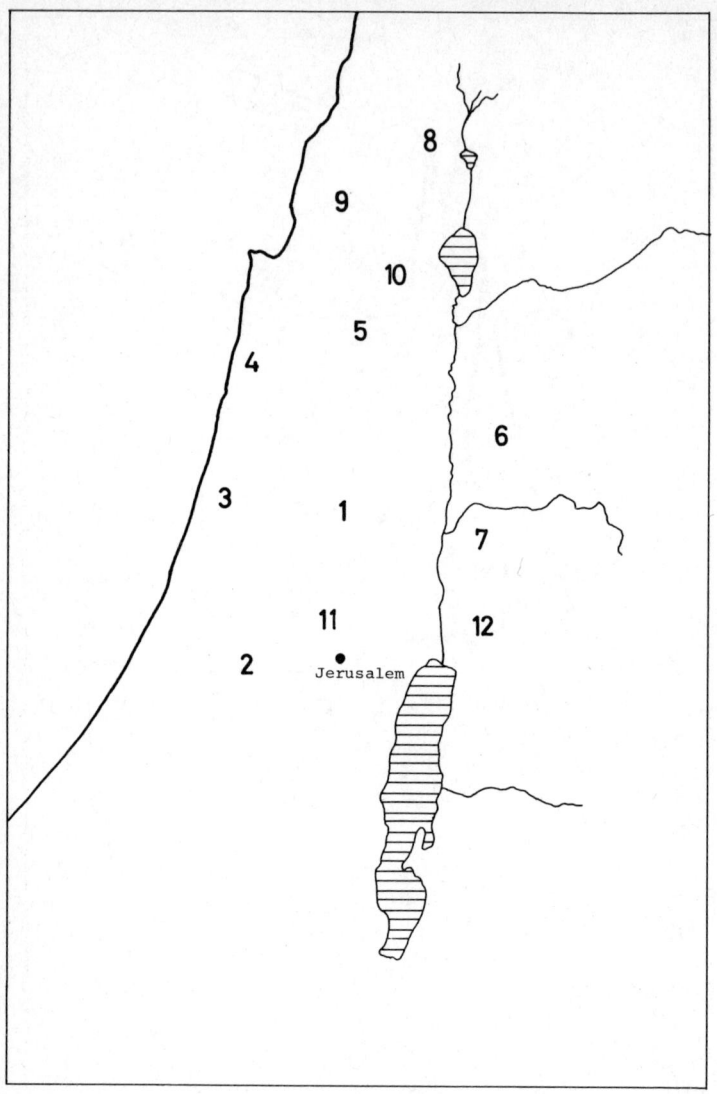

6. Das nachsalomonische Juda und Israel

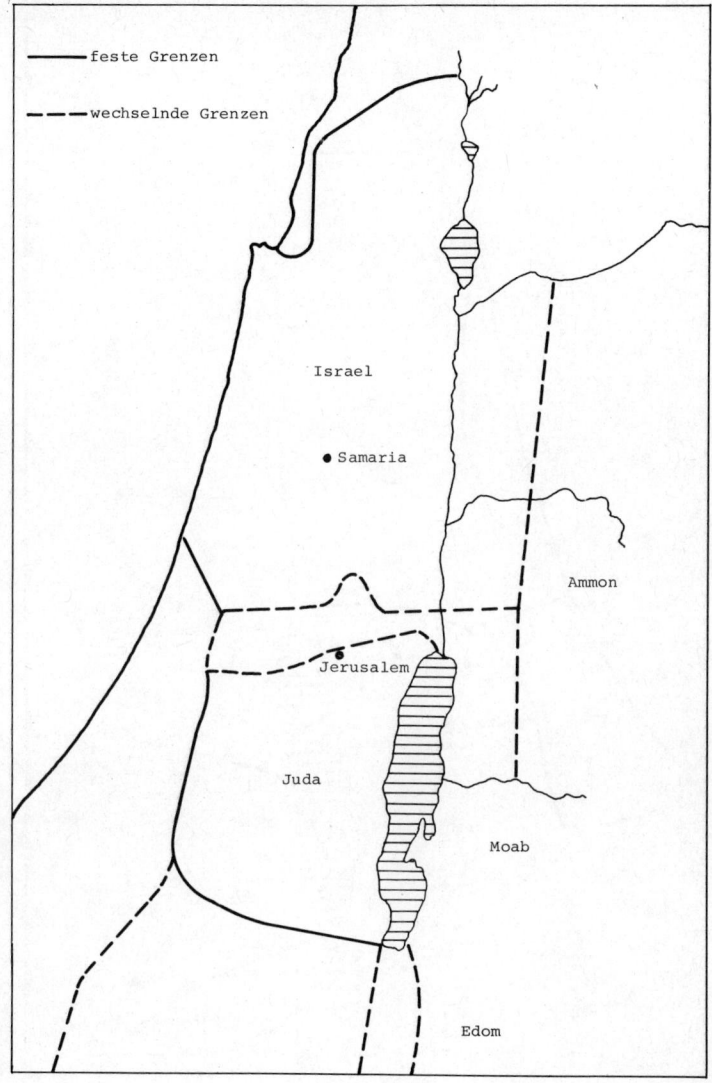

feste Grenzen

wechselnde Grenzen

Israel

● Samaria

Ammon

● Jerusalem

Juda

Moab

Edom

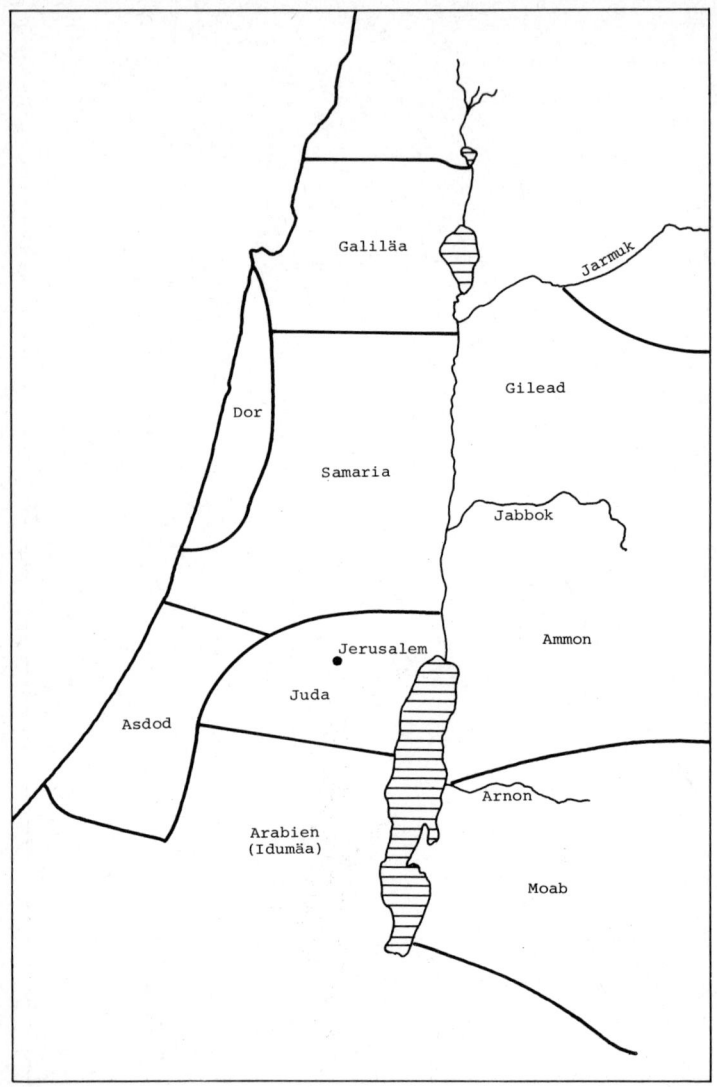

Galiläa

Jarmuk

Gilead

Dor

Samaria

Jabbok

Ammon

Jerusalem

Juda

Asdod

Arnon

Arabien
(Idumäa)

Moab

8. Das Hasmonäerreich

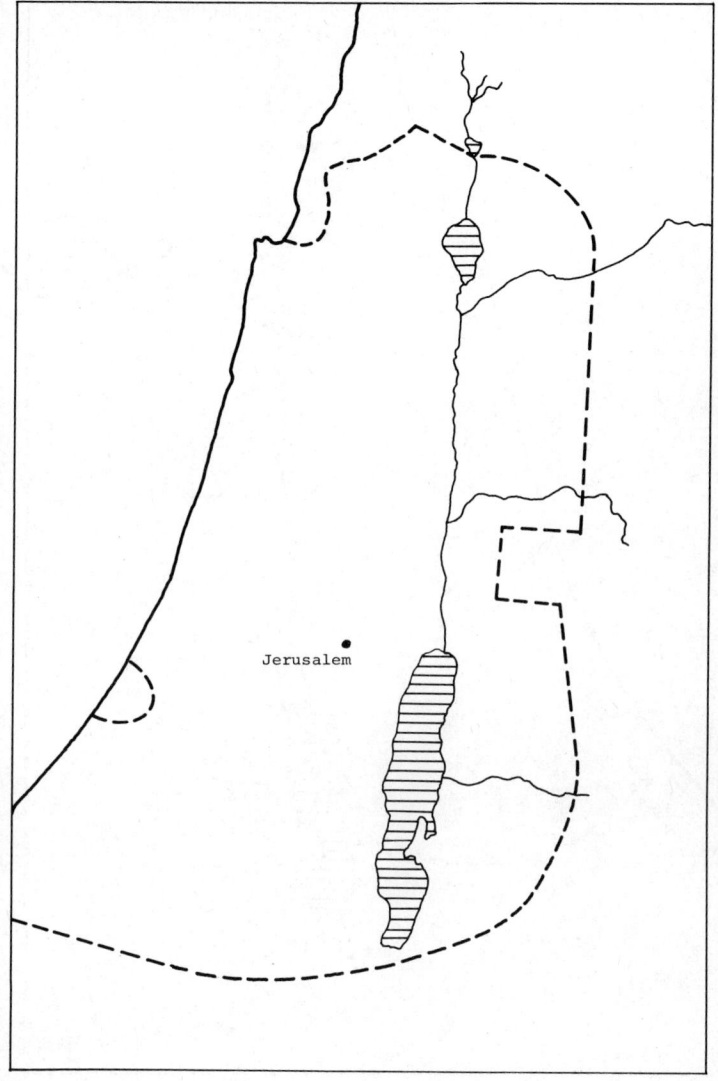

Jerusalem

9. Die Herrschaft der Herodianer

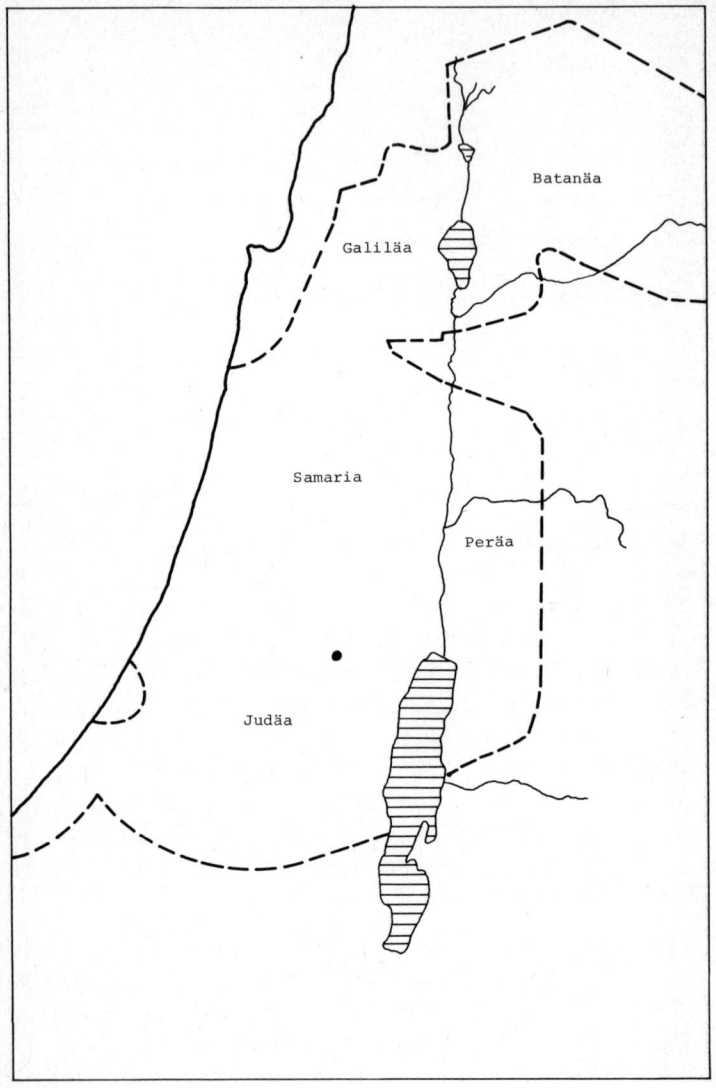

UTB

Uni-Taschenbücher GmbH
Stuttgart

Band 267

Exegese des Alten Testaments

Einführung in die Methodik
Von Georg Fohrer, Hans Werner Hoffmann,
Friedrich Huber, Ludwig Markert und
Gunther Wanke
2., durchgesehene und überarbeitete Auflage,
229 Seiten, 2 Falttafeln, DM 15,80
ISBN 3-494-02024-8 (Quelle & Meyer)

"Die Verfasser dieser Einführung verfolgen mit
ihren Ausarbeitungen einen doppelten Zweck.
Einmal wollen sie dem Studierenden eine Anlei-
tung zur wissenschaftlichen Exegese an die
Hand geben, zum anderen möchten sie einen wei-
terführenden Beitrag zur neueren Methodendis-
kussion liefern. Der Aufriß ist logisch und
klar gegliedert, die einzelnen Paragraphen sind
untereinander verzahnt und aufeinander bezogen."
(Theologische Literaturzeitung)

"Wer sich knapp und gründlich darüber informieren will, was Textkritik, sprachliche Analyse,
Formen- und Gattungskritik, Motiv- und Tradi-
tionskritik, Überlieferungskritik, Kompositions-
und Redaktionskritik, Zeit- und Verfasserfrage
sind und bedeuten, der kann das hier rasch und
vollständig tun." (Lebendige Seelsorge)

Ernst Sellin/Georg Fohrer

Einleitung
in das Alte Testament

11., durchgesehene und erweiterte Auflage
598 Seiten, Leinen DM 46,–

»Die Stärke des Buches von Fohrer liegt darin, daß er in einer
umfassenden Weise das ungeheure Material darzustellen weiß, immer
darauf bedacht, die eigene Meinungsbildung des Lesers zu fördern.
Wer sich schnell orientieren will, bekommt präzise Auskunft über
die gegenwärtige Forschungslage und kann sich an Hand der reichlich
angeführten Literatur weiter informieren. Nach einer Einführung in
die israelitische Literatur, den alttestamentlichen Kanon und die hier
fortgesetzte Einleitungswissenschaft behandelt Fohrer zunächst die
Entstehung der Geschichts- und Rechtsbücher. Eine vielfarbige
Phänomenologie der Gattungen und ihrer Traditionen orientiert den
Leser über die mehr oder minder gesicherten Ergebnisse der letzten
Jahrzehnte. Ihr ist ein zusammenfassender Paragraph über Recht,
Weisung, Erzählung und Bericht im Alten Orient vorgeschaltet ...
Das Bild der alttestamentlichen Geschichte, das der Verfasser auf
Grund der Texte sorgfältig zu entwerfen versucht, ist nicht nur ein von
außen, eben durch die Texte gewonnenes, sondern trägt auch die Züge
dessen, der seine Vorstellungen miteinbringt, so daß eine sorgfältige
Reflexion über die eigene Verstehensweise allewege vonnöten sein
wird. Damit rühren wir aber Fragen an, die zwar nicht mehr in einer
›Einleitung‹ verhandelt werden können, aber dennoch von einer
eminenten Wichtigkeit für ihre Konzeption sind.«

(Herbert Breit in ›Lutherische Monatshefte‹)

Quelle & Meyer Heidelberg